本书为国家社科基金青年项目成果(项目号:13CTQ002)

新生代农民工对城市的文化适应研究

洪秋兰 等著

中国社会科学出版社

图书在版编目（CIP）数据

新生代农民工对城市的文化适应研究／洪秋兰等著． —北京：中国社会科学出版社，2022.5
　ISBN 978-7-5203-9817-6

Ⅰ.①新… Ⅱ.①洪… Ⅲ.①民工—文化生活—研究—中国 Ⅳ.①D422.6

中国版本图书馆 CIP 数据核字（2022）第 035208 号

出 版 人	赵剑英
责任编辑	田　文
特约编辑	金　泓
责任校对	张爱华
责任印制	王　超

出　　版	中国社会科学出版社
社　　址	北京鼓楼西大街甲 158 号
邮　　编	100720
网　　址	http://www.csspw.cn
发 行 部	010-84083685
门 市 部	010-84029450
经　　销	新华书店及其他书店
印　　刷	北京君升印刷有限公司
装　　订	廊坊市广阳区广增装订厂
版　　次	2022 年 5 月第 1 版
印　　次	2022 年 5 月第 1 次印刷

开　　本	710×1000　1/16
印　　张	22.5
插　　页	2
字　　数	358 千字
定　　价	119.00 元

凡购买中国社会科学出版社图书，如有质量问题请与本社营销中心联系调换
电话：010-84083683
版权所有　侵权必究

序

关于文化的解释，历来众说纷纭。其中有一种解释虽然没有得到公认，但从概念内涵的明晰和易于大众理解的角度具有特别的意义。中国文化史上的两位大家——胡适和梁漱溟虽然在文化的许多问题上尖锐对立，但在文化界定上却不约而同。胡适的文化定义是"人们生活的方式"，梁漱溟将文化界定为"人类生活的样法"。将这种生活方式或者生存方式的文化解释用于"文化适应"中对于"文化"的理解似乎更为贴切，尽管用其他的文化解释也都有一定的价值。

自 1880 年美国民族事务局 John Wesley Powell 首次提出文化适应（Acculturation）概念，到 20 世纪，学术界从不同学科视角开展文化适应研究，有社会学角度的解释，如 1901 年 Simons 认为文化适应是一个双向的不同文化"相互调节"的过程。有人类学的解释，如 1936 年人类学家 Redfield、Linton 和 Herskovits 给出文化适应较为正式的定义："由个体所组成，且具有不同文化的群体之间发生持续的、直接的文化接触，导致一方或双方原有的文化模式发生改变的现象。"还有心理学的解释，如 1967 年 Graves 提出文化适应的定义："个体由于与其他文化接触或参与其所属群体所正在经历的文化适应而产生的心理和行为上的变化。"这些界定中有一个概念值得注意，就是用"文化接触"来解释"文化适应"，前者是因不同文化传统的民族互相接触而导致一方或双方体系改变的过程。

进一步，文化适应研究推出了理论范式。单维度理论认为，文化适应过程中个体或群体逐渐摒弃自己原有的文化，不断接受和认同新的文化。双维度理论则认为既存在"个体保留传统文化和认同的倾向"，也存在"寻求与其他文化中群体交流的倾向"。在此基础上产生的多维度理论强调文化适应中很多时候少数民族群体并不能自由选择他们的适应策略，他们的应对方式会受到主流文化群体对少数民族文化的态度的影响。由此可以看出，不能简单和僵化地看待文化适应，随着文化适应研究的深化，心理学特别是跨文化心理学的理论成为主流并被广泛应用。

John W. Berry 把文化适应的策略分为"同化"（assimilation）、"整合"（integration）、"分离"（separation）和"边缘化"（marginalization）四类。这比"文化接触"（culture contact）分为涵化、同化、融合三类更深入了一步。

文化适应要从个体和群体两个角度研究。斯坦福大学 Amado M. Padilla 和 William Perez 从社会心理学和认知心理学的角度建立了文化适应过程中由"社会认知"（socialcognition）、"文化胜任力"（accuralcompetence）、"社会认同"（socialidentity）和"社会性劣势"（socialstigma）四个影响因素构成的文化适应模型把个体的研究维度深化了。而 Colleen Ward 等提出心理适应（psychological adjustment）和社会文化适应（sociocultural adjustment）的概念颇有意义。前者指心理和情感状况，后者指成功融入特定的新的文化环境的能力，强调个体在新的文化环境中的居住时间、外语能力、两种文化之间的差异程度以及与主族人群（host nationals）接触的频次对社会文化适应的结果有重要影响。

置文化适应的各种基础理论研究不论，如何将文化适应理论应用于社会现象的解释以及解决社会中的相关问题，强调应用领域和应用价值更为重要。近几年来，有将文化适应理论应用于移民、汉语教师志愿者、留学生等不同群体的研究；有将文化适应理论应用于跨国公司等不同组织的研究；有将文化适应理论应用于城市、农村如少数民族城镇化问题研究。可见，文化适应理论应用于多个领域和多个群体。

2013 年正是国内农民工研究转入新生代研究的高潮，当年的年度课题指南就有"我国新生代农民工收入状况与消费行为研究""农民工子女平等接受教育研究""农民工迁移意愿与城乡一体化道路研究""新生代农民工社会认同问题研究"等选题。在图书馆学和文化研究领域，对农民工的研究颇多，大多是研究农民工及其子女的阅读与图书馆服务的问题、农民工及其子女的信息需求、信息行为与信息不平等问题。

福建师范大学洪秋兰老师将农民工研究提到一个高度。2013 年她提出的"新生代农民工对城市的文化适应研究"获得国家社会科学基金青年项目（项目编号：13CTQ002）立项。

本书是洪秋兰老师在项目结项成果的基础上完成的。

没有深厚的理论基础和理论研究不可能建立新的理论模型，取得重要理论贡献。洪秋兰老师在图书馆学、公共文化和知识管理领域颇有造诣。她在南开大学的博士学位论文专门研究社区公共文化的知识转移。在对农民工的城市文化适应中，她从多个维度开展研究，不仅以社区知识转移研究为基础，研究知识视角的农民工城市文化适应，还运用了文化资本理论和媒介素养理论，从资本和媒介视角解决农民工的城市文化适应问题。最终建立起"个体认同—媒介体验—知识转移"三维立体文化适应评估模型，实现了理论创新。

一般对于文化理论的引入大多是从理论到理论，研究难以有大的突破。洪秋兰老师针对农民工的城市文化适应问题，运用了多种方法，既有传统的历史研究和理论研究的方法，也综合运用了问卷调查、访谈等实证方法，特别是运用了民族志、语义分析等新的方法。这不仅是研究方法上的突破，更是通过科学的理论与实证相结合，取得文化适应研究和农民工研究上的突破。

任何理论研究即使再全面深入，如果没有与实践对接，这样的研究犹如顶天而不能立地，仍然有其局限性。洪秋兰老师在理论创新的基础上，进一步将理论指导实践，提出了多元协助共同提供文化适应服务的整体策略，既可以为农民工进城以及城市农民工服务相关部门提供路径与方法参考，也可以为政府部门制定农民工政策和城镇化政策提供决策依据。

农民工是中国改革开放以后随着经济快速发展和城市化进程加快应运而生的一种特有的社会现象，也是一种文化现象。四十年来，第一代农民工带着不可蜕变的农业气息和对农村的眷恋回到了家乡，与他们相比，新生代农民工有很多在城里长大，并没有"农"的本质却仍然被打上了农民工的烙印，只因为父辈的农民工身份无法去掉。多文化的影响使他们身上的文化元素更为复杂，这就使对这一代的研究有更大的难度和挑战性。在图书馆学和文化研究领域，一直关注弱势群体的问题，农民工是弱势群体之一。我非常赞同也很欣赏洪秋兰老师长期以图书馆学和文化学人的情怀研究和解决农民工问题，且有这种多维度多方法的深入研究，它为公共文化服务研究和弱势群体研究打开了一扇明亮的窗户。

人本主义心理学的创始人之一、美国心理学家 Gordon W. Allport 22 岁访学维也纳时写信要拜见著名心理分析学家 Sigmund Freud，Freud 在工作室接待他时却一言不发等他先开口说话，于是 Allport 讲了来的路上所发生的事，他听到一个四岁的小孩告诉母亲说，他想躲避脏东西，从而可以看出他对脏物具有一种真正的恐惧。Allport 描述说，那位母亲穿戴整齐、衣领浆过，气势不凡。他认为，显而易见，这种对脏物的恐惧心理与母亲大有关联。听完 Allport 的描述，Freud 用他那双仁慈的、治病救人的眼神看着 Allport 问道："那个男孩子是你本人吗?"Allport 目瞪口呆，只好转移话题。这次会晤对 Allport 影响深远，他后来回忆说："这次经验告诉我，深层心理学研究尽管有种种好处，但易于落入过深的研究圈子里，而心理学家在杀入无意识的世界之前，只要能将动机等解释清楚，也可以获得承认。"这个故事不仅对于文化和弱势群体的研究有所启示，对于所有社会科学研究也应当有所启示。

青年教师正处于攀登科学高峰最艰难的爬坡阶段，青年教师能够以严谨求真的态度和科学精神扎实从事创新性研究，完成高质量的学术成果，是难能可贵的。

在此，祝贺洪秋兰老师的国家社科基金项目成果面世，期望洪秋兰老师在未来的科学探索道路上走得更远、站得更高，取得更大的成就。

柯平

2021 年 6 月 25 日于南开大学

目 录

第一章 绪论 (1)
  第一节 研究背景及意义 (1)
    一 研究背景 (1)
    二 研究目的和意义 (4)
  第二节 相关研究成果述评 (5)
    一 国内外移民文化适应研究述评 (5)
    二 新生代农民工的媒介体验和使用研究述评 (14)
    三 新生代农民工的文化知识流动研究述评 (16)
    四 研究问题的提出 (20)
  第三节 研究思路、方法及创新点 (22)
    一 研究思路 (22)
    二 主要研究内容 (23)
    三 研究方法 (25)
    四 创新之处 (25)

第二章 新生代农民工文化适应的多维度研究 (27)
  第一节 多维度文化适应研究 (27)
    一 文化整体观 (27)
    二 文化适应多维研究阐述 (28)
  第二节 新生代农民工个体层面的文化认同维度 (31)
    一 新生代农民工的文化认同历程 (31)

二　新生代农民工的文化认同类型…………………………（32）
　　三　新生代农民工的文化认同途径…………………………（34）
第三节　新生代农民工的媒介体验工具维度……………………（36）
　　一　新生代农民工接触的媒介类型分析……………………（37）
　　二　新生代农民工媒介体验的影响因素分析………………（40）
第四节　新生代农民工的文化知识转移维度……………………（41）
　　一　对知识转移的认识………………………………………（41）
　　二　知识转移的影响因素……………………………………（42）
第五节　新生代农民工的文化适应效果评估维度………………（43）
　　一　当前文化适应评估工具的局限性………………………（44）
　　二　现有农民工文化适应评估内容不够完善………………（46）
　　三　提出文化适应立体式综合评估工具的必要性…………（46）
第六节　新生代农民工文化适应的多元服务维度………………（47）
　　一　西方移民文化适应多元服务的努力……………………（47）
　　二　我国农民工文化适应多元服务尚未引起足够重视……（48）
　　三　新生代农民工文化适应服务的发展方向………………（50）
小　结……………………………………………………………（51）

**第三章　多维视角下的新生代农民工文化适应研究
　　　　　理论框架**………………………………………………（52）
第一节　文化资本视角及研究假设………………………………（52）
　　一　研究基础述评……………………………………………（53）
　　二　文化资本理论的体系分析………………………………（62）
　　三　文化资本分析理论框架…………………………………（65）
　　四　研究假设…………………………………………………（66）
第二节　媒介素养视角及研究假设………………………………（67）
　　一　媒介素养理论框架………………………………………（67）
　　二　研究假设…………………………………………………（68）
第三节　知识转移视角及研究假设………………………………（69）
　　一　知识转移理论框架………………………………………（69）

二　研究假设 …………………………………………………… (76)

第四节　文化资本评估视角及研究假设 ……………………… (77)

　　一　文化资本评估理论基础 …………………………………… (77)

　　二　三维立体文化适应评估理论框架 ………………………… (77)

　　三　研究假设 …………………………………………………… (82)

第四章　文化资本视角下的新生代农民工文化适应实证研究 …………………………………………………… (84)

第一节　研究设计 ………………………………………………… (84)

　　一　问卷编制 …………………………………………………… (84)

　　二　问卷预试与检验 …………………………………………… (89)

第二节　数据收集及整理 ………………………………………… (94)

　　一　数据收集 …………………………………………………… (94)

　　二　数据整理 …………………………………………………… (96)

第三节　数据分析及讨论 ………………………………………… (98)

　　一　新生代农民工在城市场域的融合分析 ………………… (98)

　　二　新生代农民工的文化资本分析 ………………………… (107)

　　三　新生代农民工文化资本与城市融合指标的相关分析 …………………………………………………… (126)

　　四　城市场域下新生代农民工文化资本影响因素探析 …… (128)

　　五　假设验证情况 …………………………………………… (138)

第四节　结论与建议 ……………………………………………… (139)

　　一　结论 ……………………………………………………… (139)

　　二　建议 ……………………………………………………… (141)

第五章　媒介素养视角下的新生代农民工文化适应实证研究 …………………………………………………… (146)

第一节　研究设计 ……………………………………………… (146)

　　一　问卷编制 ………………………………………………… (146)

　　二　问卷信效度检验 ………………………………………… (147)

第二节　数据收集及整理 …………………………………… (147)
　　一　数据收集 ………………………………………………… (147)
　　二　数据整理 ………………………………………………… (149)
第三节　数据分析及讨论 …………………………………… (151)
　　一　新生代农民工的媒介认知分析 ………………………… (151)
　　二　新生代农民工的媒介使用情况分析 …………………… (153)
　　三　新生代农民工的媒介参与情况分析 …………………… (158)
　　四　新生代农民工的媒介评价情况分析 …………………… (159)
　　五　人口学特征对新生代农民工媒介素养的影响 ………… (161)
　　六　假设验证情况 …………………………………………… (166)
第四节　结论与建议 ………………………………………… (166)
　　一　结论 ……………………………………………………… (166)
　　二　建议 ……………………………………………………… (167)

第六章　知识转移视角下的新生代农民工文化适应实证研究 …………………………………………………… (170)

第一节　研究设计 …………………………………………… (170)
　　一　问卷编制 ………………………………………………… (170)
　　二　预试问卷项目分析 ……………………………………… (172)
　　三　问卷正式形成 …………………………………………… (178)
第二节　数据收集及整理 …………………………………… (179)
　　一　数据收集 ………………………………………………… (179)
　　二　数据整理 ………………………………………………… (180)
第三节　数据分析及讨论 …………………………………… (184)
　　一　信效度分析 ……………………………………………… (184)
　　二　新生代农民工群体内部差异性分析 …………………… (194)
　　三　知识转移效果与知识转移影响因子的回归分析 ……… (211)
　　四　假设验证情况 …………………………………………… (221)
第四节　结论与建议 ………………………………………… (223)
　　一　结论 ……………………………………………………… (223)

二　建议 …………………………………………………… (224)

第七章　文化评估视角下的新生代农民工文化适应实证研究 ………………………………………… (227)

第一节　研究设计 ………………………………………… (227)
一　个体认同适应评估量表编制 ………………………… (227)
二　媒介体验适应评估量表编制 ………………………… (228)
三　知识转移行为表现适应评估量表编制 ……………… (229)
四　文化适应评估三维立体量表问卷总结构 …………… (230)
五　问卷信效度检验 ……………………………………… (231)

第二节　数据收集及整理 ………………………………… (232)
一　问卷收集 ……………………………………………… (232)
二　数据整理 ……………………………………………… (233)

第三节　数据分析及讨论 ………………………………… (235)
一　新生代农民工文化适应评估总体概况 ……………… (235)
二　新生代农民工文化评估三维度间的相关性分析 …………………………………………… (237)
三　人口学特征下新生代农民工文化评估维度内的差异性分析 …………………………………… (239)
四　假设验证情况 ………………………………………… (273)
五　小结 …………………………………………………… (274)

第四节　结论与建议 ……………………………………… (275)
一　结论 …………………………………………………… (275)
二　建议 …………………………………………………… (275)

第八章　多维视角下的新生代农民工文化适应服务策略 ………… (280)

第一节　强化政府职能，建立文化适应的政策、法律和制度保障 ……………………………………………… (280)
一　推进户籍改革，打破旧有二元化信息鸿沟 ………… (280)
二　建立健全文化服务监督管理、激励机制 …………… (282)

第二节 实行多部门合力，共建文化适应服务援助体系 ……… (283)
　　一 建立面向新生代农民工的文化适应服务体系 ………… (283)
　　二 集资筹建一个集成化的文化信息服务共享平台 ……… (284)
第三节 营造包容的文化生态氛围，促进多元文化
　　　　共同繁荣 ……………………………………………… (284)
　　一 鼓励媒介正面宣传新生代农民工形象，削减
　　　 社会刻板印象 ………………………………………… (284)
　　二 引导新生代农民工对外表达，展露个体和
　　　 家乡文化优势 ………………………………………… (286)
第四节 重点完善社区、用人单位及图书馆部门的文化
　　　　服务设施及服务方式 ………………………………… (287)
　　一 设置社区、企业文化活动室建设的硬性指标 ………… (287)
　　二 图书馆需借力为新生代农民工提供针对性和
　　　 差异性服务 …………………………………………… (288)
第五节 健全"心理+生理+能力"的服务机制，提高
　　　　新生代农民工的文化软实力 ………………………… (289)
　　一 建立起"心理+生理"的健康心理疏导服务模式 …… (289)
　　二 新生代农民工应提高知识转换能力，加快
　　　 城市适应水平 ………………………………………… (290)

第九章 结论及展望 …………………………………………… (292)
　第一节 结论 …………………………………………………… (292)
　第二节 不足及展望 …………………………………………… (294)
　　一 研究不足 …………………………………………………… (294)
　　二 研究展望 …………………………………………………… (295)

参考文献 ………………………………………………………… (296)

附录一 新生代农民工城市文化适应调查问卷（文化资本篇） …… (321)

附录二　新生代农民工城市文化适应访谈提纲（文化资本篇）……（329）

附录三　新生代农民工城市文化适应调查问卷（媒介素养篇）……（330）

附录四　新生代农民工城市文化适应调查问卷（知识转移篇）……（334）

附录五　新生代农民工城市文化适应访谈提纲（知识转移篇）……（339）

附录六　新生代农民工城市文化适应调查问卷（文化适应评估篇）……（340）

后记 …………………………………………………………………（345）

第一章 绪论

第一节 研究背景及意义

文化研究有其历时性和复杂性。关注中国新生代农民工文化适应问题首先要把新生代农民工还原为具有鲜活生命的有机体，其次要重视该有机体在认知、关系互动、行为表达上的文化适应表现，最后要把握特定时空情境下的文化适应效果，并最终提出多元化的文化适应服务策略。如同葛兰西、卢卡契等人反对用经济决定论来进行阶级分析一样，新生代农民工对城市的文化适应也不能忽略其认知、关系、行为上的诸多影响因素的研究，需要借鉴多学科成果，进行整体性研究：不仅需要多重理论的整合架构，如心理学、传播学、社会学、教育学的相关理论，丰富从个体认同、媒介体验至知识迁移效果的系统化研究；更需要多种研究方法的综合运用，如社会科学的实证研究，社会科学的田野调查、访谈、问卷、数据分析等方法是不可或缺的。

一 研究背景

（一）新生代农民工文化适应是实现新型城镇化建设的重要途径

2014年3月，《国家新型城镇化规划（2014—2020年）》指出，新型城镇化的主线是农民市民化[1]，国家"十三五"规划（2016—2020年）也提出要推进农业转移人口市民化。[2] 相关数据表明，2017年新生代农民工

---

[1]《国家新型城镇化规划（2014—2020年）》，中国政府网（http://www.gov.cn/zhengce/2014-03/16/content_2640075.htm）。

[2]《中共中央关于制定国民经济和社会发展第十三个五年规划的建议》，中国政府网（http://www.gov.cn/xinwen/2015-11/03/content_5004093.htm）。

占全国农民工总量（28652 万）的 50.5%，逐渐成为农民工主体[1]，他们渴望定居城市，成为新市民，业已成为国家政策中重点关注的对象。

新生代农民工作为市民化的主体，其市民化的达成不仅需要摆脱传统的二元经济社会结构限制，更需要争取消除由于体制原因造成的身份歧视、福利差异及相关的负面效应，建立起对城市的情感依赖，产生强烈的归属感。文化是人类区别于动物的重要特征，文化适应更具本质意义和决定作用，文化适应与认知、心理、行为密切相关，其文化适应程度与享受城市文明、满足其个人基本生存需求能力的提升息息相关，是新型城镇化问题的根本。只有实现了文化适应，新生代农民工才能真正地融入城市社会[2]，才可能真正完成农业转移人口的市民化任务，进而推动以人的城镇化为核心的新型城镇化建设。从这个意义上说，推进新生代农民工的文化适应是实现当代中国新型城镇化建设的重要途径。而对于城镇化进程中农民工文化这一深层次的关注虽然在我国农民工产生之初便已开始，但面对文化不适乃至文化排斥如何调适的问题至今仍未得到较好的解决，相应的研究也尚未形成完整的范式。

（二）新生代农民工城市文化适应是多主体、多因素交互作用的结果

新生代农民工入城之后，在城市中面临着多要素、多层次、多变量融合的复杂环境，其文化适应必然要求以系统的角度进行全景式的要素研究[3]。他们的文化适应不仅涉及诸如身份感知、融入感知等意识方面的个体认同适应，也涉及语言、规范、制度等行为上的适应，以及他们与城市中政府、社会组织、城市居民等的多方博弈与有机互动；同时新生代农民工作为城市中的文化移民，也必然身处一个信息传播水平高度发达的媒介环境中，他们的文化适应也涉及媒介与其文化适应众多影响因素的互动，"人"和"城市"之间的各种因素交互作用。当前文化适应的研究较少独立成系统，一般是作为心理适应、社会经济、制度适应中的一环看待，或

---

[1] 国家统计局：《2017 年全国农民工监测调查报告》（http：//www.stats.gov.cn/tjsj/zxfb/201804/t20180427_1596389.html）。

[2] 参见王巧利《生活方式视角下新生代农民工文化适应研究——以郑州市为例》，硕士学位论文，吉林大学，2013 年。

[3] 参见郑欣《新生代农民工的城市适应——基于传播社会学的视角》，《南京社会科学》2011 年第 3 期。

在某一具体层面关注媒介对新生代农民工的影响,不同的研究之间的联系没有得到深入挖掘,相应地,上述要素尚未在现有研究中系统体现。因此,有必要加以重视,将新生代农民工文化适应视为一个多层次、多因素、复杂的系统工程,对其进行全方位、立体化研究。

(三)文化适应评估是推进新生代农民工公共文化服务均等化的需要

在新型城镇化背景下,城乡人口结构发生变化,对公共文化服务供给结构带来较大影响,农民工快速增长的文化需求与公共文化供给不足之间的矛盾日益突出。维护社会公平与公正是实现社会和谐、维护社会稳定的根本,面向农民工的公共文化服务越来越受到党和政府的重视。2014年《国务院关于进一步做好为农民工服务工作的意见》指出:"把农民工纳入城市公共文化服务体系,继续推动图书馆、文化馆、博物馆等公共文化服务设施向农民工同等免费开放。"① 2015年出台的《关于加快构建现代公共文化服务体系的意见》再次指出:"加快将农民工文化建设纳入常住地公共文化服务体系,以公共文化机构、社区和用工企业为实施主体,满足农民工群体尤其是新生代农民工的基本文化需求。"② 2016年出台的《中华人民共和国公共文化服务保障法》规定,各级人民政府应当根据流动人口群体的特点和需求,提供相应的公共文化服务。③ 2017年《国家"十三五"时期文化发展改革规划纲要》指出,全面推进基本公共文化服务标准化均等化,开发和提供适合农民工等群体的基本公共文化产品和服务。④ 同年,文化部印发的《"十三五"时期全国公共图书馆事业发展规划》指出:加强农民工群体适用资源建设和设施配备,有针对性地开展服务,为其更好地融入社会提供帮助。⑤

---

① 《国务院关于进一步做好为农民工服务工作的意见》,中国政府网(http://www.gov.cn/zhengce/content/2014-09/30/content_9105.htm)。
② 《中共中央办公厅 国务院办公厅印发〈关于加快构建现代公共文化服务体系的意见〉(全文)》,中国政府网(http://www.gov.cn/xinwen/2015-01/14/content_2804250.htm)。
③ 《中华人民共和国公共文化服务保障法》,中国政府网(http://www.gov.cn/xinwen/2016-12/26/content_5152772.htm)。
④ 《中共中央办公厅 国务院办公厅印发〈国家"十三五"时期文化发展改革规划纲要〉》,中国政府网(http://www.gov.cn/zhengce/2017-05/07/content_5191604.htm)。
⑤ 《文化部关于印发〈"十三五"时期全国公共图书馆事业发展规划〉的通知》,中国政府网(http://www.gov.cn/xinwen/2017-07/07/content_5230578.htm)。

在相关政策的指导下，农民工的文化工作已取得了一些预期成效，基本公共文化服务覆盖率不断提高，但由于有些政策欠缺可操作性和可持续的长效服务机制，广大农民工特别是新生代农民工的公共文化服务供给不均仍然影响着他们的城市文化适应，阻碍其市民化进程。公共文化服务的"均等化"指的是向社会公众提供大致均等的文化产品和服务，但在现阶段，并不能保证在提供方式和手段上实施"一刀切"的服务模式。只有通过科学评估，了解新生代农民工入城后，其角色识别是否明确、文化存量变化情况、社会媒介类型及其支持力度、对城市文化的吸纳量等，才能有效把握他们在城市中的文化适应程度，找出市民化进程中的"差距"，才能有针对性地开展文化服务，必要时建立多元主体有机协调互补的公共文化服务机制，推进其文化适应，最终实现公共文化服务均等化。

二 研究目的和意义

（一）研究目的

基于上述背景，本研究围绕文化适应中个体的心理认知体验、判断，文化适应中所涉及的媒介选择及相应的知识信息流动状况，借助文化资本视角、媒介素养视角、知识转移视角三个不同的理论视角，建立理论框架并提出假设，采用大规模实证调研进行结果分析；从个体文化认同、媒介体验和使用、文化知识转化三个角度出发，构建新生代农民工的城市文化适应理论评估框架，采用结构化量表进行"个体、工具、行为适应"立体化评估；最后基于以上调研结果和评估结论，探讨图书馆、政府、社区等多元主体协作提供新生代农民工文化适应的综合服务策略，为新生代农民工加快城市文化适应提供参考。

（二）研究意义

本研究的理论意义集中在以下两方面：(1) 基于多维分析新生代农民工文化适应的现状，立体化把握其文化迁移的个体化、媒介化和社会化表现，由此探索提出的多种文化迁移服务路径，既尊重文化和谐性也鼓励多样化文化创新，可弥补当前文化适应理论研究的单一性，丰富新生代农民工城市文化适应的理论体系，为形成具有本土特色的文化适应理论提供数据与研究参考。(2) 推进其市民化进程的需要，为开展新型城镇化建设和推进公共文化服务均等化提供一定的理论支撑，以及为政府部门制定城镇化政策提供参考依据。

本研究的现实意义可归纳为：首先，新生代农民工是城市建设的主要力量，是沟通城市和乡村的桥梁，他们为城市的发展作出了巨大贡献，然而他们却无法享受和城市居民同等的待遇。在这样的背景条件下，研究新生代农民工城市文化适应，促进其达到与城市居民同质化程度，这和党中央提出的构建社会主义和谐社会是一致的，对我国的和谐社会建设具有一定的现实意义。其次，在我国农村剩余劳动力向城市转移的规模日益扩大的情况下，市民化是进城农民未来身份转变的必然趋势，着力研究和解决新生代农民工城市文化适应对于改善城乡人力资源调配力度、解决三农问题、促进城市经济发展有重要作用。最后，新生代农民工城市文化适应的实现是新型城镇化推进的重点问题，是城乡协调发展、城乡一体化的重要内容，也是时代发展的诉求，对推动文化繁荣发展、社会和谐进步具有重要的意义。

第二节 相关研究成果述评

一 国内外移民文化适应研究述评

本部分着重梳理文化适应理论研究、文化适应进程研究、文化适应影响因素研究的相关成果。

（一）国内外移民文化适应理论研究

1. 国外移民文化适应理论研究

"文化适应"一词最早见于1883年美国民族事务局 J. W. Powell 所给出的跨文化适应定义。[①] 社会文化适应是考察移民融入当地社会的一项重要指标。人类学家 Redfeild、Linton 和 Herskovits 将文化适应定义为："具有不同文化的两个群体之间，发生的持续的、直接的文化接触，导致一方或双方文化模式发生变化的现象。"[②] 文化适应的研究始于20世纪初，随着移民数量的增长和移民问题的解决，移民的文化适应是国际移民研究的重

---

① Kim Y. Y., *Becoming Intercultural: An Integrative Theory of Communication and Cross-Cultural Adaptation*, Los Angeles: Sage Publications, 2000.

② 转引自余伟、郑钢《跨文化心理学中的文化适应研究》，《心理科学进展》2005年第6期。

要内容之一。对于移民来说,不管他们原有的文化是什么,他们是否会逗留,也不管他们是难民还是自愿移民,都必须对新文化环境有某种形式的适应。[1] 代表性的移民文化适应理论主要有"熔炉论""多元文化论""多向分层同化理论"以及各种研究模型等。

(1) 熔炉论(又称为"同化论",Classical Assimilation Theory)。"熔炉论"由法裔美国学者 Crevecoeur 提出,19 世纪中叶扩展为 Turner 的"边疆熔炉论",20 世纪 40 年代出现了 Kennedy 的"三重熔炉论"和 Stuart 的"变形炉论"等,现在较多用"同化论"来进行表述。该理论认为,移民进入新环境后,对自己的态度和行为进行调整,转而接纳新环境中的主流文化、价值观和生活方式。[2] 移民通常要经历定居、适应和同化三个阶段,在刚进入迁入地时,因为大多不懂或不能熟练掌握当地语言,缺乏进入主流社会的渠道,因而只能在边缘地区立足,以出卖廉价劳动力为主。在此过程中,越来越多的移民逐渐接受主流社会的文化,认同主流群体文化,最终被主流社会同化。[3] 因此,从"同化论"角度来看,社会融合可能意味着人们对主流或强势文化、价值观和生活方式的被迫接受,是以牺牲原有文化等作为代价的。

(2) 多元文化论(Multiculturalism)。多元文化论是对"同化论"这一单向式文化接受模式的批判,认为移民的文化融入具有多样性、差异性的特征,可以在多元文化环境下保持新旧文化的平衡,允许移民保留本民族的文化、语言、习俗和生活方式,鼓励人们容忍相互间的差异[4],强调不同种族或社会集团之间享有保持"差别"的权利。[5] "多元文化论"认为,移民将其不同文化背景、不同社会经历和价值观念重新塑造其生活的地

---

[1] Ward C., Bochner S., Furnham, A., *The Psychology of Sulture Shock* (2nd ed.), Boston: Routledge Kegan Paul, 2001.
[2] Park R. E., "Human Migration and the Marginal Man", *American Journal of Sociology*, 1928, 33 (6), pp. 881 – 893.
[3] 参见李明欢《20 世纪西方国际移民理论》,《厦门大学学报》(哲学社会科学版) 2000 年第 4 期。
[4] 参见李明欢《"多元文化"论争世纪回眸》,《社会学研究》2001 年第 3 期。
[5] 参见李明欢《20 世纪西方国际移民理论》,《厦门大学学报》(哲学社会科学版) 2000 年第 4 期。

点，从而有助于建构多元化的社会和经济秩序[1]，有助于所有社会参与者都享有平等的权利[2]，也有助于移民保持原有的文化传统，缔结相似背景的民族聚集区，但随着时间的推移，民族聚集区会衰落。[3]

（3）多向分层同化理论（Segmented Assimilation Theory）。这一理论强调移民文化适应的过程是一个复杂多因素综合作用的结果，是结构因素和文化因素共同作用的结果。移民除了对不同文化进行识别并有选择地认同外，还要关注族裔社区中的社会经济资源以及主流社会的社会分层和政策取向。该理论的视野相对客观中立，用来解释我国特定政策和国家背景下的新生代农民工国内迁移和流动现象，显得更具解释力和参考价值。

（4）多种文化适应理论模型。与上述理论相对应的，出现了多种文化适应理论模型。如Gordon的单维度模型即是熔炉论或同化论的理论源头。该理论模型认为，跨文化适应是个体对新文化进行接纳、融入并脱离原有文化的过程。Gordon还把这种文化同化表现划分为七个方面[4]：文化或行为上的同化，结构性同化，文化身份同化，联姻性同化，态度—接受性同化，行为—接受性同化，公民性同化。由于忽略了文化之间互动关系的影响，这种单维式、单方向的文化适应受到了诸多质疑。随后，Berry认为保持传统文化和身份的倾向性以及和现有文化交流的倾向性是两个独立的维度[5]，并认为移民对新旧文化的不同处理方式，可相应产生四种文化适应结果："融合"代表两种文化共生共存；"分离"指保留并持续旧文化，排斥新文化；"同化"指舍弃旧文化，接受新文化；"边缘"指两种文化

---

[1] 参见赵丽丽《城市女性婚姻移民的社会适应和社会支持研究——以上海市"外来媳妇"为例》，博士学位论文，上海大学，2008年。

[2] Glazer N., *We Are All Multiculturalists Now*, Cambridge, Harvard University Press, 1997.

[3] Bentler P. M. & Bonett D. G., "Significance Tests and Goodness of Fit in the Analysis of Covariance structures", *Psychological Bulletin*, 1980, 88（3）: 588 – 606. Light, Ivan, "Immigrant and Ethnic Enterprise in North America", *Ethnic and Racial Studies*, 1984, 7（2）, pp. 195 – 216.

[4] Gordon M. M., "The Nature of Assimilation and the Theory of the Melting Pot", Hollander, E. P. and Hund R. G. ed, *Current Perspectives in Social Psychology*, New York: Oxford University Press, 1976, pp. 102 – 114.

[5] Berry J. W., "Acculturation as Varieties of Adaption", In Padilla A. M. ed., *Acculturations: Theory, Models and Some New Findings*, Boulder: Westiview Press, 1980, pp. 9 – 25.

均不想继续。① Oberg 提出"文化冲击模型"②，根据文化适应者的生理和心理感受将他们所经历的文化冲击描述为一个过程，包括以下四个阶段：蜜月期、危机期、恢复期和适应期。此外，Oberg 的文化冲击模型、Lysgaard 的 U 型曲线假说、Adler 的文化适应五阶段、Gordon 的文化同化模型③也都是较有影响力的文化适应理论模型。

综上可以看出，国外文化适应理论由单维度已发展至多元共存维度，模型也有相应完善。但这些研究基本上都以跨国移民为研究对象，其研究对象、文化适应语境、新国家的移民策略等都与我国有较大不同，因此其研究结果对于国内跨区域的新生代农民工而言，需慎重对待。

2. 国内有关流动农民工文化适应理论的研究

我国历史上经历过多达十余次的人口大迁移，近的有农民工入城发展研究。社会学研究较为宏观，以社会结构、经济基础、政治组织以及文化习俗为对象分析移民的迁移特点。社会学界运用的相关理论有社会排斥、社会资本、社会距离、社会认同和文化解释；也有学者将相关理论归纳为现代性视角、社会化视角、社会整合视角、社会分层与社会流动视角、社会网络视角等五种理论视角；④ 更有学者提出城乡二元结构视角、再社会化视角、内局群体与外局群体的视角、资本视角、污名化与标签视角、亚文化群体视角、底层精英视角的七种理论视角。⑤ 由于单一理论解释的局限性，现有研究也有综合运用两个或以上理论进行分析，如孙慧、邱俊超结合社会排斥和人力资本等理论视角分析广州市 CH 区文化与心理融入状况；⑥ 刘程从经济资本、人力资本和社会资本等资本建构和转换的角度，

---

① Berry J. W., *Psychology of Acculturation*, Understanding Individuals Moving between Cultures, Sage Publications, Inc, 1990.

② Oberg K., "Cultural Shock: Adjustment to New Cultural Enviroments", *Practical Anthropology*, 1960（7）, pp. 177 – 182.

③ 参见孙进《文化适应问题研究：西方的理论与模型》，《北京师范大学学报》（社会科学版）2010 年第 5 期。

④ 参见胡杰成《农民工城市融入问题研究综述》，《兰州学刊》2008 年第 12 期。

⑤ 参见陈旭峰、田志锋、钱民辉《农民工的社会融入何以可能——基于理论的分析和调研思考》，《理论探索》2010 年第 3 期。

⑥ 参见孙慧、丘俊超《新生代农民工文化与心理融入状况调查——以广州市 CH 区为例》，《青年探索》2014 年第 2 期。

提出新生代农民工城市融入是以"同化"与"整合"为主。① 也有研究从文化的角度入手，如 Hong 等人提出多元文化研究的"动态建构主义倾向"②。李强、李凌在 Hong 等人的观点基础上，提出"文化框架转换模型"，反映出指导个体认知与行为的文化构建具有动态性和情境性，指出个体认知和行为的文化构建可根据情境，在多种文化框架之间灵活选择和转换。③

传播学家以分析媒介报道中的农民工形象及研究各种媒介特点、传播影响因素为主。新闻传播学的研究理论运用也有一些，如有学者运用符号资本理论，对代表性城市媒介报道的文本进行考察，解析了大众传媒的话语符号在新生代农民工城市融入中的作用。④ 有学者认为城市适应是一个多因素、多层次、多变量的综合概念，尝试从传播社会学的角度关切大众传媒对城市流动人口的身份认同、文化适应与社会融合的影响。⑤ 也有学者认为新生代农民工在城市中的生存和发展包括社会风险、生活风险和职业风险，主张用传播学理论和风险理论作为工具，考察传播活动与传播行为对新生代农民工城市适应的推动和影响。⑥ 随着新媒体的出现，互联网等媒介对于新生代农民工的作用不容忽视。有学者运用赋权理论对北京市新生代农民工的互联网媒介使用情况进行了调研，发现网络技术和移动设备对新生代农民工心理层面的效能感提升作用依然有限。⑦ 心理学界主要

---

① 参见刘程《资本建构、资本转换与新生代农民工的城市融合》，《中国青年研究》2012 年第 8 期。

② Hong Y. Y., Morris M. W., Chiu C. Y., Benet-Martinez V., "Multicultural Minds: A Dynamic Constructivist Approach to Culture and Cognition", *American Psychologist*, 2000, 55 (7), pp. 709 – 720.

③ 参见李强、李凌《农民工的现代性与城市适应——文化适应的视角》，《南开学报》（哲学社会科学版）2014 年第 3 期。

④ 参见袁靖华《大众传媒的符号救济与新生代农民工的城市融入——基于符号资本的视角》，《新闻与传播研究》2011 年第 1 期。

⑤ 参见郑欣《新生代农民工的城市适应——基于传播社会学的视角》，《南京社会科学》2011 年第 3 期。

⑥ 参见张龙《风险传播视角下的新生代农民工城市适应研究》，博士学位论文，南京大学，2018 年。

⑦ 参见晏齐宏《互联网对新生代农民工意见表达意愿的影响机制——基于赋权理论的分析》，《新闻与传播评论》2018 年第 5 期。

关注农民工的心理健康状况、心理问题、主观幸福感和生活满意度[1]，少数关注个体因素对文化适应的影响。[2] 总体而言，相比于国外理论已成体系化的事实，我国的理论研究主要分布在社会学和传播学领域，还处于多种理论探索性研究阶段，基于不同的研究层面采取了侧面性的理论构建，尚缺乏基于文化认同、交流与知识转移的完整的文化适应理论阐述。

(二) 国内外移民文化适应进程研究

国内外学者对移民文化进程的研究均有明确的出发点：移民的发展困惑，即移民的动机分析。早在1885年，英国学者拉文斯坦（E. G. Ravenstein）就认为在移民诸多迁移动机中，经济动机是最主要的，人口迁移本质上是市场环境下移民对经济机会的选择。1946年，美国社会学家吉佛提出"引力模型"，量化分析了人口流动和人口基数与迁移距离的关系；美国人口学家罗理在此基础上优化了这一模型，认为移民是从农业劳动力较多的地区流入农业劳动力较少的地区，且是从工资低的地区向工资高的地区流动。20世纪50年代末，唐纳德·博格（D. J. Bogue）从运动学角度研究流动人口、迁移行为，提出人口转移的推拉理论；其后，李（E. S. Lee, 1966）完善了这一理论。该理论认为迁出地存在的消极因素形成的"推力"将当地居民推出原居住地，迁入地具备积极因素形成的"拉力"吸引外地居民，而迁移者总是在迁移推拉力的正负效应权衡之中进行价值选择，继而决定是否迁移。1962年，西奥多·舒尔茨（Theodore. W. Schultz）认为移民是个人人力资本的投资，迁移是成本—效益理论作用的结果，移民需要付出费用、时间成本、脑力支出、心理成本等迁移成本，迁移后能获得货币收入、社会关系、心理满足等迁移收益，移民流动的决策取决于对迁移成本和迁移效益的权衡。随后，夏斯达量化了这一理论，建立了成本—收益模型，从预期获得收益的总年数上解释了迁移人口多为青年人的现象。

---

[1] 参见汪娜、李强、徐晟《农民工信任对心理健康的影响：领悟社会支持的中介作用及性别差异》，《中国临床心理学杂志》2017年第3期；黄四林、侯佳伟、张梅、辛自强、张红川、孙铃、窦东徽《中国农民心理健康水平变迁的横断历史研究：1995—2011》，《心理学报》2015年第4期；胡美娟、彭文波、杨允、疏德明、刘电芝《当代农民工感知社会支持、自尊和主观幸福感的关系》，《心理科学》2011年第6期。

[2] 参见刘雅婷、黄健《心理资本对农民工城市融入的作用机制及教育规导路径》，《现代远程教育研究》2018年第3期。

我国学者也把农民工的区域性流动看作是农民工自身寻找更好发展机会的选择。20 世纪 80 年代，我国的乡镇企业异军突起，吸纳就近农民工就业成为需求，第一代农民工由此产生；1989 年左右，经济特区建设等促使农民工数量增长，刺激他们前往大中城市寻找就业机会、提高收入、发挥才干等。[1] 2010 年左右，新生代农民工概念被提出，至今这一群体成为农民工城市移民的主要群体。在农民工进城的历史进程中，城乡经济差异、户籍制度导致的福利差异、城乡文化差异等，都成为了农民工向往城市的动力，我国农村居民的入城规模也在不断扩大。符坚等学者认为，农村劳动力迁移对于农民收入的提高具有积极的意义。除了经济因素，国内学者们发现中国劳动力转移还与制度因素、个人特征、社会文化有关。新近的研究表明，新生代农民工入城的动机比较复杂，但比较集中的一点是寻找更大发展并渴望定居城市，进而实现市民化。

在移民迁移后，相关研究对文化适应进程的层次作了分析。Berry 认为文化适应包括群体层和个体层。群体层的文化适应主要体现在社会结构、政治、经济、文化上，而个体层的文化适应则体现为认同、价值观、态度和行为能力的改变。[2] 这就衍生了对文化适应进程研究的两种不同思路：一是从群体层进行文化适应的横向比较，有对同时期的各国移民文化适应情况或是同一国别内不同区域间的移民文化适应，典型如留学生移民、少数民族移民、农民工移民等的研究；也有对文化适应的不同领域进行的研究，Danckwortt 曾把文化适应领域分为五大范畴：（1）生物—地理范畴：包括气候、居住地、人口密集度等；（2）科技—经济范畴：包括服饰、饮食、居住环境等；（3）社会范畴：包括一般的交流媒介、教育、家庭生活、休闲娱乐等；（4）政治范畴：包括法律系统、政府机构等；（5）伦理—宗教范畴：包括日常伦理道德、对外来群体的态度等。[3] 二是从个体层进行文化适应的纵向比较，对农民工的代际差异、代际传承或是用历史

---

[1] 参见李玲《改革开放以来中国国内人口迁移及其研究》，《地理研究》2001 年第 4 期。

[2] 参见 Berry J. W., "Immigration, Acculturation and Adaptation", *Applied Psychology*, 1997, 46 (1): 5–34。

[3] Danckwortt D., *Probleme der Anpassung an Eine Fremde Kultur: Eine Sozialpsychologische Analyse der Auslandsausbildung*, Köln: Carl Duisberg-Ges. für Nachwuchsförderung e. V., 1959.

发展的视角来看待其文化适应过程。Kara 发现第一代移民在文化认同上倾向于认同自己的原有文化特征，而第二代移民则有更高的语言熟悉度和文化适应度，倾向于采取融合的策略。[①] 此外，第二代移民可以借助其异质化较强的人际关系，比第一代移民依赖同质人际关系更可能获得良好的文化适应。心理学层面常关注个体层的文化适应，研究个体文化接触之后在情感（affective）、行为（behavioral）、认知（cognitive）上的变化。其心理学研究框架主要包括群体变量（出身社会的影响、群体适应经历和客居社会的影响）和个体变量（适应前的影响因素，适应过程中的影响因素）。[②]

以上研究表明，文化迁移是内外因素驱动下向外文化靠拢的一种举动，文化适应的衡量层面有多级，但目前尚未形成统一的标准。梳理不同的衡量层面可见，不管是三个层面或四个层面，均有一定的局限性：其一，划分标准之间的交叉性和模糊性，如经济与社会层面的划分，心理与身份的划分；其二，忽略了个体这一最大的内在逻辑性和能动性，而割裂地从个体的认同感或心理因素或社会生活方式进行考察，导致文化适应缺乏系统性。

（三）文化适应影响因素研究及其解决举措

移民的城市融入遭遇诸多的限制因素，西方学术界主要从以下几个层面进行解释：其一，人力资本归因论。西奥多·舒尔茨（Theodore. W. Schultz, 1960）等认为，制约移民城市融入的主要原因在于移民自身包括教育程度、语言能力、工作水平等在内的人力资本的缺失，使得移民难以融入新的社会经济生产体系。Kim 等指出文化适应与心理适应程度相关。[③] 其二，社会资本归因论。布迪厄（Bourdieu）、科尔曼（Coleman）等人认为，人们无时无刻不处在社会网络环境下，移民发生迁移行为后，原本持有

[①] Kaya I., "Identity Across Generations: A Turkish American Case Study", *Middle East Journal*, 2009, 63 (4), pp. 617 – 632.

[②] Berry J. W., "Stress Perspective on Acculturation", In Sam D. L. and Berry J. W. ed., *The Cambridge Handbook of Acculturation Psychology*, Cambridge: Cambridge Universtiy Press, 2006, pp. 43 – 44.

[③] Kim S. Y., Chao R. K., "Heritage Language Fluency, Ethnic Identity, and School Effort of Immigrant Chinese and Mexican Adolescents", *Cultural Diversity and Ethnic Minority Psychology*, 2009 (15), pp. 27 – 37.

的制度型、关系型、组织型社会资本都不复存在，社会支持网络的丧失影响着移民顺利地实现融入。Edwards 和 Lopez 分析了家庭情境因素对青年移民的适应影响，指出源文化适应度是预测生活满意度的重要指标。[①] Irene 等人也认为文化适应的程度受移民的边缘化态度、移民家庭支持和对收入评价的影响。[②] 其三，制度化归因论。认为迁入地涵盖社会福利、文化教育、宗教信仰等在内的政策和制度是限制移民社会融入的主要因素。

我国相关研究对影响农民工市民化的因素归纳，包括以下几点：其一，制度因素，即户籍制度、土地流转制度等制约了农民工的社会融合，导致农民工难以融入城市体制。[③] 其二，农民工自身因素，包括农民工的价值观念系统、身份认同因素、个人素质、生活满意度[④]、人口统计学特征[⑤]等。研究发现，农民工缺乏城市归属感和居民身份认同，心理上存在相对剥夺感和不满情绪，抱有过客心态，同时伴有明显的自卑心理和孤独情绪[⑥]，难以真正融入城市[⑦]。其三，经济因素，当前农民工的经济收入低下，影响其消费水平和购房能力，而经济上的阻碍导致其在社会、文化层面也难以有效融入。[⑧] 第四，社会环境因素，如城市化的开放程度、市民对农民工的态度、公共服务体系的完善程度等都影响着农民工市民身份地位的获得。邹显林指出新生代农民工文化适应除受到城市生活阅历、现实的情感

---

① Edwards L. M., Lopez S. J., "Perceived Family Support, Acculturation, and Life Satisfaction in Mexican American Youth: A mixed-methods Exploration", *Journal of Counseling Psychology*, 2006 (53), pp. 279 – 287.

② Irene Sapienza, et al., "Effects of Basic Human Values on Host Community Acculturation Orientations", *International Journal of Psychology*, 2010 (4): 311 – 319.

③ 参见黄建新《新生代农民工市民化：现状、制约因素与政策取向》，《华中农业大学学报》（社会科学版）2012 年第 2 期；韩玉梅《新生代农民工市民化问题研究》，博士学位论文，东北农业大学，2012 年。

④ Ying Y., "Immigration Satisfaction of Chinese Americans: An Empirical Examination", *Journal of Community Psychology*, 1996 (1): 3 – 16.

⑤ 参见李萍、孙芳萍《跨文化适应研究》，《杭州电子科技大学学报》（社科版）2008 年第 4 期；陈慧、车宏生、朱敏《跨文化适应影响因素研究述评》，《心理科学进展》2003 年第 6 期。

⑥ 参见韩雪松《新生代农民工的心理困境与解决策略》，《西安社会科学》2009 年第 4 期。

⑦ 参见陈星博《区隔与阻断：青年农民工的"问题化"倾向——对我国城市流动人口社会转型过程问题的思考》，《当代青年研究》2003 年第 4 期。

⑧ 参见朱力《论农民工阶层的城市适应》，《江海学刊》2002 年第 6 期。

氛围、个人的发展意愿影响之外,还受到诸如政府政策、企业环境、社会组织等外部环境因素的影响。① 陈慧等认为文化适应受生活变化、社会支持、旅居时间、文化距离、歧视与偏见等外部因素影响。②

正如大家所认可的文化适应是个复杂的系统化工程一样,文化适应受种种因素影响,学者们的考察已基本涵盖所有,仍有不足:其一,大多数研究从社会、制度、个人层面进行影响归因,没有考虑具体问题的适用性,对变量的影响因子缺乏理论上的严谨构建;其二,泛在的因素分析没有落实在实践调研基础上,或缺乏多样本(有些仅为个案,或小规模的抽样)的支持,尤其缺乏持续性的跟踪调研,影响对新生代农民工文化适应效果的准确把控。

二 新生代农民工的媒介体验和使用研究述评

梳理相关成果发现,当前移民媒介体验和使用状况的相关研究主要集中在以下两个方面:一是新生代农民工的媒介行为研究;二是媒介对新生代农民工城市融入的影响力作用研究。

(一)新生代农民工的媒介行为研究述评

新生代农民工媒介行为体现在他们的媒介类型选用、媒介内容获取以及媒介使用目的和时长等方面。研究表明③,当前的新生代农民工在城市融合过程中呈现出媒介使用娱乐化工具、媒介参与能力不强、信息识别表浅盲目④的趋势,偏好电脑、手机等新兴媒介;主要获取娱乐信息或玩游戏,追求"娱乐至死";网络使用负向效应和网络参与能力低⑤,通过媒介

---

① 参见邹显林《新生代农民工文化适应影响因素分析》,《职教通讯》2012年第10期。
② 参见陈慧、车宏生、朱敏《跨文化适应影响因素研究述评》,《心理科学进展》2003年第6期。
③ 参见黄俊华、许同文《新生代农民工大众媒介接触研究》,《新闻传播》2011年第12期;周葆华、吕舒宁《上海市新生代农民工新媒体使用与评价的实证研究》,《新闻大学》2011年第2期;李宁《新生代农民工媒介使用情况调查》,《新闻爱好者》2011年第10期。
④ 参见王英占《新生代"农民工"媒介素养教育研究——以重庆市为例》,硕士学位论文,西南政法大学,2011年;陈芳《新生代农民工媒介素养对其城市融合的影响探讨》,《中国报业》2012年第24期。
⑤ 参见杨英新《城市融合之推手:新生代农民工的网络媒介素养》,《中国劳动关系学院学报》2012年第2期;王圣贺、李彬《浅谈新生代农民工网络媒介素养的发展变化》,《新闻传播》2013年第6期。

表达诉求的效果不是很满意①，新媒介使用主要以人际交往和休闲娱乐为主。晏齐宏的调研结果表明，新生代农民工意见表达意愿主要受网络接入、政治效能感的影响，其受实践能力影响较小。② 不仅如此，有研究发现，新生代农民工媒介素养的认知和行为均存在问题，相较市民群体，农民工群体的媒介素养水平偏弱，主张从政府、高校、媒体和公益组织等多元行动主体相互协作，以开展农民工媒介素养教育。③

（二）媒介对新生代农民工的影响力研究述评

1. 媒介对新生代农民工的正面影响研究

媒介固有的信息传播、教育和娱乐功能，对新生代农民工的行为、观念、心理等都会产生影响，进而影响其城市融合。新生代农民工在城市中面临生活和就业压力，可利用媒介获取就业信息，实现信息赋权④；可利用媒介排解心情，调解压力，进行心理救助⑤；可借助以血缘、亲缘、地缘为基础的初级关系网络，构建基于业缘、趣缘为基础的初级异质关系网⑥，建立新的关系网⑦，不仅如此，新生代农民工还可利用媒介的信息改变其价值观念⑧和消费观念⑨，通过大众传播的符号标识、媒体形象再现以及建构身份意义和自我类别化可以不断强化其社会认同⑩，避免身份认同的边

---

① 参见曹茸、刘家益《传播学视角下新生代农民工利益表达探析——以中西部劳动力输出大省的典型地区为例》，《前沿》2013年第15期。

② 参见晏齐宏《互联网对新生代农民工意见表达意愿的影响机制——基于赋权理论的分析》，《新闻与传播评论》2018年第5期。

③ 参见吴麟《新生代农民工：媒介素养有多高？》，《中国工人》2015年第4期。

④ 参见郑欣、王悦《新媒体赋权：新生代农民工就业信息获取研究》，《当代传播》2014年第2期。

⑤ 参见米丽娟、曹成刚、米利波《传播学视阈的新生代农民工心理救助》，《理论界》2013年第2期。

⑥ 参见李红艳《手机：信息交流中社会关系的建构——新生代农民工手机行为研究》，《中国青年研究》2011年第5期；任玉达《新生代农民工对于社交网络的使用调查——对河北省迁安市的个案分析》，《东南传播》2012年第5期。

⑦ 参见李红艳《手机：信息交流中社会关系的建构——新生代农民工手机行为研究》，《中国青年研究》2011年第5期。

⑧ 参见张莉《网络媒体对新生代农民工价值观的影响》，《新闻知识》2012年第4期。

⑨ 参见杨嫚《消费与身份构建：一项关于武汉新生代农民工手机使用的研究》，《新闻与传播研究》2011年第6期。

⑩ 参见杨嫚《媒介与外来务工人员社会认同》，《西南石油大学学报》（社会科学版）2011年第2期。

缘化。①

2. 媒介对新生代农民工的负面影响研究

主要体现在三个方面：第一，新生代农民工的媒介形象，普遍具有污名化、标签化的趋势②，引来城市居民对这一群体的刻板印象和不自觉的歧视；第二，新生代农民工的自我认同处于淡化的状态③，在与异质群体交流的过程中，容易产生心理落差感，对自身城市身份产生质疑，影响其城市融合④；第三，新兴媒介所构筑的虚拟环境与现实环境的重叠和转换落差，导致新生代农民工游离在不同文化氛围中，影响他们的城市归属感。⑤

综合以上研究发现，移民媒介研究成果提供了良好的基础：新生代农民工似乎更倾向于使用传统人际关系以及网络媒介，通过媒介获取信息有助于加快其城市融合。但新生代农民工的整体媒介素养还处于较低水平，也受到媒介污名化和歧视化报道的消极影响。文化适应角度的直接研究成果还比较缺乏，本书希望在文化层面上着眼，更关注新生代农民工对自身、关系环境、知识同化程度的认同和表现，增进对媒介在促进文化适应层面作用的进一步了解。

三 新生代农民工的文化知识流动研究述评

为梳理相关成果，本研究于 2015 年 10 月、2017 年 10 月、2018 年 10 月，主要通过知网、维普等中文文献数据库进行高级检索，根据"新生代农民工"与"文化交流""文化学习""文化传播""知识学习"或"信息获取""信息交流""信息传播"等检索词进行检索，综合多次检索结果经筛选检索到相关文献记录 85 条，其中以期刊论文为主。经统计，2010 年 4 条；

---

① 参见陈韵博《新媒体赋权：新生代农民工对 QQ 的使用与满足研究》，《当代青年研究》2011 年第 8 期。
② 参见董小玉、胡杨《新生代农民工的大众媒介形象建构》，《新闻界》2011 年第 2 期。
③ 参见金艳《网络媒体话语影响下新生代农民工的身份认同》，《今传媒》2013 年第 2 期。
④ 参见金艳《大众传播影响下新生代农民工的身份认同研究》，《东南传播》2012 年第 8 期。
⑤ 参见王献峰《互联网对新生代农民工城市融入的影响研究——以郑州市为例》，硕士学位论文，郑州大学，2012 年；梅轶竹《网络媒介对新生代农民工的影响力刍议》，硕士学位论文，中国青年政治学院，2012 年。

2011年5条，2012年11条，2013年22条，2014年9条，2015年6条，2016年12条，2017年10条，2018年6条。从以上数据可以看出：与新生代农民工的文化知识流动状况相关的第一篇论文发表于2010年，因为"新生代农民工"的提法于2010年在国务院发布的2010年中央一号文件中首次出现；国内学者关于新生代农民工的文化知识流动状况的研究成果发布数量较少且总体上呈现不稳定状态，相关文献发文数量在2013年达到顶峰，多达22篇，2014年迅速回落至9篇；国内学者对于新生代农民工的文化知识流动状况的研究大都采用问卷调查等实证研究的方法。

（一）新生代农民工文化知识流动状况研究的主要内容

主要内容可归纳为两大类：文化知识的获取方式和信息的获取状况。

1. 新生代农民工获取文化知识的方式

（1）网络远程教育。学者们认为"互联网+继续教育"或网络远程教育，能够帮助新生代农民工克服时空局限，提供个性化教育[1]，可满足新生代农民工接受教育培训、提高职业技能的需求。[2] 但这种学习方式存在意向障碍、学习时间障碍、网络信息素养障碍、经济障碍、学习能力障碍和远程教育机构障碍。为应对这些障碍应营造终身学习氛围，健全相关保障制度；引导转变传统观念，加强网络信息素养教育；注重学习策略指导，提升自主学习能力；以学习者为中心，完善远程学习支持服务系统。[3]

（2）移动学习。移动学习具有移动性、便携性、自主性等特点，可以有效缓解工学矛盾，能够"随时、随地、随身"地学习满足自主、自助学习的需求[4]，能适应新生代农民工职业教育的实际需求。[5] 但也存在学习时间零星化、学习动机功利化、信息素养欠缺、移动设备相对低端和移动学

---

[1] 参见张青、李宝艳《"互联网+"视域下新生代农民工继续教育研究》，《成人教育》2016年第36期。

[2] 参见张梓英《网络远程教育在新生代农民工教育培训中的作用》，《继续教育研究》2012年第5期。

[3] 参见刘奉越《新生代农民工远程学习障碍及其对策研究》，《现代远距离教育》2012年第6期。

[4] 参见朱建文、张亿钧《手机移动学习在"新生代农民工"培训中的应用研究》，《职教论坛》2013年第36期。

[5] 参见魏丹丹《基于移动学习的新生代农民工职业教育》，《教育学术月刊》2012年第10期。

习资源匮乏等问题。

（3）工作场所学习。新生代农民工工作时间长、工作强度大，当遇到工作问题时，基于工作场所的学习方式能够彼此抱团，共同激励，相互取经，取得及时的成效。通过互助、合作等学习方式，能够激发其学习动机与学习兴趣，总结出新的知识与技能，从而形成良性循环。[1]

（4）自我导向学习。自我导向学习方式是新生代农民工根据社会、个人的发展以及社会流动的需要，自我评判学习需求，形成学习目标，制订学习计划，选择学习资源和对学习结果进行评价，具有主动性、持续性和多样性等特点。[2] 对于新生代农民工来说，自我导向学习有利于激发学习动机，有利于提升学习能力，有利于缓解工学矛盾。

（5）项目学习。项目学习作为一种新的学习方式，是指针对新生代农民工的特点，结合社会的需求，创设以具体问题为中心的真实情境，通过完成一个完整的工作项目来进行知识和技能的学习。项目学习中应采取营造情境、突出内容的实用性、注重培养自主学习能力、积极开展合作等策略。[3]

（6）转化学习。转化学习是一种基于情境检视、质疑并修正自我的学习方式。刘奉越等认为新生代农民工需要面对新的情境和任务，学习新的知识和技能，形成新的认知结构，从而对转化学习提出了强烈的诉求。为促进新生代农民工的转化学习，应采取以下策略：树立自觉学习观念、发挥触发性事件的作用、彰显学习内容的实用性、注重学习策略指导、加强与他人的交流。[4]

2. 新生代农民工信息获取状况

（1）新生代农民工信息获取途径。研究发现，新生代农民工偏爱新兴媒介，而且在职业性质（稳定与非稳定）、工资收入（有工作单位与无工

---

[1] 参见常志伟、杨月圆、李婷《基于社会流动的新生代农民工工作场所学习探析》，《中国成人教育》2016年第14期。

[2] 参见冯红霞、王双巧《论新生代农民工自我导向学习》，《教育与职业》2013年第2期。

[3] 参见王国光《新生代农民工项目学习研究》，《河北大学成人教育学院学报》2012年第2期。

[4] 参见刘奉越、庞学光《基于社会流动的新生代农民工转化学习》，《现代远距离教育》2013年第3期。

作单位）以及受教育程度（高与低）上呈正相关关系[1]；除了互联网外，传统媒体、组织传播、人际传播三种渠道，在新生代农民工日常信息获取中"三足鼎立"的格局不变[2]，其中人际关系依然是新生代农民工获取就业信息[3]的主要渠道，但信息的获取效率和质量会受同质化影响。[4]

（2）新生代农民工信息获取障碍。研究表明，经济因素[5]、文化程度、信息环境、社会融合、信息费用是新生代农民工信息获取障碍的主要影响因素。[6]

（3）改善新生代农民工信息获取状况的对策。研究指出，政府和公益性信息服务机构应以平等视角、拓展服务范围[7]、创新服务方式、构建一体化的农民工信息服务链接体系[8]，推进信息均衡服务。

（二）新生代农民工文化知识流动状况的研究述评

通过文献研究发现，自 2010 年以来，关于新生代农民工的文化知识流动状况研究领域取得了较为丰硕的成果，特别是 2013 年研究成果呈现较大增长，国内学者对这一领域理论和实践经验的总结均有所建树。但是，国内学者关于新生代农民工的文化知识流动状况研究的论题分布不均，成果数量排在首位的是信息获取途径、信息获取障碍及改善信息获取

---

[1] 参见何晶、晏齐宏《互联网使用与北京市新生代农民工的社会发展研究》，《新闻与传播研究》2016 年第 4 期。
[2] 参见陶建杰《新生代农民工信息渠道使用意愿的影响因素研究》，《南京农业大学学报》（社会科学版）2013 年第 2 期。
[3] 参见伍骏骞、陈奕山《农民工视角下的就业信息获取和利用探究——基于南京市农民工的调查数据》，《农村金融研究》2011 年第 12 期；王建华、李录堂《农民工就业信息获取的影响因素研究——基于 243 位农民工的理论与实证分析》，《软科学》2010 年第 2 期；刘济群、闫慧、王又然《新生代农民工就业信息获取行为中的内部社会资本现象——安徽省东至县的田野研究》，《图书情报知识》2013 年第 6 期。
[4] 参见洪秋兰、唐雅琳《文化资本视角下的入城新生代农民工信息缺失研究》，《国家图书馆学刊》2017 年第 5 期。
[5] 参见井水《陕西省"新生代"农民工信息需求实证研究》，《国家图书馆学刊》2013 年第 2 期。
[6] 参见陶建杰《新生代农民工信息获取障碍及影响因素研究——兼与老一代农民工的比较》，《人口与发展》2013 年第 4 期。
[7] 参见井水《陕西省"新生代"农民工信息需求实证研究》，《国家图书馆学刊》2013 年第 2 期。
[8] 参见周莉、马韵梅《高校图书馆应为新生代农民工提供信息服务链接》，《图书馆学刊》2011 年第 33 期。

情况，其次是对新生代农民工获取文化知识的方式，最少的是对于新生代农民工文化生活状况、文化知识学习状况及信息流动状况的研究。除研究主题存在分布不均状况外，研究偏重理论而轻实践，关于这一研究领域的实证研究有所欠缺。因此，在这一领域未来的研究中，应当更有针对性地对新生代农民工文化知识流动中存在的问题进行探讨，更加注重实证研究，为解决新生代农民工文化知识流动中存在的问题及改善新生代农民工文化知识流动状况提供更多具有可操作性的建议。

四 研究问题的提出

通过相关文献的综合梳理可知，"文化适应"一词最早见于1883年美国民族事务局的Powell所给出的跨文化适应定义。[1] 后继的研究始于20世纪初，至今知名学者众多，如Berry[2]、Ward[3]、Schwartz[4]等。研究成果更是成熟，如研究层面明确（心理适应与社会适应），学科分布广，理论模型多样化（一维模型、二维模型、融合模型[5]），还提出了文化适应四个阶段论[6]，以及文化适应五级模式[7]。只是这些研究基本上均以跨国移民为研究对象，研究对象缺乏具体化[8]。近年来学者们正在倡议把移民群体转向国家

---

[1] Powell J. W., "Human evolution: Annual address of the President", *Transactions of the Anthropological Society of Washington*, 1883.

[2] Berry J. W., "Integration and Multiculturalism: Ways Towards Social Solidarity", *Papers on Social Representations*, 2011, 20: 2.1 – 2.21.

[3] Ward C., Kus L., "Back to and Beyond Berry's Basics: The Conceptualization, Operationalization and Classification of Acculturation", *International Journal of Intercultural Relations*, 2012, 36 (4), pp. 472 – 485.

[4] Schwartz S. J., Unger J. B., Zamboanga, B. L., "Rethinking the Concept of Acculturation: Implications for Theory and Research", *American Psychologist*, 2010, 65 (4), pp. 237 – 251.

[5] 参见孙进《文化适应问题研究：西方的理论与模型》，《北京师范大学学报》（社会科学版）2010年第5期。

[6] Berry J. W., Sabatier C., "Acculturation, Discrimination, and Adaptation among Second Generation Immigrant Youth in Montreal and Paris", *International Journal of Intercultural Relations*, 2010, 34 (3), pp. 191 – 207.

[7] Chen G. M., Starosta W. J., *Foundations of Intercultural Communications*, New York: United Press of America, 2005.

[8] Arends-Tóth Judit, Van de Vijver, & Fons J. R., "Family Relationships among Immigrants and Majority Members in the Netherlands: The Role of Acculturation", *Applied Psychology An International Review*, 2008, 57 (3), pp. 466 – 487.

之内的区域性、季节性移民[①],以增强文化适应理论的外部效度。国内的相关研究大致可分为三个层次:第一,对文件如《关于进一步加强农民工文化工作的意见》(2011年)进行解读,提出文化融入是农民工融入城市的根本标志[②],初步探讨了农民工的文化权益[③]、文化教育[④]等。如依据《国家新型城镇化规划(2014—2020年)》(2016年)的指导思想,加快有序推进农业转移人口市民化。第二,文化需求与调研报告。研究表明新生代农民工存在文化需求高与文化满足低的矛盾。[⑤] 第三,理论研究比较分散。综述性成果居多[⑥],跨领域研究论述了社会交往行为[⑦]、媒介使用[⑧]、文化心理[⑨]、文化表现[⑩]等对新生代农民工文化适应的影响。这些研究无疑为本书的多维视角综合研究提供了思路和可能性,经分析可以看到,许多问题仍未解决:(1)缺乏文化类型界定,现有研究几乎都避开了农民工所面对的新旧文化类型及其多样化表现形式,理论研究难以深化,建议指导也含糊不清;(2)过于简单、片面,学者们较多强调城市主流文化的感化和改造作用,使得农民工自身所携带的乡土文化正在悄无声息地被抽空;[⑪] (3)缺乏量化评估,调研报告很多还停留在描述性统计分析层面,对新生代农民工的

[①] 参见孙丽璐、郑涌《移民文化适应的研究趋势》,《心理科学进展》2010年第3期。
[②] 参见李国新《文化融入是农民工融入城市的根本标志》,《中国文化报》2011年10月13日。
[③] 参见孟凤英、夏静雷《论新生代农民工的文化权益保障》,《广州大学学报》(社会科学版)2012年第3期。
[④] 参见高友端《新生代农民工市民化进程中的文化教育问题》,《学理论》2010年第19期。
[⑤] 中国工会新闻:《全总发布新生代农民工调查报告:1亿人8大问题待解》(http://acftu.people.com.cn/GB/67560/13961296.html)。
[⑥] 参见郭星华、姜华《农民工城市适应研究的几种理论视角》,《探索与争鸣》2009年第1期;王丽娟《跨文化适应研究现状综述》,《山东社会科学》2011年第4期。
[⑦] 参见汪国华《新生代农民工交往行为的逻辑与文化适应的路向》,《中国青年研究》2009年第6期。
[⑧] 参见李昱《新闻媒体在新生代农民工文化生活中的传播责任》,《求索》2012年第2期。
[⑨] 参见杨子、周宵、卓潇《新生代农民工市民化:文化心理学的思考》,《四川教育学院学报》2010年第12期;姜永志、张海钟《中国城乡文化个体的跨文化适应及应对方式解析》,《教育文化论坛》2011年第1期。
[⑩] 参见汪国华《新生代农民工文化适应的内在逻辑:系统抑或构架?》,《调研世界》2009年第10期。
[⑪] 参见汪国华《移植、解构与抽空:新生代农民工对中国传统文化的实践逻辑》,《人文杂志》2010年第3期。

文化适应方式和适应程度缺乏量表支撑；（4）系统性不够，当前的研究成果主要分布在社会学、教育学和传播学界，研究中所反映出来的关系网络资本、文化习得方式、媒介传播工具等对于研究新生代农民工的文化适应深具启发性，然而鲜有研究从这些方面综合入手。尤其缺乏从文化知识本身迁移的特性出发来分析个体迁移、媒介迁移、社会迁移的不同表现形式，也忽视了乡土记忆、城市体验包括媒介环境在内的城市环境的频繁接触、良性互助以及集城市认知、资本获取、行为表现为一体的多种因素互为建构的过程，从而导致现有研究多流于表层的探讨及描述性量化，无法从多层次进行系统评估，也难以产生多元融合的有效性文化服务对策。

第三节 研究思路、方法及创新点

一 研究思路

第一，新生代农民工具有一定的文化基础，探索并提供有效的自我发展途径和建议，将帮助他们积极进行意义建构进而实现个体文化认同，提升个人文化素养和知识能力。

第二，新生代农民工是开放社会系统中鲜活的主体，他们与社会的生态联系是通过各种媒介进行的，善于借助人际、大众传媒、机构传媒等媒介工具不仅有助于他们尽快融入陌生城市，还有助于增强他们在城市里自我发展的信心。

第三，新生代农民工的入城文化适应是一个复杂的动态过程，是文化知识信息在个体与社会环境中交互流动与共享的过程，尤其需要考察新生代农民工如何从城市的知识体系中汲取新知识进行整合创新，形成自己的行为表达的过程。因此新生代农民工与市民间的知识转移影响因素、知识转移过程值得关注。

第四，文化适应既要综合考察文化的具体类型、文化冲突表现、文化迁移动态过程、交互过程中的个人与社会因素，更需要把握新生代农民工入城后在个体认知、社会关系、行为表现等方面在现阶段的具体适应程度，进行效果评估。

第五，基于以上三维度的理论分析和实证调研，以及"个体认知—媒介体验—知识迁移"的立体评估及发现,以此设计其文化适应的具体路径及执行策略,将提升理论成果的价值与实际应用效果。

如图1-1所示,本研究以国内外研究成果为依据,以新生代农民工的文化适应多维表现为基础进行调研,运用文化资本、媒介素养、知识转移的三个理论框架进行实证调研,并从文化认同、媒介交流、知识迁移三个层面进行评估设计及检验,最终提出新生代农民工城市文化适应的综合服务策略,帮助新生代农民工达成所愿,成为新市民。

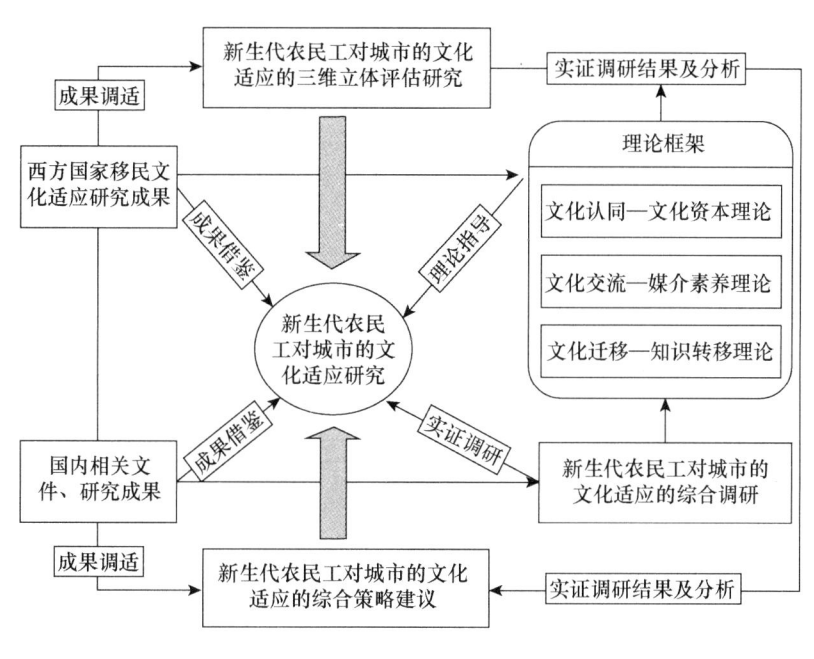

图1-1 研究思路图

二 主要研究内容

根据研究思路认为新生代农民工的文化适应研究应该是一种综合的理论与实际应用的研究,应把新生代农民工在代际传承、媒介建构和社会建构中的价值观、态度、心理动态、行为方式、迁移特点及效果、测试及建议等一并纳入其文化适应的研究范畴。这样研究的最终成果应是建立在对文化类型的区分及其特点把握、文化资本存量分析及知识沟差距发现、文化迁移影响要素及迁移过程考察、促进文化迁移效果建议及最终文化适应评估等的综合考量上，基于多维论证发现的基础上提出切实可行的文化援助对策，帮助新生代农民工更好地融入新城市，成为新市民。因此，本研究问题集中于以下五点：其一，分析新生代农民工的个体文化认同状况（文化资本视角）；其二，掌握新生代农民工在文化适应过程中对媒介的体验和使用状况（媒介素养视角）；其三，剖析新生代农民工在城市社会活动中的文化知识转移状况（知识转移视角）；其四，对以上三个方面即"个体、媒介、知识流动"综合评估新生代农民工的文化适应效果（文化适应评估理论框架）；其五，根据文化适应评估效果，提出面向新生代农民工城市文化适应的综合服务策略（基于多元主体协作提供的服务方式）。

把研究内容进行细化，则可以分为以下几个方面：

第一，新生代农民工文化适应中面临的多重文化形态及其迁移动态过程研究。包括文化形态的类型、层次、表现维度，以及在新生代农民工原生迁移、代际迁移、社会迁移过程中的特点及表现，掌握文化迁移具体历程及反映模式。包括了解"80后"农民工这一群体的价值观念、文化资本存量、文化迁移动机、影响因素、文化习得方式、乡土情感及成为新市民的心理期待等，考察其文化认同的心理变迁过程及行为转变轨迹。

第二，考察新生代农民工的日常媒介使用情况及媒介适用情境、特点，找出其媒介适用差距，提出改进建议。了解新生代农民工的媒介占有情况、媒介类型以及使用情境、使用目的、使用评价等，帮助他们利用有效媒介增强自我发展。

第三，掌握新生代农民工的日常文化知识交流过程及其特点，针对不足提出改进建议。通过掌握新生代农民工的知识转移流向、知识转移影响因素、知识转移过程等，分析其文化知识共享与传递形式，推进新生代农民工市民化进程。

第四，综合评估新生代农民工的文化认同、媒介使用、知识交流等文化适应效果。了解他们的文化携带状况（调研他们的出生年、职业、性别、文化程度、媒介占有类型和使用情况）、文化冲突遭遇现状（入城之后的心理变化、文化观念、行为与规范变化、自我身份变化的自评与他评）、文化冲突处理方式（分离、同化、融合、边缘）、文化参与状况

（积极的、消极的）以及文化适应形式预期（即促进文化认同的路径：心理的、自我的、人际的、媒介的、教育的）研究。

第五，新生代农民工文化适应的外在力量协同服务研究。重点考察面向新生代农民工的国家文化政策、社区文化活动、社会文化教育/培训、图书馆及相关文化服务部门的系列文化服务，探索基于评估结果的面向新生代农民工文化适应与文化提升的多股力量合作可行性，并为图书馆的未来服务提供改进建议。

三 研究方法

第一，文献调研法：梳理国内外有关文化适应、移民个体文化认同意识、移民文化媒介使用、移民社会知识交流、相关机构面向移民的信息服务等研究成果，为本书的整体性研究奠定基础并确定研究的创新点。

第二，问卷调查法：收集全国多个省份的新生代农民工个体调研样本总量数千份，围绕研究问题分设调研内容分阶段进行，形成阶段性的四份系列问卷和两份访谈提纲（详见附录）。

第三，民族志方法：课题组成员分批分别前往多个省份实地调研，建立与样本群体的信任关系，进行参与性实地观察、访谈，详细了解新生代农民工文化迁移动态过程及其相关问题。

第四，历史研究法：基于文献调研、文化迁移现象观察等，了解新生代农民工文化迁移过程中的特定化、情境化行为及其承载的动机、动力因素，增强研究数据分析的科学性。

第五，语义分析法：采用五级语义区分量表，研究新生代农民工对文化适应的认识、态度、情感、评价等，测量他们文化迁移的效果及特点。

第六，访谈法：在多个省份对新生代农民工群体以及面向新生代农民工开展相关信息服务的机构（如图书馆、文化馆、档案馆等）进行实地访谈和电话访谈，编制成数十G的访谈录音文件，掌握了详实的一手资料。

四 创新之处

第一，以文化资本理论、媒介素养理论、知识转移理论三大理论体系为基点，进行了新生代农民工的系统调研和分析，实现了新生代农民工文化迁移研究的点、线、面一体化，提升了理论的综合阐释力度。

第二，建立"个体认同—媒介体验—知识迁移"三维立体文化适应评估模型，掌握了新生代农民工对城市的总体文化适应程度。

第三，建立"文化资本""媒介体验""知识转移"的测度指标，经过多轮前期测试以及理论自我验证，有一定的效度及推广价值。

第二章 新生代农民工文化适应的多维度研究

第一节 多维度文化适应研究

一 文化整体观

对文化适应的研究离不开"文化"二字的理解。文化是人类社会实践产生的所有物质财富和精神财富。文化渗透于我们生活的每一处。但"文化"概念的模糊性和复杂性,即使在其拥有数百种的定义之后[1],依然让人觉得"这个词的意义实在含混得很,使用起来非得万分小心不可"[2],应尽量淡化文化内涵而突出其问题表现。[3] 伯纳德·奥斯特利认为,文化是我们所做的事以及我们为什么做这件事的理由,是我们的环境和我们适应环境的方式,是我们看待世界的方式和促使我们改变世界的动力,是我们的个人关系网,是我们生活的要素等。[4] 加拿大的谢弗对当前的文化定义进行了归纳,总结了四种类型[5]:一是机构法,即由政府、公司、基金组织和教育机构依运作、管理和控制的目的来表达和定义文化,比如把文化定义为"艺术、文化遗产和出版、广播、电视、电影、录像和录音等文化

---

[1] Clyde Kluckhohn, Kroeber A. L., *Culture: A Critical Review of Concepts and Definitions*, Cambridge: Harvard University Press, 1952, pp. xiii + 223.
[2] 参见[德]威廉·冯·洪堡特《洪堡特语言哲学文集》,姚小平译,商务印书馆2011年版。
[3] Keesing R. M., "Theories of Culture", *Annual Review of Anthropology*, 1974 (3), pp. 73 - 97.
[4] Bernard Ostry, *The Culture Connection*, with an Introduction by Robert Fulford, Toronto: McClelland and Stewart, 1978: 160.
[5] 参见[加]D. 保罗·谢弗:《文化引导未来》,许春山、朱邦俊译,社会科学文献出版社2008年版,第15—17页。

产业";二是实践法,即人们在公众和私人谈话中经常所使用的"文化"方式,倾听交流以及文章、书籍、杂志和其他文献中经常使用的方法;三是理论法,即由各个文化研究者出于解决问题出发而定义的文化,是一种抽象的理念或原始模型,常可定义为纯精神形式、理念、产品、过程、体制、结构、活机体、人工制品、神话或文明,依研究目的和表达角度而异;四是概念法,当前文化概念大致可归纳为九种(哲学概念、艺术概念、教育概念、心理学概念、历史概念、人类学概念、社会学概念、生态学概念和生物学概念)。文化如此复杂,以至于任何一种表述都有可能难以揭示文化的全部意义,采用文化整体观有助于全面理解文化和各种文化形态的内容、特性和复杂性等,把握文化的各组成部分之间的复杂的相互关系。文化的整体观可以提供理解和应付问题的有效框架,为把握问题提供富有成效的办法。

二 文化适应多维研究阐述

文化从整体上可以分为三大类型:观念型、工具型和社会型。观念型文化即寄存在个体身上的、通过大脑感知形成的意识、价值观、判断标准、规范准则、道德习俗等,属于精神领域的文化识别。工具型文化即呈现于一定介质载体形态上的文化产品和文化标的物,属于一种媒介化的文化表达。社会型文化即展现于社会中的具有特定规范和约束力的共同意识的总和,可体现为各种建制,也可体现为特殊的生活方式,又或体现为某些行为展现。社会型文化是对文化识别和文化表达的形象结合,是对整个生活方式中各种因素之间关系的研究。

首先,文化属于人文体系,其最深层的本质是个体对社会环境的自我认同构建并利用所构建文化影响他人的过程,是人类用来解释他们的经验和指导他们行动的意义之维度。文化认同有其共时性和历时性。在共时空间中,个体感受到来自多个角度的文化氛围的包围,往往对文化的多样化充满好奇、感到刺激。在历时空间中,个体对文化多样化的新鲜感渐渐褪去,反而对多元文化之间的冲突更有体会。新生代农民工入城后,同样面临文化多样化及文化差异对自我认同的冲击。新生代农民工群体总体是一个处于"落地未生根"的边缘群体,受到合法制度和城市主流文化的双重

第二章 新生代农民工文化适应的多维度研究

排斥,遭遇身份歧视、技能提升受限、阶层流动受阻等困境,极易出现认同混乱问题:如身份定位上的"去农民化"感知与二元制度的现实限制之间的冲突,开放且包容的城市文化倡导及现实中感受到的文化排挤和偏见产生的矛盾,对城市生活的高期待及生活满意度的低评价之间的落差等。值得关注的是,新生代农民工较上一代农民工不同,他们不仅主观上有着强烈的城市定居意愿,客观上也不断得益于政府相关政策的跟进,那么他们对城市的文化适应是一种浅层次的迎合适应,又或是经过理性选择后的拥抱式适应,需要进行历时性追踪。文化多样化展现了多种资源共生共存的一种状态,当文化取得"文化霸权"地位时,法国著名社会学家皮埃尔·布尔迪厄把这种资源阐释为文化资本①,并把文化资本理论进行了全面的论述。文化差异则是个体把感知的文化冲突视作"知识的差距",已有知识体系无法解读新的知识体系中的文化含义,导致认同上的偏差以及相应的行为表达。

其次,文化是由外显的和内隐的行为模式构成②,是通过各种象征性的意义符号进行交流与传播的。传播符号学就是专门研究意义符号的学科,符号被认为是携带意义的感知③,更是人类社会活动中进行信息与知识交流与传播的基本媒介/工具。媒介符号是传播活动的最基本要素,负载着某种信息,通过媒介的"议程设置"功能拟态着社会各种关系,从而"制造"某个阶层或群体具有"社会再生产功能"④。新生代农民工入城之后,通过媒介工具进行文化交流与传播,媒介获取的符号意义对文化适应的每一个过程均会产生极大的影响。关注新生代农民工的文化适应,就必须关注其媒介符号的使用情况以及媒介获取信息对其文化适应的影响程度,同时还需要关注媒介符号在传受双方中所传递的具体信息量、其影响因素以及传授的方式方法。由此,本研究将文化适应不仅视作个人文化认

---

① 参见[美]戴维·斯沃茨《文化与权力:布尔迪厄的社会学》,陶东风译,上海译文出版社2006年版,第171—190页。
② Clyde Kluckhohn, Kroeber A. L., *Culture: A Critical Review of Concepts and Definitions*, Cambridge: Harvard University Press, 1952, pp. xiii + 223.
③ 参见赵毅衡《符号学》,南京大学出版社2012年版。
④ 参见[英]詹姆斯·库兰《大众媒介与社会》,杨击译,华夏出版社2006年版。

同上的自我适应,还看作是个体在城市环境中的他者适应,将文化研究的社会关怀具体化为新生代农民工在城市人际交流中获得的社会支持多寡、接受大众媒介和现代传媒以及相关组织的服务状况。

再次,文化适应的进程是文化知识转移的进程。新生代农民工对城市的文化适应是他们对新旧文化进行调整处理、使两者趋于平衡的一种结果。这种平衡带有动态性或一定时间内的持久性。比如新生代农民工在初进城市时,携带着较纯粹的旧有文化,又对城市新文化充满期待和好奇,新旧文化冲突的平衡点处于最高的宽容共处期;随着城市生活时间的拉长,新生代农民工对村城两者的文化差异有着明显的体会,表现在两者不同的待人接物、出行交通、习俗文化等上面,鉴于城市开放度以及个人生活方式的相对私密性,大多数新生代农民工的常规化处理方式是在社会中保留着对城市文化的迎合(如学会用城市文明来规范和要求自己),在家庭中保留着对传统生活方式的延续(如依然沿用家乡的饮食习惯、宗教礼俗等),属于表面上的相安无事;但这种平衡在新生代农民工一旦选择市民化或回归农村时,平衡点会往城市或农村适当倾斜。因此,综合考察新生代农民工内在的心理认同以及外在的行为认同,才可能真正把握知识转移的动向,了解文化适应的真实情况。

最后,新生代农民工的文化适应研究还应包括其文化适应程度的量化评测结果,才能更准确地反映其文化适应的进程并由此开展跟进性的文化服务。新生代农民工的文化适应评估应该是一种综合的理论与应用研究,把新生代农民工不仅作为单个个体,更当作社会化中的群体来看待,从内心到外在表里如一地衡量文化适应的动态过程及其效果。不仅如此,文化适应评估结果并不单纯反映新生代农民工对城市的接纳程度,不是出于对新生代农民工或游离或已适应城市的实证论断,而是为了在准确掌握新生代农民工适应城市的总体程度以及分层面差异上,从他们的期待、已有的服务经验中,综合提炼面向新生代农民工在城市未来发展的多元协助扶助政策,响应国家政策和多部门的服务倡议,帮助新生代农民工尽早成为新市民。

第二节 新生代农民工个体层面的文化认同维度

一 新生代农民工的文化认同历程

文化认同（Culture Identity）通常指个体在社会生活中，将自身归属于某一群体主观性的自我意识。英国社会学家吉登斯把个体层面的文化认同表达为"个体依据个人的经历所反思性地理解到的自我"[①]。文化认同是新生代农民工城市融入的本质。新生代农民工暂离或远离故土，入城寻求新的发展，环境和生活方式的改变对其心理方面的冲击不言而喻，其对城市文化的认同是他们对城市文化认知、冲突、选择、同化的处理结果。

首先，对城市文化认知（哪怕是好奇性的探知）是新生代农民工前往城市新环境的内在动因之一，也是他们愿意迁居城市的基础。城市文明一定程度上代表着先进性、现代性、个性化、多元化等，激发着新生代农民工克服农村文化中"安土乐居、守望相助"的思想传统，带着求生、求新、求发展的希冀迁移城市。这份认知，或来自于不同传媒中所描述的城市文化场景宣传，或来自于同乡、伙伴、他人等对城市文化的体验告知，又或纯属于新生代农民工不甘于农村生活而寻找外界刺激的一种梦想期待，自懵懂认知至迈出农村的那一步，即意味着他们愿意接受可能的改变。

其次，新生代农民工在入城后经历着身份认同冲突。由于城乡二元结构的持续存在以及两者福利待遇上的差别，"新生代农民工、流动人口、外来人口"等特定称谓，是他们一踏进城市便获得的通用标签。正是因为其"流动性、外来性"的性质，新生代农民工自我定位处于迷茫、徘徊状态，有"城市过客"之感；一些希望定居城市，转为"新市民"的新生代农民工也常陷入"受歧视""难融入"困扰。

再次，入城新生代农民工面临新旧文化选择。通常，我们把新生代农民工界定为"出生于1980年以后，在城市务工的农村户籍人口"，其务

[①] 参见［英］安东尼·吉登斯《现代性与自我认同》，赵旭东、方文译，生活·读书·新知三联书店1998年版，第275页。

目的，表明其已具备一定的劳动能力，拥有一定的人生阅历，已携带一定的文化知识。迁移城市后，新生代农民工举目所见的城市景观、机构设施，体验到的城市风情、道德规范等，均与其已有文化存在着一定的差异。而他们对这种差异的包容、排斥程度，将影响他们对城市文化适应的程度。

最后，入城新生代农民工的文化同化结果。本研究重点关注具有"落地生根"意愿的新生代农民工在城市中所遭遇的文化冲突状况，以及他们的文化选择过程和效果。全球化背景下和谐社会建设以及新型城镇化推进的宏观环境，决定了城市文化的走向必然是包容、多元、开放，也就决定了实现"落地生根"意愿的群体，必然要选择新旧文化差异并存、先进文化替代落后观念的结果，不能一味地排斥，也不会无条件地放弃或接受。

二 新生代农民工的文化认同类型

新生代农民工文化认同是对不同文化类型认知、冲突等处理结果的认同。文化认同的类型依据文化类型的划分标准，有以下两大类。

（一）基于地域划分的文化类型

1. 农村文化认同与城镇文化认同

拥有农村户籍的新生代农民工，其成长环境中渗透着原有村情村俗的印迹。如伴随农业生产与生活实践所衍生出的质朴、保守、互助、亲和、恋土、怀旧等农村文化情感，怀着乡村恬静、淡然、随遇而安的田园式生活态度，拥有乡土传承中的勤劳刻苦、坚韧隐忍的精神内在。这些特质在他们进入城市后，当举目所见的高楼大厦，繁华的街道，喧嚣的环境，感受到城市中利益为主的交易方式，人情较为淡薄，体验到充满"忙碌、繁华、新潮、浮夸、开放、奋斗、强势"等字眼的城镇文化后，是否还能依然保留？

2. 旧文化认同与新文化认同

旧文化认同是指新生代农民工保留对入城前的文化认知状态的认可态度。如对自身的文化程度水平、衣着审美、消费习惯、生活方式、交际行为乃至自身的农民身份，拥有自信并给予保留的认可。一般认为，如新生代农民工对旧文化越认同，越可能把自己当作城市的过客或边缘者；如新生代农民工对新文化的接纳程度越高,表明其对城市文化的适应越快。

3. 原生文化认同与移民地文化认同

原生文化认同是新生代农民工从所处的成长环境中建立起来的对社会文化的认识状况,包括其所处的社会环境和家庭环境。有些新生代农民工生来即在城镇落脚(有很多新生代农民工是第一代入城农民工的子女),他们成长过程中经历着原生文化和移民地文化的双重磨砺。父辈们的传统文化思想在家庭教育中传承给他们,城镇化的社会交际又让他们无时无刻不在体验着移民地的文明,他们如何判定自身的角色定位,是农村人,还是已经自感是城市一分子了?以及他们的行为表达,是延续父辈们的生活哲学,又或是与城镇居民几无差异?

(二)基于主体划分的文化认同类型

1. 心智认同与行为认同

心智认同是新生代农民工从内心深处对于某种文化及其形态表示认可,是他们心中的执念。达到心智认同的文化必定是一种令人产生文化敬意、恪守其文化规范、乐于用来自律的文化,能够产生文化的特定情怀并有积极的文化外向效用。行为认同是新生代农民工在日常生活和社会交往中,采用符合某种文化规范的言行举止。一般认为,对某种文化的心智认同度越高,则其行为认同度也越高。但是,心智认同也并非直接导致行为认同,比如性格内敛的新生代农民工,则有可能并不希望其心智认同得以表露。而即使愿意表露心迹的,也可能因不同的场合而有不同的行为认同体现。

2. 个体认同与社会认同

个体认同是对自身是否归属于某个群体的自我描述。在文化身份研究中,个体认同的出现和发展经历了三个阶段:其一,个体觉察自己在他人面前的行为方式;其二,个体领悟别人对自身行为的判断;其三,基于对他人反应的理解,个体评价自我。[1] 研究新生代农民工对城市的文化适应,不仅需要考察单个个体的文化属性认同,更需要考察其在城市互动中是否

---

[1] 参见唐斌《"双重边缘人":城市农民工自我认同的形成及社会影响》,《中南民族学院学报》(人文社会科学版) 2002 年第 S1 期。

归属于城市人的社会认同。简言之，新生代农民工的语言、态度、生活满意度等的个体认同固然重要，还需要关注他们对社会主流媒介、社会公德规范、城市社区及相关机构服务的社会认同程度。

三　新生代农民工的文化认同途径

新生代农民工的文化认同依其内外性的划分，有两种基本途径：文化传承和文化学习。文化传承指新生代农民工通过个人的认知、体验、观察、思考等方式内化于心，形成心理认可规范及自觉性行为等过程。文化学习指新生代农民工置身于社会环境中，对外在各种文化形态的产品进行吸纳、分析并用以调整自身观念和行为规范的过程。

（一）文化传承

从古至今，文化传承是在发展中继承，是一种不断累积的过程。如牛顿对于自身的科学成就评价为："我只不过是站在前人的肩膀上才能看得更远。"前人的肩膀，就是文化传承。依据新生代农民工活动的范围划分，其文化传承可分为代际传承和社会传承。文化传承使新生代农民工获得了一种内在文化资本，有内生性和不可剥夺性的特点。

其一，代际传承。一般指发生在家庭或家族内的、通过言传身教或阶层继承等方式纵向地实现文化跨代传递的过程，表现为两个方面：（1）依托家族家庭环境完成的自主性传承，如家族家风传承、意识观念传承、行为方式传承等。家庭作为社会的基本单元，是新生代农民工出生和成长的第一环境，对其语言习得、生活感知、情感依恋以及行为感染有着巨大的影响。美国经济学家奥斯卡·刘易斯（Oscar Lewis）曾指出，文化贫困是墨西哥贫困社区里发生贫困和维系贫困的重要因素。而他们处于贫困的缘由正是贫困人口在长期的贫困状态中形成的一种独特的贫困文化体系，导致其在与非贫困人口生活方式、处世行为等方面产生差异甚至是背道而驰的。[①]（2）依托制度安排强制性形成的阶层传承。我国1958年建立起来的户籍制度，对社会结构进行二元分割，产生了"农民"与"市民"之分、

[①] Oscar Lewis, *Five Families: Mexican Case Studies in the Culture of Poverty*, New York: Basic Books, 1959.

"体制内"与"体制外"之分。新生代农民工由于户籍管理以及受教育程度、经济的限制,新生代农民工依然是"农二代"。特定的称谓不仅让他们背上沉重的精神负担,在生活中也基本上形成以血缘、业缘、地缘为主要关系的交流网,较少与其他层面的人相接触。[1] 他们即使迁移到城市依然无法摆脱身份、地位、阶层带来的危机感,始终处于城市边缘状态。[2]

其二,社会传承。指新生代农民工对其在社会生活和活动过程中感受到的外在文化形态进行习得并保持的过程,表现为三个方面:(1)乡土文化传承。立足于农业生产生活实践中逐步发展起来的乡土人情、道德情操、价值观念、社会心理、行动章法等,以风俗习惯、乡音乡情投射于拥有农村户籍身份的新生代农民工心理镜像中,并通过其处事原则、人生理想以及对社会的认知模式表现出来。(2)介质文化传承。新生代农民工借以各种介质接触社会,参与社会活动,与社会交往产生着种种关系。依附于这些方式所交织而成的介质网络上的文化,也通过介质如传统书刊报、广播电视等大众传媒、网络和手机等新型媒介以及人脉关系等,不断地塑造着新生代农民工新的感知、体验和行为表达。(3)行为模式传承。新生代农民工作为新群体进入到城市中,受到来自城市文化规则和标准的感化,其决策、对自我和他人的评价、进行团队合作的方式、对他人的信任程度、与城市交流的方式等,均会产生一定的变化。

(二) 文化学习

学习是减少差异性的最好途径。文化学习使新生代农民工可综合通过模仿、教育和参与,进而得到个人文化资本的整体提升。在文化冲突的过程中,通常会面临四种不同的阶段[3]:蜜月期、危机期、恢复期、调整期。即文化冲突从最开始的新奇着迷到迷茫不适再到学习并适应的过程。文化学习的过程是新生代农民工不断调整自我认知、进行文化调适和移入,缓解由于共享性的文化感知在新环境中缺失的焦虑感的过程。文化学习可以

---

[1] 参见黄永林《文化传承与文化创新探析》,华中师范大学出版社2013年版,第11—12页。
[2] 参见程为敏《社会流动中的边缘群体》,《农村经济与社会》1994年第3期。
[3] Oberg K., "Cultural Shock: Adjustment to New Cultural Environments", *Practical Anthropology*, 1960 (7), pp. 177–182.

通过几种方式实现：（1）文化模仿。文化模仿借助观察、体验、默化习得，最早在第一文化空间（如家庭）中完成。文化学习本质上是一个信息传递过程，个体在第一文化空间中感受到来自环境中的文化信息，进行自身文化图式的建构，建立自我世界和社会世界的联系。一旦联系成立，模仿而来的文化图式便能帮助个体对社会事件和人物进行感知、组织和理解，从而对自身或他者的思想和行为起到指导和约束作用。（2）文化教育。教育和培训是以较规范的方式、借助科学的手段和技术向新生代农民工传递文化知识。教育至今为止仍被认可为个体学习知识、获取新技能以及获得身份、地位和阶层转化的最有效方式之一。现代教育理念建立在个体认知发展基础上开展建构式学习，让个体在体验中、参与中整合新旧知识，完成意义重构，更快地促进个体进行文化吸收。（3）文化参与。参与是一种行动上的积极学习表现。通过实际参与，新生代农民工可充分调动已有经验，与参与者进行交流、分享信息，加深对社区、城市、信息交流圈群体的认识，增进对新环境的理解。

综上可知，了解新生代农民工的个体文化认同，是进行开创性变革的真正着力点。掌握新生代农民工的原有文化存量及其学习能力、行为表露方式，是判断其城市文化适应状况的基础。在文化处理问题的过程中，文化以感化、熏陶、教育、学习、相互交流等正式和非正式的方式进行，既实现了文化的传承，也实现了文化的传播和创新。对城市文化认同是在城乡文化差异基础上，将城市的生活方式、风俗习惯、价值观念等内化为自身的人格结构、思维方式和行为习惯。[①]

第三节 新生代农民工的媒介体验工具维度

文化最一般和最基本的特点就是传播，只有传播，文化才能得以形成并延续。美国哲学家和社会学家乔治·赫伯特·米德在《心灵、自我和社会》一书中表达了个人的社会化过程以及传播在其中的作用。他指出，自

---

① 参见廖全明《发展困惑、文化认同与心理重构——论农民工的城市融入问题》，《重庆大学学报》（社会科学版）2014年第1期。

我是从社会行为中产生的,而所有社会行为都涉及传播。文化与传播息息相关,"文化是特定社会中社会意义的生产和流通"①。文化适应是由两个或多个自立的文化系统相联结而发生的文化变迁。② 媒介即是促进联结的工具,充当着新生代农民工在城市实现互动的纽带。媒介变迁促进了传播在本质和过程上的变化,又促进了文化变迁。因此,一定意义上讲,改变人类社会文化及影响思想的,并非是传播过程中的内容,而是传播媒介本身。③

一 新生代农民工接触的媒介类型分析

传播媒介是信息传播的通道,是传播渠道、手段、工具的聚合物。按照媒介载体类型,主要可分为自传播媒介(也称为个人传播)、人际传播媒介、大众传播媒介和新兴传播媒介(网络、手机等)、组织传播媒介五大类。

(一) 新生代农民工个人传播

自传播是借由感官认识和心理活动,对自存量文化图式进行调整以达到新的稳定的综合过程,包括对自我传统文化的再认识、对城市新文化的体会和学习以及对新旧文化之间碰撞的理性处理。对自存量传统文化拥有充分自信的新生代农民工,在入城中越有可能倾向于寻找或营造相似的文化氛围,延续已有文化习俗,对自己在城市新环境中的定位越可能持中立或积极态度,相反,如果对自存量传统文化持保守或排挤态度,则需要新生代农民工对城市新文化拥有较高的接纳能力,一旦这种学习的热情受主客观条件限制,则会让新生代农民工处于一种孤独、无助、消极的体验,影响他们在城市中的自我融入。由于传播受个人文化意识、知识水平、文化心理期待、学习能力、交际能力、经济水平(如经济原因无法占有较多的信息渠道)等多因素影响,因此研究新生代农

---

① [美]乔治·赫伯特·米德《心灵、自我和社会》,霍桂桓译,译林出版社 2012 年版。
② Rudmin F. W., "Critical History of the Acculturtion Psychology of Assimilation, Separation, Integration and Marigination", *Review of General Rsychology*, 2003, 7 (1), pp. 3 - 37.
③ McLuhan, M., *Understanding Media: The Extensions of Man*, New York: McGraw-Hill, 1964.

民工的自传播效果必须关注新生代农民工个人成长中的文化基础背景（人口学特征）、文化接触范围（媒介的占用和使用情况）、文化交流情况及其特点等。

（二）新生代农民工人际传播

人际是社会人进行社会活动中不可或缺的基本媒介。社会网络理论把社会视作为人际交织而成的网络，个人在网中充当信息交换的节点，而人际关系则是个人之间交换信息的媒介。有关新生代农民工信息需求和信息行为的研究表明，新生代农民工的人际交往有内卷化倾向，即依赖于由血缘、亲缘或地缘结成的亲近关系网，依托的是强关系纽带。这种特点在入城之初能够发挥重要的作用：如有助于新生代农民工克服对城市的陌生感，有勇气迈出农村；也有助于新生代农民工在入城后通过老乡、故友、亲朋、伙伴等拉近与城市的心理距离。另外，同质性的交往也可能造成已有文化思维的定势，约束了新生代农民工的创新机会。因此，新生代农民工对已有关系的依赖情况固然重要，他们与城市中陌生人的交往情况更值得关注。

（三）新生代农民工的大众传播

大众传播即借助书刊报、广播、电视等主要媒介，以社会大众为传播对象而进行的大规模的信息生产和传播活动。大众传媒产生时间早，覆盖面广，持续报道量大，一直充当着媒介社会里重要的信息传播工具。通过拟态环境和议程设置等，大众传媒对社会大众的价值观倾向、行为评判、决策导向、舆论议题认知等都有直接影响。新生代农民工对环境的感知除了来自强关系的信息外，很大一部分来源于大众传媒对城市的各种报道和描绘。受职业因素、经济水平、个人追求、居住环境等因素影响，新生代农民工接触到的大众传媒类型不一，全面与否也并不一致。一般认为，能够主动地接触书刊报，并同时有针对性地关注广播、电视中的帮助性信息的新生代农民工，其信息能力较好。逃避使用或无力承担书刊报购置费用的新生代农民工，受教育水平和经济能力限制，或受兴趣喜好左右。已有研究反映出一部分农民工具有"媒介娱乐化"的倾向，即使用大众传媒来消磨时光、放松心情，并无明确的求知目的性。可见，尽管大众传媒对农民工的关注历史并不短，但集中在对农民工的身份、形象、事件、工作经验和城市体验等方面，鲜少分析媒介使用对新生代农民工文化适应的深层作用。

(四) 新生代农民工的新兴媒介传播

新兴媒介是指以数字技术为基础,以互联网为核心业务的新载体,如智能手机、网络。据《中国互联网络发展状况统计报告》报道,截至2018年6月,我国网民规模达8.02亿,互联网普及率为57.7%;手机网民规模达7.88亿,网民通过手机接入互联网的比例高达98.3%。[①] 新生代农民工入城后,更需要借助手机维系工作关系和已有情感关系,也需要手机来排解心情、娱乐等。新兴媒介尤其是网络和智能手机对于新生代农民工已不陌生,新媒介维护并拓展他们的社会关系网,变革了他们获取信息的方式,通过媒介赋权能够帮助新生代农民工尽快融入城市生活。[②] 尽管如此,据中国知网等相关数据库查询,截至2018年底有关新兴媒介与新生代农民工的研究还不足5篇,而且主要是以个案展开[③],需要进行更大样本量的全面调研。

(五) 新生代农民工的组织传播

组织传播是结构化或制度化的机构基于其目标,面向用户提供信息传播。新生代农民工在城市中感受到的组织有家庭、政府、社区机构、工作单位、公益组织、商业机构及其他社会组织。他们在城市中生活和工作,一方面与机构之间的互动日益频繁,涉及的机构类型多,索取的信息也各异;另一方面则由于时间、精力等原因,更期望在最方便的时候能够获取最全面的信息服务。一般认为,新生代农民工从政府和社区中获得基本的政策保障和生活保障,从用工单位获取就业信息和关系,从商业机构获取拓展信息和娱乐信息,从公益性组织获取自我成长和其他保障。已有的机构服务也基本上遵循以上逻辑,从自身的特点出发提供相应的服务,服务时较少有针对新生代农民工的专项调研,在服务内容和时间上难以保持高度匹配和持续性。这与新生代农民工高度期待实现一站式多元化集成服务,就近获取相关信息保

[①] 第42次《中国互联网络发展状况统计报告》(http://www.cnnic.net.cn/hlwfzyj/hlwxzbg/hlwtjbg/201808/t20180820_70488.htm)。

[②] 参见罗晟丹《新媒介与新生代农民工赋权问题研究——以成都市农民工为例》,硕士学位论文,成都理工大学,2017年。

[③] 参见宋瑾《移动互联网缩小知沟的可能性探析——以新生代农民工的微信应用为例》,《传媒》2018年第9期;张青《互联网对新生代农民工社会认同的影响研究——基于福州市新生代农民工的调查》,硕士学位论文,福建农林大学,2016年。

障、追求城市化、尽快成为新市民的渴望形成矛盾。

综上，新生代农民工与城市互动中，多种媒介共同构成其获取信息的媒介环境。研究新生代农民工的媒介体验，即要综合新生代农民工如何使用以上五种媒介进行信息获取和交流，推动信息在个体和其他媒介间流动和传播。

二 新生代农民工媒介体验的影响因素分析

（一）媒介观念

新生代农民工所接触的媒介类型众多，但对媒介的选择受其媒介观念的影响。媒介观念包括对媒介类型的认知、媒介可获得性、媒介内容信任度、媒介使用目的、媒介综合评价等。

（二）媒介行为

新生代农民工的社会文化背景和个人经验背景、受教育程度、心理、个性，影响着他们对媒介内容的理论和判断，也影响着他们对不同媒介的接触频率和使用时长。另外，社会环境对于新生代农民工的媒介行为也有间接的影响，如即使有的新生代农民工自感使用传统媒介可以实现社会交流，但在群体压力（身边人都使用智能手机）下，他们也会作出有违自己初衷的媒介选择。

（三）传播者因素

新生代农民工对媒介体验的效果程度，还受传播者的可信度及社会地位，传播者的信息采集、加工能力，和传播者的信息传递方式、媒介选择影响。一般认为，传播者的权威性越高，传播信息有效、准确，能够结合受众特点，以越适合的媒介形式进行信息传播，则越可能达到良好的传播效应。新生代农民工入城后主要是对城市文化的吸纳和融合，故本书中将重点关注他者对新生代农民工的信息传播。

（四）传播的内容和方式

新生代农民工使用媒介，本质的驱动在于该媒介能提供什么样的内容以及其内容传播的方式。因此，媒介传播的内容实用、简洁、全面与否，媒介传播是否能够根据自身喜好调整其播放时间、时长、具体展现形式、重复次数等，对新生代农民工的媒介体验有着较大的影响。

(五) 传播环境

文化传播是在一定的情境中得以实现。信息由传播者发出后至传受方接收之前,所经历的时间、空间都可以称之为传播环境。传播环境可具体化为宏观的政策环境、文化主流环境,中观的媒介关系环境,微观的个体场域环境。多元、融洽的民主化文化政策和包容性的社会环境有助于缔结良好的文化传播环境,帮助新生代农民工在新旧文化之间进行理性调整并有效适应。文化的传播研究是把文化研究置于社会环境中进行社会关怀,研究包括新生代农民工在城市人际交流中获得的社会支持、利用大众和现代传媒关注其日常信息行为、通过其社会生活方式判断对社会规范和公德等的认可度。

第四节 新生代农民工的文化知识转移维度

一 对知识转移的认识

知识转移,即知识的动态迁移和流动过程,它的价值随着研究的深入不断得以发掘。知识转移具有以下几个特点:(1)知识转移由线性转至环型传递模式。早期的知识转移是把知识当作一个物品进行传递[1],知识传递是单向、静态的,不考虑任何情境因素,知识受者处于被动接受地位。随着对知识转移的情境要素、知识源及知识受者能动性以及知识转移互动过程的强调,知识转移实际上是一个知识沟通过程,它是知识的双方平衡过程,回馈流程的加入使得知识转移成为一个循环模式。(2)知识转移由单纯地强调知识传递过渡到知识交流,再到强调知识交流的成效,知识转移的最终结果是要实现知识受者的知识吸收和知识创新,这对知识交流过程中的各个要素都提出了更高的要求。(3)知识转移的要素主要有知识源、知识受体、知识以及知识转移中的情境因素。知识是知识转移的内容和重点;对知识源及知识受体的研究,是关于知识转移的主体研究,涉及主体的知识含量、知识转移动机、意愿、兴趣、性格等;情境因素包括知

---

[1] Dissanayake W., "Communication Models and Knowledge Generation, Dissemination and Utilisation Activities: A Historical Survey", In Knowledge Generation, Exchange and Utilisation, George M. Beal ed., *Wimal Dissanayake and Suniye Konoshima*, Westview Press, 1986, pp. 61–76.

识转移的环境、范围、时间、条件等,但知识转移的要素观中对于情境因素的考察似乎较为自然地被研究的主题所代之,如有关组织的知识转移就把情境界定在组织范围,跨国组织或联盟的知识转移就界定在有关联的两个主体间,又或者对于一般的知识转移研究,其情境因素则较为模糊地界定为"场"。尽管知识转移的要素分析各有进展,但从过程角度研究知识转移则是当前研究中的主流。(4)知识转移的过程观中,演化出两种不同的研究取向:一种研究是从人的认知过程着手,强调人的知识建构、学习认知能力,它们的研究带有明显的认知心理学特征;另一种研究是从社会的交流过程入手,社会关系是知识流动的渠道以及知识转移的情境。(5)对知识流动过程的研究最终是要实现知识转移,达到一定的创新目的。知识转移包括知识共享和知识吸收,它的整个流程不是一个简单的知识流动,而在于流动中的知识整合和吸收。

二 知识转移的影响因素

综合分析现有多学科的知识转移成果,可知晓现有的知识影响因素大致可以分为以下几种。

第一,个人经验对于知识转移有影响。研究发现,经验知识和情感知识对于隐性知识转移有影响,可促进创新知识和竞争优势;基础知识对于知识外显化有影响;[1] 经验有助于个体从学习中获取知识。[2]

第二,认知能力对于知识转移有影响。如 Ward、Landis 和 Bhaga (1996) 利用二维模型,从心理方面和社会文化适应方面研究,主要包括个体幸福感和心理健康以及个体在日常生活中的社会能力等,发现高度认同民族文化可以预测在心理层次上得到更好的适应,而对主流文化认同较高则会更多地减少社交困难。由此可见,新生代农民工若心理认同并有意愿融入城市生活,则对知识转移效果起到一定的积极作用。[3]

---

[1] Byosiere Philippe, Luethge Denise J., "Knowledge Domains and Knowledge Conversion: An Empirical Investigation", *Journal of Knowledge Management*, 2008, 12 (2), pp. 67–78.

[2] Berry D. C., Broadbent D. E., "The Combination of Explicit and Implicit Learning Processes in Task Control", *Psychological Research*, 1987, 49, pp. 7–15.

[3] 参见孙丽璐《农民工的文化适应研究》,博士学位论文,西南大学,2011年。

第三，知识特性对于知识转移有影响。知识转移过程中不容忽视的是知识本身，知识的转移依赖于知识是否易于被转移、理解和吸收，知识模糊性会对知识转移有影响，此外，知识提供者传递知识的能力、知识接受者的学习能力等[1]也对知识转移效果有影响。

第四，原有知识存量对于知识转移有影响。知识转移是一种在共享相似知识[2]的背景下产生的知识流动过程。前期的共识越多，知识转移越顺利。

第五，复杂因素对于知识转移有影响。与知识转移相关的所有的要素都对知识转移产生影响。如信任、转移情境、知识能力、空间距离、知识距离[3]、文化差异和机构差异[4]、内容的歧义性、背景的模糊性、媒介的阻滞性和人为的干扰性[5]等。

文化适应是个体与社会进行双方交互的过程，是个人观念与生活方式在社会中不断碰撞的过程。文化冲突、适应的过程渗透着知识波动的声响。考察新生代农民工在城市中的文化适应进程，需要维护好上述相关影响因素的共同作用。

第五节 新生代农民工的文化适应效果评估维度

尽管西方的文化适应早在1883年提出概念，至1997年成型，我国学界对于文化适应的研究约兴起于20世纪80年代，对农民工的文化适应研究始于2004年[6]，但时至今日，对文化适应的评估，依然还未出现较完善

---

[1] 参见常荔、邹珊刚、李顺才《基于知识链的知识扩散的影响因素研究》，《科研管理》2001年第5期。

[2] Cummings Jeffrey L., Teng Bing-Sheng, "Transferring R&D Knowledge: The Key Factors Affecting Knowledge Transfer Success", *Journal of Engineering and Technology Management*, 2003 (20), pp. 39 – 68.

[3] 参见王毅、吴贵生《产学研合作中粘性知识的成因和转移机制研究》，《科研管理》2001年第6期。

[4] 参见陈菲琼《我国企业与跨国公司知识联盟的知识转移层次研究》，《科研管理》2001年第3期。

[5] 参见徐占忱、何明升《知识转移障碍纾解与集群企业学习能力构成研究》，《情报科学》2005年第5期。

[6] 参见周明宝《城市滞留型青年农民工的文化适应与身份认同》，《社会》2004年第5期。

的评估工具。

一 当前文化适应评估工具的局限性

对于移民文化适应的评估，国外有：（1）Berry 的"跨文化适应模型"，主要以文化身份是否保持以及社会关系是否积极建立和保持为衡量标准。[①]（2）Ward 和 Rana Deuba[②] 的心理适应评估（由精神健康和心理压力来衡量，如感受到的歧视、自尊、生活满意度、心理压力）和社会文化适应评估（由处理日常事务包括工作和生活的能力来衡量）。（3）Black 的社会文化适应三维度，即一般性适应、工作性适应和交往性适应。[③]（4）其他维度评估。如工作情境[④]、语言[⑤]和家庭情境[⑥]。

关于文化适应测量工具，目前主要分为三类[⑦]：第一类是基于单维度模型而设计的，如以美国亚裔的价值观变化程度来测量文化适应状态的亚裔价值观量表（Asian values Seale），以及 Suinn 等编制的亚裔自我认同文化适应量表（Asian Self-Identity Acculturation Scale），由于此类量表测量的内容过于片面而很少被使用；第二类是基于二维模型而构建的，即把源文化和主流文化分别看作独立的维度，主要有 Berry 的文化适应量表，这种量表在国外相关的实证研究中被广泛使用，但该量表的问题是，其测量内容主要

[①] Berry, J. W., "Immigration, Acculturation, and Adaptation", *Applied Psychology*, 1997, 46, pp. 5 – 34.

[②] Ward, C., Rana Deuba, A., "Acculturation and Adaptation Revisited", *Journal of Cross-Cultural Psychology*, 1999, 30, pp. 422 – 442.

[③] Black, J. S., Mendenhal, M., Oddou, G., "Toward a Comprehensive Model of International Adjustment: An Integration of Multiple Theoretical Perceptive", *Academy of Management Review*, 1991 (.4), pp. 291 – 317.

[④] Luijters, K., Van der Zee, K. I. & Otten, S., "Acculturation Strategies among Ethnic Minority Workers and the Role of Intercultural Personality Traits", *Group Processes and Intergroup Relations*, 2006 (9), pp. 561 – 575.

[⑤] Sik, H. N., "From Language Acculturation to Communication Acculturation: Addressee Orientations and Communication Brokering in Conversations", *Journal of Language and Social Psychology*, 2007 (26), pp. 75 – 90.

[⑥] Yasmin Asvat, Vanessa L. M., "Acculturation and Depressive Symptoms in Muslim University Students: Personal-family Acculturation Match", *International Journal of Psychology*, 2008, 43, pp. 114 – 124.

[⑦] 参见孙丽璐《农民工的文化适应研究》，博士学位论文，西南大学，2011 年。

为态度测量，并未涉及行为和语言的部分；第三类量表是对文化适应进行三个维度的测量，包括心理、行为和语言三个部分。

表 2-1　　已有的文化适应测量工具

量表名称	题项	测量维度	测量群体（个）/数据来源
亚裔自我认同文化适应量表（SL-ASIA）①	21	文化偏好、民族认同、友谊选择、语言、历史和态度	美国的亚裔（82）/大学生（100%）
适应等级量表（AR-SMA）②	30	行为、文化认同、语言	美国的墨西哥裔（379）/大学生（89%）社区（11%）
文化适应策略量表③	16	同化、整合、分开、边缘化	移民（5366）和居民（2631）/青少年（100%）
文化认同的多维度测量④	35	行为、知识、语言、价值观	拉丁裔（130）/大学生（100%）
史蒂文森群体文化适应量表（SMAS）⑤	32	行为、知识、语言	美国非洲裔（33）亚裔（155）欧洲裔（135）西班牙裔（73）/大学生（38%）社区（62%）
华裔民族性问卷⑥	77	行为、文化认同、语言	华裔（353）/大学生（100%）
社会文化适应量表（SCAS）⑦	29	语言、行为、价值观	留学生（239）/大学生（100%）

---

① Suinn Richard M., Rickard-Figueroa K., Lew Sndra et al., "The Suinn-Lew Asian Self-Identity Acculturation Scale: An Initial Report", *Educational and Psychological Measurement*, 1987（47）, pp. 401－407.

② Cuellar I., Amold, B. & Maldonado, R., "Acculturation Rating Scale for Mexican Americans-II: A Revision of the Original ARSMA Scale", *Hispanic Journal of Behavioral ences*, 1995, 17（3）, pp. 275－304.

③ Berry J. W., Phinney, J. S., Sam, D. L., & Vedder P. "Immigrant Youth: Acculturation, Identity, and Adaptation", *Applied Psychology: An International Review*, 2010, 55, pp. 303－332.

④ Dharma E. Cortés, Rogler L. H. & Malgady R. G., "Biculturality among Puerto Rican Adults in the United States", *American Journal of Community Psychology*, 1994, 22（5）, pp. 707－721.

⑤ Stephenson and Margaret, "Development and Validation of the Stephenson Multigroup Acculturation Scale（SMAS）", *Psychological Assessment*, 2000, 12（1）, pp. 77－88.

⑥ Tsai J. L., Ying Y. W & Lee P. A., "Cultural Predictors of Self-esteem: A Study of Chinese American Female and Male Young Adults", *Cultur Divers Ethnic Minor Psychol*, 2001, 7（3）, pp. 284－297.

⑦ Ward C. & Kennedy A., "The Measurement of Sociocultural Adaptation", *International Journal of Intercultural Relations*, 1992: 23（4）, pp. 659－677.

二 现有农民工文化适应评估内容不够完善

我国的文化适应评估研究成果如下：（1）分为生活方式、日常仪式、制度规则以及思维方式和价值观念四个方面的适应；[1]（2）分为经济、社会、制度和心理四维度的指标体系；[2]（3）分为经济生活适应、社会生活适应、心理适应和心理认同三个方面；[3]（4）分为技术层面、制度层面、观念层面三大类；[4]（5）包括文化了解、语言能力、语言实践、各种价值观（如婚姻观念、生育观念、教育理念、健康理念）等多个指标；[5]（6）由经济条件、政治参与、文化素质、社会关系和心理认同组成的五位一体的新生代农民工市民化程度指标体系。[6] 不难看到，当前我国的文化适应评估还处于探索阶段。

三 提出文化适应立体式综合评估工具的必要性

我国农民工文化适应评估工具的缺乏，导致当前研究主要是引进并改造为主，如文俊俊、曹国光[7]在对中国进城农民工适应现状进行评估的过程中使用了 Berry 等人编制的 ISATIS 问卷，这份问卷包含了文化适应策略量表、觉知歧视量表、生活满意度等经典量表；张灿灿等人[8]对文化适应压力量表（中文版）进行修订，并对量表进行了信效度的测量；孙丽璐[9]

---

[1] 参见汪国华《新生代农民工文化适应的内在逻辑：系统抑或构架？》，《调研世界》2009 年第 10 期。

[2] 参见王佃利、刘保军、楼苏萍《新生代农民工的城市融入——框架建构与调研分析》，《中国行政管理》2011 年第 2 期。

[3] 参见章国曙《新生代农民工城市适应问题研究——基于福建省的调查与分析》，硕士学位论文，福建师范大学，2009 年。

[4] 参见叶继红《城市新移民的文化适应：以失地农民为例》，《天津社会科学》2010 年第 2 期。

[5] 参见杨菊华《从隔离、选择融入到融合：流动人口社会融入问题的理论思考》，《人口研究》2009 年第 1 期。

[6] 参见李长鑫《新生代农民工市民化程度指标体系探究》，《知识经济》2013 年第 19 期。

[7] 参见文俊俊、曹国光《中国进城农民工适应现状的实证研究》，《心理学进展》2014 年第 7 期。

[8] 参见张灿灿、苏永刚、张红静《文化适应压力量表中文版的修订》，《山东大学学报》（医学版）2015 年第 53 期。

[9] 参见孙丽璐《农民工的文化适应研究》，博士学位论文，西南大学，2011 年。

也在问卷中添加了自尊量表和生活满意度量表,并验证了这两个量表与文化适应直接的关系。这些量表都在一定程度上为其研究目的提供了良好的支撑,但尚未针对文化适应建立起一套实用性高、针对性强的统一量表,无法对当前的新生代农民工文化适应情况建立统一的标准规范,影响各评估结果之间的参照性。

第六节 新生代农民工文化适应的多元服务维度

文化适应是多因素综合作用的结果,是一个社会建构的过程。为实现新生代农民工的文化适应,服务创新政策以及相应举措不能仅借助单一主体的力量。只有综合看待影响文化适应的多种因素作用机理和过程,评估其认同适应、工具适应、行为适应状况,才能具体提供文化适应的可能策略,才能发挥文化服务策略的真正效用。

一 西方移民文化适应多元服务的努力

国外主要分为基于个体间交互下的心理引导、社会公共服务体系的服务模式和服务渠道的选择。Hacker K. 指出,要以社区为中介,从心理方面让居民对社会体系形成完全信任。[1] Kaida L. 提出,在重建社会网络下,当局通过对移民的心理援助,增强了移民与环境和城市居民的交互。[2] Ng T. K. 等人将个体间的交互精准到家庭和朋友,提出通过共同融入和互助的方式能够排解社会文化负面因素。[3] 对于文化服务的方向,第一,关注移民自身的态度和选择。如 Kizgin H. 的研究表明,个人态度影响其对文

---

[1] Hacker K., Chu J., Leung C., et al., "The Impact of Immigration and Customs Enforcement on Immigrant Health: Perceptions of Immigrants in Everett, Massachusetts, USA", *Social Science & Medicine*, 2011, 73 (4), pp. 586–594.

[2] Kaida L., "Do Host Country Education and Language Training Help Recent Immigrants Exit Poverty?", *Social Science Research*, 2013, 42 (3), p. 726.

[3] Ng T. K., Wang K. W. C., Chan W., "Acculturation and Cross-Cultural Adaptation: The Moderating Role of Social Support", *International Journal of Intercultural Relations*, 2017, 59, pp. 19–30.

化服务形式的选择,所以服务力量应当基于移民的需求和态度提供服务。[1] 第二,从机构角度着眼开展协同服务。如 Thomas R. 指出社区和公共机构要通过合作服务的形式促进移民和城市居民之间的融合和关系的建立,打造文化社区。[2] 除此之外,Berry J. W. 和 Hou, F. 提出了两种文化服务模式:第一,通过个体和团体的合作达成的文化维护,传播移民地有价值的社会文化;第二,公共服务体系营造不同文化间的交互和融合的契机,使得移民源文化得到重视。[3] 服务体系通过关注移民源文化和有价值的文化,帮助移民产生文化自信,从而循序渐进地引导移民接纳城市文化并适应城市生活。

从服务渠道的选择上看,除了以上提及的社区、图书馆等服务体系外,Pumariega A. J. 和 Rothe E. 指出国家和社区是文化服务的中坚力量,机构通过心理疏导和支持服务进行家庭文化援助,同时,他们指出媒体的介入使得教育模式更加灵活,移民家庭也能更便捷地享受文化服务。[4] Wei L. Gao F. 通过研究发现,城市移民越来越依赖于新媒体,尤其依赖新闻、娱乐信息平台和社交媒介,服务力量可使用新媒体,向移民提供文化服务。[5]

二 我国农民工文化适应多元服务尚未引起足够重视

我国对新生代农民工的文化服务研究,概括来说,有以下几点:第一,关于针对新生代农民工文化服务的价值研究,如面向新生代农民工的

---

[1] Kizgin H., Jamal A., Richard M. O., "Consumption of Products from Heritage and Host Cultures: The Role of Acculturation Attitudes and Behaviors", *Journal of Business Research*, 2018, 82, pp. 320–329.

[2] Thomas R. L., Chiarelli Helminiak C. M., Ferraj B., et al., "Building Relationships and Facilitating Immigrant Community Integration: An Evaluation of a Cultural Navigator Program", *Evaluation & Program Planning*, 2016, 55, pp. 77–84.

[3] Berry J. W., Hou, F., "Immigrant Acculturation and Well-being in Canada", *Canadian Psychology*, 2016, 57 (4), pp. 254–264.

[4] Pumariega A. J., Rothe E., "Leaving no Children or Families Outside: The Challenges of Immigration", *American Journal of Orthopsychiatry*, 2010, 80 (4), pp. 505–515.

[5] Wei L., Gao F., "Social Media, Social Integration and Subjective Well-being among New Urban Migrants in China", *Telematics & Informatics*, 2017, 34 (3), pp. 786–796.

第二章　新生代农民工文化适应的多维度研究　49

文化服务能够提升农民工信息素养和文化素质，加快城市化进程，增加农民工城市认同感，构建新型社会关系网络[①]，促进文化融合。[②] 第二，对现有服务不力进行了根源追溯，把相关制约因素分为农民工自身因素或者有可代替的信息获取方式，使用图书馆的意愿并不太强烈；还归因于相关部门的服务不足，如图书馆的宣传力度有限，地点设置不合理，图书馆的藏书与农民工需求不相匹配等，政府的重视和扶持力度有待提升。第三，研究针对新生代农民工服务的具体内容：一些图书馆从农民工子女的角度出发，提供个性化服务，倾注人文关怀；[③] 有些图书馆鼓励开展多元活动，包括参观学习，培养阅读兴趣，建立图书馆参观周；加强图书馆知识教育，举办讲座展览，拓展教育渠道，开展丰富多样的联谊活动；[④] 有的社区图书馆致力于提升农民工素质，进行农民工补偿教育。[⑤] 还有学者提出社区图书馆要引导社区公众消除歧视和偏见，为农民工提供法律法规方面的服务，并积极开展各种形式的就业服务[⑥]，全方位地向农民工群体提供多样化服务。第四，探寻为农民工服务的改进路径，改进措施体现在加大宣传力度、拓宽服务范围、丰富服务内容等方面。[⑦] 此外，我国很多学者还致力于解决新生代农民工市民化的对策研究，从社会保障、城市融合、城市地理学等视角提出了解决方案。[⑧]

[①] 参见胡春娟《公共图书馆：助力农民工市民化》，《图书馆论坛》2014年第8期。
[②] 参见李怡梅《打造新生代农民工的"文化专列"——公共图书馆为新生代农民工服务的探索》，《图书馆》2010年第4期。
[③] 参见黎维玲《少儿图书馆在农民工子女教育中的作用》，《图书馆工作与研究》2010年第6期。
[④] 参见胡获《湖州市图书馆为农民工子女提供文化服务的尝试》，《图书馆学研究》2010年第2期。
[⑤] 参见朱明《社区图书馆发展路径探析——以某市S社区农民工补偿教育为例》，《图书馆论坛》2007年第3期。
[⑥] 参见王若慧《社区图书馆如何为农民工服务》，《图书馆建设》2005年第4期。
[⑦] 参见王新刚《新生代农民工移动教育培训路径探析——基于知识管理视角》，《继续教育研究》2013年第9期；丁冬、傅晋华、郑风田《社会网络、先前经验与新生代农民工创业——基于河南省新生代农民工创业调查数据的分析》，《西部论坛》2014年第3期；刘勇、王学勤《新生代农民工信息素养现状及提升策略研究——以浙江省为例》，《图书馆工作与研究》2014年第7期。
[⑧] 参见龙桂珍《基于社会保障视角的农民工市民化途径研究》，《合作经济与科技》2014年第1期；魏晓东《农民工市民化应分阶段逐步实现》，《农村工作通讯》2010年第13期；张建丽、李雪铭、张力《新生代农民工市民化进程与空间分异研究》，《中国人口·资源与环境》2011年第3期。

三 新生代农民工文化适应服务的发展方向

总体来说，当前图书情报领域对农民工群体的服务研究仍存在一些问题，研究视野需要拓展。表现在研究设计上的理论框架单一性，也表现在对研究对策的分析上仅着眼于本学科机构，忽略了新生代农民工这一群体与城市动态互动中的过程性、复杂性、全面性。以图书馆为主体的服务理念，忽视或有意回避了其他主体的能动性及合作性可能，这严重背离了农民工的现实期待。已有研究发现，新生代农民工大多数人没有进过大剧院、展览馆、美术馆、科技馆、工人文化宫等，利用较多的是图书馆、社区文化中心和博物馆，其主要原因是政府对文化服务场所向新生代农民工的宣传力度不够；新生代农民工缺乏享受文化信息服务的时间。[①] 邢军研究了农民工融入城市的文化平台，调查发现他们不满意政府、企业、社区、文化工作者、农民工文艺组织提供的文化服务，没有真正享受到城市公共文化服务。[②] 刘文萃、易晓俊研究了天津滨海新区新生代农民工精神文化生活的社区融入，发现社区难以提供能够吸引新生代农民工的精神文化生活。[③] 丁光清、赵蓉研究了新生代农民工的文化状况，调查发现他们希望获得专业技能知识、法律知识、文化知识，然而农民工文化权益缺乏制度保障，针对他们的公共文化服务不健全。[④] 张晓提出，公共服务体系应充分重视新生代农民工信息获取渠道和需求表达渠道。[⑤] 西方国家已指出应以需求为导向进行多元化服务，国内也有一些联合多元机构进行合作开展服务的呼吁，到目前为止，收效甚微。可见，要想真正服务新生代农民工，来自一线农民工的真实需求和期待是值得深入调研的，多维的效果

---

① 参见孙慧、丘俊超《新生代农民工文化与心理融入状况调查——以广州市 CH 区为例》，《青年探索》2014 年第 2 期。
② 参见邢军《积极搭建农民工城市融入的文化平台》，《江淮论坛》2014 年第 1 期。
③ 参见刘文萃、易晓俊《新生代农民工精神文化生活的社区融入研究——以天津市滨海新区为例》，《安徽农业科学》2013 年第 20 期。
④ 参见丁光清、赵蓉《新生代农民工：作为群体的文化研究及其公共文化服务立体供给系统》，《艺术百家》2015 年第 2 期。
⑤ 参见张晓《新生代农民工文化权益保障的困境与出路研究》，硕士学位论文，福建师范大学，2014 年。

评估是需要把握的，多元主体合作的服务模式也是值得探讨的。

小　结

本书的文化适应视角，建立在文化可理解为"观念认同型的文化，媒介交流型文化，以及社会行为化的文化"的三分法基础上，把文化适应的研究从五个维度进行总体阐述（第二章内容）及理论框架构建（第三章内容）并进行实证分析：其一，了解文化适应在个体内心深层次认同，以掌握新生代农民工文化资本状况（在第四章具体运用文化资本理论展开分析和研究）；其二，分析个体与城市互动关系的多种媒介工具使用及评介，以剖析新生代农民工的媒介素养对其城市文化适应的影响（在第五章具体运用媒介素养理论对此展开分析和研究）；其三，以融入城市文化为落脚点，考察新生代农民工与城市互动关系中所呈现出来的知识迁移路径及其影响因素，掌握新生代农民工融入城市文化进程中的文化知识流动特点等（在第六章具体运用知识转移理论对此展开分析和研究）；其四，综合建立起"个体认同—工具体验—知识迁移"的三维立体评估框架，对新生代农民工的文化适应整体效果进行了全面评估（详见第七章的多维文化适应评估及其分析）；其五，基于以上综合发现，分析面向新生代农民工入城文化适应的多力量协助服务策略（第八章提出了基于图书馆为主体多元力量共同参与文化服务的援助策略）。

第三章　多维视角下的新生代农民工文化适应研究理论框架

第一节　文化资本视角及研究假设

文化资本理论由法国社会学家皮埃尔·布尔迪厄（Pierre Bourdieu）在《资本的形式》中提出。① 布尔迪厄认为，文化资本是有别于经济资本、社会资本的一种新型资本形式，文化资本是文化主体经过家族传承、学校教化等形式不断积累的精神财富，有其自成系统的生成、积累、转化、再生产的运行机制，并依赖于其起作用的场域实现与社会资本、经济资本之间的转化。② 为了充分展示文化资本概念的普遍性，布尔迪厄在《利益、习性、理性》中提出也可称其为信息资本。③

布尔迪厄的文化资本（信息资本）论断，为入城新生代农民工的文化认同提供了崭新的视野。分析新生代农民工自入城至适应的过程，离不开他们对新旧文化的认知、调整、处理，更离不开对他们文化适应进程的个体、关系、社会行动的全方位的考察，离不开对这一群体信息的获取、传递、处理、转化等相关问题的深入讨论和探究。现有研究少有把农民工当作有机个体去研究其认知、情感、交流关系至行为表达这样一个全行动周期的文化研究成果，也尚未发现从文化资本这一视角探讨

---

① Bourdieu P., *The Forms of Capital*, Blackwell Publishers Ltd, 1986.
② Bourdieu P., "The Forms of Capital", In Richardson, J. Eds., *Handbook of Theory and Research for the Sociology of Education*, New York: Greenwood Press, 1986, pp. 241–258.
③ 参见［法］P. 布尔迪厄《文化资本与社会炼金术——布尔迪厄访谈录》，包亚明译，上海人民出版社1997年版，第166页。

第三章　多维视角下的新生代农民工文化适应研究理论框架　　53

新生代农民工文化认同对其文化适应影响的研究。本书引进文化资本的视角对以上不足进行弥补，利用文化资本的独特理论去分析新生代农民工在城市中的个体文化认同现状、影响因素、对策，服务于入城新生代农民工的个体适应。

一　研究基础述评

(一) 新生代农民工及移民群体的城市融合及信息缺失研究

1. 城市融合状况研究

自英国学者 Ravenstein E. G. 进行移民迁移研究[1]起，出现了大量的移民融合理论研究，比较有代表性的如引力理论[2]、推拉理论[3]、成本—收益理论[4]。在文化融合研究成果中，有单维模型[5]、二维模型及其优化模型[6]、融合模型[7]等研究。在对发展中国家劳力转移研究上，出现了二元结构经济模型[8]、二元三阶段理论[9]、三部门两阶段理论[10]。在现实路径上，西方国家从自身社会状况出发，采取了一系列促进移民群体城市融入的举措。如英、法、德、美等资本主义国家着手解决移民融入过程中的贫困问题、犯罪问题和社会问题，措施主要集中于完善公共基础设施、创造就业

---

[1]　Ravenstein E. G., "The Laws of Migration", *Journal of the Royal Statistic Society*, 1889, 52 (2), pp. 241–305.

[2]　Zipf G. K., "The P1P2/D Hypothesis: On the Intercity Movement of Persons", *American Sociological Review*, 1946, 11 (6), pp. 677–686.

[3]　Lee E. S., "A Theory of Migration", *Demography*, 1966, 3 (1), pp. 47–57.

[4]　Schultz T. W., "Reflections on Investment in Man", *The Journal of Political Economy*, 1962, (70), pp. 1–8.

[5]　Miller, Herbert Adolphus, *Old World Traits Transplanted*, New York: New York Henry Holt, 1921, pp. 5–29.

[6]　Berry J. W., "Indigenous Psychologies: Research and Experience in Cultural Context", *Psyccritiques*, 1993, 50 (41), pp. 155–158.

[7]　Arends-Tóth J., Vijver F. J. R. V. D., "Multiculturalism and Acculturation: Views of Dutch and Turkish Dutch", *European Journal of Social Psychology*, 2003, 33 (2), pp. 249–266.

[8]　Leweis, W. A., "Economic Development with Unlimited Supplies of Labor", *The Manchester School*, 1954, 22 (2), pp. 139–191.

[9]　Ranis G., Fei J. C. H., "The Ranis-Fei Model of Economic Development: Reply", *The American Economic Review*, 1963, 53 (3): pp. 452–454.

[10]　Thadani V. Todaro M., "Female Migration: A Conceptual Framework", *Women in the Cities of Asia Migration & Urban Adaptation*, 1984, pp. 36–59.

机会、提供法律保障、发展教育培训、增加社会福利等层面,对我国农民工城市融入具有一定的借鉴意义。国内新生代农民工市民化问题的研究主要集中在农民工市民化的现状①、市民化的影响因素②、市民化的改进举措③等方面。

2. 信息缺失状况研究

信息能力素养是衡量个人能否顺利满足信息需求的重要标准。董克等发现农民工信息知识能力在整体上比较低下。④ 焦雪、黄丽霞认为农民工确认信息能力薄弱、寻获信息能力缺失、使用信息能力低下、评估信息能力丧失。⑤ 杨雅、李桂华发现农民工业余时间的信息活动少,接触的媒体有限。⑥ 综合相关文献,学者们普遍认为农民工信息能力缺失是内外因共同作用的结果,一方面,较低的文化程度直接导致了农民工信息能力的弱化;另一方面,政府、企业、公共信息机构缺乏连续性、正规化的信息扶持,使得农民工信息素养的提升一直难有起色。

(二) 文化资本理论成果梳理

1. 国外对文化资本理论的相关研究

布尔迪厄文化资本理论的提出建立在阶级性的基础上,他把文化资本限定为精英阶层认为值得索求和拥有的高雅文化。因此,在评估文化资本占有量时,也往往从社会上层阶级的文化习性上进行衡量,例如,参观博物馆、欣赏音乐会、阅读文献等上层阶级文化活动的参与程度、是否具备上层阶级的生活品位等。布尔迪厄在阐述文化资本理论时,其表述多为描述性语言,

---

① 参见何绍辉《在"扎根"与"归根"之间:新生代农民工社会适应问题研究》,《青年研究》2008 年第 11 期。

② 参见张斐《新生代农民工市民化现状及影响因素分析》,《人口研究》2011 年第 6 期;黄建新《新生代农民工市民化:现状、制约因素与政策取向》,《华中农业大学学报》(社会科学版) 2012 年第 2 期。

③ 参见国务院发展研究中心课题组《农民工市民化进程的总体态势与战略取向》,《改革》2011 年第 5 期。

④ 参见董克等《武汉市农民工知识能力及图书馆需求调查报告》,《图书馆》2008 年第 4 期。

⑤ 参见焦雪、黄丽霞《Big6 视角下农民工信息素养教育研究》,《图书馆学研究》2013 年第 9 期。

⑥ 参见杨雅、李桂华《基于"意义构建"理论的农民工信息需求调查研究》,《图书馆》2009 年第 4 期。

第三章　多维视角下的新生代农民工文化适应研究理论框架　　55

这就为文化资本的深入挖掘提供了充分的空间。最早研究布尔迪厄文化资本理论的是美国加州大学伯克利分校的教授罗克·华康德（LocJ. D. Wacqunt），他是布尔迪厄的好友，也是国外研究布尔迪厄理论的最重要学者。初期很多学者延续了布尔迪厄这一理论逻辑，将研究视角定义在统治阶级的高雅文化上，认为文化资本是社会上层文化中所蕴含的能力，代表人物有保罗·迪马哥[1]、格拉夫[2]。直至21世纪，仍有不少学者采用类似的评定方式衡量文化资本，例如，伊特[3]在探讨不同家庭文化资本的孩子的运动参与度差异时，将欣赏高端文化展览（艺术馆、科学馆、历史博物馆）和参加课外高雅文化课程（艺术班、音乐班、舞蹈班）作为文化资本的衡量标准，由此分析了家庭文化资本对孩子文化适应和学术成就的影响。

随着研究的深入，学者们对文化资本理论作出了丰富的解读。特纳将文化资本解读为每个人具有的资源，如语言风格、知识文化、沟通途径等，资源丰富的人在社会际遇中占主导地位[4]，文化资本的流动对社会层次结构的演化产生重要影响。法卡斯等人一改既定的将高雅艺术活动作为文化资本评价标准的衡量机制，将研究视角放在学校场域的具体教学活动中，进行了针对22个学校486名学生的文化资本实证研究[5]，他们将文化资本扩展为文化资源，并将测量标准细化为学习基本技能、学习习惯和模式、课程掌握程度、学习成绩、学生旷课次数、外表和穿着几大类，将学生的文化表现和学习习惯都纳入文化资本考察范围之内，丰富了文化资本的内涵。爱德华·李普马在《实践理论中的文化与文化概念》[6]一文中从

---

[1] Paul DiMaggio and John Mohr, "Cultural Capital, Educational Attainment, and Marital Selection", *American Journal of Sociology*, Vol. 90, No. 6 (May, 1985), pp. 1231–1261.

[2] DeGraaf, Paul M., "The Impact of Financial and Cultural Resources on Educational Attainment in the Netherlands", *Sociology of Education*, 1986, 59, pp. 237–246.

[3] Tamela McNulty Eitle and David Eitle., "Race Cultural Capital, and the Educational Effects of Participation in Sports", *Sociology of Education*, Vol. 75, No. 2 (Apr., 2002), pp. 123–146.

[4] 参见［美］乔纳森·H. 特纳《社会学理论的结构》，吴曲辉等译，浙江人民出版社1987年版，第539—540页。

[5] George Farkas, Robert P. Grobe, Daniel Sheehan, Yuan Shuan, "Cultural Resources and School Success: Gender, Ethnicity, and Poverty Groups within an Urban School District", *American Sociological Review*, 1990, Vol. 55 pp. 127–142.

[6] 参见爱德华·李普马《实践理论中的文化与文化概念》，载薛晓源、曹荣湘主编《全球化与文化资本》，社会科学文献出版社2005年版，第33—58页。

文化问题、认识论与方法论、文化与社会结构、文化的任意性等视角出发，结合文化功能、文化秩序、阶级关系、客观实践，从实践理论高度对布尔迪厄的文化资本理论进行了深度剖析。澳大利亚学者戴维·思罗斯比将文化资本概念引入经济学范畴，认为文化资本是区别于物质资本、人力资本、自然资本的第四种资本类型[1]，将文化资本分为有形文化资本（指的是建筑、遗址、艺术品等实体的文化遗产和绘画、雕塑等私有物品）和无形文化资本（指的是一系列抽象的想法、信念、价值等），同时认为文化资本是文化价值积累的具体表现形式。格拉夫将父母的文化品位和喜好作为衡量家庭文化资本的标尺，他通过在荷兰的实证研究发现，父母良好的阅读习惯和文化参与行为，能影响孩子的语言教育和认知技能，能塑造类似于校园环境的良好学习氛围，这对于教育适龄儿童，尤其是在社会中处于中低阶层家庭的孩子来说，意义重大。[2] 此外，约翰·霍尔的《文化资本：等级地位、阶层、性别和种族的不全面研究》、戴维·斯沃茨的《文化与权力：布尔迪厄的社会学》、杰西·马尔什的《人类资本中的文化多样性》、詹·韦伯等人合著的《解读布尔迪厄》、德里克·罗宾斯的《布尔迪厄"文化资本"观念的本源、早期发展与现状》等作品分别从历史溯源、阶段特征、阶级性、多样化等层面对文化资本概念进行了深入挖掘。

2. 我国对于文化资本理论的相关研究

20世纪70年代末80年代初，布尔迪厄的文化资本理论传入我国，在学术界得到了充分重视与关注。我国对文化资本的研究主要表现在以下几方面。

第一，对布尔迪厄理论的翻译。布尔迪厄的文化资本理论散见于布尔迪厄的众多著作之中，对这些作品的翻译和介绍，为国内广大研究者提供了宝贵的原始资料。在我国，最早研究布尔迪厄文化资本理论的是夏孝川先生，他于1979年发表了《皮埃尔·布迪厄：社会不平等的文化传授》

---

[1] David Throsby, "Cultural Capital", *Journal of Cultural Economics*, 1999, 23, pp. 3 – 12.

[2] Nan Dirk De Graaf, Paul M. De Graaf and Gerbert Kraaykamp, "Parental Cultural Capital and Educational Attainment in the Netherlands: A Refinement of the Cultural Capital Perspective", *Sociology of Education*, Vol. 73, No. 2 (Apr., 2000), pp. 92 – 111.

第三章　多维视角下的新生代农民工文化适应研究理论框架

一文,叙述了布迪厄对教育社会学的贡献,阐释了建立在阶级基础上的文化差异。此后,越来越多的学者投入到文化资本理论的译介行列之中,布尔迪厄的《实践论》《国家精英》《区隔:鉴赏判断的社会批判》《再生产》《艺术的法则》《实践与反思》都陆续翻译成中文,这些著作中详细介绍了文化信念、认知图式等文化资本理论中的重要内容,并对文化资本积累的影响因素、文化场域的特性等进行了深度剖析,是研究文化资本理论的重要资料。在已翻译的布尔迪厄理论作品中,包亚明编译的《文化资本与社会炼金术——布尔迪厄访谈录》最具影响力,该书系统地阐述了布尔迪厄对社会生活的反观性探讨,集成了涵盖场域、习性在内的布尔迪厄文化资本理论的精髓。

第二,对国外相关成果的引入。大量国外学者对文化资本理论的研究成果也相继被翻译成中文,包括保罗·福赛尔的《格调:社会等级与生活品位》、华康德的《解读皮埃尔·布迪厄的"资本"》、瑟伦伊的《超越文化资本:迈向符号支配理论》、霍伊的《批判的抵抗——福柯和布尔迪厄》、戴维·斯沃茨的《文化与权力:布尔迪厄的社会学》等,这些作品都围绕文化资本理论的核心主题从不同视角对文化资本理论进行了深入解读,全面地呈现了布尔迪厄文化资本理论的学术渊源。薛晓源、曹荣湘主编的《全球化与文化资本》是文化资本理论研究的集大成者,该书将国外的研究成果分为布尔迪厄与文化资本、文化资本与全球化、文化资本与经济发展、文化资本与阶层分析、文化资本与个体发展、文化资本与后科学等六个板块,对国外文化资本理论的研究趋向做了细致的梳理。这些学术成果的引进和梳理,为我国文化资本理论研究提供了详实的资料和丰富的研究视野。

第三,对文化资本理论的解读。萧俊明[1]、宫留记[2]等人全面地说明和分析了布尔迪厄文化资本理论的基本脉络,对文化资本理论进行了系统的梳理与评述。在文化资本的界定方面,有把文化资本看作是文化能力、文

---

[1] 参见萧俊明《布尔迪厄的实践理论与文化再生理论》,《国外社会科学》1996年第4期。
[2] 参见〔法〕皮埃尔·布尔迪厄、宫留记《一种新资本》,《世界哲学》2008年第1期。

化习性、文化权力、文化产品等文化资源的总和[1],概括为作用具体性、场域实践性、权力再生性、阶级自反性四个形态[2]。对家庭文化资本的内涵进行了梳理,对家庭文化资本的传承内容进行了界定,将家庭文化资本分为先赋习得型文化资本、非先赋习得型文化资本、先赋非习得型文化资本、非先赋非习得型文化资本几类[3]。在文化资本的运作方面,姚俭建和岑文忠[4]从市场、权力、教育三个层面对文化资本积累机制进行分析,对其内在逻辑和积累路径作出了剖析;张至昊[5]运用实践的观点,分析了文化资本的形成、确认、转换和积累的规律与途径;高喜军[6]从关系性思维方法出发,从动态上介绍了文化资本理论的运行机制。此外,浦蓁烨[7]等人进行了文化资本的分配与再分配、积累与转化的途径与功能、兑换机制及作用特征等方面的探究,还有学者对文化资本的特征、文化符号的权力与内涵、场域的历史建构等文化资本理论进行分析。

总的来说,国内外学者都从自身研究领域出发,对文化资本理论进行了深入解读和拓展,文化资本的界定范畴逐渐从上层阶级向弱势阶层的文化资本延伸,家庭文化资本与体制化文化教育都有了丰富的衡量评价机制,文化资本内涵得到了不断丰富和深化(见表3-1)。文化资本理论内涵和研究对象上的这些深化,契合了我国新生代农民工的文化认同研究,具有重大的指导意义。

---

[1] 参见姚俭建《论西方社会的中产阶级——文化资本理论框架内的一种解读》,《上海大学学报》(社会科学版)2005年第3期。
[2] 参见陈爱国《论布尔迪厄文化资本的形态构造》,《学术论坛》2006年第6期。
[3] 参见王洪兰《家庭文化资本的传承研究》,硕士学位论文,华中科技大学,2006年;马菱《进城农民工子女家庭文化资本研究——以上海市闵行区为例》,硕士学位论文,华东师范大学,2010年。
[4] 参见姚俭建、岑文忠《文化资本的积累机制探微》,《上海师范大学学报》(哲学社会科学版)2004年第2期。
[5] 参见张至昊《论文化资本》,硕士学位论文,福建师范大学,2007年。
[6] 参见高喜军《作为资本的文化——解读布尔迪厄文化资本理论》,硕士学位论文,首都师范大学,2008年。
[7] 参见浦蓁烨《论布尔迪厄的"文化资本论"》,《中山大学研究生学刊》(社会科学版)2010年第4期。

表 3-1　　　　　　文化资本划分与内容范围的主要观念汇总

研究者	主要观点
Paul DiMaggio（1985）、DeGraaf（1986）	认为文化资本是社会上层文化中所蕴含的能力,体现在统治阶级的高雅文化上①
Jonathan H·Torner（1987）	从交换互动论的角度出发,将文化资本解读为每个人具有的资源,如语言风格、知识文化、沟通途径等,资源丰富的人在社会际遇中占主导地位,认为文化资本的流动对社会层次结构的演化产生重要影响②
George Farkas（1990）	将文化资本扩展为文化资源,并将测量标准细化为学习基本技能（Basic Skills）、学习习惯和模式（Habits and Styles）、课程掌握程度（Coursework Mastery）、学习成绩（Course Grades）、学生旷课次数（Days Absent）、外表和穿着（Appearance & Dress）几大类,同时将学生的文化表现和学习习惯纳入文化资本内容范畴③
Edward.Li.Puma（1993）	在把握文化与社会结构、文化的任意性的前提下,从文化功能、文化秩序、阶级关系出发,界定文化资本内容范围④
David Throsby（1999）	将文化资本概念引入经济学范畴,认为文化资本是区别于物质资本、人力资本、自然资本的第四种资本类型,并将文化资本分为有形（tangible）文化资本和无形（intangible）文化资本,有形的文化资本指的是建筑、遗址、艺术品等实体的文化遗产和绘画、雕塑等私有物品,无形的文化资本指的是抽象的想法、信念、价值等⑤

---

① Paul DiMaggio and John Mohr, "Cultural Capital, Educational Attainment, and Marital Selection", *American Journal of Sociology*, 1985, 90 (6), pp. 1231–1261. DeGraaf, Paul M., "The Impact of Financial and Cultural Resources on Educational at Tainment in the Netherlands", *Sociology of Education*, 1986, 59, pp. 237–246.

② 参见［美］特纳（Torner, J. H.）《社会学理论的结构》,吴曲辉等译,浙江人民出版社1987年版,第539—540页。

③ George Farkas, Robert P. Grobe, Daniel Sheehan, Yuan Shuan, "Cultural Resources and School Success: Gender, Ethnicity, and Poverty Groups within an Urban School District", *American Sociological Review*, 1990, 55, pp. 127–142.

④ 参见薛晓源、曹荣湘主编《全球化与文化资本》,社会科学文献出版社2005年版,第33—58页。

⑤ David Throsby, "Cultural Capital", *Journal of Cultural Economics*, 1999, 23, pp. 3–12.

续表

研究者	主要观点
姚俭建（2005）	认为文化资本是文化能力、文化习性、文化权力、文化产品等文化资源的总和①
陈爱国（2006）	文化资本包括作用具体性、场域实践性、权力再生性、阶级自反性四个形态②
王洪兰（2006）、马菱（2010）	对家庭文化资本的内涵进行界定，将家庭文化资本分为先赋习得型文化资本、非先赋习得型文化资本、先赋非习得型文化资本、非先赋非习得型文化资本几类③
严警（2012）	文化资本包括世代相传的文化背景、知识、性情、修养与技能，个人的语言能力、行为习惯以及对书籍、音乐和美术作品的学习和欣赏，和社会合法化的教育文凭或者学术资格④

（三）新生代农民工及移民群体的文化资本研究

1. 国外移民群体的文化资本研究

文献调研发现，国外相关研究体现在文化资本的作用分析，集中表现在政治、经济、社会、教育等层面。例如，伊万·撒列尼关于文化资本对于波罗的海德语人群在地区自治和政治成就方面的作用研究表明，正是得益于拥有稳健而自律的品性与作风、娴熟的交流技能、较高的受教育程度等区别于一般波罗的海人群的更高水平的文化资本，德国人才能享受自治与权势；⑤ 菲利普·布儒瓦（Philippe Bourgois）考察了美国纽约贫民区——哈莱姆东区毒贩的贫民街道文化，认为正是由于文化资本的缺失，年轻毒贩才难以迈入中产阶级或工人阶级世界，一直处在社

---

① 参见姚俭建《论西方社会的中产阶级——文化资本理论框架内的一种解读》，《上海大学学报》（社会科学版）2005年第3期。
② 参见陈爱国《论布尔迪厄文化资本的形态构造》，《学术论坛》2006年第6期。
③ 参见王洪兰《家庭文化资本的传承研究》，硕士学位论文，华中科技大学，2006年；马菱《进城农民工子女家庭文化资本研究——以上海市闵行区为例》，硕士学位论文，华东师范大学，2010年。
④ 参见严警《家庭文化资本研究——基于武汉市两所初中的调查》，硕士学位论文，华中师范大学，2012年。
⑤ Szelenyi I., *Poverty and Social Structure in Transitional Societies*, Centre for Cooperative Reseach, Yale Univesrsity, 2000.

会边缘化的状态。①其他学者认为文化资本有助于群体进行文化交流,丰富其社会的生命特征,有提升群体地位的功效②,也有利于社会资本的积累③,对社会不同阶层文化教育差异有影响④,与孩子的教育成绩、入学率、婚姻选择方式上存在显著相关性⑤。

2. 我国农民工的文化资本研究

国内研究按主题集中于文化资本对于流动人口子女教育的影响、对农村移民地位的影响、对农民工城市融合的影响等。如周海玲认为农民工三种形式的文化资本均十分薄弱,对流动儿童的学业产生消极影响,为促进教育公平化,必须从家庭文化资本建设和非家庭的文化教育两方面进行扶持。⑥崔华华等研究表明,文化资本积累的缺失使得流动人口子女在家庭教育、学校教育、社区教育中均处于不利地位,对其成长和发展造成了严重的负效应,并提出了合理的解决对策。⑦王小红分析了城乡二元体制下农民工与城市市民在文化资本分配方面的不公状态,认为农民工早期文化资本的贫乏导致了农民工在城市的持续边缘性地位。⑧刘辉武认为农民工文化资本的缺乏直接制约了其城市融入,影响人力资本和社会资本的积累,也导致了市民对农民工的文化排斥。⑨张军等运用文化资本理论的三维划分,阐明了文化资本在新生代农民工城市融入中的积极功能,并在此

---

① 参见[美]菲利普·布儒瓦《生命的尊严:透析哈莱姆东区的快克买卖》,焦小婷译,北京大学出版社2009年版,第7—22页。

② Joseph E. Doherty, "Cultural Capital for a Global Venture", *INSPRA Working Paper*, 1997, 8: 1–10.

③ Paul DiMaggio and John Mohr, "Cultural Capital, Educational Attainment, and Marital Selection", *American Journal of Sociology*, 1985, 90 (6), pp. 1231–1261.

④ Lamont M., Lareau A., "Cultural Capital: Allusions, Gaps and Glissandos in Recent Theoretical Developments", *Sociological Theory*, 1988, 6 (2), pp. 153–168.

⑤ Dimaggio P., "Cultural Capital and School Success: The Impact of Status Culture Participation on the Grades of U. S. High School Students", *American Sociological Review*, 1982, 47 (2), pp. 189–201.

⑥ 参见周海玲《文化资本视角:流动儿童教育公平化策略》,《当代青年研究》2008年第9期。

⑦ 参见崔华华、施晓娟、刘信鹏《文化资本视野下的流动人口子女教育问题及其对策》,《科学经济社会》2012年第3期。

⑧ 参见王小红《农村转移人员文化资本的缺失及其对社会地位的影响——布迪厄文化资本理论的启示》,《外国教育研究》2008年第6期。

⑨ 参见刘辉武《文化资本与农民工的城市融入》,《农村经济》2007年第1期。

基础上建构了文化资本支持系统的理论模型。①

(四) 研究成果述评

基于上述内容发现,相关研究成果呈现出以下几个特点:(1) 新生代农民工/移民的城市融入问题得到了普遍关注并有一定的研究积累;(2) 信息短缺、信息意识差、能力不足以及教育和制度上的缺失,是阻碍他们融入城市的重要因素,但这些影响因素较少地在同一研究中得到集中体现和系统分析;(3) 文化资本理论层面上虽可涵盖意识、行动、制度等方面的多种内涵,但在具体的理论阐述以及实践指导领域中,缺乏明确的层次界定以及指标分解。

可见,需要进一步强化文化资本在个体认知、社会载体、制度环境等各层面的理论阐释力,构建基于文化资本视角的新生代农民工城市融合框架,在提升其文化资本存量的基础上加强外部主导力量的建设。

二 文化资本理论的体系分析

(一) 文化资本形式

文化资本就其存在形式而言,包括身体化的形式、客观化的形式、体制化的形式三种。第一种为身体化的文化资本,又称具体化的文化资本,是文化资本的基本形式,通常以文化、修养等形式出现②,是历经漫长的身体化和实体化过程后转换成个人有机组成、寓于个人习性之中的外来财富,随着文化主体的衰落一道消亡。布尔迪厄认为,身体化的文化资本是一种文化能力培养和集聚的过程,与家庭所拥有的经济条件和文化实力息息相关,坐拥殷实家底和丰富文化存量的群体与生俱来地拥有得天独厚的条件,不同阶层之间的文化教育自出生之日起就是不公平的。③ 第二种为客观化的文化资本,又称物质化的文化资本,表现为图片、图书、词典等文化产品,是理论的客体化和对理论问题的批判。客观化的文化资本具有双重属性,一方面,是被客观化的物质性文化资本,具有可传递的物质属

---

① 参见张军、王邦虎《新生代农民工城市融入的文化资本支持》,《安徽农业大学学报》(社会科学版) 2013 年第 2 期。
② 参见薛晓源、曹荣湘主编《全球化与文化资本》,社会科学文献出版社 2005 年版,第 8 页。
③ 参见薛晓源、曹荣湘主编《全球化与文化资本》,社会科学文献出版社 2005 年版,第 7 页。

性；另一方面，承载了身体化文化资本的价值，克服了身体化文化资本的生物性依赖，是身体化文化资本的次生状态，具有象征性、符号性。[①] 客观化的文化资本所能传递的，是合法的所有权，而非对文化资本载体的感受理解和鉴赏能力。[②] 第三种为体制化的文化资本，是以客观化的教育资质形式存在的文化资本，通常表现为经文化体制资格授权的、能表征正当化学术资格和文化能力的证书，赋予了持有者一种约定俗成、长期不变、得到合法保障的文化价值。[③] 体制化的文化资本拥有超越文化资本本身的相对独立性，确立了官方认可的合法化能力，与简单文化资本之间存在根本性的差别。同时，体制化的文化资本通过学术资本所涵盖的资本价值，能够在文化资本和经济资本之间设置一定的转化率，是较为直观的资本增值形式。

（二）文化资本的语境分析

除"资本"外，"惯习""场域"也是贯穿整个布尔迪厄文化资本理论的中心范畴和核心框架始终的重要语境载体。

惯习，又称习性，是深刻存在于性情系统中、作为一种技艺存在的生成性能力。[④] 一方面，惯习与生俱来且持久存在，每个人所携带的惯习自出生起就具有了阶级化差异；另一方面，惯习可根据所处场域的差异性，作出调整和变更。场域，是"在各种位置之间存在的客观关系的一个网络（network），或一个构型（configuration）"[⑤]。文化资本理论认为，社会世界由大量具有相对自主性的社会小世界构成，它们拥有符合自身逻辑的客观空间和特定的利益形式，各种场域明显地具有各种"进入壁垒"。特定领域自身的结构形式，和场域中相互面对的各种力量之间的距离、鸿沟和不对称关系，造就了场域的运作动力。[⑥] 要想顺利进入并立足特定场域，需

[①] 参见陈治国《布尔迪厄文化资本理论研究》，博士学位论文，首都师范大学，2011年。
[②] 参见薛晓源、曹荣湘主编《全球化与文化资本》，社会科学文献出版社2005年版，第12页。
[③] 参见薛晓源、曹荣湘主编《全球化与文化资本》，社会科学文献出版社2005年版，第13页。
[④] 参见［法］皮埃尔·布尔迪厄《文化资本与社会炼金术——布尔迪厄访谈录》，包亚明译，上海人民出版社1997年版，第168页。
[⑤] 参见皮埃尔·布尔迪厄、［美］华康德《实践与反思》，李猛、李康译，中央编译出版社2004年版，第133—134页。
[⑥] 参见［法］皮埃尔·布尔迪厄、［美］华康德《实践与反思》，李猛、李康译，中央编译出版社2004年版，第138—139页。

识别并培养该场域里能发挥作用的禀赋。就惯习和场域的关系而言,场域形塑着惯习,惯习丰富了场域的内容和意义。

(三) 文化资本理论的核心要素及相关关系

对新生代农民工的文化认同研究是基于布尔迪厄文化资本理论视角的实证研究。文化资本作为资本体系的重要一环,是一个庞大的理论系统(见图3-1)。作为布尔迪厄社会学概念的场域、惯习和资本,架构起了文化资本理论中最核心部分。其中,文化资本的内涵根据其存在形式分为身体化的文化资本、客观化的文化资本、体制化的文化资本;惯习和场域丰富了文化资本的语境体系。

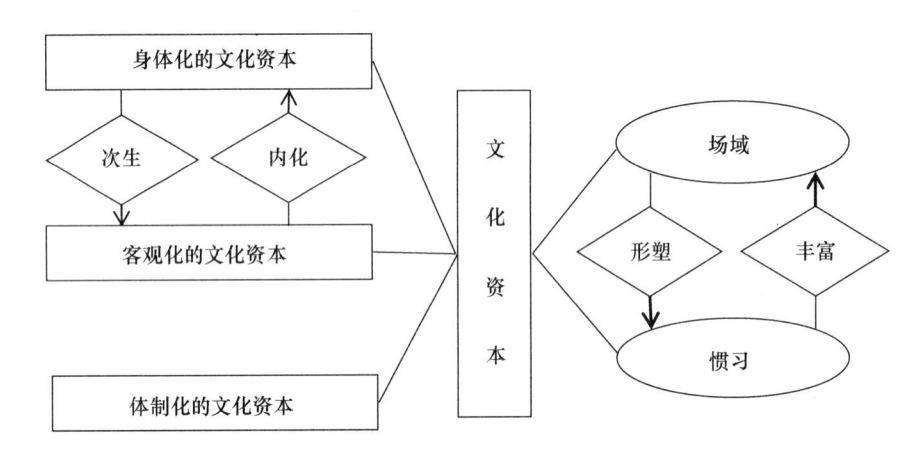

图3-1 文化资本理论的核心要素及其相互关系

本研究的特定场域为城市场域。为实现市民化,真正在城市立足,进入城市空间的新生代农民工必须遵循城市这一特定场域的运行规则,克服潜在的制度壁垒。而在农村场域成长起来的新生代农民工,在实践过程中业已形成相对稳定的适合于农村生活的惯习,这一惯习可能对农民工融入具有不同利益形式和衡量标准的城市场域产生不利影响。同时,基于家庭文化资本的熏陶和所接受的文化教育的影响,新生代农民工群体在成长过程中已形成了相对固定的文化资本,其文化资本存量情况如何,城市场域的融合情况如何,与城市场域的融合存在怎样的相关性,应该通过怎样的途径改变相对落后的惯习,提升文化资本存量,发挥文化资本效力,优化其信息持有状况,以适合城市场域的运行逻辑,将成为重点探讨的问题。

三 文化资本分析理论框架

文化资本隐性精神财富、显性文化产品和学术教育资质的总和,有其自身的广泛内涵,可分为素质能力型文化资本、客观物质型文化资本和教育技能型文化资本三类。结合文化认同研究对象及目的,将文化资本与新生代农民工城市社会信息过程中信息获取、信息传递、信息处理及信息转换等信息要素相结合,形成了具体内容层面的划分(见表3-2)。

表3-2 文化资本的形式、内涵及具体内容

形式	内涵	具体内容
素质能力型文化资本	文化主体通过文化能力培养和知识集聚,将既有文化内化而形成的精神财富,受到家庭环境的熏陶和正规化教育的影响,与品位、性情、修养、知识背景、语言能力相关联,是对个人文化能力的综合反映	a. 语言能力 b. 使用现代网络能力 c. 信息获取能力 d. 信息获取效果
客观物质型文化资本	文化主体所拥有的包括图片、图书、词典、工具等在内的文化产品,具备物质属性,可通过家庭传承、交换、传递、购买获得,文化资本持有者在充分拥有文化产品的基础上,唯有将其转化为内在文化价值,才可实现其价值	a. 家庭文化产品拥有量 b. 文化消费情况 c. 文化信息服务设施使用频率
教育技能型文化资本	文化主体在教育层面取得的认可,在形式上独立于主体本身,主要表征为社会公认的教育资格证书,它确定了文化资本社会价值的合法性,形成了文化与社会权力的张力	a. 受教育程度 b. 继续教育 c. 技能培训

至此,将信息缺失与重塑研究寓于文化资本理论视角之中,构建出城市融合进程中新生代农民工文化资本研究的理论框架(见图3-2),其主要思路是:文化资本存量具备价值效力,与新生代农民工城市场域的融合具有显著相关性;新生代农民工的文化资本就其存在形式而言,包括素质能力型、客观物质型、教育技能型三个维度,通过对具体要素的实证分析,提炼当前新生代农民工文化资本存量的分布特点,探寻影响新生代农民工文化资本的因素,助力新生代农民工城市融合。

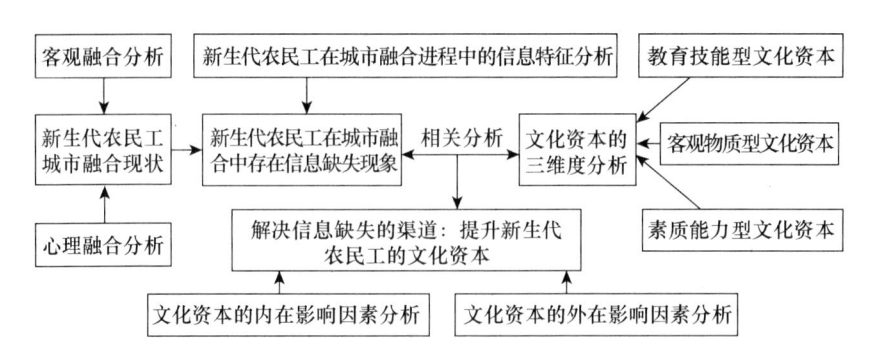

图 3-2 新生代农民工文化资本分析理论框架

四 研究假设

承前所述，新生代农民工在农村场域向城市场域流动时，会受到主观能力和外界环境的双重影响。为更好地实现城市场域的融入，新生代农民工需要具备较强的能力素质，因为早期文化资本的贫乏会导致农民工在城市的持续边缘性地位[1]，会直接制约其城市融合[2]；文化资本是农民工阶层实现社会向上流动的重要手段，文化资本存量与社会地位获得呈正相关性。[3]

据此，提出以下假设：

H1：新生代农民工素质能力型文化资本与其融入城市场域呈正相关。

H2：新生代农民工客观物质型文化资本与其融入城市场域呈正相关。

H3：新生代农民工教育技能型文化资本与其融入城市场域呈正相关。

梳理以往的研究成果可知，新生代农民工的文化资本受到主客观因素的综合影响。为进一步探寻影响新生代农民工文化资本的因素，提出以下假设：

H4：新生代农民工经济消费结构与城市场域下新生代农民工的文化资本显著相关，消费以发展型为主的新生代农民工的文化资本优于以基础型为主的新生代农民工。

---

[1] 参见王小红《农村转移人员文化资本的缺失及其对社会地位的影响——布迪厄文化资本理论的启示》，《外国教育研究》2008 年第 6 期。

[2] 参见刘辉武《文化资本与农民工的城市融入》，《农村经济》2007 年第 1 期；张军、王邦虎《新生代农民工城市融入的文化资本支持》，《安徽农业大学学报》（社会科学版）2013 年第 2 期。

[3] 参见仇立平、肖日葵《文化资本与社会地位获得——基于上海市的实证研究》，《中国社会科学》2011 年第 6 期。

H5：新生代农民工信息获取结构与城市场域下新生代农民工的文化资本显著相关，信息获取以信息媒介为主的新生代农民工的文化资本优于信息获取途径以社会关系为主的新生代农民工。

H6：新生代农民工社交圈的学历分布对城市场域下新生代农民工的文化资本具有显著影响，二者关系呈正向相关。

H7：城市信息服务情况对城市场域下新生代农民工的文化资本具有显著影响，二者关系呈正向相关。

第二节 媒介素养视角及研究假设

一 媒介素养理论框架

（一）媒介素养的概念

媒介素养即 Media Literacy，也称作"媒体素养"[1]。20 世纪 30 年代媒介素养概念被提出，20 世纪 90 年代中期引进到我国。对媒介素养的理解，有过一些较知名的阐述。如世界著名的媒介素养专家大卫·帕金翰指出，媒介素养是人们使用媒介所需具备的知识、技能和能力。英国伦敦政治经济学院索尼娅·利文斯通教授把媒介素养定义为：在各种媒介语境下获取、分析、评价和创作信息的能力。[2] 我国媒介素养专家王天德认为[3]，媒介素养是公民通过一定的传播平台和载体传播和接收的，区分、使用、控制、转换、再加工不同质的信息所构成所需要的知识、能力、水平、技巧和人文精神。说到底就是受众对媒介的认知和使用、辨析和批判、转换和创造、道德和审美能力的辩证统一。尽管理解略有不同，本研究把媒介素养界定为新生代农民工在入城过程中对于五大媒介（自我、人际、大众传媒、机构组织、手机和网络等）的认知、使用、评价助其文化适应的能力。

（二）媒介素养的研究内容

媒介素养的相关分析，目前大致有三种：侧重于媒介认知、媒介知识

---

[1] 参见张艳秋《理解媒介素养：起源、范式与路径》，人民出版社2012年版，第71页。
[2] Livingston S., "What is Media Literacy?", *Intermedia*, 2004, 32 (3), pp. 18 – 20.
[3] 王天德：《大学生媒介素养读本》，高等教育出版社2016年版。

传输以及对媒介所传播信息的判断和理解能力。本研究认同这三种理解方式,认为媒介素养是对于各种媒介信息的解读和批判能力以及使用媒介信息为个人生活、社会发展所服务的能力,即媒介素养主要包括媒介使用和选择、媒介认知、媒介评价、媒介参与四个维度,其中媒介使用和选择包括媒介使用类型、媒介使用内容偏好;媒介认知包括媒介功能认知;媒介评价包括媒介内容评价和可信度评价。①

媒介素养的高低关乎对信息的获取、传播和评估能力,其是一种过程式的考察而非目的性考察。媒介是信息交流与传播的中介物,可划分为非社会化传播(个体)和社会化传播(大众传媒、人际、社会组织、新兴媒介)两大类型。以新生代农民工个体为媒介的传播,受制于自身的文化程度、职业、年龄、收入程度、成长环境等的影响;社会化媒介则与新生代农民工的经济水平、人际关系、参与喜好、生活方式等密切相关。媒介评价则重点关注这两类媒介对于新生代农民工认知、态度、行为融入的具体状况。因此,入城新生代农民工的媒介素养研究,主要在于探讨其媒介所获取信息对新生代农民工的城市融入进程,包括认知、关系、社会活动的总体影响。

二 研究假设

新生代农民工的入城适应,自认知形成至行为表达这一文化迁移过程,均建立在与外界进行动态联系的基础上。朱力等人认为需从"移民"而非流动人口的角度把新生代农民工视为城市的定居者,社会适应的程度与层次要从移民本身与迁入地社会互动的具体分析中得出结论。② Kim 尝试为移民的交流行为提供一个系统的理论解释框架,他用了语言的流利度、交互潜力、适应动机、大众媒介作为自变量,以人际交往和大众媒介消费作为因变量。研究结果显示:(1)语言的流利度、人际交流、适应动机、大众媒介的占有对移民跨文化交流行为起着重要作用;(2)四个自变量并没有直接影响用户的认知,但对其在城市中的人际及大众交流体验有

---

① 参见郑素侠《媒介化社会中的农民工:利益表达与媒介素养教育》,中国社会科学出版社 2013 年版,第 166 页。
② 参见朱力、赵璐璐、邹金刚《"半主动性适应"与"建构型适应"——新生代农民工的城市适应模型》,《甘肃行政学院学报》2010 年第 4 期。

所裨益；（3）教育背景、性别、移民时间、移民年龄都是决定个人语言能力、适应动机以及接触主流交流渠道的主要因素。此外，已有的研究表明媒介的作用具有两面性。一方面，入城新生代农民工可以利用媒介扩展自己的社会关系网络，在城市融入进程中建立新的关系网[1]，如偏好新媒介获取新闻资讯类内容的新生代农民工，与市民有较多的人际交流[2]，而报纸阅读的频率越高，新生代农民工总体城市适应性越好[3]；另一方面，新生代农民工可能在网络媒介的虚拟性中迷失自己，在网络环境的虚拟和现实环境的重叠和转换落差中降低对城市社会的归属感。[4] 基于此，媒介素养视角着眼于新生代农民工城市融入进程中的信息行为以及行为影响效果，提出以下研究假设：

H1：新兴媒介（电脑、手机）是新生代农民工获取信息的主要媒介。

H2：不同年龄、受教育程度和收入水平的新生代农民工媒介素养存在显著差异。

H3：新生代农民工媒介素养的差异对入城适应有影响。

H4：年龄、受教育程度和收入水平的差异对新生代农民工媒介素养在城市融合进程中存在显著差异。

第三节 知识转移视角及研究假设

一 知识转移理论框架

知识作为一种智力资源，是提高个体竞争力的重要工具，尽管新生代农民工接受教育的水平普遍高于上一代农民工，信息时代的背景也给予了他们更多渠道获取知识，从现有研究来看，新生代农民工依旧是城

---

[1] 参见李红艳《手机：信息交流中社会关系的建构——新生代农民工手机行为研究》，《中国青年研究》2011年第5期。
[2] 参见郑素侠《媒介使用与新生代农民工的城市融入》，《当代传播》2012年第5期。
[3] 参见许传新《"落地未生根"——新生代农民工城市社会适应研究》，《南方人口》2007年第4期。
[4] 参见王献峰《互联网对新生代农民工城市融入的影响研究——以郑州市为例》，硕士学位论文，郑州大学，2012年；梅轶竹《网络媒介对新生代农民工的影响力刍议》，硕士学位论文，中国青年政治学院，2012年。

市中的"知识弱势群体"。对于新生代农民工而言,知识的相对缺失使得他们在城市生活中缺乏有力的竞争力,突出表现在就业机会的获取、职业技能的提高等方面,即便经济上得到了一定保障,他们却依旧难以适应现代城市生活的节奏。可以说,提高知识水平是新生代农民工融入城市的文化要求,在这种情况下,如何在新的环境中及时地更新自身的知识显得尤为重要,快速、高效的知识转移成为了他们提升竞争优势的利器,也直接影响着他们后续的生存与发展。要解决新生代农民工城市文化适应过程中的知识转移问题,需要先明确入城新生代农民工的知识转移认知、知识转移过程、知识转移影响因素、知识转移特征之后,再建立其理论分析框架。

(一) 知识转移概念及分析

知识转移这一思想最早由美国管理学家 Teece D. J.[1] 提出。1996 年,美国学者 Szulanski 等人提出"知识转移是指一定的情境中,知识从源单元到接受单元的转移过程。它跨越了组织或个体边界,是有目的、有计划的共享"[2]。2000 年,Szulanski 等又指出,知识转移是一个持续性的过程,包括有初始阶段、执行阶段、蔓延阶段和整合阶段,即经典的知识转移四过程模型。[3] 由于研究的角度各有所异,上述学者对知识转移概念的阐述并非完全一致。本研究结合研究对象和目的,认为知识转移是新生代农民工与城市互动过程中,以吸收、整合、利用城市新知识为目的,致力于使个人获取较高的知识势能并最终完成城市文化适应的努力过程。

知识转移过程的发生既需要知识传送方(也称知识源),也需要知识受体,新生代农民工作为务工地的"迁入者",其市民化的本质即为调节个体本身以主动适应与融入城市,而本地居民(本地常住居民与暂住居民的总和)作为务工地城市的"原住民",城市则由他们"创造"。

---

[1] Teece D. J., "Technology Transfer by Corporation Multinational: The Resource Cost of Transferring Technological Know-how", *Economic Journal*, 1977, 87 (1), pp. 242 – 261.

[2] Szulanski G., "Exploring Internal Stickiness: Impediments to the Transfer of Best Practice Within the Firm", *Strategic Management Journal* (special issue), 1996 (17): 27 – 44.

[3] Szulanski G., "The Process of Knowledge Transfer: A Diachronic Analysis of Stickiness", *Organizational Behavior and Human Decision Processes*, 2000, 82: pp. 9 – 27.

基于此，新生代农民工在城市融合中的知识转移实则为发生于新生代农民工与本地居民之间的知识转移，且从新生代农民工的城市融合需求来看，该知识转移过程中的知识传送方为本地居民，知识受体为新生代农民工。

(二) 知识转移过程

本研究依据 Szulanski 的知识转移过程模型将新生代农民工在城市融合过程中的知识转移过程分为外转移及内转移两个子过程，具体分析如下。

1. 知识外转移过程

外转移过程包括知识转移的开始阶段及执行阶段，即知识转移的动机开始形成，在本地居民和新生代农民工双方的共同作用下，生成转移决策，完成被转移知识从本地居民向新生代农民工的传输过程。外转移过程中，作为知识源的本地居民是操控该过程的直接因素，起决定性作用；新生代农民工作为知识受体，能够通过激发知识受体的知识转移意愿从而间接影响该过程，是其中的间接因素。

2. 知识内转移过程

内转移过程包括知识转移的实施阶段及整合阶段，即知识被转移后，知识受体开始运用该知识，直至达成满意的知识使用效果。与外转移过程相反，在内转移过程中，作为知识受体的新生代农民工是操控该过程的直接因素，而本地居民作为知识源，虽然已完成了知识的传递任务，但仍然能够通过互动行为，帮助知识受体完成知识的消化与吸收，从而间接影响该过程，是其中的间接因素。入城新生代农民工在实际的知识转移发生过程中，外转移过程与内转移过程之间并非断裂的关系，二者之间的临界点很难进行界定，外转移与内转移交叉或重叠发生的情形时常可见。

(三) 知识转移影响因素

通过对已有研究分析，知识转移的影响因素至少存在以下四个方面：知识特性因素、知识源因素、知识受体因素以及转移情境因素。

1. 知识特性因素

在以往的研究之中，众多学者都提出了知识特性会对知识转移效果产生影响，但由于研究角度的各异，有关知识特性的归纳十分繁杂，如知识内隐性、知识专用性、知识复杂性、知识系统性、知识模糊性、知识可扩散性、知识路径相依性等。如学者疏礼兵提出，上述诸多特性间存在着很强的相似性和相关性，如不确定性基本等价于知识复杂性、路径相依性类似于知识系统性，而专用性则在知识内隐性和复杂性中得到体现，即知识特性构面可以用知识内隐性、知识复杂性和知识系统性三个属性进行概括，而各学者提出的其他构面特性都与此三个特性直接或间接相关。[①] 疏礼兵的观点较好地对知识特性变量进行了整合，观点最为凝练，故本研究采用知识复杂性、内隐性、系统性作为测试变量，而将其他特性都一并归入上述三个变量内进行分析。在后续调查问卷中，通过测量文档载体依赖程度及网络与信息技术依赖程度来对知识内隐性进行衡量，通过测量实践依赖程度、时间积累程度、知识领域多寡来对知识复杂性进行衡量，通过测量知识的专业程度、知识背景依赖程度、工作经验依赖程度来对知识系统性进行衡量。知识特性三个变量定义如下：

知识内隐性——指被转移知识的可表达、可编码程度，即内嵌于载体上的程度。

知识复杂性——指被转移知识的繁简程度。

知识系统性——指被转移知识在某一领域内的系统程度。

2. 知识源因素

知识源即为本地居民位于知识转移过程的首端，将决定知识转移行为的发生与否及知识转移效果的良好程度。决定知识源因素对知识效果的影响最重要的两个因子为知识源的知识转移意愿与知识转移能力，强烈的知识转移意愿可以极大地促进知识转移行为的发生，而良好的知识转移能力则能够使得知识转移顺利进行并为最终的知识转移效果提供保障。在后续调查问卷中，通过测量知识的分享程度、稀缺知识的保密程度、所受回馈频率来对知识转移意愿进行衡量，通过测量表达能力、分享形式、分享渠道来对知识转移能力进行衡量。知识源两个变量定义如下：

知识转移意愿——指本地居民愿意将知识转移给新生代农民工的个体愿意程度。

知识转移能力——指本地居民向新生代农民工传授知识的个人能力。

---

① 参见疏礼兵《组织知识、知识分类和知识特性》，《情报杂志》2008年第1期。

第三章 多维视角下的新生代农民工文化适应研究理论框架

3. 知识受体因素

本研究将新生代农民工视为知识转移过程中的知识受体,位于知识转移过程的末端,在知识转移过程中,知识由知识源——本地居民发出后,还需要通过知识受体的认可、接纳、吸收并实现知识的再创等一系列步骤,才能够完成整个知识转移过程。在知识受体因素中,决定知识受体因素对知识效果的影响最为重要的两个因子为知识受体的知识吸收意愿与知识吸收能力,积极的知识吸收意愿与良好的知识吸收能力将促进知识受体的参与度与完成效率,并提高知识转移效果。在后续调查问卷中,通过测量获取新知识的意愿、知识被载体化的程度、信息查找能力来对知识吸收意愿进行衡量,通过测量学习时长、学习深度、新旧知识融合程度来对知识吸收能力进行衡量。知识受体的两个变量定义如下:

知识吸收意愿——指新生代农民工愿意吸收知识的个体意愿程度。

知识吸收能力——指新生代农民工理解、吸收、创新知识的能力。

4. 转移情境因素

知识转移过程依赖于特定的知识转移情境。新生代农民工有着农业户籍,却在城市中从事着非农业生产,在他们与城市相融合的过程中,其知识转移行为必定内嵌于相应的转移情境中,其知识转移效果也会受到转移情境的影响。一个完整的知识转移情境,既涵盖新生代农民工与本地居民之间的文化差异、知识距离、关系质量这类主观要素,又包含转移通道这类客观要素。在调查问卷中,以社会文化背景差异、语言差异、生活习惯差异、学历背景差异、工作能力差异、信任程度、沟通态度与沟通效果为指标对知识情境因素中的主观要素进行衡量;以文档传递频率及人际互动频率为指标来对知识情境因素中的客观要素进行衡量。知识转移情境的四个变量定义如下:

文化差异——指本地居民与新生代农民工之间由于文化教育、文化环境等因素造成的差异总和。

知识距离——指本地居民与新生代农民工之间的知识储备差距。

关系质量——指本地居民与新生代农民工之间的互动频率、互动强度与互动效果。

知识转移通道——指被转移知识由本地居民向新生代农民工传输时所

经过的渠道。

综上，对相关影响因素的定义汇总如表3-3所示。

表3-3　　　　　　　　知识转移影响因素的定义汇总

影响因素	定义
知识内隐性	指知识的可表达、可编码程度，即可内嵌于载体上的程度
知识复杂性	指知识的繁简程度
知识系统性	指知识在某一领域内的系统程度
知识转移意愿	指本地居民愿意将知识转移给新生代农民工的个体愿意程度
知识转移能力	指本地居民向新生代农民工传授知识的个人能力
知识吸收意愿	指新生代农民工愿意吸收知识的个体愿意程度
知识吸收能力	指新生代农民工理解、吸收创新知识的能力
文化差异	指本地居民与新生代农民工之间由于文化教育、文化环境等因素造成的差异总和
知识距离	指新生代农民工与本地居民之间的知识储备差距
关系质量	指新生代农民工与本地居民之间的互动频率、互动强度与互动效果
知识转移通道	指被转移知识由本地居民向新生代农民工传输时所经过的渠道

（四）知识转移特征

由于受到知识源特质、知识受体特质及二者间相互关系特质的影响，新生代农民工在城市融合过程中的知识转移存在以下特征。

1. 转移行为的系统性较低

基于个体层面的新生代农民工知识转移行为，常常伴随着个体的临时性知识需求而产生，时间上具有不确定性，周期相应较短，不可控因素较多，整个转移行为的系统性较低。

2. 工具性突出

在城市文化适应过程中，新生代农民工与本地居民之间的知识转移行为往往产生于新生代农民工对实践的需要,对于他们而言,提高生活、就业技能是最重要的需求。已有研究表明,工具性信息是新生代农民工与本地居民二者之间进行信息传播的主要信息类型。这里的工具性信息即指与职业性、实用性、适应性相关的信息,与之相对应的是非工具性信息,是指以情感交流为主且功利性较弱的信息。[①]

(五)新生代农民工知识转移理论框架

在城市文化适应的背景下,以 Szulanski 的知识转移过程模型为理论基础,以新生代农民工与务工地本地居民(简称本地居民)之间所发生的知识转移作为研究对象,从被转移知识的特性、知识源的转移能力与转移意愿、知识受体的吸收能力与吸收意愿、转移渠道的丰富程度等方面入手,对新生代农民工的知识转移效果的影响因素进行深入地挖掘,并着眼于新生代农民工与本地居民之间的知识转移效果提升,建立起知识转移研究框架,如图3-3所示。

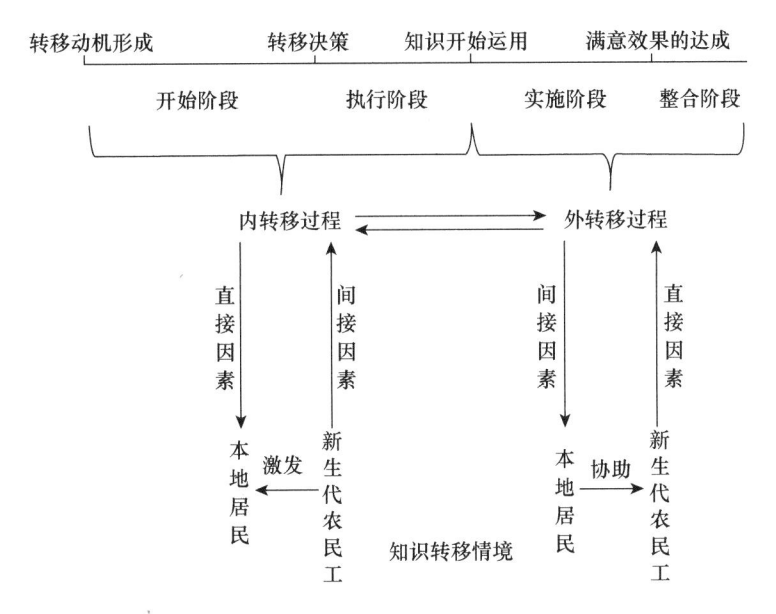

图3-3 新生代农民工文化适应过程中的知识转移理论框架

---

① 参见李红艳、安文军、旷宋仁《农民工和市民作为受传者的信息传播内容之分析——北京市民与农民工之间信息传播内容的实证研究》,《图书与情报》2009年第5期。

二 研究假设

将知识特性因素细化为知识内隐性、复杂性、系统性三个方面,并将以上三点纳入回归模型预测变量,提出以下假设:

(一) 知识特性研究假设

H1:被转移知识的内隐性对知识转移效果产生负面影响。

H2:被转移知识的复杂性对知识转移效果产生负面影响。

H3:被转移知识的系统性对知识转移效果产生负面影响。

(二) 知识源研究假设

知识源因素能够直接影响知识转移效果,而知识转移意愿与知识转移能力又是其中最为重要的两个因子,故提出以下假设:

H4:本地居民的知识转移意愿与知识转移效果正相关。

H5:本地居民的知识转移能力与知识转移效果正相关。

(三) 知识受体研究假设

知识受体因素能够直接影响知识转移效果,而知识吸收意愿与知识吸收能力又是其中最为重要的两个因子,由此提出以下假设:

H6:新生代农民工的知识吸收意愿与知识转移效果正相关。

H7:新生代农民工的知识吸收能力与知识转移效果正相关。

(四) 知识转移情境研究假设

知识转移情境中,最为重要的两个影响因子为新生代农民工与本地居民之间的互动关系及知识转移通道,而前者又包括文化差异、知识距离、关系质量三个因子,由此提出以下假设:

H8:文化差异与知识转移效果负相关,新生代农民工与本地居民之间的文化差异越小,知识转移效果越好。

H9:知识距离与知识转移效果负相关,新生代农民工与本地居民之间的知识距离越小,知识转移效果越好。

H10:关系质量与知识转移效果正相关,新生代农民工与本地居民之间的关系质量越好,知识转移效果越好。

H11:知识转移通道与知识转移效果正相关,知识转移通道越丰富,知识转移效果越好。

第四节 文化资本评估视角及研究假设

一 文化资本评估理论基础

相关成果的梳理发现,文化资本测定大致分为宏观文化资本测定和个人文化资本测定两类:(1)宏观文化资本测定。如赵丽娜将城市场域内的文化资本分为生活、物质、精神、制度等形态,并提出将分类后的文化资本进行指标化的方法论原则;[①] 周云波等参照 UNESCO 和新西兰的文化评价指标,提出了包含固体、产品、身体化、制度化四个方面的文化资本评估指标体系;[②] 马素伟等则进一步完善为包含物质化、市场化、制度化、智力化、形象化等的文化资本综合评价体系。[③] (2)个人文化资本测定。如郑祖强从普通话能力、文化消费活动量、拥有文化产品丰富程度、学历状况等方面对农民工群体的文化资本状况进行描述性评价;[④] 马菱将家庭文化资本分为非先赋习得型、先赋习得型、非先赋非习得型、先赋非习得型四个维度;[⑤] 孙维则以时间推进作为切入点,对文化资本的积累过程进行动态模型模拟。[⑥] 可以看到,已有的文化资本测度标准在宏观上致力于为国家或城市文化发展程度提供测度,在个人层面侧重对文化资本某一维度的定性分析。本研究需要突破已有思路,把入城新生代农民工看作一个既是行为个体又是与城市持续互动的联合体。

二 三维立体文化适应评估理论框架

新生代农民工已是中国城市发展中不可或缺的力量之一,他们在城市

[①] 参见赵丽娜《城市发展中的文化资本研究》,硕士学位论文,哈尔滨工业大学,2006年。
[②] 参见周云波、武鹏、高连水《文化资本的内涵及其估计方案》,《中央财经大学学报》2009年第8期。
[③] 参见马素伟、范洪《"城市文化资本"指标体系构建及其测度研究——以江苏省为例》,《江西农业大学学报》(社会科学版)2012年第1期。
[④] 参见郑祖强《文化资本视角下农民工群体社会地位获得研究——基于崇左市D村的实证调查》,硕士学位论文,广西大学,2014年。
[⑤] 参见马菱《进城农民工子女家庭文化资本研究——以上海市闵行区为例》,硕士学位论文,华东师范大学,2010年。
[⑥] 参见孙维《文化资本的界定与测度》,《统计与决策》2010年第6期。

中的文化适应不仅是个体文化认同的结果,更是与城市互动中借助媒介进行文化知识交流并进行行为表达的结果。因此,综合评估框架从个体文化认同适应、媒介体验适应、行为表现适应三个层面进行构建,作为后续实证调研的量表基础。

(一) 个体文化认同适应

在文化适应研究中,个体被视为更大的实体(群体)代表,带有他所属群体的普遍性。许多学者认为文化适应包含内在调整和外部适应两个层面。Berry J. W. 指出个体层面的文化适应包括认同、态度、价值观等,并基于个体原文化身份的维持和与异文化群体关系的维持倾向态度区分四种基本的文化适应策略:隔离(轻视异文化,重视原文化)、整合(重视两种文化)、同化(重视异文化,轻视原文化)和边缘化(轻视两种文化)。[1] Bourhis R. Y.、Moise L. C. 和 Perreault S. 在此基础上,修改两个维度为"是否值得保持移民的文化认同"和"是否值得采纳东道国社会的文化认同"并以此来区分移民的跨文化适应倾向。[2] Anderson 的跨文化适应模型指出跨文化语境中的障碍主要包括原文化与异文化在价值观、态度、信仰上的差异,以及象征身份的熟悉符号的消失和旅居者社会能力的缺乏,跨文化适应涉及对情绪、价值观、信仰和身份的调整以及学习。[3] Matsudaira T. 认为文化适应会随着客观外在的日常生活及主观内部的认同价值观变化而变化[4],前者的变化通常集中在行为和态度领域,如关于媒体、朋友的选择和偏好,后者则是通过价值观、文化信仰、民族认同来反映的。从上述可知,文化适应的结果一般是态度行为的变化、情绪的调整、压力的处理、偏好的选择以及认同、价值观等。

---

[1] Berry J. W., "A Psychology of Immigrantion", *Journal of Social Issues*, 2001 (3), pp. 615 – 631.

[2] Bourhis R. Y., Moise L. C., Perreault S., et al., "Towards an Interactive Acculturation Model: A Social Psychological Approach", *International Journal of Psychology*, 1997, 32 (6), pp. 369 – 386.

[3] Anderson L. E., "A New Look at an Old Construct: Cross-cultural Adaptation", *International Journal of Intercultural Relations*, 1994, 18 (3), pp. 293 – 328.

[4] Matsudaira T., "Measures of Psychological Acculturation: A Review", *Transcultural Psychiatry*, 2006, 43 (3), pp. 462 – 487.

第三章　多维视角下的新生代农民工文化适应研究理论框架

文化适应的认知层面，采用的是基于种族、跨文化和社会心理学领域的社会身份认同感范式。Ward 认为国际移民需要对个人认同和社会认同进行有效的重新定义和重新架构，而这种社会认同的重新组织是在新文化背景下发生的。与全球化、现代化和城市化相适应，身份认同往往被认为是某特定群体实现社会转型的基本标志[1]，即当个体意识到自己归属于某个特定社会群体时，便会产生积极情感和价值感知，从心理上真正接纳所属群体。[2] 农民工进城以后是否能从心理上实现身份认同的转换是新生代农民工群体心理发展与社会适应的最主要问题。[3] 因此，文化认同存在强烈的归属意识和身份意识，文化认同应该被视为考察城市文化适应的一个重要环节。

在移民群体文化适应过程中，同样不可否认知识在其中的作用。张卫东等指出与东道国国民的交往适应行为要求必须主动与当地人交往，只有通过交往才能达到适应。[4] 跨文化接触的双方尽管文化背景不同，但在某种程度上拥有一定的文化共性，如共同的宗教信仰，或相似的教育背景，或相同的职业，正是这些文化共性使得适应者与当地人交往成为可能[5]，而这种交往实质上是文化知识的交流。1977 年 Teece D. J. 提出了知识转移理论[6]，Dong-Gil 等人将其定义为知识受众和知识源之间的知识交流，通过学习，知识受众能学习和应用得到的知识。[7] 知识转移的效果直接表现在知识水平的提高上，只有知识水平不断提高，才能增强在城市生存的个体优势，因此知识转移现状能在很大程度上反映文化适应现状。

---

[1] 参见李斌、段兰英《失地农民市民化过程中的身份认同》，《石家庄学院学报》2008 年第 2 期。

[2] 参见高抗《新生代农民工身份认同、自尊与偏差行为关系研究》，硕士学位论文，沈阳师范大学，2013 年。

[3] 参见张淑华、王海雯、刘芳《新生代农民工身份认同分化的认知基础——社会比较策略视角》，《心理与行为研究》2017 年第 2 期。

[4] 参见张卫东、吴琪《跨文化适应能力理论之构建》，《河北学刊》2015 年第 1 期。

[5] 参见孙淑女《范式视阈下的跨文化适应理论》，博士学位论文，浙江大学，2015 年。

[6] Teece D. J., "Technology Transfer by Multinational Firms: The Resource Cost of Transferring Technological Know-how", *The Economic Journal*, 1977, 87, pp. 242 – 261.

[7] Dong-Gil, KO. Kirsch L. J., King W. R., "Antecedents of Knowledge Transfer from Consultants to Clients in Enterprise System Implementations", *MIS Quarterly*, 2005, pp. 59 – 85.

(二) 媒介体验适应

文化适应不仅表现在个体层面，同时是动态、非直线性的过程。1977年Kim Y. Y. 揭示了文化适应与媒体接触之间的关系：文化适应动机能够预测出移民相应的媒介接触；反之，移民的媒介接触也能预测出其对异文化的熟悉程度。[1] 除此之外，Kim Y. Y. 的跨文化适应与传播整合理论强调了文化适应过程中"传播"的中心作用和它螺旋式的动态过程[2]，即文化适应是通过传播实现的，而媒介作为传播工具能够将文化（如规范、价值观念、生活方式等）传播并转移至适应者身上确保适应者将其内化。Adikari S. 认为社交媒体在帮助移民交换知识、缓解文化适应压力以及加快社会化等方面发挥着重要的作用[3]：一方面新加坡同胞可以为他们提供信息与情感方面的支持，提高归属感；另一方面当地人也可以通过分享与互动让他们更好地适应当地生活。Bryant J. & Zillman D.[4]、Gudykunst W. B.[5] 等也反复强调和论证了流动群体的媒介使用偏好对其文化适应和身份认同方面具有重要作用，旅居群体对媒介产品的使用情况在其文化适应考察指标系统中是至关重要的一环。因此，对新生代农民工城市文化适应的研究应置于媒体语境下，但必须指出媒介对文化适应的影响并不都是单一的，新生代农民工通过媒介不仅可以接收到异文化的信息，也可以接收到原文化的信息，而这些不同信息对新生代农民工城市文化适应所产生的影响是不同的。

(三) 行为表现适应

Ward C. 等在 John Berry 文化适应理论的基础上提出情感上的心理适应（以情感反应为基础考察跨文化适应能力）和行为上的社会文化适应（测

---

[1] Kim Y. Y., "Communication Patterns of Foreign Immigrants in the Process of Acculturation", *Human Communication Research*, 2010, (1), pp. 66 – 77.

[2] Kim Y. Y., *Becoming Intercultural: An Integrative Theory of Communication and Cross-cultural Adaptation*, Thousand Oaks, CA.: Sage Publications, 2001.

[3] Adikari S., Adu E. K., "Usage of Online Social Networks in Cultural Adaptation", PACIS, 2015, p. 7.

[4] Byrant J., Zillman D.. "Using Television to Alleviate Boredom and Stress: Selective Exposure as a Function of Induced Excitational States", *Journal of Broadcasting*, 1984, 28 (1), pp. 1 – 20.

[5] Gudykunst W. B., "Uncertainty and Anxiety", Y. Y. Kim, W. B. Gudykunst, eds., *Theories in Intercul-tural Communication*, Newbury Park, CA: Sage, 1988, pp. 123 – 156.

量个体适应当地社会文化环境的能力)。① 张卫枚把城市社会要求的行为视为农民工在城市文化影响和自我调整下对城市社会的知识、技能、生活方式、价值观念、心理意识等的合理表现。② 语言是一种文化标识,甚至被称为"元文化"。王朝一把语言看作是人与人交际的工具,也是使人与文化融合一体的媒介,指出语言思维是文化冲突与文化不适应的根源。③ 石凤的研究证明,普通话已成为新生代农民工入城后在公共、工作等领域的主体语言,普通话水平有助于提升新生代农民工的城市融合度。④ 本研究认为,心理、意识、制度、生活方式和语言的认可虽然重要,但表露在行动上的参与或有意识的城市文化应用行为,更是衡量新生代农民工对城市文化接纳程度的指标。结合新生代农民工的实际情况以及现有研究成果,所谓的参与主要是考察入城新生代农民工对制度的适应情况,以及是否有加入到工作或生活中的相关组织、参加相关活动等;知识运用则理解为入城新生代农民工是否采用符合城市要求的文化规范来践行行动,并有意或无意识地向周围群体进行扩散。

以上三层关系中,个体文化认同适应是从新生代农民工身份认同、受尊重角度、情感归属、知识变化等方面出发,测量入城新生代农民工自尊自立自适应的一种状态,作为城市文化适应的基础和原始点;媒介体验适应是围绕新生代农民工的媒介认知、选择、信息获取、利用并对其效果评价而展开,测量入城新生代农民工与城市互动的种种关系、介质作用,作为城市文化适应的线性考察;行为表现适应是在文化认同、媒介体验基础上,对社会政治、经济、生活方式、行为准则、社会规范等的全面适应。从时间进程来看,三者并不存在先后关系,而是交织在一起进行历时性共现。由此,本研究构造了个体文化适应、媒介体验适应、行为表现适应三维立体式的新生代农民工文化适应整体评估框架(见图3-4)。

---

① Ward. C., Kennedy A., "Acculturation Strategies, Psychological Adjustment and Sociocultural Competence during Crosscultural Transitions", *International Journal of Intercultural Relations*, 1994 (18), pp. 329-343.
② 参见张卫枚《农民工融入城市过程中的文化适应》,《城市问题》2012年第8期。
③ 参见王朝一《语言思维与跨文化适应的心理学视角分析》,《陇东学院学报》2011年第6期。
④ 参见石凤《广西新生代农民工语言状况及城市融入调查研究》,《智库时代》2018年第33期。

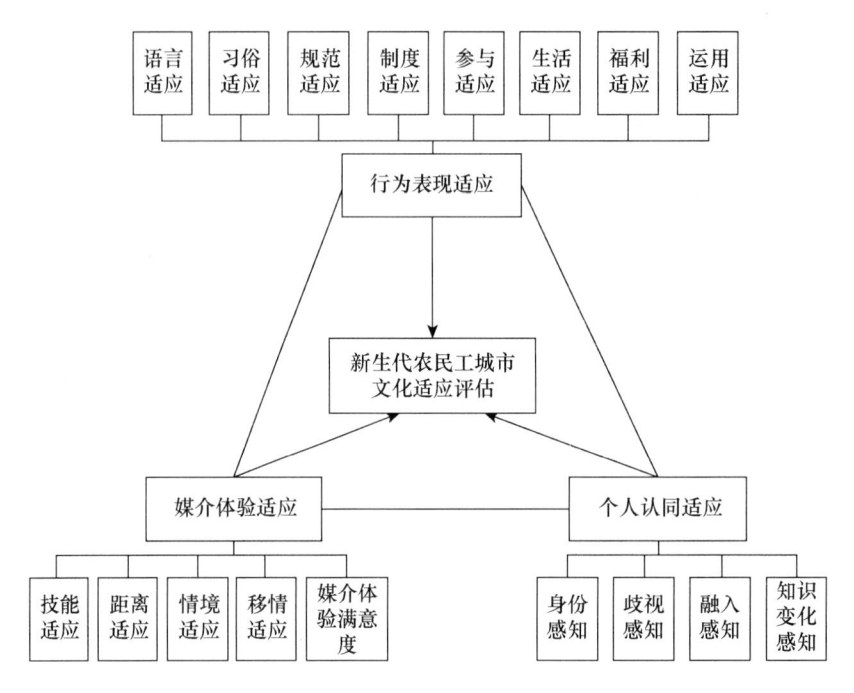

图 3-4 新生代农民工文化适应整体评估理论框架

三 研究假设

基于研究框架的分析，本研究提出以下假设：

H1 入城新生代农民工的总体文化适应处于中上水平。

H1.1 新生代农民工的行为表现适应优于个人认同适应和媒介体验适应。

H2 新生代农民工的媒介体验适应对其个体认同适应具有正向影响。

H2.1 新生代农民工的媒介体验满意度越高，其融入感越强。

H2.2 新生代农民工的媒介体验满意度越高，其对媒介作用于文化适应的影响的认可度越高。

H3 新生代农民工的媒介体验适应对其行为表现适应具有正向影响。

H3.1 新生代农民工的媒介体验满意度越高，其生活适应越好。

H3.2 新生代农民工的媒介体验满意度越高，其语言适应越好。

H3.3 新生代农民工的媒介体验满意度越高，其运用适应越好。

H4 新生代农民工的个人认同适应对其行为表现适应具有正向影响。

H4.1 新生代农民工的城市人身份认同度越高，行为表现效果越好。

H4.2 新生代农民工的城市融入度越强，参与适应程度越高。

H4.3 新生代农民工的受歧视感知越强，则参与适应程度越低。

H4.4 新生代农民工感知的知识变化越大，则运用适应程度越强。

H4.5 新生代农民工歧视感知越低，则制度适应程度越强。

H4.6 新生代农民工歧视感知越低，则福利适应程度越强。

H4.7 新生代农民工的身份感知越倾向于市民化，其语言适应越好。

H5 不同人口学特征下新生代农民工的媒介体验适应程度不同。

H6 不同人口学特征下新生代农民工的认同适应程度不同。

H7 不同人口学特征下新生代农民工的行为表现适应程度不同。

第四章 文化资本视角下的新生代农民工文化适应实证研究

第一节 研究设计

一 问卷编制

基于本书第三章第一节的文化资本理论框架和研究假设,本研究进行了文化资本视角下的新生代农民工文化适应问卷设计。问卷结构共由五部分(见表4-1)组成,设有单选题、复选题、量表题和排序题等五种题型;其中量表采用李克特五级量表制作,分为"非常不同意""比较不同意""一般""比较同意"和"非常同意",分别赋值1—5分。

第一部分为基本信息调查,共设6题,包括新生代农民工性别、年龄、是否会干农活、文化程度、入城时间、婚姻状况等基本信息情况。

第二部分为城市场域的文化适应调查,从客观性指标和主观性指标进行,共包括7道描述性问题和4道量表型问题。其中,描述性问卷部分考察了新生代农民工在城市中的居住场所、工资收入、职业类别、工作时长、职务层次、社交圈、遇到困难求助对象等情况。心理量表借鉴已有的融合感知量表(Perceived Cohesion Scale)[1],共设4题,旨在从归属感知层面和精神感知层面考察新生代农民工的城市融合意愿、城市归属感、人际

---

[1] Bollen K. A., Hoyle R. H., "Perceived Cohesion: A Conceptual and Empirical Examination", *Social Forces*, 1990, 69 (2): 479-504.

关系感知和城市满意度。

第三部分是新生代农民工文化资本存量调查，分别从素质能力、客观物质、教育技能三个层面调研新生代农民工的文化资本存量现状。共设12题，题目标号为C1—C12。C1—C4调查素质能力型文化资本。问卷从语言掌握情况、网络应用能力、信息获取能力、信息获取效果等具象层面进行调查；C5—C7调查客观物质型文化资本。客观化的文化资本可通过代际传承、自主获取等方式得到丰富，其中，自主获取可通过文化消费、使用文化信息服务设施等方式进行提升。问卷中从家庭文化产品拥有量、文化消费情况、文化信息服务设施使用频率等方面进行调查；C8—C12调查教育技能型文化资本。除了第一部分基本信息调查中对学历进行考察之外，该部分还对是否接受成人继续教育、是否接受技能培训等问题进行了补充调查。

第四部分是新生代农民工文化资本影响因素调查，包含6道主观题和一组16小题的量表题，旨在探寻影响新生代农民工文化资本的因素。量表题主要探讨新生代农民工对城市信息服务现状的真实感知，该部分的问卷编制在借鉴Parasuraman等人[1]提出的SERVQUAL量表和Beard J. G.、Ragheb M. G.[2]构建的LSS量表（Leisure Satisfaction Scale）基础上，结合研究对象特点进行适应性调整，从物理环境、活动质量、服务效能三个层面考察新生代农民工对城市信息服务的客观参与和主观评价，共设3个维度16个指标。

第五部分是文化资本援助及期待调查，共设3题，题目类型均为排序题，调查新生代农民工的文化需求意愿和城市融合瓶颈。

最终的问卷详见附录一，辅助的访谈提纲详见附录二。

---

[1] Parasuraman A., Zeithaml V. A., Berry L. L., "A Conceptual Model of Service Quality and Its Implication for Future Research", *Journal of Marketing*, 1985, 49 (4), pp. 41 – 50.

[2] Beard J. G., Ragheb M. G., "Measuring Leisure Satisfaction", *Journal of Leisure Research*, 1980, 12 (1): 20 – 33.

表4-1　　文化资本视角下的新生代农民工文化适应问卷

类型	序号	一级指标	二级指标	三级指标	参考来源
基本信息调查	A1	性别			
	A2	年龄			
	A3	是否会干农活			
	A4	文化程度			
	A5	入城时间			
	A6	婚姻状况			
城市场域的适应调查	B1	客观融合	社会融入	居住场所	《2011年我国农民工监测调查报告》[1]
	B2		经济生活	工资收入	《中国统计年鉴2014》[2]
	B3		职业情况	职业类别	《2014年全国农民工监测调查报告》[3]
	B4			工作时长	
	B5			职务层次	
	B6		社交情况	社交圈	文一篇（2011）[4]
	B7			遇到困难求助对象	
	B8—1	心理融合	归属感知层面	城市融合意愿	Kenneth A. Bollen and Rick H. Hoyle (1990)[5]
	B8—2			城市归属感	
	B8—3		精神感知层面	人际关系感知	
	B8—4			城市满意度	

---

[1] 中华人民共和国国家统计局：《2011年我国农民工监测调查报告》，http://www.stats.gov.cn/ztjc/ztfx/fxbg/201204/t20120427_16154.html.2012-4-27/2015-5-24.

[2] 中华人民共和国国家统计局编：《中国统计年鉴2014》，中国统计出版社2014年版。

[3] 中华人民共和国国家统计局：《2014年全国农民工监测调查报告》，http://www.stats.gov.cn/tjsj/zxfb/201504/t20150429_797821.html.2015-4-29/2015-5-24。

[4] 参见文一篇《不同居住模式下农民工的信息接触与城市融入状况研究》，硕士学位论文，中南大学，2011年。

[5] Bollen K. A., Hoyle R. H., "Perceived Cohesion: A Conceptual and Empirical Examination", *Social Forces*, 1990, 69 (2), pp.479-504.

续表

类型	序号	一级指标	二级指标	三级指标	参考来源
文化资本存量调查	C1	素质能力型文化资本	语言掌握情况		马菱（2010）①
	C2		网络应用能力		
	C3		信息获取能力		
	C4		信息获取效果		
	C5	客观物质型文化资本	家庭文化产品拥有量		郑祖强（2014）②
	C6		文化消费情况		《中国统计年鉴2014》③
	C7		文化信息服务设施使用频率		
	C8	教育技能型文化资本	是否接受成人教育		黄丽云（2012）④
	C9		接受成人教育途径		
	C10		是否接受技能培训		
	C11		接受技能培训类型		
	C12		接受技能培训方式		
文化资本影响因素调查	D1	经济消费结构	消费开支情况		肖亚鑫（2011）⑤
	D2	信息获取结构	业余消遣方式		傅梅芳（2013）⑥
	D3		关注信息内容		
	D4		关注信息目的		
	D5	信息获取途径	采用何种方式获得信息		
	D6	人际社交网络	朋友圈学历分布情况		

---

① 参见马菱《进城农民工子女家庭文化资本研究——以上海市闵行区为例》，硕士学位论文，华东师范大学，2010年。

② 参见郑祖强《文化资本视角下农民工群体社会地位获得研究——基于崇左市D村的实证调查》，硕士学位论文，广西大学，2014年。

③ 参见中华人民共和国国家统计局编《中国统计年鉴2014》，中国统计出版社2014年版。

④ 参见黄丽云《新生代农民工市民化中的价值观问题研究——以福建省为例》，硕士学位论文，福建师范大学，2012年。

⑤ 参见肖亚鑫《城镇化背景下新生代农民工价值观研究——基于对太原市新生代农民工的调查与思考》，硕士学位论文，山西财经大学，2011年。

⑥ 参见傅梅芳《珠三角地区新生代农民工的文化生活研究》，硕士学位论文，华南理工大学，2013年。

续表

类型	序号	一级指标	二级指标	三级指标	参考来源
文化资本影响因素调查	D7-1	城市信息服务量表	物理环境	交通便捷程度	Parasuraman, Zeithaml, Berry (1985)①
	D7-2			场所数量与空间	
	D7-3			资源丰富程度	
	D7-4			布局科学程度	
	D7-5			卫生清洁程度	
	D7-6		活动质量	举办活动频繁程度	Parasuraman, Zeithaml, Berry (1985)②
	D7-7			活动信息获取情况	
	D7-8			活动吸引力	
	D7-9			收费合理程度	
	D7-10			时间设置合理程度	
	D7-11			可参与能力	
	D7-12			活动连续性程度	
	D7-13		服务效能	工作人员服务态度	Beard J. B., Ragheb M. G. (1980)③
	D7-14			工作人员仪表	
	D7-15			政府文化服务效能	
	D7-16			用人单位文化服务效能	
文化资本援助及期待调查	E-1	希望获得的信息帮助类别			
	E-2	希望获得的文化教育类型			
	E-3	希望获得的城市融合帮扶			

---

① Parasuraman A., Zeithaml V. A., Berry L. L., "A Conceptual Model of Service Quality and Its Implication for Future Research", *Journal of Marketing*, 1985, 49 (4), pp. 41-50.

② Parasuraman A., Zeithaml V. A., Berry L. L., "A Conceptual Model of Service Quality and Its Implication for Future Research", *Journal of Marketing*, 1985, 49 (4), pp. 41-50.

③ Beard J. B., Ragheb M. G., "Measuring Leisure Satisfaction", *Journal of Leisure Research*, 1980, 12, pp. 20-33.

二 问卷预试与检验

为保证问卷数据的可靠性,在问卷正式发放之前需对问卷进行预试。根据已有经验,预试样本数量以问卷量表中分量表最多的量表题量的2—5倍为宜。问卷中最多分量表为16项,因而预试样本控制在48—80份较为适合。研究前期选取城市进行了小范围问卷预试,共发放问卷60份,有效回收问卷52份,有效回收率为86.67%。

研究涉及大量的人口社会学特征和信息行为方式的调查,均采用单选题、复选题、排序题等形式设题,这些内容很难通过次序量表进行统计。因此,采用了五级李克特氏量表(Likert Scales)的城市融合主观评价量表和城市信息服务评价量表进行信效度检验,具体结果如下(注:问卷内容及结果均为本课题组设计和分析,除确有引用作出必要标注外,其他均不需作来源说明)。

(一)信度检验

信度(reliability)指的是量表所测结果的稳定性(stability)和一致性(consistency),量表信度越大,测量结果的误差越小。信度有外在信度和内在信度两大类,其中,外在信度考察不同时间测量的一致性,内在信度考察量表目标单一与否和内在指标的一致性程度。由于外在信度测量存在一定的现实阻碍,一般进行信度检验都考察量表的内在信度。针对李克特量表,信度最常使用克隆巴赫系数 α(Cronbach's α)进行检验。普遍认为,一份理想信度量表的信度Cronbach's α系数应在0.80以上。在检测过程中,若发现某一题项在执行删除操作后,其Cronbach's α系数不减反增,则表示此题项与其他题项之间的同质性较差,进行问卷优化时,可考虑将其删除。

1. 城市融合主观评价量表

表4-2为城市融合主观评价量表的可靠性统计量。可以看到,基于标准化项的Cronbach's α为0.871>0.8,表明此量表可靠性强,信度佳。

表4-3为城市融合主观评价量表的项总计统计量。其中,"项已删除的Cronbach's α值"列考察该题删除后分量表内部一致性的变化情况。可以看到,各题项删除后的新α系数均小于α系数原值(0.871),表明量表

内部一致性好,无需进行删除修改。

表4-2　　　　　城市融合主观评价量表的可靠性统计量

Cronbach's α	基于标准化项的 Cronbach's α	项数
0.870	0.871	4

表4-3　　　　　城市融合主观评价量表的项总计统计量

		项已删除的刻度均值	项已删除的刻度变异数	校正的项总计相关性	多相关性的平方	项已删除的 Cronbach's α 值
B8—1	我打算长期居住在城市	9.95	7.037	0.652	0.481	0.861
B8—2	我觉得自己是城市的一员	10.12	6.627	0.720	0.528	0.835
B8—3	城市居民很友善、能彼此尊重	10.24	6.425	0.727	0.582	0.833
B8—4	我很乐意长期居住在城市	10.18	6.606	0.799	0.651	0.805

2. 城市信息服务评价量表

表4-4为城市信息服务评价量表的可靠性统计量。可以看到,基于标准化项的 Cronbach's α 为 0.969>0.8,表明此量表非常可靠,信度理想。

表4-4　　　　　城市信息服务评价量表的可靠性统计量

Cronbach's α	基于标准化项的 Cronbach's α	项数
0.969	0.969	16

表4-5为城市信息服务评价量表的项总计统计量,"项已删除的 Cronbach's α 值"列考察该题删除后分量表内部一致性的变化情况。可以看到,各题项删除后的新 α 系数均小于 α 系数原值(0.969),表明量表内部一致性好,无需进行删除修改。

表4-5　　　　　城市信息服务评价量表的项总计统计量

		项已删除的刻度均值	项已删除的刻度变异数	校正的项总计相关性	多相关性的平方	项已删除的Cronbach's α值
D7-1	到达文化服务场所的交通便捷	46.61	186.189	0.745	0.607	0.968
D7-2	文化服务场所数量多空间大	46.77	184.860	0.773	0.679	0.968
D7-3	文化服务资源丰富	46.83	183.961	0.804	0.718	0.967
D7-4	文化服务场所布局合理	46.77	183.141	0.824	0.768	0.967
D7-5	文化服务场所环境卫生清洁	46.66	183.752	0.791	0.687	0.968
D7-6	经常举办各种类型的文化活动项目	46.87	182.409	0.838	0.733	0.967
D7-7	我经常获得文化活动项目的举办信息	47.10	182.527	0.796	0.704	0.968
D7-8	文化活动新颖时尚对我有吸引力	46.90	183.294	0.823	0.714	0.967
D7-9	文化活动收费价格合理	46.99	182.269	0.829	0.761	0.967
D7-10	文化活动开展时间设置合理	46.93	180.807	0.854	0.789	0.967
D7-11	我经常有时间参加文化活动	47.17	184.541	0.744	0.654	0.968
D7-12	文化活动内容安排具有连续性	47.13	183.508	0.782	0.687	0.968
D7-13	工作人员态度诚恳待人礼貌	46.71	183.558	0.806	0.782	0.967
D7-14	工作人员仪容仪表得体大方	46.67	183.305	0.820	0.798	0.967
D7-15	政府部门社区居委会能够为我提供文化服务	46.99	181.834	0.816	0.709	0.967
D7-16	用人单位能够为我提供文化服务	46.87	183.881	0.788	0.658	0.968

(二) 效度检验

所谓效度，指的是测验分数的正确性，一般将其分为内容效度、关联效度和建构效度。其中，建构效度以理论的逻辑分析为基础，同时又根据实际数据来检验理论的正确性，因此是一种相当严谨的效度检验方法，为检测量表的建构效度,应进行共同因素分析(common factor analysis)。[1] 在此,通过主成分分析法对因素进行提取,并采用最大变异法进行直角转轴。

1. 城市融合主观评价量表

该量表共有4个题项,表4-6为城市融合主观评价的 KMO 与 Bartlett 球形检验结果。KMO 是 Kaiser-Meyer-Olkin 的取样适当性量数,当 KMO 越接近1,表示变量之间净相关系数越低,就更适合因素分析。[2] 根据 Kaiser(1960)的观点,能够进行因素分析的 KMO 数值至少在0.6以上。本量表 KMO 样本充足性测试系数为0.789,Bartlett 球形检验卡方值为1860.918,且此时的显著性为0.000,拒绝净相关矩阵不是单位矩阵的假设,代表总体的相关矩阵间存在共同因素,表明变量适合进行因素分析。

表4-6　　城市融合主观评价的 KMO 和 Bartlett 球形检验

取样足够度的 Kaiser-Meyer-Olkin 度量		0.789
Bartlett 球形检验	近似卡方	1860.918
	df	6
	Sig.	0.000

本量表在测量条款编制之初,已将城市融合的主观评价归纳为归属感知和精神感知两个层面,因此,在进行因素分析时,采取主成分分析法,并将要提取的因子限定为2。通过最大变异法进行直角转轴,得到转轴后的因素矩阵如表4-7所示。可以看到,共同因素一包含 B8—3、B8—4两题,共同因素二包含 B8—1、B8—2两题,均与先前编制的预想及题项符合。

---

[1] 参见吴明隆《问卷统计分析实务——SPSS 操作与应用》,重庆大学出版社2010年版,第194—195页。

[2] 参见吴明隆《问卷统计分析实务——SPSS 操作与应用》,重庆大学出版社2010年版,第217页。

表4-7　　　　　　　城市融合主观评价的旋转成分矩阵

	成分 1	成分 2
B8—1 我打算长期居住在城市	0.276	0.940
B8—2 我觉得自己是城市的一员	0.329	0.817
B8—3 城市居民很友善、能彼此尊重	0.894	0.247
B8—4 我很乐意长期居住在城市	0.658	0.614

2. 城市信息服务评价量表

该量表共有16个题项，表4-8为城市信息服务评价的KMO与Bartlett球形检验结果。可以看到，本量表KMO样本充足性测试系数为0.966，Bartlett球形检验卡方值为14421.376，且此时的显著性为0.000，达到0.05显著水平，拒绝虚无假设，代表总体的相关矩阵间存在共同因素，变量适合进行因素分析。

表4-8　　　　　城市信息服务评价的 KMO 和 Bartlett 球形检验

取样足够度的 Kaiser-Meyer-Olkin 度量		0.966
Bartlett 球形检验	近似卡方	14421.376
	df	120
	Sig.	0.000

在进行因素分析时，采用主成分分析法，并将要提取的因子限定为3。通过最大变异法进行直角转轴，得到转轴后的因素矩阵如表4-9所示。可以看到，共同因素分布与先前编制的设想及题项符合。

表4-9　　城市信息服务评价的旋转成分矩阵

		成分 1	成分 2	成分 3
D7-1	到达文化服务场所的交通便捷	0.395	0.716	0.207
D7-2	文化服务场所数量多空间大	0.287	0.793	0.300
D7-3	文化服务资源丰富	0.384	0.744	0.294
D7-4	文化服务场所布局合理	0.288	0.736	0.456
D7-5	文化服务场所环境卫生清洁	0.272	0.638	0.528
D7-6	经常举办各种类型的文化活动项目	0.587	0.563	0.316
D7-7	我经常获得文化活动项目的举办信息	0.743	0.443	0.195
D7-8	文化活动新颖时尚对我有吸引力	0.608	0.484	0.357
D7-9	文化活动收费价格合理	0.652	0.435	0.372
D7-10	文化活动开展时间设置合理	0.636	0.426	0.443
D7-11	我经常有时间参加文化活动	0.801	0.210	0.297
D7-12	文化活动内容安排具有连续性	0.764	0.275	0.335
D7-13	工作人员态度诚恳待人礼貌	0.350	0.351	0.792
D7-14	工作人员仪容仪表得体大方	0.367	0.356	0.789
D7-15	政府部门社区居委会能够为我提供文化服务	0.546	0.337	0.581
D7-16	用人单位能够为我提供文化服务	0.490	0.363	0.576

综上，通过问卷预试，发现信效度良好，正式问卷形成。

第二节　数据收集及整理

一　数据收集

本研究的调查方法主要采取问卷调研法和深度访谈法，对问卷的处理使用 SPSS 20.0 和 Excel 2010 两种工具。

问卷调研活动在农民工居住场所、劳务市场、农民工较集中的企事业单位等地开展，以年龄条件（1980年以后出生）和户籍性质（农业户口）

作为前提条件选取调查对象。依据2015年我国城市等级划分①,选取广州、深圳两个一线城市和福州、长沙两个二线城市作为样本收集地,每个城市分别发放问卷250份,共计1000份。由于问卷样本基数大,研究人群分布散,发放难度大,整个问卷收集从2015年6月持续至2015年12月,前后历时6个月。经统计,共回收问卷968份,回收率为96.8%,剔除无效问卷(年龄不在研究范围、错选漏选、量表胡乱填写)后,问卷量为903份,有效回收率为90.3%,具体发放及回收情况详见表4-10。

问卷发放主要采用两种方式:其一,样本驱动,即采用"滚雪球抽样"的方式,通过人际关系网络不断扩充调研范围;其二,集中调研,对部分新生代农民工进行了半结构式访谈。

表4-10　　　　　问卷发放及回收情况表(数量:份)

城市等级	城市	调研时间	发放量	回收量	回收率(%)	有效问卷量	有效回收率(%)
一级城市	广州	2015年6月—7月	250	243	97.2	223	89.2
	深圳	2015年8月—9月	250	237	94.8	218	87.2
二级城市	福州	2015年9月—10月	250	246	98.4	228	91.2
	长沙	2015年11月—12月	250	242	96.8	234	93.6
合计			1000	968	96.8	903	90.3

深度访谈法主要在问卷实地调研过程中进行。通过对新生代农民工的访谈与观察,深入了解新生代农民工的信息素养及其对文化资本的认知。访谈前制定了有针对性的访谈大纲,访谈过程中根据实际情况进行灵活调整。整个访谈通过面对面聊天方式进行,在征得被访者同意的前提下,对访谈全程录音,以保证记录的有效性和真实性。本研究共个体访谈20个样本,即广州、深圳、福州、长沙各挑选5个访谈样本。访谈围绕新生代农民工的城市融合现状及信息现状进行,题目涉及新生代农民工的入城时

---

① 中华人民共和国中央人民政府:《国务院关于调整城市规模划分标准的通知》(国发〔2014〕51号)(http://www.gov.cn/zhengce/content/2014-11/20/content_9225.htm. 2014-11-20/2015-5-28)。

间、入城目的、人际网络、信息消费模式、信息获取方式、政府信息服务现状、用人单位信息服务现状、子女教育、政策扶持等内容。

二 数据整理

通过数据整理，新生代农民工的人口特征统计情况详见表4-11。

表4-11　　　　　文化资本视角下的调研样本人口特征

变量	类别	频率（次）	百分比（%）	累积百分比（%）
性别	男	483	53.5	53.5
	女	420	46.5	100.0
年龄	16—20岁	130	14.4	14.4
	21—25岁	410	45.4	59.8
	26—30岁	214	23.7	83.5
	31—35岁	149	16.5	100.0
是否会农活	不会，从没干过	256	28.3	28.3
	会，农忙时会帮忙	354	39.2	67.6
	会，曾以此为职业	283	31.3	98.9
	其他	10	1.1	100.0
文化程度	小学及以下	40	4.4	4.4
	初中	193	21.4	25.8
	高中或中专	332	36.8	62.6
	大专	194	21.5	84.1
	本科及以上	144	15.9	100
入城时间	不足1年	142	15.7	15.7
	1—5年	361	40.0	55.7
	6—10年	240	26.6	82.3
	10年及以上	160	17.7	100.0
婚姻状况	未婚	611	67.7	67.7
	已婚	282	31.2	98.9
	离异	6	0.7	99.6
	丧偶	4	0.4	100.0

第四章 文化资本视角下的新生代农民工文化适应实证研究

人口特征所涉及的题项主要包括性别、年龄、是否会农活、文化程度、入城时间和婚姻状况。从问卷反馈的数据可以分析出如下结果。

（1）性别分布较为均衡，年龄构成年轻化。调研样本中，男性略多于女性，占总量的53.5%。与男性占绝大多数的传统农民工相比，新生代农民工男女比例较为平均，这与国家统计局2011年发布的针对新生代农民工的专项调查的结论[1]相契合，也在一定程度上反映了农民工群体就业观念的进步。在年龄分布上，主要集中在21—30岁之间，其中，21—25岁比例最高，占样本总量的45.4%，26—30岁次之，占样本总量的23.7%，总体而言，呈现年轻化态势。

（2）农业生产活动从事率低，近三成新生代农民工从未参与农业生产活动。在有关是否会农活的题项中，28.3%的农民工表示自己"不会，从没干过"，39.2%的农民工选择"会，农忙时会帮忙"，仅31.3%的农民工表示自己能熟练进行农业生产活动，曾以此为职业。事实上，改革开放之后出生和成长起来的新生代农民工，他们中的很多人从小就未接触过农业生产，在接受完学校教育之后，即使留在农村从事农业生产活动，也要从零开始，和父辈相比，他们的乡土惯习较低，也更倾向于留在城市打拼，融入意愿相对强烈。

（3）受教育程度有所提升，高中及以上学历占七成以上。和传统农民工的学历相比，新生代农民工的文化程度得到了显著提升。总体样本显示，新生代农民工的初中以上文化程度占比95.6%，其中高中及以上学历占总样本量的七成以上。新生代农民工教育程度优于传统农民工，这一方面与国家大力发展教育、提升国民文化素质的大政方针有关，另一方面也反映出新生代农民工群体对文化知识的重视程度有所提高。

（4）新生代农民工主要为未婚群体，已婚者多为举家共同进城。在入城时间分布上，15.7%的农民工入城不足1年，40.0%的农民工入城1—5年，26.6%的农民工入城6—10年，入城10年及以上的农民工为

---

[1] 中华人民共和国国家统计局：《新生代农民工的数量、结构和特点》（http://www.stats.gov.cn/ztjc/ztfx/fxbg/201103/t20110310_16148.html，2011 - 3 - 11/2016 - 2 - 18）。

17.7%。结合样本年龄可以推算,新生代农民工多在接受完义务教育或入城接受高等教育之时进入城市场域。从婚姻状况来看,绝大部分被试者未婚,占总量的67.7%,这与统计局发布的"约70%的新生代农民工还没有结婚"①的调研结果一致。根据A6—1、A6—2和A6—3有关已婚群体是否夫妻共同进城、是否携带子女进城的调查数据显示,在已婚的282位新生代农民工中,夫妻共同进城的占69.4%,孩子随农民工一起进城的比例为64.94%,可见,新生代农民工入城不仅仅是个人行为,多为举家来到城市。通常来说,和独自入城相比,举家入城的农民工融合意愿更为强烈。

第三节 数据分析及讨论

一 新生代农民工在城市场域的融合分析

描述性问卷内容考察了新生代农民工在城市中的社会融入(居住场所)、工资收入、职业类别、工作时长、职务层次、社交圈、遇到困难求助对象等情况;量表内容考察了新生代农民工的主观意愿的融入情况,从归属感知层面和精神感知层面分析了其心理融入状况。

(一) 社会融入

居住场所是体现社会融入的重要方式。根据调研数据,新生代农民工居住场所情况如表4-12所示。

可以看到,新生代农民工的居住场所主要是单位宿舍和租住住房,分别占样本总量的25.9%和51.1%,租房者中,又以与人合租为主,这一部分占到总量的28.7%,而独立租赁住房的为22.4%。与国家统计局发布的新生代农民工调研数据②相比,在单位宿舍、工地工棚、生产经营场所居住的比例呈下降趋势,独立租赁住房和自购房的比例呈上升态势。相较而言,租赁住房和自购房更为舒适和自由,同时有效保证了个人生活的

---

① 中华人民共和国国家统计局:《新生代农民工的数量、结构和特点》(http://www.stats.gov.cn/ztjc/ztfx/fxbg/201103/t20110310_ 16148. html, 2011-3-11/2016-2-18)。

② 中华人民共和国国家统计局:《新生代农民工的数量、结构和特点》(http://www.stats.gov.cn/ztjc/ztfx/fxbg/201103/t20110310_ 16148. html, 2011-3-11/2016-2-18)。

私密性。这两类比例的攀升，一方面体现出新生代农民工对生活质量有了更高的要求，另一方面也反映出农民工经济状况有所改善。

表4-12　　　　　　　　新生代农民工居住场所统计

内容	选项	频率（次）	百分比（%）	2011年全百分比（%）
居住场所	单位宿舍	234	25.9	32.4
	工地工棚	65	7.2	10.2
	生产经营场所	29	3.2	5.9
	与人合租住房	259	28.7	19.3
	独立租赁住房	202	22.4	14.3
	务工地自购房	45	5.0	0.7
	其他	69	7.6	17.2
	合计	903	100	100

然而，尽管在居住条件上得到了改善，新生代农民工在城市场域的融合仍面临较大阻碍。由于绝大多数用工单位不为新生代农民工提供住房补贴，大部分新生代农民工选择居住用人单位安排的宿舍或自己出资租赁。问卷中25.9%的农民工居住在单位宿舍。在访谈过程中，这些农民工普遍表示由于管理制度、地区偏远等的限制，很少出工厂，基本未曾真正融入城市社会中；同时，问卷数据显示，超过半数的农民工选择租赁（包括合租）房屋。访谈发现，大多数农民工在租房时都将离工作地点的距离作为首要考虑因素，且一般选择租金较为低廉的房源，这样一来，逐渐形成了农民工居住的集聚区，出现"城中村"，这导致了新生代农民工群体并未真正融入城市居民的生活圈中，未真正感受到社区文化，使之成为游离于城市场域的边缘人。

（二）经济生活

研究通过月均收入考察新生代农民工的经济生活状况。调研结果显示，新生代农民工的收入呈增长趋势。1500元以下的占14.1%，1500—2500元的占 23.6%，2500—3500 元的占 29.1%，3500 元及以上的占 33.2%。与国家统计局 2015 年发布的统计数据对比来看，超过八成的新生代农民工月均收入达到了全国居民人均月收入水平（1681 元），23.6%的新生代农民工月均收入与中部地区城镇居民收入（2061 元）、西部地区城镇居民收入（2032 元）持平，29.1%的新生代农民工达到东部地区城镇居民收入水平（2825 元）①，值得一提的是，33.2%的新生代农民工月均收入超过 3500 元，接近、达到甚至超过了全国就业人员平均工资（4164 元）。②

一般而言，收入稳增长有助于新生代农民工生活质量的提升，能更好地实现城市融入。但需要指出的是，农民工的高收入回报，往往是以超长的工作时间和牺牲相关劳动保障为代价的。以建筑工为例，从访谈对象 CS003 处得知，他们的薪酬都是按天计费，多劳多得，但劳动强度非常大，且未签订相关的劳动保障协议。同时，由于在城市生活成本高昂，且大部分新生代农民工还肩负着养家糊口的重任，他们的收入经过家庭刚需分配后，大多仅能维持基本生活开支。可以说，即使新生代农民工能获取数额上可观的收入，依然难在真正意义上实现与城市居民经济地位对等。

（三）职业情况

新生代农民工是进入城市从事非农就业的群体，因此，根据国家统计局发布的国民经济行业分类信息，将新生代农民工的就业类型分为第二产业和第三产业。其中，第二产业包括建筑业和制造业，第三产业包括：（1）交通运输、仓储和邮政业；（2）批发和零售业；（3）住宿和餐饮业；（4）居民服务、修理和其他服务业。其中，居民服务、修理和其他服务业涵盖家庭服务、洗发及美容服务等在内的居民服务业、机动车、电子产品和日用产品修理业和其他服务业。③

---

① 中华人民共和国国家统计局编：《中国统计年鉴 2015》，中国统计出版社 2015 年版，第 1 页。
② 中华人民共和国国家统计局：《2014 年不同岗位平均工资水平有较大差距》（http://www.stats.gov.cn/tjsj/zxfb/201505/t20150527_1110637.html，2015 - 5 - 27/2016 - 2 - 19）。
③ 中华人民共和国国家质量监督检验检疫总局、中国国家标准化管理委员会：《国民经济行业分类（GB/T 4754 - 2017）》（http://www.stats.gov.cn/tjsj/tjbz/hyflbz/201905/p020190716349644060705.pdf）。

第四章 文化资本视角下的新生代农民工文化适应实证研究

就工作时长而言,七成新生代农民工工作时长超标(见表4-13)。根据《劳动法》和《国务院关于职工工作时间的规定》[①],我国目前实行劳动者每日工作8小时、每周工作40小时。而在调查过程中发现,仅29.6%的新生代农民工日均工作时长符合规定要求,而每日工作8—10小时、11—12小时的分别占总量的42.7%、21.9%,还有5.8%的新生代农民工每日工作超过12小时。在行业分布上,第二产业工作时长略多于第三产业,工作8小时以上的分别占各自样本量的71.1%和70.1%;从具体行业上看,交通运输、仓储和邮政业日均工作时间最长,其次为住宿和餐饮业、批发和零售业,在所有行业中,居民服务、修理和其他服务业日均工作时长最低,这也从一定程度上解释了调查样本中这一行业从业人员比重最大的现象。

表4-13　　　　　　　　新生代农民工职业与日均工作时长

职业			日均工作时长				合计
			小于8小时	8—10小时	11—12小时	超过12小时	
第二产业	制造业	计数(次)	61	88	40	10	199
		占职业(%)	30.7	44.2	20.1	5.0	100.0
		占日均工作时长(%)	22.8	22.8	20.2	19.2	22.0
	建筑业	计数(次)	33	43	39	11	126
		占职业(%)	26.2	34.1	31.0	8.7	100.0
		占日均工作时长(%)	12.4	11.1	19.7	21.2	14.0
	小计	计数(次)	94	131	79	21	325
		占职业(%)	28.9	40.3	24.3	6.5	100.0
		占日均工作时长(%)	35.2	33.9	39.9	40.4	36.0

---

① 《国务院关于职工工作时间的规定》,中华人民共和国中央人民政府网络(http://www.gov.cn/zhengce/2020-12/25/content_5575084.htm.1995-3-25/2016-1-18)。

续表

职业			日均工作时长				合计
			小于8小时	8—10小时	11—12小时	超过12小时	
第三产业	交通运输、仓储和邮政业	计数（次）	7	18	21	6	52
		占职业（%）	13.5	34.6	40.4	11.5	100.0
		占日均工作时长（%）	2.6	4.7	10.6	11.5	5.8
	批发和零售业	计数（次）	17	26	28	11	82
		占职业（%）	20.7	31.7	34.1	13.4	99.9
		占日均工作时长（%）	6.4	6.7	14.1	21.2	9.1
	住宿和餐饮业	计数（次）	22	67	56	6	151
		占职业（%）	14.6	44.4	37.1	4.0	100.1
		占日均工作时长（%）	8.2	17.4	28.3	11.5	16.7
	居民服务、修理和其他服务业	计数（次）	127	144	14	8	293
		占职业（%）	43.3	49.1	4.8	2.7	99.9
		占日均工作时长（%）	47.6	37.3	7.1	15.4	32.4
	小计	计数（次）	173	255	119	31	578
		占职业（%）	29.9	44.1	20.6	5.4	100.0
		占日均工作时长（%）	64.8	66.1	60.1	59.6	64.0
合计		计数（次）	267	386	198	52	903
		占职业（%）	29.6	42.7	21.9	5.8	100.0
		占日均工作时长（%）	100.0	100.0	100.0	100.0	100.0

就职务层次而言，近七成新生代农民工为一线员工。一线员工占样本总量的67.7%，基层管理者为24.0%，中高层管理者和决策者分别占总量的5.0%和3.3%。可见，大多数新生代农民工还需要用一定的时间积累才能获得职业空间的晋升。

第四章 文化资本视角下的新生代农民工文化适应实证研究

（四）社交状况

在城市场域生活，每个人都会形成具备个体差异的人际关系网，通过社交，能拉近原本陌生的社会个体之间的距离，打破旧有沟通障碍，可以说，新生代农民工在城市里的社交状况是反映其城市融合程度的重要指标。在此，从社交网络和困难求助对象两方面进行考察。

从社交网络考察新生代农民工在城市场域的主要交际圈。在交际对象上，选择亲人的占62.90%，选择老乡的占31.45%，选择同学的占70.32%（本研究在伴随分发问卷进行的随机访谈中了解到，超过九成的样本对象所指的同学都是入城之前基于地缘形成的友缘），选择同事／工友的占58.91%，而选择城市居民的仅占6.42%。

可见，新生代农民工人际交往相对封闭，其交际圈呈现内卷化趋势，多以亲缘、地缘、友缘为纽带的初级社会关系为主，其次是基于业缘进行社交，与城市居民的交流甚少。事实上，为实现城市融合，新生代农民工应摆脱传统观念和固有交往模式，多与城市居民进行信息交流和互动，为其市民身份的实现奠定基础。然而，在访谈中发现，受访者普遍表示城里人架子大（访谈对象FZ002），不好相处（访谈对象CS005），存在职业歧视（访谈对象SZ001），瞧不起乡下人（访谈对象FZ005）。

除了交际圈外，本研究还考察了新生代农民工遇到困难的求助对象，具体情况详见图4-1。在碰到问题需要求助时，新生代农民工主要以亲戚、朋友作为求助对象。在调查中，向亲戚、朋友寻求帮助的比例占89.70%，高居榜首。与城市居民倾向于通过政府部门、新闻媒体、法律途径等方式获取帮助、维护自身权益不同的是，极少新生代农民工会选择上述途径获取帮助，他们向社区居委会、政府部门、社会组织、新闻媒体求助的比例分别为1.33%、2.33%、1.88%和1.66%。在访谈中了解到，大部分新生代农民工对利用社会新型关系获取帮助的方式有所耳闻，但对于自己能通过这种途径获得帮助几乎不抱希望。

（五）心理融合

新生代农民工的心理融合是从主观层面分析新生代农民工在城市场域的融入状态，本研究从归属感知层面和精神感知层面进行考察。

104　　新生代农民工对城市的文化适应研究

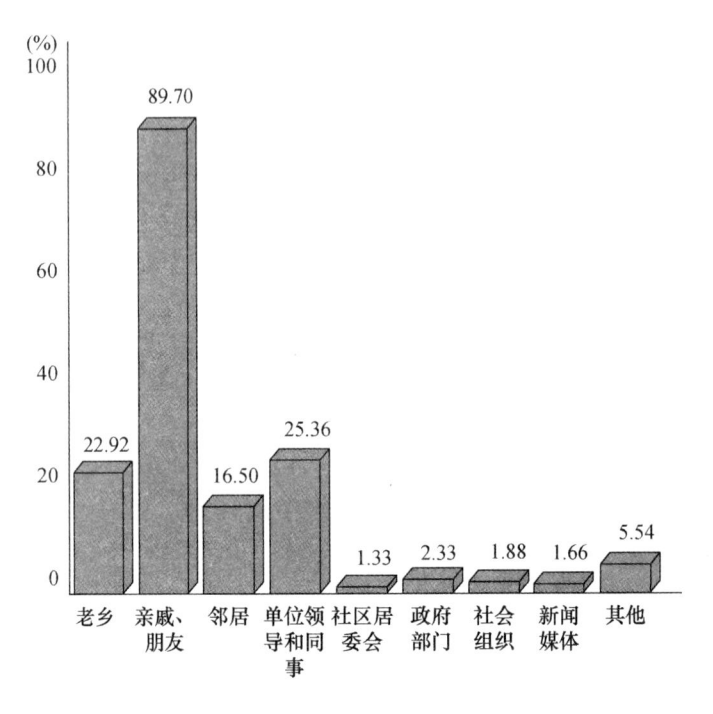

图4-1　新生代农民工遇到困难的求助对象

表4-14为新生代农民工城市心理融合主观量表数据统计。可以看到，在李克特量表里，新生代农民工对于题项的选择集中在"一般"和"比较同意"。其中，归属感知层面上，超过半数的被试对象表达强烈的城市融合意愿，但城市归属感相对偏低；在精神感知层面上，超六成被试对象表示难以和城市居民和谐相处，城市满意度多处在中位水平。

表4-14　新生代农民工城市心理融合主观量表数据统计量（单位:%）

一级指标	二级指标	三级指标	非常不同意	比较不同意	一般	比较同意	非常同意	合计
心理融合	归属感知	城市融合意愿	2.3	10.5	34.8	34.6	17.8	100
		城市归属感	2.9	14.5	40.4	26.5	15.7	100
	精神感知	人际关系感知	4	19	38.4	24.5	14.1	100
		城市满意度	2.2	14	47.1	23.7	13.1	100

（六）新生代农民工城市场域融合的指标测定

为了解文化资本视角下的新生代农民工在城市场域内的文化适应状况，对上述获取的信息进行汇总，取得了量化指标。综合评价指标由客观性指标和主观性指标累加而成，在此，本研究认同黄匡时等的观点，在测定时采用"客观指标汇总值 * 0.8 + 主观指标汇总值 * 0.2"的计算标准测定城市场域的融合指标。[①] 在客观性指标的二级指标中，对社会层面、经济层面、职业层面、社交层面分别赋权重0.25。在主观性指标中，对归属感知层面和精神感知层面分别赋权重0.5。在三级指标中，赋予各维度以0.3—1不同的权重。新生代农民工城市融合指标的架构和测算方式详见表4-15，经多次模拟测算和向专家咨询讨论，普遍认为这样测定是正确的。

表4-15　　　　　　　　新生代农民工城市融合指标

	一级指标		二级指标		三级指标	
	权重	维度	权重	维度	权重	维度
城市融合指标	0.8	客观性指标	0.25	社会层面	1	居住条件
			0.25	经济层面	1	收入状况
			0.25	职业层面	0.4	职业类别
					0.3	工作时长
			0.25	社交层面	0.3	职务层次
					0.5	社交圈
	0.2	主观性指标	0.5	归属感知层面	0.5	求助网络
					0.5	融合意愿
			0.5	精神感知层面	0.5	城市归属感
					0.5	人际关系感知
					0.5	城市满意度

整合之后的汇总指标变量可视为连续变量处理，经测算，新生代农民工城市融合指标分布如图4-2所示，呈现正态分布，表明模型检验良好，

[①] 参见黄匡时、嘎日达《"农民工城市融合度"评价指标体系研究——对欧盟社会融合指标和移民整合指数的借鉴》，《西部论坛》2010年第5期。

测量结果具有较高的可信度。

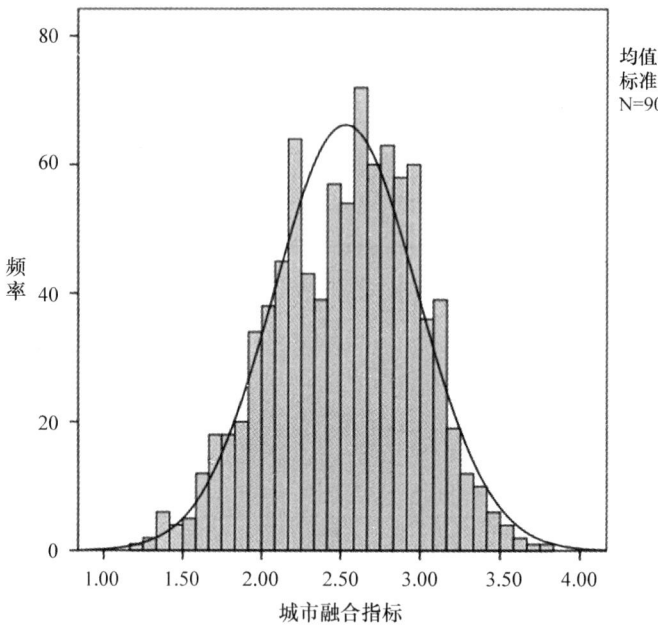

图 4-2 新生代农民工城市融合指标分布图

(七) 小结

本小节从客观层面的社会、经济、职业、社交融合和主观层面的心理融合出发，对新生代农民工城市场域的融合现状进行实证分析。

通过研究结果，发现新生代农民工的城市融合呈现以下特点：(1) 居住地点集聚化，未融入城市生活圈。新生代农民工"城中村"的居住模式使该群体呈现游离城市场域的尴尬境地，未真正融入城市社会这一现实状态阻碍了新生代农民工和城市居民之间的信息传递和组织交流，继而加剧了新生代农民工的信息封闭状态。(2) 经济收入可观，但并未实现与城市居民经济地位的对等。由于知识文化和权益保障意识的欠缺，新生代农民工普遍以高强度的工作和牺牲相关保障来换取数值可观的收入。(3) 追求职业的向上流动，青睐第三产业。新生代农民工的职业选择能力有所增强，试图跳脱传统的体力换财力的工作模式，追求轻松体面的工作，行业上更青睐第三产业；工作时长普遍超标，多为一线员工。(4) 人际交往呈现内卷化趋势，多以亲缘、地缘、友缘为纽带，一定程度上固化了信息交流的主体和受体，阻碍了有效信息的传递与交流。(5) 新生代农民工城市融合意愿强烈，但城市归属感偏低。从城市场域融合情况的综合指标来看，新生代农民工的城市融合总体处于中等偏低水平。

二　新生代农民工的文化资本分析

(一) 素质能力型文化资本

素质能力型文化资本是文化主体通过文化能力培养和知识集聚，将既有文化内化而形成的精神财富，受到家庭环境的熏陶和正规化教育的影响，与品位、性情、修养、知识背景、语言能力相关联，是对个人文化能力的综合反映。为量化研究对象，从语言能力、现代网络能力、信息获取能力、信息获取效果四个方面分析新生代农民工的素质能力型文化资本。

1. 语言能力

语言是文化的物质表征、是最重要的交际工具和信息载体。我国幅员辽阔，方言区众多，如新生代农民工具备用普通话进行交流的能力，能克服语言隔阂，将有效进行信息表达与传递，加深与方言区以外的人群的社会交往程度。

普通话能力呈现"中间高、两头低"的分布特点。其中，选择"一般"的比例最高，为37.1%，普通话能力"比较好"和"非常好"的分别为27.1%和12.5%。由此得出，超过七成的新生代农民工具备基本的语言交际能力。与老一代农民工相比，新生代农民工的语言能力已经有了显著提高，这和我国基础教育的全面推进息息相关。但不可忽视的是，在被试样本中，仍有相当一部分新生代农民工的语言能力令人担忧，20.0%的新生代农民工表示其普通话能力比较差，3.2%的新生代农民工表示其普通话能力非常差。

表4-16为新生代农民工普通话能力和行业的交叉分析。可以看到，在所有行业中，建筑业的从业者普通话能力最差，居民服务、修理和其他服务业的从业者普通话能力最好。可见，语言能力影响职业选择，偏低的语言能力阻碍个体进行有效的信息交流与传递，继而难以胜任与人、社会交往频繁的行业工作。

表4-16　　　　　新生代农民工普通话能力与行业的交叉分析

职业		普通话水平					合计
		非常差	比较差	一般	比较好	非常好	
制造业	计数	6	19	68	70	36	199
	百分比（%）	3.0	9.5	34.2	35.2	18.1	100.0
建筑业	计数	12	47	42	15	10	126
	百分比（%）	9.5	37.3	33.3	11.9	7.9	99.9
交通运输、仓储和邮政业	计数	4	28	9	10	1	52
	百分比（%）	7.7	53.8	17.3	19.2	1.9	100.0
批发和零售业	计数	3	26	33	12	8	82
	百分比（%）	3.7	31.7	40.2	14.6	9.8	100.0
住宿和餐饮业	计数	3	46	57	29	16	151
	百分比（%）	2.0	30.5	37.7	19.2	10.6	100.0
居民服务、修理和其他服务业	计数	1	15	126	109	42	293
	百分比（%）	0.3	5.1	43.0	37.2	14.3	99.9
合计	计数	29	181	335	245	113	903
	百分比（%）	3.2	20.0	37.1	27.1	12.5	99.9

2. 现代网络能力

在现代社会，"互联网+"已经渗透到日常生活的方方面面，使用网络的能力显得尤其重要。网络作为世界上规模最大、覆盖范围最广、信息资源最丰富的互联系统，是现代化社会下信息的重要载体，其信息资源呈现丰富、异构、分散和动态的特点[①]，能否使用网络获取想要搜寻的信息资源，是个人素质能力的重要体现。在此，本研究调查了新生代农民工使用网络的能力，考虑到新生代农民工的实际情况，在问卷设题时对网络能力的判别明确为QQ、微信、微博、发邮件、浏览网站、网购等网络行为，调查结果详见表4-17。

从表4-17中可以看到，超过半数（54.4%）的新生代农民工网络使

---

① 参见隋莉萍《网络信息资源检索》，高等教育出版社2010年版，第31页。

用能力处于中上水平。这说明，新生代农民工对新兴媒介的使用率和认同度较高，这与前人的研究结论基本一致。

表4-18　　　　　　　　新生代农民工网络使用能力

内容	选项	频率（次）	百分比（%）	有效百分比（%）	累积百分比（%）
现代网络能力	非常差	72	8.0	8.0	8.0
	比较差	128	14.2	14.2	22.1
	一般	212	23.5	23.5	45.6
	比较好	262	29.0	29.0	74.6
	非常好	229	25.4	25.4	100.0
	合计	903	100.0	100.0	

3. 信息获取能力及获取效果

信息获取能力和信息获取效果能展现个人的文化素质能力，良好的信息获取能力是新生代农民工与时俱进的重要保障。在信息获取能力上，研究考察了新生代农民工是否能采取正确的信息获取方式得到想要的信息（见表4-18）。通过问卷调研发现，仍有23.7%的新生代农民工信息获取能力较差，往往不知道从何种途径用何种方式获取自己想要的信息。

表4-18　　　　　　　　新生代农民工信息获取能力

内容	选项	频率（次）	百分比（%）	累积百分比（%）
我知道用什么方法获取需要的信息	非常不同意	59	6.5	6.5
	比较不同意	155	17.2	23.7
	一般	350	38.8	62.5
	比较同意	220	24.4	86.8
	非常同意	119	13.2	100.0
	合计	903	100.1	

综上所述，新生代农民工的素质能力型文化资本存在以下特点：其

一，语言能力偏低，导致新生代农民工与外界的信息交流与传递产生阻碍，影响职业的自由流动。其二，信息检索和处理能力十分欠缺，网络操作基础薄弱，难以获取想要的信息资源。其三，信息获取能力不高，信息获取效果较差，缺乏定位有效信息源和实现信息有效传输的能力。总体而言，新生代农民工的素质能力型文化资本依然存在缺失。

（二）客观物质型文化资本

客观物质型文化资本，指文化主体所拥有的包括图片、图书、词典、工具等在内的文化产品，具备物质属性，可通过家庭传承、交换、传递、购买获得。文化资本持有者在充分拥有文化产品的基础上，唯有将其转化为内在文化价值，才可实现其在物质层面和象征层面的增值。从家庭文化产品拥有量、文化消费、文化信息服务设施使用频率三个维度可考察新生代农民工客观物质型文化资本的拥有情况。

1. 家庭文化产品存量

家庭文化产品存量，指的是家庭中艺术品、古董、图书、杂志、报纸等文化产品的储存量。表4-19反映的是新生代农民工家庭文化产品情况，可以看到，62.2%的新生代农民工家庭文化资本存量少。而通过访谈发现，新生代农民工家庭中的文化产品除数量少外，还呈现出质量低、层面浅、价值小、可传承性差的特点。新生代农民工家庭中数量最多的文化产品当属实时性较强的报纸，以及休闲娱乐性书刊，鲜有艺术品、古董等高雅艺术品。

表4-19　　　　　　　　新生代农民工家庭文化产品情况

内容	选项	频率（次）	百分比（%）	累积百分比（%）
家庭文化产品存量	非常少	267	29.6	29.6
	比较少	295	32.7	62.2
	一般	234	25.9	88.2
	比较多	78	8.6	96.8
	非常多	29	3.2	100.0
	合计	903	100.0	

2. 文化消费

月均文化消费，指的是每月用于购买书报杂志、学习技术等的花费。获得有价值的文化资料，是信息主体实现信息获取的重要手段。

调查结果显示，新生代农民工月均文化消费50元以下的为54.5%，50—100元的为26.7%，101—150元的为6.8%，151—200元和200元以上的分别为5.1%和7.0%。根据国家统计局发布的2015年中国统计年鉴数据，城镇居民人均教育文化支出为2142.3元[①]，月均花费178.5元。可见，新生代农民工的文化消费明显低于城镇居民的文化消费水平。通过访谈发现，新生代农民工仅为子女购买相关教辅书，文化消费非常单一。文化消费水平的滞后严重阻碍新生代农民工的文化信息获取。

3. 文化信息服务设施参与度

使用城市公共基础文化信息服务设施，对于客观物质型的文化资本积累大有裨益。在这一维度中，考察新生代农民工使用公共基础文化信息服务设施（如博物馆、展览馆、图书馆、文化广场）的频率。将近半数（48.7%）的新生代农民工几乎不使用城市的公共基础文化信息服务设施，频繁使用的仅占样本总量的8.7%。

事实上，图书馆、博物馆等公益性基础文化信息服务设施是城市场域内重要的信息单位，载荷着丰富的纸质文献资源和电子信息资源。新生代农民工参与这些文化信息服务设施，不但能够丰富包括书本在内的客观文化物质，还可提升信息素养和知识储备。调研结果显示，新生代农民工使用公共基础文化信息服务设施的频率亟须提升。

综上所述，新生代农民工的客观物质型文化资本存在以下特点：其一，家庭文化产品存量较少。由于家庭环境和经济背景的因素，新生代农民工家庭中所拥有的文化产品数量偏低，所拥有的文化产品总体呈现质量低、层面浅、可传承性差的特点，鲜有高雅性的文化产品。其二，文化消费能力低。文化消费有利于消费对象有针对性地获取自身想要的信息，丰

---

① 中华人民共和国国家统计局：《中国统计年鉴2015年》，（http://www.stats.gov.cn/tjsj/ndsj/2015/indexch.htm. 2016 – 1 – 1/2016 – 2 – 23）。

富客观文化资本,然而新生代农民工在这方面的经济投入微乎其微。其三,城市文化信息服务设施参与度低。文化信息服务设施作为城市中重要的信息单位,新生代农民工参与度低下。总而言之,新生代农民工的客观物质型文化资本存在大幅缺失。

(三) 教育技能型文化资本

文化主体在教育层面取得的认可,在形式上独立于主体本身,主要表征为社会公认的资格证书,它确定了文化资本社会价值的合法性,形成了文化与社会权利的张力。本研究主要从学历出发,辅之以步入社会后接受的继续教育和技能培训,考察新生代农民工的教育技能型文化资本。

1. 学历

学历是反映新生代农民工受教育程度的最直观的指标。

根据国家统计局2011年发布的数据,新生代农民工平均受教育年限为8.2年,学历分布上以初中居多,占总量的52.4%。[1] 相比之下,本次调研样本的文化程度有所提升,其中,小学及以下仅占4.4%,初中文化为21.4%,高中或中专学历为36.8%,大专文化为21.5%,本科及以上为15.9%。尽管新生代农民工的学历水平高于传统农民工,且近几年文化程度有所提升,但总体而言,仍以高中、中专学历为主,还有很大的上升空间。

2. 社会教育

众所周知,通过学历,可获取社会公认的资格证书。成人继续教育和技能培训是步入社会后增强教育技能型文化资本的主要方式。

关于新生代农民工成人继续教育情况,在所有被试样本中,80.18%的新生代农民表示未经历过成人教育,仅有19.82%的人接受过成人教育,这表明大多数新生代农民工自走出校园后就终止了系统的学习。其中,接受成人高等教育(如夜大、函授)的比例为9.75%,接受高等教育自学考试(自考)的比例为7.42%,接受电大现代远程开放教育和网络大学

---

[1] 中华人民共和国国家统计局:《新生代农民工的数量、结构和特点》(http://www.stats.gov.cn/ztjc/ztfx/fxbg/201103/t20110310_16148.html,2011 - 3 - 11/2016 - 2 - 18)。

的分别为1.44%和1.22%。可见,新生代农民工的继续教育比重低,以成人高等教育和自学考试为主。

针对新生代农民工技能培训情况,相较于接受成人教育的比例,在被试样本中,接受技能培训的比例明显更高,为46.84%。在所接受的技能培训中,培训种类以短期为主,其中20.71%接受的是短期专业培训,18.05%接受的是短期基础培训,接受长期基础培训和长期专业培训的分别2.99%和5.09%。可见,技能培训连续性差,事实上,要想实现技能的全方位提升,技能培训应以具备可延续性和可拓展性为宜。

在新生代农民工接受技能培训方式的调查中,用人单位进行培训的为41.13%,参加辅导机构的为17.49%,就读技工学校的为17.02%,自学的为13.48%,参加政府就业中心培训的为10.87%。可见,用人单位是为新生代农民工提供技能培训的主要力量,而政府机构作为国家的宏观领导者,理应承担起提升弱势群体技能素质的重担,然而从反馈的调查结果来看,这一职能工作的切实履行尚任重道远。

问卷数据的分析发现,在正规体制化的学校教育上,新生代农民工受教育程度处于中等偏低水平,学历主要分布在高中和中专。从成人教育的数据可以看到,大多数新生代农民工步入社会后就终止了主动的系统学习。与成人教育相比,技能培训参与比例有所提高,在形式上多以短期培训为主,延续性差,且主要采取企业自主培养和培训中心代理培养的方式。表明新生代农民工缺乏信息能力培养、信息素养提升的意识,这在访谈中得到了印证。总而言之,新生代农民工的教育技能型文化资本存在缺失。

(四)文化资本指标的量化与测定

综合前面分析可以看到,新生代农民工在文化资本的三个维度均存在缺失。三个维度的问卷题设可视作连续变量进行操作分析,题设均为五个选项,且不存在需要反向计分的题项,因此将原题按照选项排列顺序分别赋值1—5分,进行指标测算。将各维度指标进行加总平均,计算出各个维度的文化资本指标,将素质能力型、客观物质型、教育技能型指标再度进行加总平均,得到文化资本总指标(见表4-20)。

表4-20　　　　　新生代农民工文化资本指标的描述统计

	N	极小值	极大值	均值	标准差
素质能力型文化资本	903	1.00	5.00	3.2719	0.91580
客观物质型文化资本	903	1.00	5.00	2.0399	0.92680
教育技能型文化资本	903	1.00	5.00	3.7021	1.23729
文化资本	903	1.00	4.92	3.0046	0.76876
有效的N（列表状态）	903				

注：N为本次调研的样本量。

从表4-20中可以得出，文化资本的均值为3.0046，文化资本三维度取值范围均在1—5之间，素质能力型文化资本均值为3.2719，客观物质型文化资本均值为2.0399，教育技能型文化资本均值为3.7021。就标准差看，教育技能型文化资本（$\sigma=1.23729$）高于客观物质型文化资本（$\sigma=0.92680$）和素质能力型文化资本（$\sigma=0.91580$），可见，相较而言，新生代农民工在教育技能层面的文化资本上个体差异程度最大。

（五）新生代农民工文化资本指标的分布特征

不同人口学特征条件下新生代农民工的文化资本指标分布情况，从性别、年龄、入城时间、城市规模等方面进行特征分析。

1. 性别因素对城市场域下新生代农民工文化资本的影响

由于性别特征变量属于二分类别变量，因此，采用t检验方法对不同性别的新生代农民工文化资本进行差异分析。分析结果如表4-21所示。

从表4-21中可见，性别在"文化资本"的差异比较上，"方差方程的Levene检验"的F值（$F=38.823$，$p=0.000<0.05$）达到显著差异，两组样本方差不同质，查看校正栏。t值等于-9.474、$p=0.000<0.05$，达到0.05显著水平，表明男女在"文化资本"上存在显著差异。性别之于文化资本各个层面的差异分析如下。

表4-21　新生代农民工性别因素的独立样本检验

		方差方程的 Levene 检验		均值方程的 t 检验					差分的95%置信区间	
		F	Sig.	t	df	Sig.（双侧）	均值差值	标准误差值	下限	上限
文化资本	假设方差相等	38.823	0.000	-9.331	901	0.000	-0.45728	0.04901	-0.55346	-0.36110
	假设方差不相等			-9.474	895.297	0.000	-0.45728	0.04827	-0.55201	-0.36255
素质能力型文化资本	假设方差相等	83.204	0.000	-10.997	901	0.000	-0.63126	0.05740	-0.74392	-0.51860
	假设方差不相等			-11.255	866.774	0.000	-0.63126	0.05609	-0.74135	-0.52118
客观物质型文化资本	假设方差相等	1.475	0.225	-5.732	901	0.000	-0.34834	0.06077	-0.46761	-0.22907
	假设方差不相等			-5.748	891.944	0.000	-0.34834	0.06060	-0.46729	-0.22940
教育技能型文化资本	假设方差相等	0.046	0.830	-4.809	901	0.000	-0.39224	0.08156	-0.55230	-0.23217
	假设方差不相等			-4.804	879.231	0.000	-0.39224	0.08165	-0.55250	-0.23197

就性别在"素质能力型文化资本"的差异比较上,"方差方程的Levene检验"的F值（F=83.204,p=0.000<0.05）达到显著差异,拒绝虚无假设,接受对立假设。t值等于-11.255、df=866.774、p=0.000<0.05,达到0.05显著水平,均值差值为-0.63126,表示男女在"素质能力型文化资本"上存在显著差异。女性素质能力型文化资本（M=3.6095）显著高于男性（M=2.9783）。

就性别在"客观物质型文化资本"的差异比较上,"方差方程的Levene检验"的F值（F=1.475,p=0.225>0.05）未达到显著差异,表示两组样本方差同质,应接受虚无假设。t值等于-5.732、df=901、p=0.000<0.05,达到0.05显著水平,均值差值为-0.34834,表示男女在"客观物质型文化资本"上存在显著差异。女性客观物质型文化资本（M=2.2262）显著高于男性（M=1.8778）。

就性别在"教育技能型文化资本"的差异比较上,"方差方程的Levene检验"的F值（F=0.046,p=0.000<0.05）达到显著差异,拒绝虚无假设,接受对立假设。t值等于-4.804、df=879.231、p=0.000<0.05,达到0.05显著水平,均值差值为-0.39224,表示男女在"教育技能型文化资本"上存在显著差异。

由此可见,在新生代农民工群体中,性别因素对于文化资本存在显著差异,女性的素质能力型文化资本、客观物质型文化资本、教育技能型文化资本均高于男性,整体的文化资本亦是如此。

2. 年龄因素对城市场域下新生代农民工文化资本的影响

问卷设置中年龄特征变量为四分变量,依变量为连续变量,根据分析规则使用单因子方差分析。由于分组变量的水平数值在三个以上,故采用方差分析（analysis of variance,ANOVA）进行。通过方差同质性检验发现（见表4-22）,素质能力型文化资本和教育技能型文化资本违反方差同质性假定,客观物质型文化资本具备同质性。可以得出,针对"客观物质型文化资本"依变量而言,整体检验F值分别为1.111（p=0.344>0.05）,接受虚无假设,研究假设无法得到支持,说明不同年龄段的新生代农民工在客观物质型文化资本上不存在显著差异;针对"素质能力型文化资本"和"教育技能型文化资本"两个依变量而言,整体检验F值分别为6.375

(p=0.000<0.05)、39.019(p=0.000<0.05),接受对立假设,研究假设得到支持,表明不同年龄组别的新生代农民工在素质能力型和教育技能型的文化资本上存在显著差异。

为探究是哪些配对组具备差异,需要采用雪费法(Scheffe's method)进行事后比较。表4-23为针对因变量"素质能力型文化资本"的雪费法事后比较结果。由表中数据可知,"21—25岁"组群体、"26—30岁"组群体和"31—35岁"组群体显著高于"16—20岁"群体。可以得出,"16—20岁"的新生代农民工素质能力型文化资本最低,信息素养亟须提升。

表4-22　　　　　　　新生代农民工年龄因素的方差分析

		平方和	df	均方	F	显著性
素质能力型文化资本	组间	15.757	3	5.252	6.375	0.000
	组内	740.748	899	0.824		
	总数	756.506	902			
客观物质型文化资本	组间	2.862	3	0.954	1.111	0.344
	组内	771.925	899	0.859		
	总数	774.787	902			
教育技能型文化资本	组间	159.086	3	53.029	39.019	0.000
	组内	1221.780	899	1.359		
	总数	1380.866	902			

表4-23　　　　　不同年龄段新生代农民工的素质能力型
文化资本事后多重比较

因变量:素质能力型文化资本雪费法						
(I)年龄	(J)年龄	均值差(I-J)	标准误	显著性	95%置信区间	
					下限	上限
16—20岁	21—25岁	-0.29991*	0.09137	0.013	-0.5558	-0.0440
	26—30岁	-0.43429*	0.10094	0.000	-0.7170	-0.1516
	31—35岁	-0.33851*	0.10894	0.022	-0.6436	-0.0334

续表

(I) 年龄	(J) 年龄	均值差 (I—J)	标准误	显著性	95%置信区间 下限	95%置信区间 上限
21—25 岁	16—20 岁	0.29991*	0.09137	0.013	0.0440	0.5558
	26—30 岁	-0.13439	0.07655	0.380	-0.3488	0.0800
	31—35 岁	-0.03861	0.08683	0.978	-0.2818	0.2046
26—30 岁	16—20 岁	0.43429*	0.10094	0.000	0.1516	0.7170
	21—25 岁	0.13439	0.07655	0.380	-0.0800	0.3488
	31—35 岁	0.09578	0.09685	0.807	-0.1755	0.3670
31—35 岁	16—20 岁	0.33851*	0.10894	0.022	0.0334	0.6436
	21—25 岁	0.03861	0.08683	0.978	-0.2046	0.2818
	26—30 岁	-0.09578	0.09685	0.807	-0.3670	0.1755

*. 均值差的显著性水平为0.05。

表4-24为针对因变量"教育技能型文化资本"的雪费法事后比较结果。由表中数据可知,"21—25岁"组群体和"26—30岁"组群体显著高于"16—20岁"和"31—35岁"群体。

表4-24 　　不同年龄段新生代农民工的教育技能型文化资本事后多重比较

因变量：教育技能型文化资本雪费法					
(I) 年龄	(J) 年龄	均值差 (I—J)	标准误	显著性	95%置信区间 下限 / 上限

(I) 年龄	(J) 年龄	均值差 (I—J)	标准误	显著性	下限	上限
16—20 岁	21—25 岁	-0.79662*	0.11734	0.000	-1.1253	-0.4680
	26—30 岁	-0.84012*	0.12963	0.000	-1.2032	-0.4770
	31—35 岁	0.16923	0.13991	0.691	-0.2226	0.5611
21—25 岁	16—20 岁	0.79662*	0.11734	0.000	0.4680	1.1253
	26—30 岁	-0.04349	0.09831	0.978	-0.3188	0.2319
	31—35 岁	0.96585*	0.11152	0.000	0.6535	1.2782
26—30 岁	16—20 岁	0.84012*	0.12963	0.000	0.4770	1.2032
	21—25 岁	0.04349	0.09831	0.978	-0.2319	0.3188
	31—35 岁	1.00935*	0.12439	0.000	0.6610	1.3577

续表

因变量：教育技能型文化资本雪费法						
(I) 年龄	(J) 年龄	均值差(I—J)	标准误	显著性	95%置信区间	
					下限	上限
31—35 岁	16—20 岁	-0.16923	0.13991	0.691	-0.5611	0.2226
	21—25 岁	-0.96585*	0.11152	0.000	-1.2782	-0.6535
	26—30 岁	-1.00935*	0.12439	0.000	-1.3577	-0.6610

*. 均值差的显著性水平为 0.05。

3. 入城年限对城市场域下新生代农民工文化资本的影响

和年龄变量一样，年龄特征变量为四分变量，依变量为连续变量，因此，以下内容采用方差分析。

通过方差同质性检验发现，素质能力型文化资本、客观物质型文化资本和教育技能型文化资本均达到 0.05 显著水平，方差不具有同质性。通过单因素方差分析得到，"素质能力型文化资本""客观物质型文化资本"和"教育技能型文化资本"的整体检验 F 值分别为 9.968（p=0.000<0.05）、6.271（p=0.000<0.05）、7.791（p=0.000<0.05），接受对立假设，研究假设得到支持，表明不同入城时间组别的新生代农民工在文化资本的三个层面上均存在显著差异，并采用雪费法进行事后比较。

表 4-25　　　　不同务工年限新生代农民工的素质能力型
文化资本事后多重比较

因变量：素质能力型文化资本雪费法							
(I) 年龄	(J) 年龄	均值差(I—J)	标准误	显著性	95%置信区间	
					下限	上限
不足 1 年	1—5 年	0.13002	0.08725	0.528	-0.1144	0.3744
	6—10 年	0.44702*	0.09326	0.000	0.1858	0.7082
	10 年以上	-0.32225*	0.10155	0.018	-0.6067	-0.0378
1—5 年	不足 1 年	-0.13002	0.08725	0.528	-0.3744	0.1144
	6—10 年	0.31700*	0.07336	0.000	0/.1115	0.5225
	10 年以上	-0.7*	0.08366	0.000	-0.6866	-0.2180

续表

因变量：素质能力型文化资本雪费法

(I) 年龄	(J) 年龄	均值差(I-J)	标准误	显著性	95% 置信区间 下限	95% 置信区间 上限
6—10 年	不足 1 年	-0.44702*	0.09326	0.000	-0.7082	-0.1858
	1—5 年	-0.31700*	0.07336	0.000	-0.5225	-0.1115
	10 年以上	-0.76927*	0.08990	0.000	-1.0211	-0.5175
10 年以上	不足 1 年	0.32225*	0.10155	0.018	0.0378	0.6067
	1—5 年	0.45227*	0.08366	0.000	0.2180	0.6866
	6—10 年	0.76927*	0.08990	0.000	0.5175	1.0211

*. 均值差的显著性水平为 0.05。

根据依变量"素质能力型文化资本"事后比较结果（见表 4-25）可知，"不足 1 年"组群体显著高于"6—10 年"群体；"1—5 年"组群体显著高于"6—10 年"群体；"10 年以上"组群体显著高于其他三个入城务工时长的群体。可以得出，在新生代农民工群体中，入城时间达 10 年以上的新生代农民工素质能力型文化资本程度最高，其次为入城不足 1 年和入城 1—5 年者，入城 6—10 年的新生代农民工素质能力型文化资本最低，不同分组的平均数分布情况详见图 4-3。

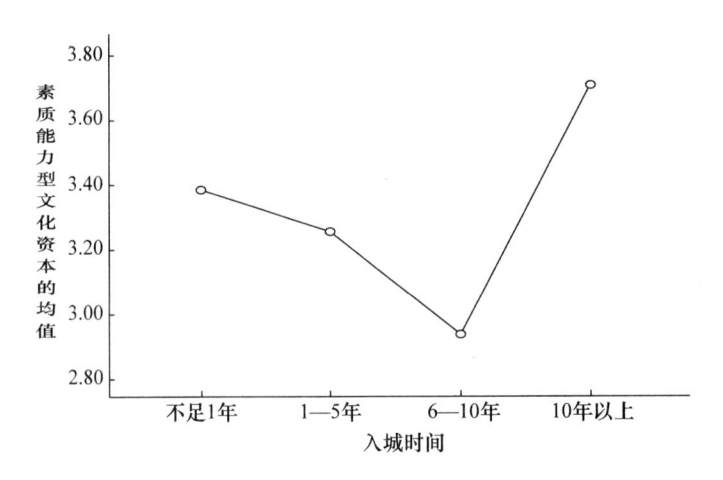

图 4-3 不同务工年限新生代农民工的素质能力型文化资本分布情况

表4-26 不同务工年限新生代农民工的客观物质型文化资本事后多重比较

因变量：客观物质型文化资本雪费法

(I) 入城时间	(J) 入城时间	均值差(I—J)	标准误	显著性	95%置信区间 下限	95%置信区间 上限
不足1年	1—5年	0.10449	0.09020	0.719	-0.1481	0.3571
	6—10年	0.36178*	0.09641	0.003	0.0918	0.6318
	10年以上	-0.16878	0.10498	0.461	-0.4628	0.1253
1—5年	不足1年	-0.10449	0.09020	0.719	-0.3571	0.1481
	6—10年	0.25729*	0.07584	0.010	0.0449	0.4697
	10年以上	-0.27327*	0.08648	0.019	-0.5155	-0.0311
6—10年	不足1年	-0.36178*	0.09641	0.003	-0.6318	-0.0918
	1—5年	-0.25729*	0.07584	0.010	-0.4697	-0.0449
	10年以上	-0.53056*	0.09294	0.000	-0.7908	-0.2703
10年以上	不足1年	0.16878	0.10498	0.461	-0.1253	0.4628
	1—5年	0.27327*	0.08648	0.019	0.0311	0.5155
	6—10年	0.53056*	0.09294	0.000	0.2703	0.7908

*. 均值差的显著性水平为0.05。

表4-26为针对依变量"客观物质型文化资本"雪费法事后比较结果。显著情况与素质能力型文化资本的分布情况一致，换言之，在新生代农民工群体中，入城时间达10年以上的新生代农民工客观物质型文化资本程度最高，其次为入城不足1年和入城1—5年者，入城6—10年的新生代农民工客观物质型文化资本最低，不同分组的平均数分布情况详见图4-4。

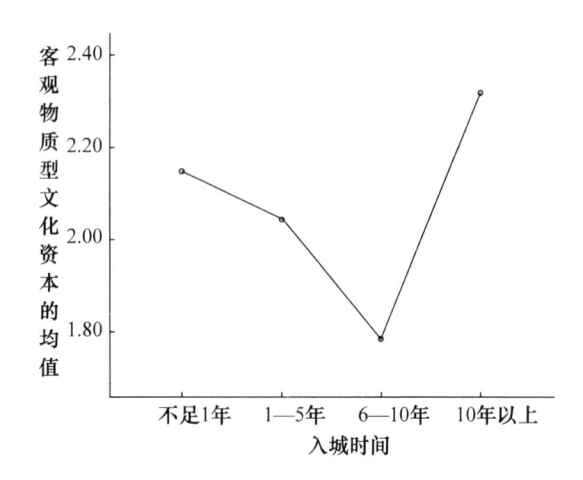

图 4-4　不同务工年限新生代农民工的客观物质型文化资本分布情况

表 4-27 为针对依变量"教育技能型文化资本"的雪费法事后比较结果。由表中数据可知，"1—5 年"组群体和"6—10 年"组群体显著高于"不足 1 年"群体；"10 年以上"组群体显著高于其他三个组群体。可以得出，在新生代农民工群体中，入城时间达 10 年以上的新生代农民工教育技能型文化资本程度最高，其次为入城 1—5 年和 6—10 年者，入城 1 年以下的新生代农民工教育技能型文化资本最低，不同分组的平均数分布情况详见图 4-5。

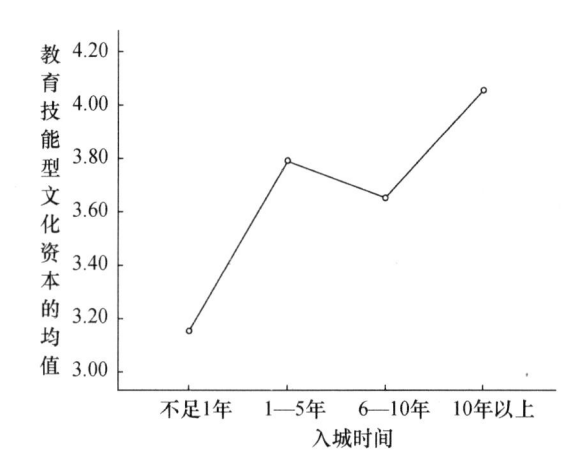

图 4-5　不同务工年限新生代农民工的教育技能型文化资本分布情况

表 4-27　不同务工年限新生代农民工的教育技能型
文化资本事后多重比较

因变量：教育技能型文化资本雪费法

（I）入城时间	（J）入城时间	均值差（I—J）	标准误	显著性	95%置信区间 下限	95%置信区间 上限
不足1年	1—5年	-0.63731*	0.11979	0.000	-0.9728	-0.3018
	6—10年	-0.49924*	0.12804	0.002	-0.8578	-0.1406
	10年以上	-0.90132*	0.13943	0.000	-1.2918	-0.5108
1—5年	不足1年	0.63731*	0.11979	0.000	0.3018	0.9728
	6—10年	0.13808	0.10072	0.598	-0.1440	0.4202
	10年以上	-0.26401	0.11486	0.153	-0.5857	0.0577
6—10年	不足1年	0.49924*	0.12804	0.002	0.1406	0.8578
	1—5年	-0.13808	0.10072	0.598	-0.4202	0.1440
	10年以上	-0.40208*	0.12343	0.014	-0.7478	-0.0564
10年以上	不足1年	0.90132*	0.13943	0.000	0.5108	1.2918
	1—5年	0.26401	0.11486	0.153	-0.0577	0.5857
	6—10年	0.40208*	0.12343	0.014	0.0564	0.7478

*. 均值差的显著性水平为0.05。

4. 城市规模对城市场域下新生代农民工文化资本的影响

研究选取了一线城市和二线城市两种不同规模等级的城市进行问卷发放，因此，城市规模特征变量属于二分类别变量。在此采用t检验方法对新生代农民工文化资本进行差异分析，分析结果如表4-28所示。

可见，在"文化资本"的差异比较上，"方差方程的Levene检验"的F值（F=34.824，p=0.000<0.05）达到显著差异，两组样本方差不同质，查看校正栏t值等于11.344、p=0.000<0.05，达到0.05显著水平，表明所处城市规模在"文化资本"上存在显著差异，不同城市规模之于文化资本各个层面的差异分析如下。

表4-28　新生代农民工所处城市规模因素的独立样本检验

		方差方程的 Levene 检验		均值方程的 t 检验						
		F	Sig.	t	df	Sig.（双侧）	均值差值	标准误差值	差分的95%置信区间	
									下限	上限
文化资本	假设方差相等	34.824	0.000	11.291	901	0.000	0.54117	0.04793	0.44711	0.63524
	假设方差不相等			11.344	879.564	0.000	0.54117	0.04770	0.44755	0.63480
素质能力型文化资本	假设方差相等	113.883	0.000	12.781	901	0.000	0.71735	0.05613	0.60720	0.82751
	假设方差不相等			12.892	813.940	0.000	0.71735	0.05564	0.60813	0.82658
客观物质型文化资本	假设方差相等	8.597	0.003	8.513	901	0.000	0.50563	0.05939	0.38907	0.62220
	假设方差不相等			8.487	873.434	0.000	0.50563	0.05957	0.38871	0.62256
教育技能型文化资本	假设方差相等	7.385	0.007	4.925	901	0.000	0.40054	0.08133	0.24092	0.56015
	假设方差不相等			4.911	876.081	0.000	0.40054	0.08156	0.24046	0.56062

在"素质能力型文化资本""客观物质型文化资本""教育技能型文化资本"的差异比较上,"方差方程的Levene检验"的F值都达到显著,均拒绝虚无假设,接受对立假设,表明处在一线城市和二线城市的新生代农民工群体在"素质能力型文化资本""客观物质型文化资本""教育技能型文化资本"上存在显著差异。通过比较平均数发现,一线城市的新生代农民工素质能力型文化资本(M=3.6389)显著高于二线城市的新生代农民工(M=2.9215),一线城市的新生代农民工客观物质型文化资本(M=2.2986)显著高于二线城市的新生代农民工(M=1.7929),一线城市的新生代农民工教育技能型文化资本(M=3.9070)显著高于二线城市的新生代农民工(M=3.5065)。

综上可知,城市规模对新生代农民工的文化吸引力存在差异。一线城市的新生代农民工其综合文化资本高于二线城市的新生代农民工,而且均反映在文化资本的三个维度中。可见,文化资本的差异会影响新生代农民工的工作地域流向,想要实现社会地位的向上流动,需要有丰富的文化资本作为基础。

(六)本节小结

本节对新生代农民工的素质能力型文化资本、客观物质型文化资本、教育技能型文化资本进行分析,在此基础上进行了文化资本的量化和测定,并阐述了文化资本指标的分布特征。

透过研究结果,发现新生代农民工三种形式的文化资本均存在缺失。具体来说,素质能力型文化资本呈现以下缺失:其一,语言能力偏低,阻碍信息交流与传递;其二,网络操作基础薄弱,缺乏信息检索和处理能力;其三,信息获取能力和获取效果较差,缺乏信息搜寻和信息传输的能力。客观物质型文化资本呈现以下缺失:其一,家庭文化产品存量少,产品质量低、层面浅、可传承性差;其二,文化消费能力低,切断了信息资源的增长点;其三,文化信息服务设施参与度低,信息素养难以提升。教育技能型文化资本呈现以下缺失:其一,受教育程度处于中等偏低水平,学历主要分布在高中和中专;其二,成人教育参与度低,主动进行技能培训比例少,缺乏信息能力培养、信息素养提升的意识。

通过对文化资本指标分布特征的分析发现,性别、年龄、入城时间、城市规模等因素在新生代农民工文化资本上存在显著差异，女性文化资本高于男性；不同年龄段和入城时间的新生代农民工具备不同存量的文化资本，长远来看，入城时间越长，文化资本存量越高；一线城市的新生代农民工文化资本均高于二线城市的新生代农民工，文化资本与新生代农民工的择业地域相关联。从文化指标的分布特征可以发现，文化资本与城市融合之间存在一定的相关性。

三　新生代农民工文化资本与城市融合指标的相关分析

为进一步探究新生代农民工在文化资本和城市融合之间的关系，采取定量方式进行新生代农民工文化资本指标和城市融合指标的相关分析。

由于上述两个变量均属于连续变量，因而采用统计学家 K. Pearson 创建的积差相关（product moment correlation）。在统计中，Pearson 相关系数值为正，表示两个变量的关系为正相关（positive correlation），Pearson 相关系数值为负，表示两个变量的关系为负相关（negative correlation），其数值介于 -1 到 1 之间，绝对值的大小反映相关系数的强弱，若相关系数绝对值 r < 0.40，表示二者低度相关；若 0.40 ≤ r ≤ 0.70，表示二者中度相关；若 r > 0.70，表示二者高度相关。[①]

表 4 - 29 为城市融合指标与文化资本存量及其三个维度变量间的相关矩阵，相关矩阵由两两变量配对形成。检验显著性概率值 p 是考察积差相关系数的前提。从中可以看到，城市融合指标与文化资本、素质能力型文化资本、客观物质型文化资本、教育技能型文化资本的相关系数显著性检验 p 值均为 0.000 < 0.05，达到显著水平，相关系数分别为 0.481、0.502、0.292、0.306。数据结果还显示，城市融合指标与文化资本存量指标呈现显著正相关。其中，决定系数表示文化资本、素质能力型文化资本、客观物质型文化资本、教育技能型文化资本分别能解释城市融合变量总变异的 23.14%、25.20%、8.53%、9.36%。在文化资本三个维度中，素质能力型文化资本对城市融合的解释力最强。

[①] 参见吴明隆《问卷统计分析实务——SPSS 操作与应用》，重庆大学出版社 2010 年版，第 330—331 页。

表4-29　新生代农民工文化资本与城市融合积差相关分析

		城市融合指标	文化资本	素质能力型文化资本	客观物质型文化资本	教育技能型文化资本
城市融合指标	Pearson 相关性	1	0.481**	0.502**	0.292**	0.306**
	显著性（双侧）		0.000	0.000	0.000	0.000
	平方与叉积的和	185.553	151.166	188.143	110.595	154.760
	协方差	0.206	0.168	0.209	0.123	0.172
	N	903	903	903	903	903
文化资本	Pearson 相关性	0.481**	1	0.781**	0.730**	0.739**
	显著性（双侧）	0.000		0.000	0.000	0.000
	平方与叉积的和	151.166	533.070	496.173	468.880	634.158
	协方差	0.168	0.591	0.550	0.520	0.703
	N	903	903	903	903	903
素质能力型文化资本	Pearson 相关性	0.502**	0.781**	1	0.550**	0.304**
	显著性（双侧）	0.000	0.000		0.000	0.000
	平方与叉积的和	188.143	496.173	756.506	421.129	310.883
	协方差	0.209	0.550	0.839	0.467	0.345
	N	903	903	903	903	903
客观物质型文化资本	Pearson 相关性	0.292**	0.730**	0.550**	1	0.204**
	显著性（双侧）	0.000	0.000	0.000		0.000
	平方与叉积的和	110.595	468.880	421.129	774.787	210.724
	协方差	0.123	0.520	0.467	0.859	0.234
	N	903	903	903	903	903
教育技能型文化资本	Pearson 相关性	0.306**	0.739**	0.304**	0.204**	1
	显著性（双侧）	0.000	0.000	0.000	0.000	
	平方与叉积的和	154.760	634.158	310.883	210.724	1380.866
	协方差	0.172	0.703	0.345	0.234	1.531
	N	903	903	903	903	903

**. 在0.01水平（双侧）上显著相关。

四 城市场域下新生代农民工文化资本影响因素探析

为深入了解城市场域下新生代农民工文化资本情况的个体差异,探寻文化资本的影响因素,以下内容将从内在因素和外在因素两个层面出发,结合文化资本特征值,对具备不同特征值的新生代农民工进行群体差异研究。其中,内在层面将从经济消费结构、信息获取结构、信息获取途径等方面展开,外在层面将从人际社交网络、城市文化信息服务等方面展开。

在研究方法上,采用描述性分析与 SPSS 统计分析相结合的方式,其中,SPSS 分析主要采用独立样本 t 检验和方差分析(analysis of variance,ANOVA)来进行群体差异检验。需要说明的是,若方差分析整体检验的 F 值达到显著,则表示所研究矩阵中至少两个组别的平均数间的差异达到显著水平,若要探寻究竟是哪几组平均数间的差异达到显著,需要进行事后比较(a posteriori comparisons)才可得知。

(一) 经济消费结构对城市场域下新生代农民工文化资本的影响

在问卷中,本研究对新生代农民工的消费结构进行了考察,要求被试对象根据自身实际情况,对日常伙食、房租水电、子女教育、健康医疗、投资理财、人情来往、交通通信、学习培训、消遣娱乐等消费开支进行排序,选出消费最高的三类开支。各类开支的平均综合得分的排序结果如图 4-6 所示。

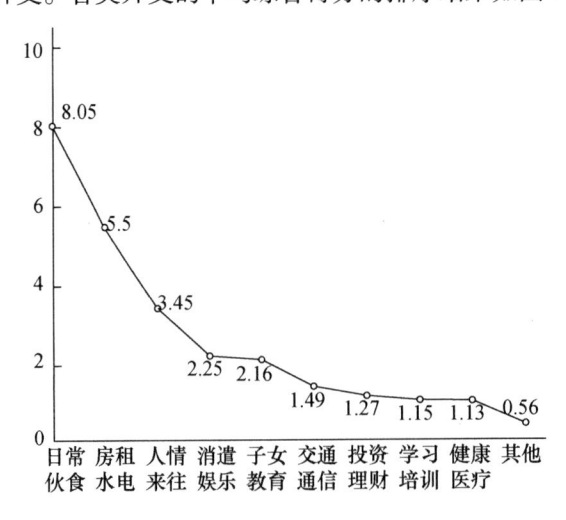

图 4-6 新生代农民工消费结构分布

第四章 文化资本视角下的新生代农民工文化适应实证研究　129

结果发现，新生代农民工的消费结构中，日常伙食、房租水电基础生活开支占据其消费结构排名的前两位。可见，新生代农民工的恩格斯系数较高，其消费主要集中在马斯洛需求金字塔的第一层次。

本研究将收集的数据进行人工标引分类，从被试者消费结构的首选项出发，依据经济消费结构以基础性消费支出为主抑或以发展性消费支出为主，将新生代农民工划分为基础型支出者和发展型支出者，并进行分类赋值，以便下一步分析。经标引分类处理后的消费结构变量属于二分类别变量，因此，采用独立样本t检验方法对不同消费结构的新生代农民工文化资本进行差异分析，组统计量和独立样本检验结果如表4-30和表4-31所示。

表4-30　　　　　　新生代农民工消费结构差异的组统计量

	消费类型	N	均值	标准差	均值的标准误
文化资本	1	657	2.9639	0.75833	0.02959
	2	246	3.1133	0.78724	0.05019

注：消费类型1表示基础型支出者，2表示发展型支出者。

表4-31　　　　　　新生代农民工消费结构差异的独立样本检验

		方差方程的Levene检验		均值方程的t检验						
		F	Sig.	t	df	Sig.（双侧）	均值差值	标准误差值	差分的95%置信区间	
									下限	上限
文化资本	假设方差相等	0.120	0.729	-2.607	901	0.009	-0.14932	0.05728	-0.26174	-0.03691
				-2.563	425.628	0.011	-0.14932	0.05826	-0.26384	-0.03480

从表4-31中可知，不同消费结构在"文化资本"的差异比较上，"方差方程的Levene检验"的F值（F=0.120，p=0.729>0.05）未达到显著差异，表示两组样本方差同质，应接受虚无假设。t值等于-2.607、df=901、p=0.009<0.05，达到0.05显著水平，均值差值为-0.14932，表示不同消费结构的新生代农民工在"文化资本"上存在显著差异。通过

比较平均数发现，发展型支出者的文化资本（M=3.1133）显著高于基础型支出者（M=2.9639）。

由此可见，在新生代农民工群体中，不同消费结构对于文化资本存在显著差异，消费类型以发展型为主的新生代农民工的文化资本要优于以基础型为主的新生代农民工。

（二）信息获取结构对城市场域下新生代农民工文化资本的影响

为探寻新生代农民工信息获取结构和其在城市场域的文化资本的内在关系，问卷中设置了部分题项，了解新生代农民工的业余时间消遣方式、关注的信息内容及关注目的，探寻新生代农民工的信息构成和信息需求。需要说明的是，由于上述题项在设置上都为多选题，因此统计结果各项指标加总均大于100%。

新生代农民工业余时间消遣方式分布情况如图4-7所示。从图4-7反映的数据可以看出，新生代农民工的业余消遣以上网休闲为主，这一比例占总样本量的73.20%，位居其后的分别为"看书、看报、学习"（36.43%）和"逛街、看电影、KTV"（32.45%）。

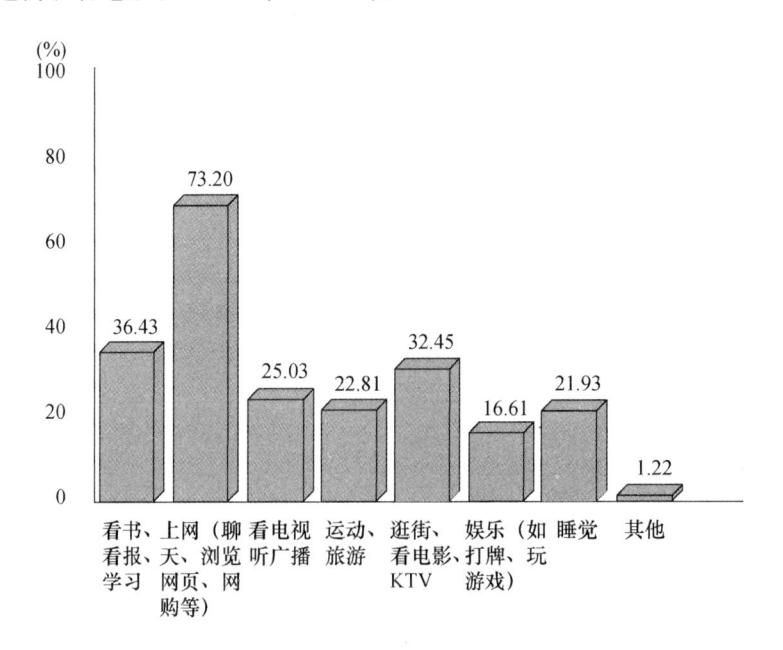

图4-7 新生代农民工业余时间消遣方式分布

新生代农民工所关注的信息内容涉猎领域广泛，呈现种类多样、集中性强的特点。在新生代农民工所关注的各类信息内容中，首当其冲的是休闲娱乐类信息（53.93%），其后为政策新闻类信息（52.05%）、就业求职类信息（30.23%）、教育培训类信息（27.02%）、实用技能类信息（25.14%），同时可以看到，新生代农民工对法律法规信息（9.08%）关注较少。

从图4-8中可以看到，在新生代农民工获取信息的主要目的上，排序前三的依次是"提高自身素养，增长见识"（63.12%）、"学习和工作需要，提高技能水平"（57.25%）和"消遣娱乐，打发空余时间"（52.27%）。可见，新生代农民工基于学习工作需要抑或自身发展要求，已经具备一定的自我提升意识，但也不乏将关注信息作为打发空闲时间的新生代农民工。同时需要指出的是，新生代农民工中还存在为了扩大社交网络，追随大众跟风关注信息的现象。

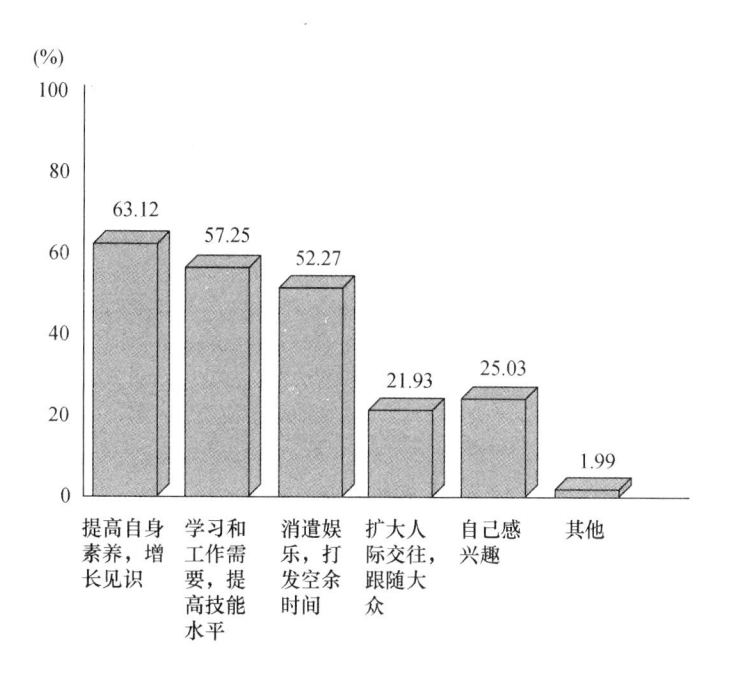

图4-8 入城新生代农民工关注信息的目的

根据调研结果，可将新生代农民工业余时间的信息获取结构分为以学习提升型为主和以休闲消遣型为主两类。进行人工标引后，得到关于新生代农民工知识获取结构的分类数据。

表 4-32　　入城新生代农民工信息获取结构的独立样本检验

		方差方程的 Levene 检验		均值方程的 t 检验					差分的 95% 置信区间	
		F	Sig.	t	df	Sig.（双侧）	均值差值	标准误差值	下限	上限
文化资本	假设方差相等	0.963	0.327	14.003	901	0.000	0.64965	0.04640	0.55860	0.74071
	假设方差不相等			14.002	900.662	0.000	0.64965	0.04640	0.55860	0.74071

从表 4-32 中可知，不同信息获取结构的新生代农民工在"文化资本"的差异比较上，"方差方程的 Levene 检验"的 F 值（F=0.963，p=0.327＞0.05）未达到显著差异，表示两组样本方差同质，应接受虚无假设。t 值等于 14.003、df=901、p=0.000＜0.05，达到 0.05 显著水平，均值差值为 0.64965，表明不同信息获取结构的新生代农民工在"文化资本"上存在显著差异。通过比较平均数发现，以学习提升型为主的新生代农民工的文化资本（M=3.3269）显著高于以休闲消遣型为主的新生代农民工（M=2.6773）。

由此可见，在新生代农民工群体中，不同信息获取结构对于文化资本存在显著差异，信息获取结构以学习提升为主的新生代农民工的文化资本要明显优于以休闲消遣为主的新生代农民工。

（三）信息获取途径对城市场域下新生代农民工文化资本的影响

新生代农民工的信息获取途径分布情况经调研发现，最主要的途径是"电脑和手机"（85.49%），排在其后的依次为"广播、电视"（44.74%），"书籍、报纸、杂志"（32.34%），"同事、朋友"（29.57%）。在调查中发现，图书馆、博物馆等信息服务点作为信息的主要传播载体，新生代农民工通过该种途径进行信息获取的比例甚少（3.88%）。通过社

第四章 文化资本视角下的新生代农民工文化适应实证研究

区居民和其他途径获取信息仅占1%和0.66%。

依据不同的获取渠道,可将新生代农民工的信息获取途径分为以信息媒介为主和以社会关系为主两类。经人工标引后,得到关于新生代农民工信息获取途径的分类数据。处理后的获取途径变量属于二分类别变量,采用独立样本t检验方法进行差异分析。独立样本检验结果如表4-33所示。

从表4-33中可知,不同信息获取途径的新生代农民工在"文化资本"的差异比较上,"方差方程的Levene检验"的F值(F=0.015,p=0.904>0.05)未达到显著差异,表示两组样本方差同质,应接受虚无假设。t值等于7.823、df=901、p=0.000<0.05,达到0.05显著水平,均值差值为0.38971,表明不同信息获取途径的新生代农民工在"文化资本"上存在显著差异。通过比较平均数发现,经信息媒介获取信息的新生代农民工的文化资本(M=3.1790)高于经社会关系获取信息的新生代农民工(M=2.7893)。

由此可见,在新生代农民工群体中,不同信息获取途径对于文化资本存在显著差异,由于信息媒介具有实时性强、权威性高、资源基础大、增长速度快等特点,在调查对象中,信息途径以信息媒介为主的新生代农民工的文化资本要明显优于以社会关系为主的新生代农民工。

表4-33　　　　新生代农民工信息获取渠道的独立样本检验

		方差方程的Levene检验		均值方程的t检验						
		F	Sig.	t	df	Sig.(双侧)	均值差值	标准误差值	差分的95%置信区间	
									下限	上限
文化资本	假设方差相等	0.015	0.904	7.823	901	0.000	0.38971	0.04982	0.29194	0.48748
	假设方差不相等			7.823	862.163	0.000	0.38971	0.04982	0.29193	0.48749

(四) 人际社交网络对城市场域下新生代农民工文化资本的影响

人际社交网络,指新生代农民工日常接触的主要社会成员所构成的关系网。交友圈的文化素质及信息视野可能会对新生代农民工的内在涵养和信息构成产生潜移默化的影响。调研结果显示:在新生代农民工的交友圈学历分布中,高中或中专为59.80%,大专为47.84%,本科及以上为44.19%,初中为35.77%,小学及以下为10.74%。

使用单因子方差分析研究新生代农民工交际圈学历分布与新生代农民工文化资本存在的关联,通过方差同质性检验发现,"文化资本"检验变量达到0.05的显著水平,违反方差同质性假定(见表4-34)。

表4-34　　　　新生代农民工交友圈学历因素的方差分析

	平方和	df	均方	F	显著性
组间	244.720	4	61.180	190.531	0.000
组内	288.350	898	0.321		
总数	533.070	902			

针对"文化资本"依变量而言,整体检验F值分别为190.531($p = 0.000 < 0.05$),接受对立假设,研究假设得到支持,表明交际圈学历分布不同的新生代农民工在文化资本上存在显著差异。为探寻究竟是哪些配对组具备差异,需要进一步进行事后比较。以下内容采用雪费法(Scheffe's method)进行事后比较。

表4-35为针对因变量"文化资本"雪费法事后比较结果。由表中数据可知,交友圈学历为"高中或中专"组群体的文化资本显著高于交友圈学历为"初中"组群体;交友圈学历为"大专"组群体的文化资本显著高于交友圈学历为"初中"和"高中或中专"组群体;交友圈学历为"本科及以上"组群体的文化资本显著高于交友圈学历为其他的群体,交友圈学历为"小学及以下"和"初中"组群体和其他群体不存在显著差异。

表4-35　不同交友学历的新生代农民工文化资本事后多重比较

(I) 交友学历	(J) 交友学历	均值差(I—J)	标准误	显著性	95%置信区间 下限	95%置信区间 上限
小学及以下	初中	0.32032	0.24939	0.800	-0.4495	1.0901
	高中或中专	0.03579	0.23965	1.000	-0.7039	0.7755
	大专	0.25653	0.23316	0.876	-0.4631	0.9762
	本科及以上	-0.81775*	0.23307	0.016	-1.5372	-0.0983
初中	小学及以下	-0.32032	0.24939	0.800	-1.0901	0.4495
	高中或中专	-0.28453	0.11222	0.170	-0.6309	-0.0619
	大专	-0.06379	0.09759	0.980	-0.3650	0.2374
	本科及以上	-1.13807*	0.09739	0.000	-1.4387	-0.8375
高中或中专	小学及以下	-0.03579	0.23965	1.000	-0.7755	0.7039
	初中	0.28453	0.11222	0.170	0.0619	0.6309
	大专	-0.22074*	0.06900	0.037	-0.4337	-0.0078
	本科及以上	-0.85354*	0.06872	0.000	-1.0657	-0.6414
大专	小学及以下	-0.25653	0.23316	0.876	-0.9762	0.4631
	初中	0.06379	0.09759	0.980	-0.2374	0.3650
	高中或中专	0.22074*	0.06900	0.037	0.0078	0.4337
	本科及以上	-1.07428*	0.04064	0.000	-1.1997	-0.9488
本科及以上	小学及以下	0.81775*	0.23307	0.016	0.0983	1.5372
	初中	1.13807*	0.09739	0.000	0.8375	1.4387
	高中或中专	0.85354*	0.06872	0.000	0.6414	1.0657
	大专	1.07428*	0.04064	0.000	0.9488	1.1997

*. 均值差的显著性水平为0.05。

可见，人际社交网络的学历分布会影响新生代农民工的文化资本，在社交过程中，文化资本会在潜移默化中得到丰富和延展。总体来讲，新生代农民工的交友圈学历越高，其文化资本表现越佳。

（五）城市信息服务指标对城市场域下新生代农民工文化资本的影响

文化资本是与文化活动息息相关的资产，不仅需要个体投入相当的时间和精力，也需要所在场域提供周到全面的文化服务。根据访谈发现，新生代农民工很少能享受到城市信息服务，原因有地理位置距离太远

(GZ002)、没时间（SZ004）、工作人员服务态度差（FZ004）等。了解城市信息服务是否对新生代农民工文化资本产生影响，可为政府部门及相关信息机构提升新生代农民工群体的服务效力提供有益参考。

为此，本研究在借鉴SERVQUAL量表和LSS量表（Leisure Satisfaction Scale）基础上，结合新生代农民工特点进行适应性调整，建立城市信息服务量表，从物理环境、活动质量、服务效能三个层面考察新生代农民工对城市信息服务的客观参与和主观评价，设3个维度16个指标，以更好地挖掘城市信息服务与新生代农民工文化资本的潜在关联。其中，物理环境维度考察信息服务场所的交通便捷程度、空间数量情况、资源丰富程度、场所布局情况、场所卫生状况等内容，活动质量维度考察文化活动信息的可获取性、文化活动特性、开设时间等内容，服务效能考察工作人员的服务态度、政府及企业的信息服务状况等内容。

表4-36为文化资本指标与城市信息服务及其三个维度变量间的相关矩阵，相关矩阵由两两变量配对形成。可以看到，文化资本指标与上述变量的相关系数显著性检验p值均为0.000＜0.05，达到显著水平，相关系数分别为0.490、0.437、0.483、0.465。

分析还发现，城市信息服务与文化资本呈现中度正相关。城市信息服务及其三个维度的决定系数R^2分别为0.2401、0.1910、0.2333、0.2162，表示城市信息服务、物理环境维度、活动质量维度、服务效能维度分别能解释文化资本变量总变异的24.01%、19.10%、23.33%、21.62%。

表4-36 城市信息服务指标与新生代农民工文化资本的积差相关分析

		文化资本	城市信息服务	物理环境	活动质量	服务效能
文化资本	Pearson 相关性	1	0.490**	0.437**	0.483**	0.465**
	显著性（双侧）		0.000	0.000	0.000	0.000
	平方与叉积的和	533.070	306.158	281.939	321.439	315.095
	协方差	0.591	0.339	0.313	0.356	0.349
	N	903	903	903	903	903

续表

		文化资本	城市信息服务	物理环境	活动质量	服务效能
城市信息服务	Pearson 相关性	0.490**	1	0.934**	0.948**	0.946**
	显著性（双侧）	0.000		0.000	0.000	0.000
	平方与叉积的和	306.158	731.892	705.922	739.098	750.656
	协方差	0.339	0.811	0.783	0.819	0.832
	N	903	903	903	903	903
物理环境	Pearson 相关性	0.437**	0.934**	1	0.828**	0.817**
	显著性（双侧）	0.000	0.000		0.000	0.000
	平方与叉积的和	281.939	705.922	780.740	666.845	670.180
	协方差	0.313	0.783	0.866	0.739	0.743
	N	903	903	903	903	903
活动质量	Pearson 相关性	0.483**	0.948**	0.828**	1	0.852**
	显著性（双侧）	0.000	0.000	0.000		0.000
	平方与叉积的和	321.439	739.098	666.845	829.841	720.607
	协方差	0.356	0.819	0.739	0.920	0.799
	N	903	903	903	903	903
服务效能	Pearson 相关性	0.465**	0.946**	0.817**	0.852**	1
	显著性（双侧）	0.000	0.000	0.000	0.000	
	平方与叉积的和	315.095	750.656	670.180	720.607	861.182
	协方差	0.349	0.832	0.743	0.799	0.955
	N	903	903	903	903	903

**. 在 0.01 水平（双侧）上显著相关。

综上，城市场域的信息服务与新生代农民工的文化资本呈现显著正向相关，城市信息服务的三个维度，即物理环境、活动质量、服务效能与新生代农民工文化资本亦呈显著正相关。城市场域为新生代农民工提供热忱细致的信息服务，对于新生代农民工文化资本和信息要素的优化起到积极的促进作用。

（六）小结

本小节从内在因素和外在因素两个层面对具备不同特征值的新生代农

民工进行群体差异分析，探寻文化资本的影响因素。

研究表明，消费类型以发展型为主的新生代农民工的文化资本要优于以基础型为主的新生代农民工；信息获取结构以学习提升为主的新生代农民工的文化资本要明显优于以休闲消遣为主的新生代农民工；信息途径以信息媒介为主的新生代农民工的文化资本要明显优于以社会关系为主的新生代农民工；新生代农民工的交友圈学历越高，其文化资本表现越佳。

通过对这一现状的剖析发现，发展型消费的农民工会进行更多的信息投入，其优质信息源的获取程度明显强于其他农民工；在信息获取结构上，学习提升型的农民工更善于从纷繁复杂的信息世界中搜寻富有价值的信息，挖掘其潜在价值，实现自我提升；信息获取途径上，信息媒介以其广数据量、强时效性、高权威性的特性发挥着无与伦比的优越性，农民工通过媒介获取信息可提升获取效率和质量；人际交往作为重要的信息交流传播方式，通过与文化资本相对优越的信息个体交流，可在无形中提升自我信息素养；城市信息服务机构是城市中优质的信息载体，信息机构高参与度对提升农民工文化资本产生积极影响。然而，大多数新生代农民工的现实情况与上述行为方式大相径庭。

五 假设验证情况

综合以上结果，本研究的理论假设检验情况如表 4-37 所示，七个假设均得到了实证研究结果的支持。

表 4-37　　　　　　　　　　假设检验结果

假设序号	内容	检验结果
H1	新生代农民工素质能力型文化资本对其融入城市场域具有显著影响，相关程度呈正相关	支持
H2	新生代农民工客观物质型文化资本对其融入城市场域具有显著影响，相关程度呈正相关	支持
H3	新生代农民工教育技能型文化资本对其融入城市场域具有显著影响，相关程度呈正相关	支持

续表

假设序号	内容	检验结果
H4	新生代农民工经济消费结构与城市场域下新生代农民工的文化资本显著相关，消费以发展型为主的新生代农民工的文化资本优于以基础型为主的新生代农民工	支持
H5	新生代农民工信息获取结构与城市场域下新生代农民工的文化资本显著相关，信息获取以信息媒介为主的新生代农民工的文化资本优于信息获取途径以社会关系为主的新生代农民工	支持
H6	新生代农民工社交圈的学历分布对城市场域下新生代农民工的文化资本具有显著影响，二者关系呈正相关	支持
H7	城市信息服务情况对城市场域下新生代农民工的文化资本具有显著影响，二者关系呈正相关	支持

第四节 结论与建议

一 结论

（一）新生代农民工的城市适应处于较低水平

本研究从客观层面的社会、经济、职业、社交融合和主观层面的心理融合出发，对新生代农民工城市场域的融合现状进行实证分析，研究结果发现，新生代农民工的城市融合呈现以下特点：（1）居住地点集聚化，未融入城市生活圈。新生代农民工"城中村"的居住模式使该群体呈现游离城市场域的尴尬境地，未融入城市社会这一现实状态阻碍了新生代农民工和城市居民之间的信息传递和组织交流，继而加剧了新生代农民工的信息封闭状态。（2）经济收入可观，但并未实现与城市居民经济地位的对等。由于知识文化和权益保障意识的欠缺，新生代农民工普遍以高强度的工作和牺牲相关保障为代价换取数值可观的收入。（3）追求职业的向上流动，青睐第三产业。新生代农民工职业选择能力有所增强，试图跳脱传统的体力换财力的工作模式，追求轻松体面的工作，行业上更青睐第三产业。工作时长普遍超标，多为一线员工。（4）人际交往呈现内卷化趋势，多以亲缘、地缘、友缘为纽带，一定程度上固化了信息交流的主体和受体，阻碍了有效信息的传递与交流。（5）新生代农民工城市融合意愿强烈，但城市归属感偏低。从城市场域融合情况的综合指标来看，新生代农民工的城市融合总体而言处于较低水平。

（二）新生代农民工文化资本存量低，存在信息缺失

本研究获得了新生代农民工的文化资本指标，发现女性文化资本高于男性、不同年龄段和入城时间的新生代农民工文化资本具备差异性、一线城市的新生代农民工文化资本高于二线城市的新生代农民工。通过新生代农民工在文化资本和城市融合之间的积差相关分析，发现新生代农民工的文化资本与其城市融合呈现显著正相关。通过对文化资本影响因素探究，发现经济消费结构、信息获取结构、信息获取途径、交友圈学历、城市文化信息服务等因素与新生代农民工的文化资本存在显著相关。

信息缺失是指信息使用者在社会信息过程中信息获取、信息传递与交流、信息处理及转换等信息要素的缺失。研究发现，城市融合进程中的新生代农民工具备以下信息特征。

第一，信息获取方面。在信息源上，信息主体主要可通过家庭传承、学校教育、文化消费、信息服务机构和现代网络等方式获取信息资源。对新生代农民工这一信息主体来说，受到家庭条件的限制，家庭信息资源存量少、质量低、层面浅、可传承性差，在家庭环境中很难获取优质信息源；同时，新生代农民工学历偏低，较短的受教育年限阻碍了其经由校园获得充足的信息；在文化消费上，文化消费的低投入切断了信息资源的新增长点；图书馆、博物馆等信息机构是城市场域内重要的信息单位，载荷着丰富的纸质文献资源和电子信息资源，新生代农民工对信息服务的低参与度阻碍了优质信息源的有效获取；网络是现代化社会中信息的重要载体，新生代农民工网络使用能力低下，缺乏信息检索能力，网络信息的获取存在难度。就获取途径而言，信息媒介具有数据量广、时效性强、权威性高的优越性。而当前新生代农民工信息媒介获取程度低，仍以传统的通过社会关系获取为主，阻碍了信息的获取效率和质量。就获取结构而言，新生代农民工学习提升型信息获取比例低，事实上，学习提升型信息获取结构更利于从纷繁复杂的信息世界中搜寻富有价值的信息，挖掘其潜在价值，实现自我提升。

第二，信息传递与交流方面。一方面，新生代农民工语言能力偏低，这对于信息交流过程中的信息表达与获取产生消极影响；另一方面，人际

第四章　文化资本视角下的新生代农民工文化适应实证研究　141

交往作为重要的信息交流传播方式，通过与文化资本相对优越的信息个体交流，可在无形中提升自我信息素养，然而，新生代农民工内卷化的人际交往方式固化了其信息交流的对象，呈现信息封闭的特点，阻碍了信息的有效交流与传递。

第三，信息处理及转换方面。一方面，新生代农民工学历主要分布在高中和中专，受教育程度不高，信息素养较低，难以将获得的信息通过收集、整理、归类，形成有价值的信息资源，进而实现与其他资本的转换；另一方面，新生代农民工缺乏信息提升意识，成人教育参与度低，主动进行技能培训比例少，换而言之，步入社会后信息能力并未得到有效培养与提升，而这又进一步加剧了新生代农民工的信息弱势地位。

由此可以得出，城市融合进程中的新生代农民工难以获得富有价值的信息源、难以透过信息传输实现信息有效获取，由于自身信息能力的制约，也难以对信息进行加工与内化，实现信息与其他生产资料的转化，换而言之，新生代农民工在城市融合进程中存在信息缺失。在此，也可以梳理出新生代农民工文化资本与信息缺失的辩证关系。一方面，由于原始信息因素的缺失，新生代农民工的文化资本在入城之初就呈现存量不足的状态，进入城市场域后，新生代农民工相对落后的信息获取、信息传递与交流、信息处理及转换能力对其文化资本存量的增长产生不利影响；另一方面，文化资本存量的不足又阻碍了新生代农民工通过内外因共同作用实现信息能力的提升，最终导致农民工的城市融合受阻。为此，应采取有效措施，对新生代农民工进行科学的信息重塑，改善新生代农民工在文化资本方面存在的不足，以增加其文化资本存量，提升信息能力，加速其市民化进程。

二　建议

城市场域下的新生代农民工的文化资本受到多方面的影响，城市场域丰厚的文化氛围，可不断影响和改变农民工的惯习，丰富新生代农民工的素质能力型文化资本；文化服务的提供，可不断提升新生代农民工的客观物质型文化资本；政府及用人单位等提供基础素养和专业技能培训，促使新生代农民工在获取技能证书的同时，优化其技能素质，提高其教育技能型文化资本存量。促进新生代农民工文化资本积累,实现新生代农民工的信息重塑,是一个系统工程,需要依靠政府、文化服务机构、企业和农民工个人的共同努力。

(一) 政府应加大教育投资,提升农民工家庭信息素养

通过调研发现,新生代农民工的学历分布集中在初高中,其社会教育呈现参与度低、延续性差的特点。受教育程度严重影响新生代农民工信息收集和处理、分析与挖掘、决策及运用,使该群体难以适应当前信息化社会和产业升级的发展需要。研究认为,教育是帮助新生代农民工实现向上社会流动的重要机制,知识和技能的缺失阻碍了该群体在城市场域真正立足,为此,政府应加大教育投入,努力发挥教育的基础性作用。

第一,在宏观组织上,政府应秉承以人为本的原则,发挥宏观调控的作用,组织包括劳动保障部门、教育部门在内的各部门共同商议,制定科学的新生代农民工教育培训计划,确定各部门权责划分,保证培训活动有条不紊地进行。

第二,在经费开支上,应加强对新生代农民工培训的拨款力度,中央及各省、市都应将新生代农民工的培训列入财政预算,并制定严格的监督机制。新生代农民工中,接受技能培训的占46.84%,其中,用人单位进行培训的为41.13%。可见,在当前的职业技能培训中,新生代农民工所接受的技能培训以用人单位开展为主。通过访谈发现,企业举办的部分培训还需要新生代农民工自己承担部分学习成本,囿于企业的经济实力和新生代农民工的收入等现实因素,企业内的培训存在难以持续的状况。对此,政府应当给企业适当的资金扶持,保证企业的文化技能培训的顺利开展。同时,为分担新生代农民工培训成本,政府应出台相应的培训政策。在这一点上,上海出台的政策规定,"符合条件的务工人员可以与拥有上海城镇户口的居民一样,享受培训补贴政策"[1] 的做法值得推广。

第三,在培训方面,应优化培训体系,科学制定培训内容。在培训体

---

[1] 《来沪"农二代"7成学历不超过初中 就业更在乎体面》,人民网(http://sh.people.com.cn/n2/2016/0229/c134768-27826040.html.2016-2-29/2016-3-1)。

系上，建立技工学校、政府就业中心培训、辅导机构、用人单位相结合的多层次培训体系。在培训内容上，应在符合国家人才需求的大政方针下，结合产业升级的需要，了解新生代农民工最迫切想要获取的教育信息，制定科学的培训方案。调查发现，新生代农民工最迫切需要获得职业技能培训，紧随其后的是基础文化教育和网络技术教育。基于此，一方面，可依据新生代农民工所从事的工种进行职业技能培训，与此同时，还应加强该群体普通话、外语、法律知识等基础文化教育，为适应"互联网+"的现代化社会，还需进行电脑、网络的培训。

除了关注新生代农民工的文化教育以外，还需高度关注农民工家庭尤其是农民工子女的教育问题。如果农民工子女存在基本教育的缺失，很可能会导致农民工边缘化地位的代际再生产和长期固化，加深社会阶层结构的断裂。[①] 通过调研发现，64.94%的新生代农民工在入城务工时，将子女也带进了城市。在访谈中了解到，绝大多数入城农民工子女教育现状令人担忧。由于户籍的限制和家庭收入的制约，农民工子女很难达到城里公办学校的准入门槛，大量随迁子女只能就读农民工子弟学校或民办学校。而那些待在老家的留守儿童，由于乡村教育质量低，和城里孩子接受的教育有较大差别。为此，国家应加大新生代农民工子女的教育扶持，通过增加财政投入、兴办公立学校、将农民工子女纳入正规教育体系、改革农村教育等方式提升农民工子女的教育质量。

（二）图情机构应拓宽服务范围，保障农民工便捷获取信息

访谈中发现，当前城市中普遍存在图书馆开放时间有限、数量较少、距离农民工聚集点偏远的情况，是阻碍新生代农民工参与信息服务的重要因素。为此，图书馆应延长开馆时间、拓宽服务范围，保证新生代农民工便捷获取信息资源。具体来说，可从以下几个方面努力：首先，在时间上保证新生代农民工图书资源的可获得性。当前，图书馆，尤其是公共图书馆，仍存在开放时间相对有限、地域辐射面较窄等问题。一般而言，图书馆的开馆时间与大部分"朝九晚五"的机关单位工作时间重叠，这使得工作强度大、工作时间长的农民工进入图书馆的机会少之又少。对此，可延

[①] 参见胡杰成《农民工市民化研究》，知识产权出版社2012年版，第253页。

长开放时间，通过全面性、全天候、全免费的开放式阅读服务①，唤起农民工经由图书馆汲取知识、获取信息的热情。其次，应加大投入力度，切实扩大图书馆的覆盖面。在机构设置上，以分布地域为导向，就近设立分馆或信息服务点。可在农民工聚居的城乡接合部、"城中村"等地设立分馆、服务点、流动图书站，因地制宜地提供文化信息服务。同时，在高度信息化社会中，还可利用新兴技术实现服务范围的拓展。随着电子化信息获取方式的不断演进，图情机构可尝试在新生代农民工聚居区建立公益化电子阅览室，还可整合全城乃至全国的图书馆服务平台，利用遍布城市的移动电子终端，为农民工提供文化服务。当前，部分大城市推出了24小时自动图书借阅站点，刷身份证即可进行便捷的书籍借阅与归还，是一个值得大面积推广的服务模式。

此外，图书馆还可通过与其他组织合作的方式扩展服务范围，最大程度实现资源的优化配置。例如，图书馆可与社区组织建立合作关系，通过设立社区图书馆的方式在社区内提供文化服务场所；与劳动主管部门等相结合，为新生代农民工提供电话咨询、网络辅导等知识服务；与企业联合，根据企业特征及规模，在企业中设立流动图书馆、图书报刊阅览室，以满足企业中新生代农民工的文化需求。

(三) 用人单位应开展培训活动，提升农民工文化资本存量

用人单位应为新生代农民工提供学习通道和发展平台。通过调研发现，用人单位的培训是新生代农民工获得技能培训的主要途径。然而，在实践过程中存在不少问题，一方面，囿于企业的资金实力，开展培训活动的能力有限，同时，开展培训的成本高，企业还需承担农民工接受培训后离职寻找更好工作的风险；另一方面，新生代农民工培训参与度低，培训效果有待商榷。访谈发现，有的新生代农民工认为培训耽误了自己的休息时间，有的认为难度太大，难以吸收和消化。为此，企业应从以下方面努力：其一，获取政府资金支持，降低企业的培训开支。其二，针对新生代农民工的不同需求，进行基础文化和职业技能的教育，并依据新生代农民

---

① 参见傅燕芳《谈公共图书馆为新生代农民工服务的有效途径》，《图书馆工作与研究》2013年第1期。

工差异化的学习能力采取不同层次的培训。其三，建立培训激励机制，提升新生代农民工的学习兴致。合理开展培训活动，不单单有利于农民工文化资本和信息能力的提升，对企业的发展也起到积极的促进作用，可以说是企业和新生代农民工的双赢。

（四）新生代农民工应主动获取信息，提高文化品位和信息素养

调查发现，由于受到家庭环境和成长因素的制约，新生代农民工在家庭环境中很难获取优质信息源，较短的受教育年限亦阻碍了农民工经由校园教育获得充足的信息，可以说，文化资本的缺乏使新生代农民工自入城之时起就处于信息弱势。为改变这一现状，新生代农民工应提升客观物质型、素质能力型文化资本，努力获取优质信息，提高文化能力和信息素养。其一，要积极使用信息服务机构。信息机构是城市场域内重要的信息单位，载荷着丰富的纸质文献资源和电子信息资源，新生代农民工积极主动地参与信息服务，能够近距离接触到数量丰富的信息资源，拓宽视野，增长见识，提升文化品位。其二，要主动进行文化消费。文化消费是经济资本向文化资本的转变，文化资本的提升可带来新的信息增长点，新生代农民工将其内化为自身能力后，将带来更大的经济收益。其三，要认真学习现代网络技术，提高信息检索能力。通过网络渠道获取所需文化信息，使互联网为我所用。其四，改变传统的信息获取结构和途径，广泛使用信息媒介，积极获取学习提升型信息。

第五章 媒介素养视角下的新生代农民工文化适应实证研究

第一节 研究设计

一 问卷编制

根据第三章第二节的媒介素养理论框架,基于新生代农民工的媒介素养分为四个层面(媒介认知、媒介使用、媒介参与、媒介评价)设计了相应的问卷,形成了《关于新生代农民工媒介素养情况的调研问卷》(见附录三)。问卷结构分为四部分(见表5-1):第一部分是个人的基本信息,包括性别、出生年份、文化程度、就业岗位、月均收入水平、婚姻状况等。第二部分是测量新生代农民工媒介认知情况,包括媒介意识、媒介渠道认知。第三部分是个人媒介使用基本信息,主要调研新生代农民工媒介使用目的、使用的基本情况、遇到的困难。第四部分是对媒介使用的评价,包括对媒介使用满意度的总体评价以及对城市融合作用的感知量化评估(使用李克特五级量化表,1代表非常不同意,5代表非常同意)。

表5-1　　　　　　新生代农民工信息素养调研问卷结构

类型	序号	题项
基本信息	A	包括性别、出生年份、文化程度、就业岗位、月均收入水平、婚姻状况等
媒介认知	B	B1 您会主动去获取您所需要的信息吗?
		B2 您觉得自己平时获取新信息的程度?
		B3 您的朋友圈的主要人群构成?
		B4 居住在您周围的人群构成?

续表

类型	序号	题项
媒介使用	C	C1 您平时获取信息的媒介渠道有哪些？
		C2 您接触某特定信息时首选的媒介渠道是？
		C3 您使用以上媒介的目的？
		C4 您平时获取某特定信息时遇到的困难？
		C5 当您遇到困难时，通常首先的求助对象是？
媒介参与	D	D1 您在群里加入的组织有？
		D2 您愿意同城里人交往吗？
媒介评价	E	E1 您对自己所接触媒介的总体使用评价是？
		E2 您觉得媒介使用对自身的城市融合的帮助程度？

二　问卷信效度检验

该问卷在被应用到测量媒介素养视角下的新生代农民工文化适应研究时，研究人员对量表的信效度进行了检验。问卷信度的 α 系数值为 $0.858 > 0.8$，效度的适切性量数 KMO 值为 0.830，显著性概率 $P = 0.000 < 0.05$，具有良好的信效度，可以准确考察入城新生代农民工的整体媒介素养情况。

第二节　数据收集及整理

一　数据收集

城市中国计划（UCI）在 2013 年发布的城市可持续发展报告中指出，中国城市可持续发展综合排名前 10 位的城市是：珠海、深圳、杭州、厦门、广州、大连、福州、北京、长沙和烟台。[①] 结合研究目的，我们选取广东省深圳市区和福建省福州市、泉州市区、龙岩市为调研地点，以新生代农民工的日常工作地点和社区为主开展实地调研，进行数据收集。

福建省位于我国的东南沿海地带，2013 年省生产总值达到 21759.64 亿元，排全国第 11 名，经济较发达，是外来务工人员最为密集的地区之

---

① 张焱：《2013 城市可持续发展指数报告发布》（http://www.chinacity.org.cn/cstj/zxgg/149869.html）。

一。福州作为福建省的省会城市，2013年的生产总值为4678.49亿元，在全省排名第二。据福建省调查总队统计显示，截至2014年，福建省的农民工总数已经达到1115万人，占全社会从业人口的51.1%，从事行业以第三产业和第二产业为主，农民工月平均工资3161元，比全国平均水平高21.1%。① 泉州市是福建省生产总值最高的一个沿海城市，生产总值达到5218亿元，人均GDP为62679元。泉州市是一个劳动密集型产业集合城市，农民工占七八成，劳动力需求以低技能、机械式劳动力为主。由于受到泉州市经济结构、城市环境以及相关政府企业的人文关怀，泉州市成为全国农民工最向往的务工城市，城市务工幸福感位居全国第一。② 龙岩市作为福建省内陆地区生产总值最高的城市，总值达到1479.9亿元。据统计，2008年龙岩市的农民工总量达到89.84万人，占农村劳动力资源总数的64%；农民工从业的行业分布相对集中，分别在制造业、建筑业、社会服务业、住宿餐饮业等行业。③

深圳市是我国改革开放以后建立的第一个经济特区，是我国东部地区外来务工人员最密集的城市之一。深圳市2013年全年生产总值为14500.23亿元，第二产业和第三产业增加值占全市生产总值比重的43.4%和56.6%，其经济规模排全国第四名。④ 据国家统计局深圳调查队统计显示，新生代农民工已经成为深圳农民工的主体，截至2011年底，新生代农民工达到613万人，占当年深圳全部从业人员的80.1%，占当年全国外出农民工总量的4%。深圳市新生代农民工平均年龄23.7岁，未婚比例达到70%，女性比例相对较高，受教育程度以高中文化程度为主；其来源广泛，涉及全国27个省市，其中湖南省、湖北省、广东省的人数居多；从事的行业以制造业、服务业居多，建筑业较少；就业现象呈现出劳

---

① 《我省农民工达970万人》，福建日报（http://www.clssn.com/html1/report/10/8050 - 1.htm）。
② 《农民工幸福感排名调查泉州缘何位居全国第一》，东南网（http://wmf.fjsen.com/2012 - 04/26/content_ 8278150_ 2.htm）。
③ 《龙岩市农民工就业问题研究》，闽西调研（http://www.longyan.gov.cn/wsbs/ggfw/jy/nmgjy/1/201011/t20101119_ 159517.htm）。
④ 深圳市统计局：《深圳市2013年国民经济和社会发展统计公报》，（http://sztqb.sznews.com/html/2014 - 04/08/content_ 2834606.htm）。

动合同签订率低、合同期限短期化、工作岗位技能偏低、就业稳定性差、职业安全健康存在隐患的特征。[①]

另外,研究组的一些成员家乡在这些地区,便于利用熟悉身份进行介入性考察。基于上述样本对象的代表性以及数据收集的便利性,研究组于2014年4月至8月,历时四个月,在诸如工厂、广场、菜市场、火车站、汽车站等新生代农民工的聚集场所进行问卷调研。在福州、泉州、龙岩、深圳这四个城市,共发放了1069份问卷,剔除填题不完整、填写对象不符等无效问卷后,回收有效问卷数为914份,问卷有效率为85.5%(见表5-2)。

表5-2　　　　　调研地点和问卷数量(单位:份)

调研地点	发放问卷	有效问卷	无效问卷
福州	410	379	31
泉州	233	191	42
龙岩	228	176	52
深圳	198	168	30
总计	1069	914	155

二　数据整理

研究将回收的有效问卷录入到SPSS 16.0软件,利用该软件的描述性统计分析功能,得出样本基本特征(见表5-3)。

据表5-3调研数据显示,入城新生代农民工男性的比例比女性比例高9.4%,尽管男性依然是打工群体中的主力,但男女比例的差距较小。年龄层次以中青年为主,24岁至34岁之间的人数占比69.3%;受教育程度以初高中为主,两者共计占69.3%,值得一提的是,本科以上也占了3.5%(专门再细化调研发现,这些本科生属于农民工后代,考上大学后又保留着农村户籍,且在城市从事打工工作,属于新生代农民工中较为特

---

① 《深圳新生代农民工生存状况调查报告》,人民网(http://acftu.people.com.cn/GB/67583/12155296.html)。

殊的一小群体);从事岗位以普工和服务人员为主,分别占44.5%和30.2%,另有15.5%的人从事管理层工作,整体层次不高;在经济收入上,63.4%的新生代农民工月均收入处于2000元至4000元之间,这与2013年国家统计局所反映的当年农民工人均月收入2609元[①]基本相当。婚姻状况中,未婚比例为54.5%,已婚比例为44.9%。

表5-3　　　　新生代农民工媒介素养调研人口学特征

变量	类别	频数(次)	百分比(%)
性别	男	500	54.7
	女	414	45.3
年龄	30—34岁	273	29.9
	24—29岁	360	39.4
	19—23岁	216	23.6
	16—18岁	65	7.1
	15岁以下	0	0.0
受教育程度	小学及以下	113	12.4
	初中	293	32.1
	高中	340	37.2
	大专	136	14.9
	本科及以上	32	3.5
岗位	普工	318	44.5
	文员或前台	37	6.9
	服务人员	85	30.2
	管理或领导人员	77	15.5
	其他	18	2.8
月均收入情况	2000元以下	155	17.0
	2001—3000元	290	31.7
	3001—4000元	290	31.7
	4001—5000元	106	11.6
	5000元及以上	73	8.0
婚姻状况	已婚	410	44.9
	未婚	498	54.5
	离异	6	0.7
	丧偶	0	0.0

总体而言,本次样本中的新生代农民工整体处于居中水平,其性别比

---

① 中华人民共和国国家统计局:《2013年全国农民工监测调查报告》(http://www.stats.gov.cn/tjsj/zxfb/201405/t20140512_551585.html)。

例、收入水平、工作岗位、文化程度等，都在各自的测量值结果中出现"两头小中间大"的情况，且青壮年大部分已婚（为更具体地呈现新生代农民工的婚姻状况，本研究将年龄与婚姻状况的两个变量进行交叉分析，发现30—34周岁的新生代农民工已婚比例占8成以上）。

第三节 数据分析及讨论

研究主要侧重新生代农民工媒介素养的特点，重点围绕媒介素养的四个层面展开，总结其媒介素养的特点。

一 新生代农民工的媒介认知分析

（一）对获取新信息能力的认知

调研结果显示（见图5-1），新生代农民工的媒介意识处于中等以上，其中选择"一般"的占比68.1%，选择"非常及时"的占比为19.4%。

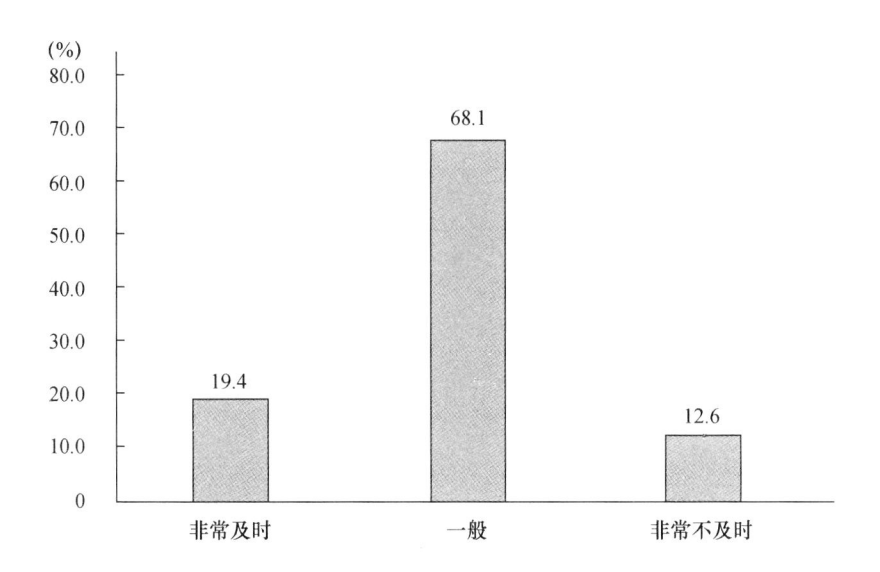

图5-1 新生代农民工对获取新信息能力的认知

（二）对信息行为主动性的认知

调研结果显示（见图5-2），在问及新生代农民工会不会"主动去获取所需要的信息"时，明确表示不会的比例仅为20.6%。这说明，当前大多数新生代农民工拥有积极主动的信息行为。

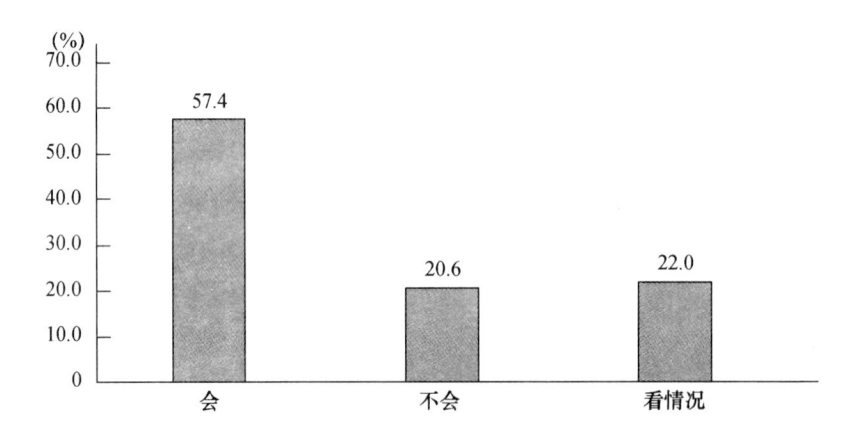

图 5-2 新生代农民工对信息行为主动性的认知

（三）朋友圈的人群构成

据众多研究发现以及对新生代农民工的生活了解可知，人际关系一直是他们获取信息的主要渠道之一。为此，研究亦对其朋友圈的构成从以下方面进行调研：老乡、家人/亲戚、同学、同事/工友、城市居民。调研结果如图5-3所示。

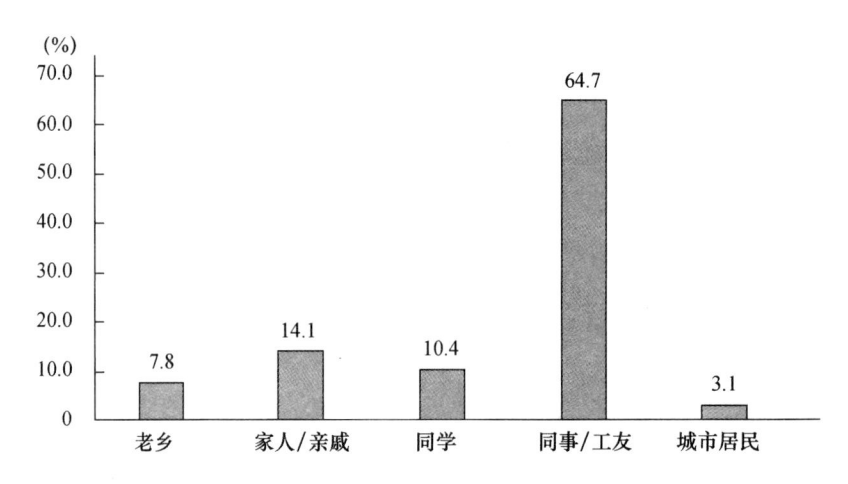

图 5-3 新生代农民工社会关系网络

据图 5-3 可以看出，新生代农民工主要以业缘关系（占比高达 64.7%）缔结人脉关系，其次仍保持着原有的以亲缘、血缘为主的关系网（三者共计占比 32.3%），仅有 3.1% 的人群与城市居民有所交往。

（四）居住在周边的人群构成

研究发现（见图 5-4），新生代农民工平时基本上形成以"业缘""亲缘"和"血缘"为关系的居住圈，尤其以业缘占主导比例（70.5%）。为了了解其具体的缘由，又对其"在本地居住的房子来源"进行了调研和统计（见图 5-5）。综合图 5-4、图 5-5 可知，大多数新生代农民工选择租用单位的宿舍，形成业缘为主的聚居群；同时，也有 33.7% 的农民工选择了自租，和朋友、家人等居住在一起。居住在自购房的比例有 9.7%，这说明新生代农民工已有部分定居城市。

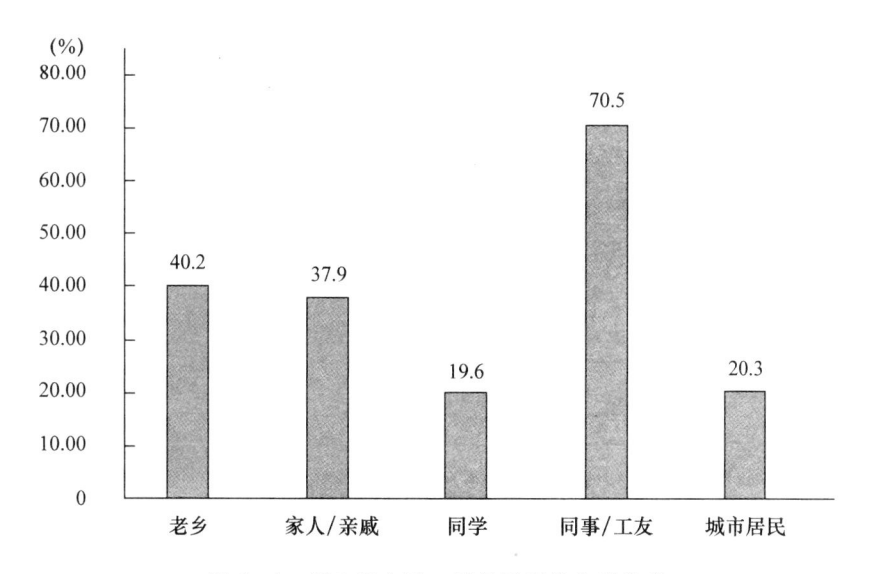

图 5-4 新生代农民工居住周围的人群构成

二 新生代农民工的媒介使用情况分析

（一）平时获取信息的渠道选择

调研结果显示（见图 5-6），新生代农民工的媒介拥有呈现出多样化的特点，手机和电脑占据主导地位，人际传播仍是其媒介渠道三大马车之一，传统媒介依旧占有一席之位。值得一提的是，新生代农民工城市化进

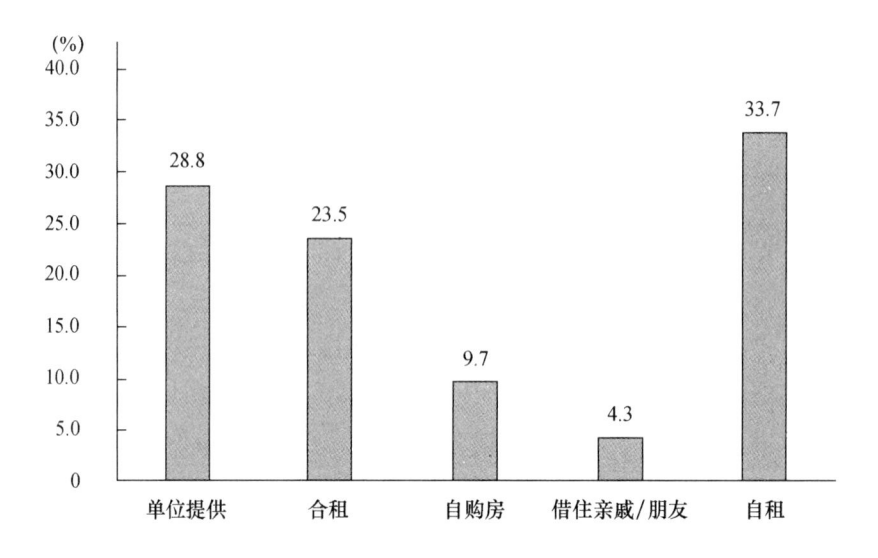

图 5-5 新生代农民工在务工地居住的房子来源

程中,已能够与同事、社区居民构建新的人际信息社交网络以获得信息。图书馆、档案馆等信息服务点亦在新生代农民工信息渠道选择上崭露头角,近两成人员表示利用过信息服务点,但调研时发现信息服务点滞后的图书更新、不合理的工作管理影响了新生代农民工的利用率。

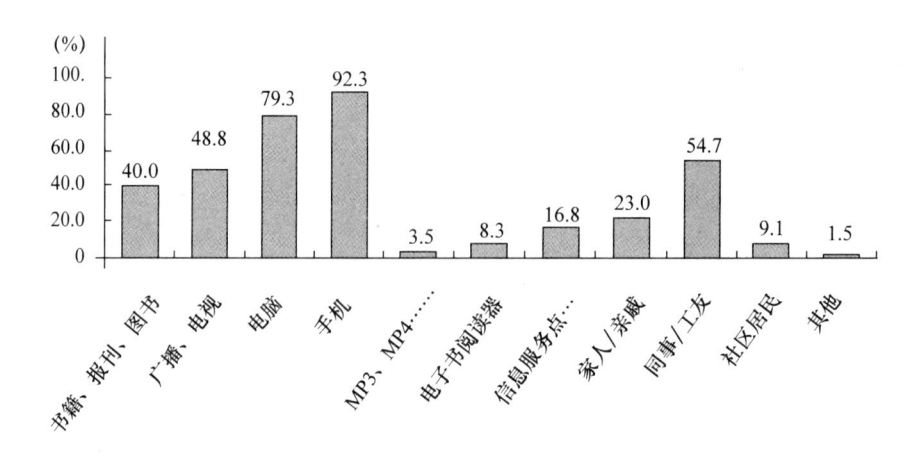

图 5-6 新生代农民工获取信息的渠道

(二) 特定信息获取的媒介渠道喜好

传播学从行为主义心理学派的角度提出受众个人差异论,认为个人由于成长环境和社会经历的差异性,在信息接收和传递的过程中,信息的选择与理解会受到自身因素的影响。因此,依据该理论实地调研不同受众对象在获取不同信息类型的过程中所表现出来的媒介渠道偏好,结果如表5-4、图5-7所示。

表5-4　　新生代农民工获取不同信息的媒介渠道选择(单位:%)

属性	报纸、期刊、图书	广播、电视	电脑、互联网	手机、平板、电子阅读器等移动设备	人际交往	信息服务点
政策、法律、新闻类信息	20.8	38.7	59.5	63.7	12.4	0.7
情感类信息	10.3	23.7	69.4	63.1	20.7	0.6
休闲娱乐类信息	3.0	10.7	82.6	84.2	13.8	0.7
教育、技能类信息	21.4	16.5	76.3	49.3	23.7	9.4
就业类信息	17.2	6.0	83.2	50.5	30.1	2.4
投资理财类信息	11.8	8.3	86.4	62.0	23.0	4.5
交际类信息	9.4	7.2	76.8	72.7	29.0	4.1

注:值为1时制表的二分组。

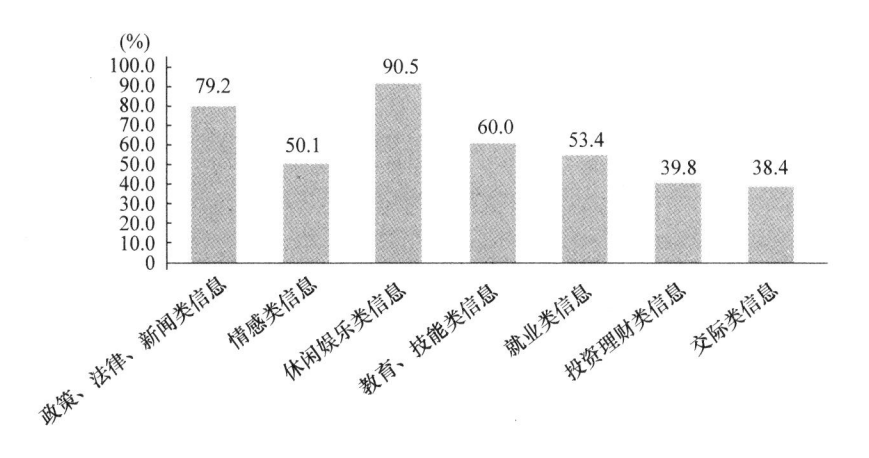

图5-7　新生代农民工接触信息的主要内容
（政策、法律、新闻类信息 79.2；情感类信息 50.1；休闲娱乐类信息 90.5；教育、技能类信息 60.0；就业类信息 53.4；投资理财类信息 39.8；交际类信息 38.4）

结合表5-4和图5-7可以得出以下结果：(1) 新生代农民工在使用媒介的过程中，其接触的内容主要是休闲娱乐类信息，政策、法律、新闻类信息和教育、技能类信息。(2) 新生代农民工满足不同信息需求的媒介偏好取向一致。新生代农民工是成长于计算机和网络快速发展的群体，在日常生活和工作中，经常会接触电脑、手机等新媒介。此外，人际传播在新生代农民工信息传送和接收的过程中占据重要位置。研究认为，新一代农民工大多数集中于第二和第三产业，其生活和工作的人际圈子相对比较单一。因此，在闲暇时间，他们乐于一同探讨和交流自己所知的信息。

(三) 使用媒介获取信息的目的

调研结果显示（见图5-8），新生代农民工的媒介使用娱乐化工具，仅有部分存在媒介使用技能化工具。就整体上而言，新生代农民工的媒介使用目的以休闲娱乐、获取信息和通信联络为主，仅有32.2%和18.7%的受访人员表示媒介使用过程中偶尔会以自身的职业发展为目的。在调查过程中发现，男性在闲暇时间比较关注时政新闻、社会新闻和法律新闻，而女性则对社会新闻和娱乐新闻比较关注。

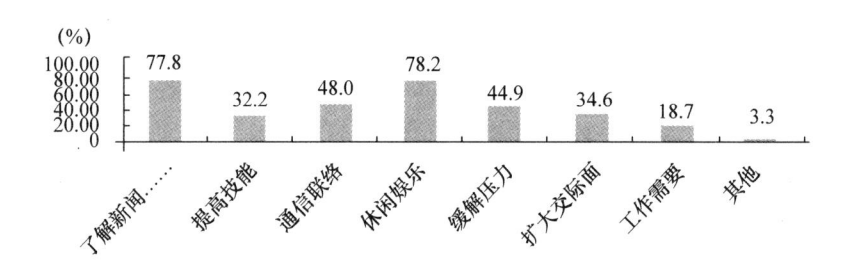

图5-8 新生代农民工使用媒介的目的

(四) 获取信息时遇到的困难

从表5-5可以看出，时间因素是新生代农民工使用媒介存在的首要影响因子；媒介获取费用、使用费用以及媒介使用技能是其使用媒介的次要影响因子。据2013年农民工监测调查报告可知，外出农民工年从业时间平均为9.9个月，月从业时间平均为25.2天，日从业时间平均为8.8个小时；与上年相比，超时工作农民工所占比重有所上升。① 可见，新生代农民工由于繁重的工作任务，其媒介使用满意度均值低于平均满意度数值（媒介使用满意度均值 1.80＜2）。

进入 21 世纪以来，我国大力发展信息技术和网络技术，大举实施科教兴国战略，推进义务教育的实施，使得农村经济、教育得以快速发展。因此，新生代农民工能够较系统地储备 ICT 技术的相关知识和技能，享受到信息化以及媒介社会化带来的巨大好处。已有的研究表明，新生代农民工由于工作环境因素以及自身意识的影响，导致其社会交往呈现出内卷化趋势，社交网络存在单一性。② 在此次问卷调查中，受访的新生代农民工表示，由于自身朋友圈的限制，其信息需求难以满足，即使可以获得信息需求的反馈，但其获取的信息质量有待商榷。

表 5－5　　新生代农民工使用媒介获取信息存在的障碍分析

障碍因素	类别及百分比（％）	障碍因素	类别及百分比（％）
获取费用较高	报纸、书籍、杂志 7.6	设备使用时间受限	手机等移动设备 73.2
设备费用较高	手机等移动设备 14.9	时间限制	报纸、书籍、杂志 72.0
	电脑、互联网 13.5		广播、电视 75.0
	广播、电视 8.9		电脑、互联网 56.0
上网费用较高	电脑、互联网 24.2	技能有限	电脑、互联网 14.5
	手机等移动设备 21.5		手机等移动设备 11.7
携带不方便	报纸、书籍、杂志 36.8	交流不便	报纸、书籍、杂志 16.4
	广播、电视 32.9		广播、电视 15.1
	电脑、互联网 28.3		
阅读能力有限	报纸、书籍、杂志 12.6	不善口头表达	人际交往 45.5
理解能力有限	广播、电视 1.8	不知道找谁	人际交往 36.60
朋友圈狭窄	人际交往 54.3		

注：值为 1 时制表的二分组。

---

① 中华人民共和国国家统计局：《2013 年全国农民工监测调查报告》（http://www.stats.gov.cn/tjsj/zxfb/201405/t20140512_551585.html）。

② 参见张祝平《新生代农民工的生存状态、社会认同与社会融入：浙江两市调查》，《重庆社会科学》2011 年第 2 期。

158　新生代农民工对城市的文化适应研究

（五）遇到困难时的媒介支持情况

对新生代农民工困难求助对象的调研发现，新生代农民工倾向于通过同质关系网获得帮助，尤其是家人/亲戚、同事/工友和老乡。其中家人/亲戚占了32.8%，同事/工友占32.0%，老乡占18.4%，而城市居民只占1.6%。新生代农民工在遇到困难时，更多地倾向于以血缘和亲缘为主的家人/亲戚、老乡，较少与城市居民进行互动（向居民求助的比例下降为1.6%）。

三　新生代农民工的媒介参与情况分析

（一）加入城市组织的类型及原因

从图5-9中可以清晰地看出，新生代农民工在城市化的进程中，其社会参与主要以工会（12.9%）、老乡会（8.9%）为主。而60.2%的新生代农民工表示没有参与过任何组织。研究认为，首先，工会和老乡会组织是基于血缘、乡缘和业缘为主的高度同质化的社会组织；党团组织、政府组织、职业联合会和社团等则是以趣缘、业缘等为主的高度异质化的社会组织。其次，新生代农民工在城乡迁移的进程中，由于其社会交往以同质化群体为主，因此，他们倾向于参与工会和老乡会组织。

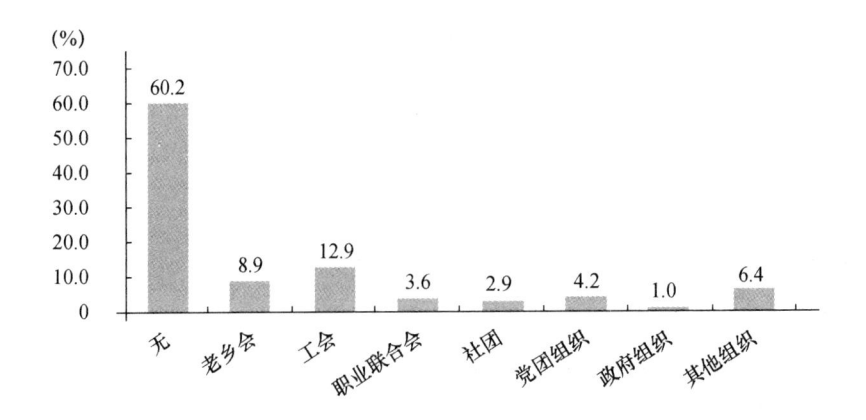

组织	比例(%)
无	60.2
老乡会	8.9
工会	12.9
职业联合会	3.6
社团	2.9
党团组织	4.2
政府组织	1.0
其他组织	6.4

图5-9　新生代农民工社会参与

研究对新生代农民工参与组织的原因进行了调研，结果显示（见图5-10），新生代农民工对组织活动满意度较高。其中33.7%的新生代农民工表示组织活动能够实现自我价值,25.2%的新生代农民工表示活动参与能够使其对城市具有较高的融入感,13.6%的新生代农民工表示可以同城市居民相处。研究认为,新生代农民工在长期的机械式劳动力付出过程中,对城市、单位、家庭的情感寄托可借助活动的形式得以强化,可帮助他们加强与城市的黏合度。

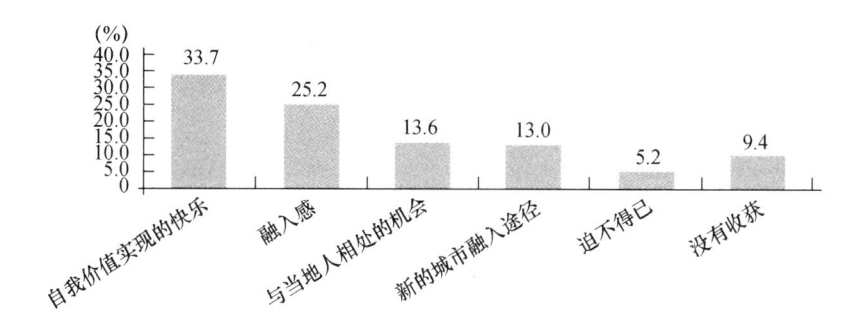

图 5-10 新生代农民工活动参与原因感知

(二)与城市居民交往的意愿

调研结果显示,高达 90.8%的被调研对象表示愿意与城市居民交往,表现出了极高的人际拓展参与需求。

四 新生代农民工的媒介评价情况分析

(一)媒介使用满意度总体评价

调研发现,新生代农民工媒介使用满意度 58.8%处于一般状态(见图 5-11)。究其原因,时间因素是新生代农民工使用媒介障碍的首要影响因子,六成的群体有时间困扰。新生代农民工相对舒适的城市生活需以高强度劳动付出为代价,这种现状导致新生代农民工的日从业时间和月从业时间比之城市居民都长,从而限制了自身媒介工具的使用,对其信息实践活动具有一定的阻碍。

通过进一步分析发现,新生代农民工群体在媒介使用满意度上存在显著差异(见表 5-6)。媒介使用满意度的渐进显著性 p 值等于 0.000,小于 0.05,达到显著水平,原假设即媒介使用满意度在新生代农民工群体中

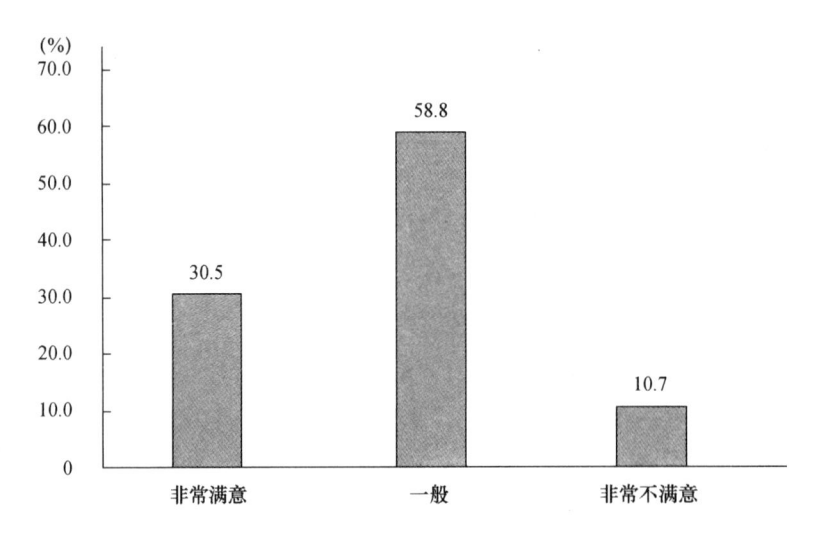

```
     (%)
    70.0
    60.0         58.8
    50.0
    40.0
          30.5
    30.0
    20.0
    10.0                    10.7
       0
         非常满意    一般    非常不满意
```

图 5-11　新生代农民工媒介使用满意度

存在显著差异成立。这种显著性差异,实际上反映了作为个体,即使其成长的宏观环境(国家政策、经济发展、教育等)相同,但由于自身独特的微观环境(家庭背景、个人经历、信息意识等),不同个体在相同媒介类型的使用过程中,其个体的主观意识仍然存在差异。

表 5-6　　　　　新生代农民工媒介使用满意度的差异分析

	N	均值	标准差	极小值	极大值	卡方	df	显著性
媒介使用满意度	914	1.80	0.611	1	3	319.525	2	0.000

注:N 为总有效样本数量。

(二)对媒介促进自身城市融合程度的评价

问卷对新生代农民工的媒介体验进行了总的测评,问卷题项是让调研者对"使用媒介对于您的城市融合有帮助"这一观点提出 1—5 个程度的评分,1 表示非常不满意。调研发现(见表 5-7),新生代农民工在这一题项上的得分为 3.93。这说明,大多数受测者都认为使用媒介在很大程度上促进了自身的城市融合进程。

表5-7　　　新生代农民工对媒介促进自身城市融合状况的评价

	N	平均值
城市融合	914	3.93

五　人口学特征对新生代农民工媒介素养的影响

（一）不同年龄对新生代农民工媒介素养的影响

根据表5-8可知，不同年龄的新生代农民工在媒介拥有量、媒介使用目的、媒介接触内容、媒介使用评价等方面均具有显著差异。

表5-8　　　不同年龄新生代农民工媒介素养的卡方检验

媒介素养	Pearson 卡方	df	渐近 Sig.（双侧）
媒介拥有量	88.965[a]	30	0.000
媒介使用目的	36.965[a]	21	0.017
媒介接触内容	31.931[a]	18	0.022
媒介使用评价	30.019[a]	6	0.019

为了进一步具体说明不同年龄新生代农民工的媒介素养差异，将不同年龄段的媒介素养差异情况进行统计分析，并截取每个选项中占比最高的前三位进行汇总，如表5-9所示。

表5-9　　不同年龄段新生代农民工的媒介素养差异情况　　　单位（%）

类别＼年龄	16—18岁	19—23岁	24—29岁	30—34岁
媒介占有	手机（98.5）	手机（94.0）	手机（93.3）	手机（88.3）
	电脑（83.1）	电脑（89.8）	电脑（88.9）	人脉（64.5）
	人脉（47.7）	人脉（50.9）	人脉（50.8）	广播、电视（53.8）
媒介内容偏好	娱乐类（87.7）	娱乐类（88.4）	娱乐类（88.9）	娱乐类（94.9）
	政策类（80.0）	政策类（75.5）	政策类（74.4）	政策类（88.3）
	就业类（67.7）	就业类（54.6）	教育类（63.8）	教育类（59.3）

续表

类别\年龄	16—18 岁	19—23 岁	24—29 岁	30—34 岁
媒介使用目的	休闲娱乐（61.5） 获取信息（53.8） 缓解压力（50.8）	休闲娱乐（74.1） 获取信息（73.6） 缓解压力（41.4）	休闲娱乐（79.7） 获取信息（77.5） 缓解压力（51.7）	获取信息（87.2） 休闲娱乐（83.5） 联络感情（51.6）
媒介使用评价	一般（66.2） 非常满意（30.8） 非常不满意（3.1）	一般（64.8） 非常满意（27.8） 非常不满意（7.40）	一般（59.7） 非常满意（32.2） 非常不满意（8.1）	一般（50.9） 非常满意（30.4） 非常不满意（18.7）

从整体上而言，年龄越小的新生代农民工，新媒介占有率越高、媒介使用不满意度越低、媒介娱乐化倾向越低。不同年龄段的新生代农民工，由于不同的媒介时代背景和信息习惯使群体拥有不尽相同的可获得信息源和基础信息源。可获得信息源是信息主体有能力、有意愿使用的信息源；基础信息源是信息主体经常使用的各类信息源；可获得信息源和基础信息源两者关系紧密，在个体信息实践过程中可获得信息源越多，在长期的信息行为过程中其基础信息源也越多，信息实践模式也可能越多样化。

就30—34岁新生代农民工而言，其成长于传统媒介快速普及的年代，日常生活中耳濡目染接触电视、报纸和广播等传统媒介信息源，而对新媒介缺乏有效接触，即使在当今新媒介相对容易可及的信息时代，他们依然固化自身的信息使用习惯。而16—18岁、19—23岁和24—29岁的新生代农民工，成长于农村基础信息设施从匮乏到繁荣发展的阶段，不仅时刻接触广播、电视和报纸等传统媒介，而且处于电脑和手机不断普及的年代，使其在面临传统信息源和新媒介信息源的可获得上，更倾向于电脑、手机等新媒介信息源，在长此以往的媒介使用过程中，则固化了其以新媒介为主的基础信息源。总而言之，在长期的信息实践行为过程中，不同年龄段的新生代农民工可获得信息源的差异性越大，其基础信息源差异性亦越大，而年龄越轻的新生代农民工固化的基础信息源以新媒介为主，其相对而言更有可能成为信息富裕者。

（二）不同受教育程度对新生代农民工媒介素养的影响

为探知不同受教育程度对新生代农民工媒介素养的影响，对相关结果进行卡方检验，如表5-10所示。

从表5-10中可以看出，入城新生代农民工的媒介素养受教育程度影响明显，在各具体测量值上均反映出明显差异性。

表5-10　　不同受教育程度新生代农民工媒介素养的卡方检验

媒介素养	Pearson 卡方	df	渐近 Sig.（双侧）
媒介拥有量	167.407[a]	40	0.000
媒介使用目的	139.297[a]	28	0.000
媒介接触的内容	87.135[a]	24	0.000
媒介使用评价	133.376[a]	8	0.000

为进一步明确具体教育层次对媒介素养的影响，本研究把受教育程度与媒介素养具体层面进行交叉分析，如表5-11所示。

表5-11　　不同受教育程度新生代农民工的媒介素养差异情况（单位:%）

受教育程度类别	小学及以下	初中	高中或中专	大专	本科
媒介占有	手机（88.5）	手机（90.8）	手机（93.5）	电脑（95.6）	手机（93.8）
	人脉（59.3）	电脑（84.6）	电脑（92.9）	手机（91.2）	电脑（87.5）
	广播、电视（44.2）	人脉（53.9）	人脉（54.1）	人脉（55.9）	人脉（46.9）
媒介内容偏好	娱乐类（98.2）	娱乐类（91.5）	娱乐类（85.0）	娱乐类（92.6）	政策类（96.9）
	政策类（74.3）	政策类（78.8）	政策类（81.8）	政策类（73.5）	娱乐类（93.8）
	就业类（46.0）	教育类（51.9）	教育类（66.2）	教育类（66.2）	教育类（90.6）
媒介使用目的差异	休闲娱乐（91.2）	休闲娱乐（85.7）	获取信息（80.0）	获取信息（72.1）	休闲娱乐（68.8）
	获取信息（84.1）	获取信息（78.8）	休闲娱乐（75.0）	休息娱乐（63.2）	获取信息（56.9）
	联络感情（49.6）	缓解压力（45.4）	扩大交际面（45.9）	提高技能（61.8）	提高技能（62.5）
媒介使用评价	一般（43.4）	一般（67.9）	一般（60.9）	一般（50.7）	非常满意（56.2）
	非常不满意（37.2）	非常不满意（21.5）	非常不满意（32.6）	非常不满意（47.8）	一般（40.6）
	非常满意（19.5）	非常不满意（30.6）	非常不满意（6.5）	非常不满意（4.5）	非常不满意（3.1）

从表5-11中可以看出，受教育程度越高的新生代农民工，其电脑、

手机等新媒介的占有、媒介使用评价满意度就越高，媒介的使用目的和媒介的接触内容越趋于自我发展需求。一般而言，受教育程度越高的信息主体，其接入和利用电脑、手机等信息通信工具就越便利，获取信息的速度越快，其信息满意度越高。我国信息素质教育始于20世纪80年代，教育对象以大学生为主，而中小学的信息素质教育则较少受到关注，尤其是有关计算机使用技能的知识。新生代农民工群体出生于1980年以后，处于信息素质教育萌芽和发展的阶段，其受到信息素质教育的机会相对较少，难以意识到自身的信息意识，在信息行为实践的过程中总处于相对被动的状态。小学及以下受教育程度的新生代农民工，由于受教育经历短，其受到信息技能教育的机会微乎其微，较为系统地学习信息通信技术知识更是难上加难。而对于其他受教育程度的新生代农民工而言，不仅处于信息通信技术快速发展的时代，而且处于信息素质教育发展的阶段，他们能够较为快速地响应自身的信息需求，从而较为便利地利用信息通信技术开展信息实践行为。除新兴媒介外，人际传播在不同年龄段的新生代农民工获取信息的过程中，仍占有一席之位。

（三）不同收入水平对新生代农民工媒介素养的影响

据不同收入水平的新生代农民工媒介素养进行卡方检验，收入水平对新生代农民工媒介素养具有显著影响，如表5-12所示。

表5-12　　不同收入水平新生代农民工媒介素养的卡方检验

媒介素养	Pearson 卡方	df	渐近 Sig.（双侧）
媒介拥有量	98.578[a]	40	0.000
媒介使用目的	120.804[a]	28	0.000
媒介接触的内容	69.358[a]	24	0.000
媒介使用评价	134.296[a]	8	0.000

为了更好地分析不同收入水平新生代农民工媒介素养的差异性，本研究将新生代农民工的媒介接触内容进行统计分析，如表5-13所示。

第五章 媒介素养视角下的新生代农民工文化适应实证研究　　165

表5-13　　不同收入水平新生代农民工的媒介素养差异情况（单位:%）

收入类别	2000元以下	2001—3000元	3001—4000元	4001—5000元	5001元以上
媒介占有率	手机（90.3）	手机（93.4）	手机（92.1）	电脑（94.3）	手机（90.4）
	人脉（51.0）	电脑（89.3）	电脑（90.3）	手机（94.1）	电脑（74.0）
	广播、电视（42.6）	人脉（55.9）	人脉（54.8）	人脉（54.7）	人脉（57.5）
媒介内容偏好率	娱乐类（95.5）	娱乐类（85.9）	娱乐类（88.3）	娱乐类（96.2）	娱乐类（98.6）
	政策类（76.8）	政策类（73.8）	政策类（79.7）	政策类（85.8）	政策类（94.5）
	就业类（29.7）	教育类（53.8）	教育类（60.7）	教育类（74.5）	教育类（87.7）
媒介使用目的差异率	休闲娱乐（88.4）	休闲娱乐（77.6）	获取信息（84.1）	获取信息（75.7）	获取信息（67.1）
	获取信息（81.9）	获取信息（76.9）	休闲娱乐（80.0）	休息娱乐（66）	提高技能（57.5）
	联络感情（46.5）	缓解压力（41.7）	缓解压力（50.3）	扩大交际面（57.5）	休闲娱乐（53.4）
媒介使用评价	一般（46.5）	一般（73.4）	一般（59.3）	一般（52.8）	非常满意（65.8）
	非常不满意（28.4）	非常满意（19.0）	非常满意（31.0）	非常满意（44.3）	一般（32.9）
	非常满意（25.2）	非常不满意（7.6）	非常不满意（9.7）	非常不满意（2.8）	非常不满意（1.4）

在表5-13中，新生代农民工在不同收入水平上，其媒介占有率随着收入水平的增加而增加，其电脑、手机等新媒介的占有率越高、媒介内容和媒介使用目的偏好越倾向于自我发展需求。正如传播学的知沟论假说所言，贫富分化的经济结构导致信息社会必然存在两个阶层的人群：一是信息富有阶层；二是信息贫困阶层，其中经济贫困者在已有的知识储备、信息意识以及ICT技术消费水平等方面处于明显劣势地位，随着时间的推移，他们与富有者之间的信息鸿沟必然越来越大。收入水平在2000元以下的新生代农民工是经济相对贫困的阶层，自身的贫困经济局面导致其在信息社会中处于信息贫困阶层，使得个体的信息意识相对比较薄弱，电脑、手机等消费处于相对劣势的地位。此外，之前研究已知，新生代农民工较为舒适的城市生活是以高强度劳动付出为代价，对于低收入新生代农民工而言，高强度劳动付出已占据其日常生活大部分时间，其月收入基本用于日常生活消费，较少用于信息消费，因而信息媒介较为单一，新媒介

占有率相对较低。

六 假设验证情况

通过以上的调研结果分析可知，本研究的假设都得到了验证：新兴媒介已成为入城新生代农民工获取信息的主导渠道；新生代农民工的媒介素养受教育程度、年龄因素影响较显著；新生代农民工的媒介体验与城市融合程度呈正相关；新生代农民工受教育水平和收入水平对其城市融合有正面影响。

第四节 结论与建议

一 结论

本研究利用媒介素养理论，从媒介认知、媒介使用情况、媒介参与、媒介评价四个方面进行，通过实证数据分析发现，本次样本中入城新生代农民工的人群特征总体情况居中，入城新生代农民工的性别、年龄、教育程度、婚姻状况、打工岗位、收入水平等，在本次调研中均呈现出同类项的"中间大，两头小"的特征。入城新生代农民工的媒介素养呈现以下特点：

第一，媒介认知程度较高。入城新生代农民工尽管认为自己获取新信息的程度一般，但都拥有积极主动的信息获取行为。他们对自我交际圈的组织主要以业缘、亲缘和血缘为主。

第二，媒介使用呈现多样化特征。调研结果发现，新兴媒介是当前入城新生代农民工最为热爱的媒介，其次是传统的三大马车（依序为人际关系、大众传播、传统纸媒）；他们主要获取娱乐类、政策类和教育类信息，这与其媒介使用目的相符；时间受限是媒介使用的主要困难，大多数农民工从事普通工作，超时超负荷完成工作；在城市中遇到困难时，首选求助于家人，同事和老乡次之。

第三，媒介使用呈现差异化特点。表现在媒介占有类型多样，以新兴媒介为主导，人际关系和大众传媒次之；人际网络构成主要基于业缘，血缘、亲缘次之；利用媒介主要获取娱乐信息、政策法律和新闻信息、就业信息；媒介使用以满足个体自我发展为导向；年龄、受教育程度和收入水平对新生代农民工媒介素养具有显著影响。

第四，媒介参与程度一般，但参与的期待值高。调研结果显示，60.2%的入城新生代农民工没有参与过任何组织，其社会参与主要以工会、老乡会为主；但高达90.8%的农民工表示愿意与城市居民交往。这些情况反映出入城新生代农民工普遍缺乏以城市为中心建立起来的纽带式的活动内容，对拓展自有的关系圈亦有热切的期盼。

第五，媒介使用评价中等偏上。调研结果显示，入城新生代农民工的媒介使用整体感到"非常满意"（30.5%）及"一般"（58.8%）的比例共计达到89.3%，对媒介使用促进其城市融合的评价平均得分为3.93（最高分5）。

第六，年龄、受教育程度和收入水平对新生代农民工媒介素养具有显著影响。年龄、受教育程度和收入水平不同的新生代农民工，各自成长的信息时代不同，成长经历不同塑造了各异的信息习惯，影响了其对知识、信息技能的掌握，以致其可获得的信息源和基础信息源具有显著差别。年龄越大的新生代农民工，尤其是30—34岁年龄段可获得信息源和基础信息源以传统媒介为主；受教育程度和收入水平越高的新生代农民工，其可获得信息源和基础信息源以新媒介为主。同时，同事和工友的人际传播网络在不同年龄、受教育程度和收入水平的新生代农民工信息交流和传播的过程中具有同等的重要性。

二 建议

（一）搭建以社区为主导，政府为辅助的良好社区信息平台

新生代农民工的媒介偏好显示了人际传播在其信息获取渠道中占据了一定地位，尤以同事、工友为主，且新生代农民工具有偏好与同事、工友居住在同一个空间的特点。然而新生代农民工居住偏好呈现出边缘化的趋势，多以城中村为主，不仅远离公共图书馆、博物馆等公共文化设施，并且居住空间较少配备社区文化中心，是一个数字贫困、文化贫困的空间区域。因此，以改善新生代农民工居住空间为主的社区文化建设工程、数字建设工程势在必行。具体而言，政府部门可结合新生代农民工的媒介偏

好、居住偏好，制定重视新生代农民工居住空间的基础文化设施建设的制度制定资金投入，实现新生代农民工居住空间中信息环境的改善。首先，政府可制定相应制度规范社区的基础文化设施建设标准，如严格规定社区建设应确保网络的覆盖率、文化娱乐中心的使用率以及文化宣传教育的普及率等达到规定标准。其次，要重视社区信息服务中心的建设，不仅要保障信息服务中心的基础设施等硬件满足建设需求，而且要保障信息服务中心的服务观念、人员配备、管理理念等软件建设需求。如建议政府每年对新生代农民工居住社区提供专项补助，为公共图书馆给社区提供服务、给予支持。

(二) 图书馆可结合新生代农民工的媒介偏好，开展新媒体服务

与老一代农民工相比，新生代农民工使用手机、电脑等新媒介占比较高，媒介娱乐化倾向较低，更为关注政策类和就业类媒介内容。因此，公共图书馆应该结合新生代农民工的媒介偏好，提供以手机、电子书阅读器为主的在线资源阅读服务。首先，公共图书馆应该重视新生代农民工的阅读偏好，注意收集、整理分析其借阅信息，以此制定个性化推送；其次，公共图书馆应该利用好APP，依托微博、微信和QQ等社交平台推送个性化阅读清单；最后，公共图书馆应该注重新生代农民工的用户体验反馈，不断完善、改进其在线资源服务体系。

(三) 用人单位可迎合新生代农民工的需求，举行文化服务活动

研究发现新生代农民工在日常生活中，偏好网络游戏，看电影、电视和微视频以及阅读电子书的休闲娱乐方式；倾向于与同事、朋友唱歌、看电影和打牌的休闲方式。用人单位作为新生代农民工活动时间与空间最长久的区域，其在满足新生代农民工信息服务需求以及促进其城市融合方面占据重要位置。研究认为，一方面，用人单位可定期或者不定期地举行多样化的文化娱乐活动，丰富新生代农民工的精神文化生活。如在端午节、中秋节和冬至等节日，组织阅读、网游、棋牌等系列活动，缓解他们的日常生活和工作的压力，促进员工间的交流，提高组织凝聚力；另一方面，用人单位还应重视基层群体的组织文化建设，形成系统的基层文化服务系统，即兴办用人单位内部读物，让新生代农民工参与到读物的选题、材料

收集、编辑、修正、出版和内部发行的流程中,强化新生代农民工的自我价值认知感,增加新生代农民工的组织归属感,形成用人单位与新生代农民工双赢的局面;同时,用人单位应该抓住新生代农民工群体的信息渠道偏好,利用广播、电视、报纸以及基于手机的微博、微信和QQ等方式,最大效度地推广组织活动和文化服务,促进新生代农民工的城市融合。

(四)新生代农民工应提高自身媒介素质,利用媒介力量促进城市融入

信息意识是指个体产生信息需求,形成信息动机,进而检索信息、获取信息、利用信息,形成信息活动的动力和源泉。信息意识在个体接受信息服务的过程中,起着重要作用。因此,入城新生代农民工信息服务效度不仅受政府、公共图书馆和用人单位的影响,而且其个体自身的信息意识也起着决定性的作用。首先,新生代农民工应该认识到信息因素在其日常生活和工作中的重要性,意识到信息服务对其城市融合的意义;其次,新生代农民工在日常生活和工作中,应该善于发现自身的信息需求,积极主动地利用信息服务机构或者媒介获取信息,满足自身的信息需求。同时,入城新生代农民工还应该学会正确地评价信息、认知信息,注重信息获取渠道的选择,慎重决定哪些信息可以为自己所采纳和吸收。

提高新生代农民工的信息意识、信息认知能力以及信息技能,最终的目的就是为了使其能够正确利用信息资源,实现自我发展,加快城市融入步伐。新生代农民工可以通过以下几个途径利用信息实现自我发展,推进城市适应进程:(1)通过互联网途径,进行继续教育,学习职业技能,提高自身职业技能水平;(2)通过互联网,利用各种社交平台和应用软件,了解自身所需的知识,开阔自己的视野,提高自身文化水平。在这个能力的提升过程中,入城新生代农民工逐渐从媒介获取信息的被动接受者转变为主动参与者;同时,新生代农民工在城市融合的过程中能够更清晰地了解自己的人生定位和自我价值,促进其心理层面的适应,最终实现城市适应。

第六章 知识转移视角下的新生代农民工文化适应实证研究

第一节 研究设计

一 问卷编制

(一) 因变量——知识转移效果

新生代农民工由乡村踏入城市,在这一过程中,环境的变迁必定会让他们接触到新的知识,实践新知识甚至发挥最大的个人能动性去创新知识,能够使他们更快、更好地与城市相融合,即知识的使用效果好坏、知识的创新程度高低、知识的使用频率高低对于推动新生代农民工积极而有效地完成知识转移行为至关重要。基于以上观点,我们选择了知识存量变化、知识使用效果、知识创新程度及知识使用频率这四项指标作为知识转移效果的衡量标准。知识转移效果测量题项来源如表6-1所示。

表6-1　　　　　　　　因变量题项来源

测量维度	题项	参考来源
知识存量变化	A1	Argote[1]（2014）
知识使用效果	A2	Argote[1]（2014）
知识创新程度	A3	吴勇慧[2]（2004）
知识使用频率	A4	董小英[3]（2002）

---

[1] Argote L., *Knowledge Transfer and Organizational Learning*, John Wiley & Sons, Ltd, 2014, pp. 154-170.

[2] 参见吴勇慧《组织内个体层面知识转移的影响因素研究》,硕士学位论文,浙江大学,2004年。

[3] 参见董小英《企业信息化过程中的知识转移:联想集团案例分析》,《中外管理导报》2002年第11期。

(二) 自变量——知识转移影响因素

关于知识转移量表的设定，至今在学术界并未有统一的规范，研究者们大多依据论文主题与研究对象的特定性，对某些较权威的量表进行可操作性地修改和改编。本研究量表通过借鉴、修改、整合等过程，已能够适宜本研究对象——新生代农民工的知识转移测量。除了被调查者的基本信息部分之外，预试问卷共包含41道量表题，采用李克特五级量表形式进行测量，分值1、2、3、4、5依次对应的选项为非常不符合、比较不符合、难以说清、比较符合以及非常符合。其中，知识存量变化、知识使用效果、知识创新程度、知识利用频率四个维度用于测量知识转移效果；知识内隐性、知识复杂性、知识系统性三个维度用于测量知识特性因素；知识转移意愿、知识转移能力两个维度用于测量知识源因素；知识吸收能力、知识吸收意愿两个指标用于测量知识受体因素；知识源与知识受体间的互动关系及知识转移通道两个维度用于测量知识转移情境因素，互动关系中又包含文化差异、知识距离、关系质量三个指标（见表6-2）。

表6-2　　　　　　　　　　自变量题项来源

测量维度	题项	主要参考来源	序号	测量维度	主要参考来源
知识内隐性	B1	Winter① (1987)	E1	文化差异	cho, D. S.② (1998)
	B2		E2		
			E3		
			E4		
知识复杂性	B3		E5	知识距离	Cummings & Teng③ (2003)
	B4		E6		
	B5		E7		
			E8		

---

① Winter S. G., "Knowledge and Competence as Strategic Assets", in Teece D. (ed.), *The Competitive Challenge: Strategies for Industrial Innovation and Renewal*, New York: Harper & Row, Ballinger Division, 1987, pp. 159-184.

② Cho, D. S., "Lateeomer Strategies: Evidence from the Industry in Japan and Korea", *Organization Science*, 1998 (9), pp. 489-505.

③ Cummings J. L., Teng B., "Transferring R & D Knowledge: The Key Factors Affecting Knowledge Transfer Success", *Journal of Engineering and Technology Management*, 2003, 20 (1-2), pp. 39-68.

续表

测量维度	题项	主要参考来源	序号	测量维度	主要参考来源
知识系统性	B6 B7 B8	Badaracco① (1991)		知识吸收能力	D4 D5 D6	魏江、王铜安② (2006)
知识转移意愿	C1 C2 C3	Szulanski③ (1996) Simonin④ (1999)		关系质量	E9 E10 E11 E12	邓灵斌⑦ (2008) 邱均平、谢辉⑧ (2010)
知识转移能力	C4 C5 C6			知识转移通道	F1 F2 F3 F4	徐占忱、何明升⑨ (2005) 马国庆⑩ (2006)
知识吸收意愿	D1 D2 D3	Lane⑤ (2001) 林莉⑥ (2004)			

二 预试问卷项目分析

在对预试问卷进行项目分析时，通常需要涉及的指标为决断值、修正的项目总相关性、题项删除后的 α 值、共同性及因素负荷量。在所测量表中，若根据组别变量的分数值高低将其分为两组，则把两组变量之间的临

---

① Badaracco J. L., Jr, Joseph L., "Alliances Speed Knowledge Transfer", *Strategy & Leadership*, 1991, 19 (2), pp: 10 – 16.

② 参见魏江、王铜安《个体、群组、组织间知识转移影响因素的实证研究》，《科学学研究》2006 年第 1 期。

③ Szulanski G., "Exploring Internal Stickiness: Impediments to the Transfer of Best Practice Within the Firm", *Strategic Management Journal* (special issue), 1996 (17), pp. 27 – 43.

④ Simonin B. L., "Ambiguity and the Process of Knowledge Transfer in Strategic Alliances", *Strategic Management Journal*, 1999, 20 (7), pp. 595 – 623.

⑤ 参见邓灵斌《社会关系视角下的知识转移策略研究》，博士学位论文，武汉大学，2008 年。

⑥ 参见邱均平、谢辉《基于情景转换的知识转移理论模型研究》，《情报科学》2010 年第 3 期。

⑦ Lane, P. J., Lubatkin, M., "Relative Absorptive Capacity and Interorganizational Learning", *Strategic Management Journal*, 1998, 19 (5), pp. 461 – 477.

⑧ 参见林莉《知识联盟中知识转移的障碍因素及应对策略分析》，《科技导报》2004 年第 4 期。

⑨ 参见徐占忱、何明升《知识转移障碍纾解与集群企业学习能力构成研究》，《情报科学》2005 年第 5 期。

⑩ 参见马庆国等《知识转移的影响因素分析》，《北京理工大学学报》（社会科学版）2006 年第 1 期。

界比称为决断值,一般情况下,决断值应≥3.00,较严格的标准为决断值应≥3.5;题项删除后的α值是指在删除某一题项后量表信度值的变化趋势,若其α值增大,可考虑将此题项删除;校正题项与总分相关系数值必须≥0.400,才能保证二者之间的相关程度达到中度;在共同性与因素负荷量指标上,题项在萃取共同因素的因素负荷量应≥0.45,而此时的共同性则应≥0.20。[①] 因本研究量表并未进行组别变量的操作,故不对决断值进行判别,仅对修正的项目总相关性、题项删除后的α值、共同性及因素负荷量指标进行判别,如表6-3所示。

表6-3　　　　　　　　　　项目判别指标

题项	题项与总分相关	同质性检验		
	修正的项目总相关性	题项删除后的α值	共同性	因素负荷量
判定标准	≥0.400	≤量表信度值	≥0.20	≥0.45

(一) 信度检验

信度(reliability)指的是量表所测结果的一致性(consistency)和稳定性(stability),量表的信度越大,则其测量的误差就越小。在社科领域中,李克特量表的信度估计大多采用克隆巴赫系数(Cronbach α)α进行检验。信度检验的目的在于审查整体量表的信度系数变化情况,若某一题项在执行删除的操作后,其Cronbach α系数反而增大,则表示此题项与其他题项之间的同质性较低,进行项目分析时便可考虑将其删除。通常情况下,一份理想信度量表的Cronbach α系数值应≥0.800。表6-4为预试问卷的观察值处理摘要表,表明进行信度分析时的有效观察值为150个,被排除的观察值0个,全部观测值为150个。

表6-5所示为预试问卷的α系数,其数值等于0.960,表示此量

[①] 参见吴明隆《问卷统计分析实务——SPSS操作与应用》,重庆大学出版社2010年版,第191—192页。

表的内部一致性很高,其信度甚佳。

表6-4　　　　　　　　　　观察值处理摘要

		N	%
观察值	有效	150	100.0
	已排除 a	0	0.0
	总计	150	100.0

表6-5　　　　　　　　　预试问卷的α系数

Cronbach's Alpha	项目个数
0.960	41

表6-6为41个题项一致性程度判别的相关统计量,除第5题(题项变量为b1)的修正项目总相关系数值为0.311以外,其余40个题项的修正项目总相关系数值均≥0.400;依据项目删除后的Cronbach's Alpha值此项数据,除第5题(题项变量为b1)删除后的α系数稍高于层面的α系数外,其余40个题项删除后的α系数均低于层面的α系数。因此,综合考虑,可将第5题(题项变量为b1)纳入删除范围。

表6-6　　　　　　　　　　项目总和统计量

	项目删除后的尺度平均数	项目删除后的尺度变异数	修正的项目总相关性	项目删除后的Cronbach's Alpha值
a1	134.52	588.869	0.606	0.959
a2	134.55	585.457	0.621	0.959
a3	134.35	591.342	0.559	0.959
a4	134.67	583.953	0.651	0.959
b1	134.88	603.462	0.311	0.961
b2	134.43	591.522	0.536	0.960
b3	134.09	593.307	0.573	0.959
b4	133.97	600.348	0.469	0.960

续表

	项目删除后的尺度平均数	项目删除后的尺度变异数	修正的项目总相关性	项目删除后的Cronbach's Alpha值
b5	134.29	600.504	0.403	0.960
b6	134.47	586.855	0.640	0.959
b7	134.60	592.846	0.568	0.959
b8	134.42	594.165	0.529	0.960
b9	134.24	597.110	0.471	0.960
c1	134.83	581.267	0.687	0.959
c2	134.78	581.367	0.723	0.959
c3	134.99	589.852	0.530	0.960
c4	134.54	592.344	0.532	0.960
c5	134.79	580.424	0.690	0.959
c6	134.77	581.089	0.669	0.959
d1	134.45	587.511	0.570	0.959
d2	134.15	594.627	0.569	0.959
d3	134.21	591.789	0.570	0.959
d4	134.10	595.017	0.540	0.959
d5	134.09	594.474	0.550	0.959
d6	134.21	591.011	0.583	0.959
e1	134.50	584.883	0.631	0.959
e2	134.55	586.974	0.561	0.959
e3	134.49	588.184	0.552	0.959
e4	134.75	586.697	0.567	0.959
e5	134.36	585.346	0.673	0.959
e6	134.39	581.970	0.731	0.958
e7	134.25	585.237	0.668	0.959
e8	134.58	583.171	0.638	0.959
e9	134.29	586.544	0.643	0.959
e10	134.29	589.645	0.563	0.959
e11	134.11	587.108	0.701	0.959
e12	134.27	585.690	0.731	0.959
f1	134.88	578.039	0.719	0.959

续表

	项目删除后的尺度平均数	项目删除后的尺度变异数	修正的项目总相关性	项目删除后的Cronbach's Alpha 值
f2	134.80	581.329	0.711	0.959
f3	135.17	582.207	0.621	0.959
f4	134.77	589.026	0.552	0.959

(二) 共同性与因素负荷量

共同性是指题项能够解释共同特质或属性的变异量, 若某一题项的共同性较低, 则表明该题项与量表的同质性较少, 因而可考虑将其删除。因素负荷量则表示题项与共同因素关系的程度, 若某一题项的因素负荷量愈高, 则它与总量表的关系愈紧密, 即其同质性愈高; 反过来, 若某一题项的因素负荷量愈低, 则它与总量表的关系愈松散, 即其同质性愈低。采取主成分分析抽取共同因素时, 初始的共同性估计值均为1, 表6-7所示数据为量表部分题项的共同性数值。

表6-7　　　　　　　　　题项共同性数值

变量名	起始	萃取	变量名	起始	萃取
a1	1.000	0.396	d3	1.000	0.358
a2	1.000	0.417	d4	1.000	0.322
a3	1.000	0.345	d5	1.000	0.332
a4	1.000	0.459	d6	1.000	0.372
b1	1.000	0.107	e1	1.000	0.433
b2	1.000	0.314	e2	1.000	0.345
b3	1.000	0.351	e3	1.000	0.336
b4	1.000	0.240	e4	1.000	0.352
b5	1.000	0.180	e5	1.000	0.488
b6	1.000	0.435	e6	1.000	0.571
b7	1.000	0.344	e7	1.000	0.484
b8	1.000	0.303	e8	1.000	0.445
b9	1.000	0.242	e9	1.000	0.449

第六章 知识转移视角下的新生代农民工文化适应实证研究 177

续表

变量名	起始	萃取	变量名	起始	萃取
c1	1.000	0.504	e10	1.000	0.354
c2	1.000	0.551	e11	1.000	0.534
c3	1.000	0.304	e12	1.000	0.574
c4	1.000	0.311	f1	1.000	0.551
c5	1.000	0.506	f2	1.000	0.532
c6	1.000	0.480	f3	1.000	0.414
d1	1.000	0.354	f4	1.000	0.328
d2	1.000	0.352			

萃取方法：主成分分析。

由表6-7中数据可知：第5题（题项变量为b1）、第9题（题项变量为b5）的共同性分别为0.107与0.180，与总量表共同因素的程度关系微弱，依据所列指标准则可考虑将二者删除。除此之外，其余题项的共同性萃取值均≥0.2，与总量表共同因素的程度关系较为紧密。

表6-8为成分矩阵（Component Matrix），其中第一列表示变量名称，第二列表示因素负荷量，因素负荷量是指回归分析中的回归权数，其数值愈大，表明该题项与共同因素之间的关系愈紧密。在进行项目分析时，若某一题项的因素负荷量小于0.45，则可考虑将其删除。

表6-8 成分矩阵

变量名	成分 1	变量名	成分 1
a1	0.629	d3	0.598
a2	0.646	d4	0.568
a3	0.587	d5	0.576
a4	0.677	d6	0.610
b1	0.327	e1	0.658
b2	0.560	e2	0.588
b3	0.593	e3	0.579

续表

变量名	成分 1	变量名	成分 1
b4	0.490	e4	0.593
b5	0.424	e5	0.698
b6	0.660	e6	0.756
b7	0.587	e7	0.696
b8	0.550	e8	0.667
b9	0.492	e9	0.670
c1	0.710	e10	0.595
c2	0.743	e11	0.731
c3	0.551	e12	0.758
c4	0.558	f1	0.742
c5	0.711	f2	0.730
c6	0.693	f3	0.644
d1	0.595	f4	0.573
d2	0.593		

从成分矩阵中可以发现：第5题（题项变量为b1）、第9题（题项变量为b5）的因素负荷量分别为0.327与0.424，这表明它们与共同特质的关系不是很紧密，依据所列标准，可考虑将二者删除。除此之外，其余39题的因素负荷量数值均在0.450以上，表明它们与共同特质的关系较紧密。

三 问卷正式形成

依据以上分析，"知识转移量表"的项目分析摘要结果如表6-9所示，由于题项数量太多，所占篇幅较大，故仅将未达判断标准的题项列出。

由题项与总分相关性及同质性检验的统计结果可知，从修正的项目总相关性、题项删除后的α值、题项的共同性及因素负荷量这四个指标来看，第5题与第9题在上述指标中的不合格个数分别为4与2，但鉴于第9

题的未达标数值与达标数值的差异较小,且通过参考与借鉴相关文献,发现该条款在知识复杂性这一维度上的测量已运用得十分广泛,因此,经过项目分析的综合评鉴,决定从包含41个原始题项的知识转移量表中仅删除第5题,保留第9题,最终把量表题调整为40道。

至此,将其他题项重新编号,形成包括基本题11道、量表题40道的正式调查问卷。具体的问卷详见附录四,辅助的访谈提纲详见附录五。

表6-9　　　　　　　　　量表项目分析摘要表

题项变量	题项与总分相关	同质性检验			未达标准指标数	备注
	修正的项目总相关性	题项删除后的α值	共同性	因素负荷量		
b1	0.311	0.961	0.107	0.327	4	删除
b5	0.403	0.960	0.180	0.424	2	保留
判定准则	≥0.400	≤0.960	≥0.200	≥0.450		

注:0.960为本量表的内部一致性α系数。

第二节　数据收集及整理

一　数据收集

由于以往很少有针对新生代农民工知识转移的实证研究,因此,知识转移量表在设计的初始几乎没有可供直接参考的完整问卷,故在进行量表的条款设计时,对其中一部分内容选择参考与借鉴相近、相关研究领域的成果,另一部分内容则依据本研究对象的特性与研究主题的需要,对相关变量条款进行了特性化处理,并最终形成了契合本研究主旨的成熟化量表。为最大程度地降低测量误差值,在进行问卷的设计时,每一维度的指标量化均采用2个以上的测量条款而并非单一测量条款,以提高每一结构层面间的测量客观性、全面性及准确性。

问卷共包含三部分内容:第一部分为新生代农民工的基本概况,包括性别、年龄、文化程度、外出务工年限、信息需求情况等内容;第二部分为新生代农民工在城市适应过程中的知识转移效果；第三部分为新生代农民工在城市适应过程中的知识转移影响因素，包括知识特性因素、知识源因素、知识受体因素、知识转移情境因素四大块，具体又细化为知识内隐性、知识复杂性、知识系统性、知识吸收意愿、知识吸收能力、知识转移意愿、知识转移能力、文化差异、知识距离、知识转移通道这些条款。除第一部分内容以外，其余部分内容均采用李克特五级量表的形式进行编写，要求被调查者依据真实的个人认知情况依次选择与题项陈述内容相符合的选项。

2015年7月我们正式开展数据收集工作。为了克服地域上的阻碍性，本次调研采用线上电子调查问卷与线下纸质调查问卷相结合的方式进行，共计发放调查问卷1000份，回收调查问卷914份，在经过人工核查与筛选之后，剔除无效问卷及信息缺失问卷113份，最终获得有效问卷801份，问卷的有效回收率为80.1%。

二 数据整理

研究使用SPSS 22.0对调研所得数据进行统计与分析，得出样本基本概况如表6-10所示。由表6-10数据得出的分析结论如下：

（1）性别分布。在样本中，56.93%的受访者为男性，43.07%的受访者为女性，男性所占比例高于女性所占比例13个百分点。根据国家统计局发布的2014年全国农民工监测调查报告显示，在全部农民工中，男性农民工的比例达六成以上，其中，外出农民工中男性占69.0%，女性占31.0%。[1] 这些数据都表明，无论是在外地务工还是在邻近乡镇务工的农民工队伍中，男性农民工始终占多数，这与农民工群体本身的流动性大、心理上需要承受较大的抗压能力、生理上需要承受较大的体力消耗等原因有关。与男性相比，女性在心理上的抗压能力较弱，适应流动性作业的能力较差，体力上处于弱势地位，再加上有的女性还需要承担起照顾家庭的重担，因此，通常情况下女性外出务工的比例要小于男性。

---

[1] 国家统计局：《2014年全国农民工监测调查报告》（http://www.stats.gov.cn/tjsj/zxfb/201504/t20150429_797821.html）。

表6-10　　　　　　　　知识转移视角下的样本基本概况

题项	选项内容	样本数（份）	百分比	题项	选项内容	样本数（份）	百分比
性别	男	456	56.93%	月收入（元）	1500元及以下	100	12.48%
	女	345	43.07%		1501—3000	343	42.82%
年龄	18岁以下	7	0.87%		3001—5000	261	32.58%
	18—20岁	83	10.36%		5000元及以上	97	12.11%
	21—25岁	317	39.58%	住房情况	单位提供	182	22.72%
	26—30岁	328	40.95%		自租房	358	44.69%
	31—35岁	66	8.24%		自购房	217	27.09%
婚姻状况	未婚	506	63.17%		向亲友借用	44	5.49%
	已婚	290	36.20%	职称	无职称	486	60.67%
	离异或丧偶	5	0.62%		初级职称	154	19.23%
文化程度	小学及以下	14	1.75%		中级职称	118	14.73%
	初中	316	39.45%		高级职称	43	5.37%
	高中/中专/技校	215	26.84%	通常对哪方面的信息有需求（多选）	职业与专业技能知识	559	69.79%
	大专	198	24.72%		文化基础知识	300	37.45%
	本科及以上	58	7.24%		法律知识	271	33.83%
务工年限	1年以下	157	19.60%		医疗健康知识	385	48.06%
	1—3年	313	39.08%		时事政治知识	257	32.08%
	4—6年	108	13.48%		生活娱乐知识	364	45.40%
	7—9年	112	13.98%	是否愿意定居城市	是	660	82.40%
	10年及以上	111	13.86%				
职业种类	建筑业	113	14.11%				
	制造业	236	29.46%				
	批发零售业	57	7.12%		否	141	17.60%
	住宿餐饮业	120	14.98%				
	居民服务业	74	9.24%				
	交通、仓储业	36	4.49%				
	其他行业	165	20.60%				

(2) 年龄和婚姻状况分布。受访者中，26—30 岁的新生代农民工所占比例最高，达到了 40.95%，其次为 21—25 岁的新生代农民工，所占比例为 39.58%。一项全国报告指出①，新生代农民工的平均年龄为 23 岁左右，初次外出务工基本上为初中刚毕业，意味着他们一离开初中或高中校园就踏入了务工的道路，也意味着与传统农民工相比，他们普遍缺少离开校园后从事农业生产劳动活动的经历。婚姻状况中，新生代农民工的未婚比例达到了 63.17%，意味着他们也许会在外出务工期间结识另一半并步入婚姻生活，而后续的家庭生活也将贯穿于他们外出务工生活的始终，将会影响他们的城市融入感及最终是否决定定居城市的意愿。

(3) 文化程度分布。数据显示，新生代农民工中拥有初中以上学历的人群达到了九成以上。其中，受教育程度为初中的人群所占比例最大，为 39.45%；其次为高中/中专/技校学历人群，所占比例为 26.84%。值得一提的是，新生代农民工中拥有大专学历的人群所占比例达到了 24.72%，这一比例大大高于传统农民工的相关比例。总的来说，新生代农民工的文化程度处于较高水平，呈现出中间大、两头小的分布情况。

(4) 本地务工年限分布。样本中，在本地务工时间 1—3 年的新生代农民工人数最多，所占比例达 39.08%，若将 3 年作为流动性分布高低界限，则在本地务工 3 年以上（不含 3 年）的人群比例为 41.32%，表明新生代农民工群体的流动性仍然较高，这意味着他们虽然能够不断地从本地务工城市获取信息和知识，但由于知识转移是一个潜移默化的过程，其最终的知识转移效果受停留在本地的务工时间长短影响。

(5) 职业种类与职称情况分布。在受访者的样本中，六成以上的人群没有职称，而拥有中级以上职称的人数仅占到 2 成左右，因此，新生代农民工群体不仅应该在实践中提升自己的职业能力，还应该在理论层面有目标地树立获取职称的意识，这同样也是提升职业水平的一个重要方面。职业种类中，从事制造业的新生代农民工所占比例最高，为 29.46%，从事建筑业及住宿餐饮业的比例均为 14% 左右，从事批发零售业、居民服务业

---

① 中国新闻网：《关于新生代农民工问题的研究报告》（http://www.chinanews.com/gn/news/2010/06 - 21/2353233. shtml. 2010 - 06 - 21/2015 - 12 - 29）。

及交通、仓储业的比例均不足10%。样本中有近三成新生代农民工从事制造业，而从事建筑业的人数比例却与人们以为农民工多在工地上"搬砖"等刻板印象不太相符。除此之外，有20.60%的受访者选择的职业种类为其他行业，统计发现在其他行业这一选项中，从事互联网这一新兴行业所占比例最大，说明与传统农民工相比，新生代农民工的职业领域已不再仅限于实体经济行业。事实上，有权威数据表明，新生代农民工就业的行业分布呈现明显的"两升一降"特征，即在制造业、服务业中的比重呈上升趋势，在建筑业中呈下降趋势[1]，意味着对于他们而言，建筑业不再是"老本行"，他们能够自主地去寻求环境更舒适、体力负担更轻松的职业种类。

（6）平均月收入与住房情况分布。国家统计局的一项权威调查显示，农民工人均月收入2864元。结合样本情况来看，月收入1501—3000元的受访者所占比例最高，达到了42.82%；其次为月收入3001—5000元的受访者，所占比例为32.58%；月收入在1500元及以下、月收入在5000元及以上的受访者所占比例不高，均为12%左右。将职业种类与平均月收入两个题项进行交叉观察，并针对月收入在5000元及以上的高收入者进行单项研究，发现其中所占比例最高的职业种类为其他行业，达36.08%，所占比例最低的职业种类为居民服务业及其他行业，仅有5.15%。研究发现，随着新型产业的不断发展，新生代农民工在选择就业时，可以拓宽就业渠道，尝试步入一些新兴领域，力争在收入和职业种类的抉择之间寻求一个最为符合自身发展的平衡点。在住房情况这一选项中，44.69%的受访者租房居住，27.09%的受访者已自行购房，22.72%的受访者居住在单位宿舍，仅有5.49%的受访者选择向亲友借用住房。从数据显示情况来看，仅有不到三成的受访者拥有自己的房产，由于调查的局限，未能明晰他们的房产购置地到底是位于本地务工城市还是老家。

（7）是否愿意定居城市意愿分布。样本中，高达82.40%的受访者愿意定居城市，仅有17.60%的受访者愿意返乡生活。务农经验的缺乏

---

[1] 《关于新生代农民工问题的研究报告》，中国新闻网（http://www.chinanews.com/gn/news/2010/06-21/2353233.shtml，2010-06-21/2015-12-29）。

及城市生活的潜移默化，使得绝大多数新生代农民工愿意定居城市而不愿意返乡生活。在这样的情况下，他们如何克服城乡二元体制带来的重重障碍以及更好、更快、更深地融入城市生活，理应成为我们需要重点关注的问题。

第三节 数据分析及讨论

一 信效度分析

（一）信度分析

信度代表量表的内部一致性或稳定性，本研究中的信度检验均采用 Cronbach α 系数进行测量，并以上一节中对信度数值的相关说明作为评判标准，即在 Cronbach α 值大于等于 0.800 时，被认定为理想数值。问卷中各项变量的 Cronbach α 数值，具体数据如表 6-11 所示。

表 6-11　　　　　　　　　各项变量的信度情况

测量变量		总题数	Cronbach α
知识转移效果		4	0.869
知识特性	内隐性 复杂性 系统性	8	0.849
知识源因素	知识转移能力 知识转移意愿	6	0.891
知识受体因素	知识吸收能力 知识吸收意愿	6	0.862
知识转移情境因素	文化差异 知识距离 关系质量 知识转移通道	16	0.932

由表 6-11 中各项变量的信度分析数据可知，知识转移效果、知识特性因素、知识源因素、知识受体因素以及知识转移情境因素各项变量的

Cronbach α 值介于 0.849—0.932 之间，均大于 0.800，达到理想信度。

(二) 效度分析

效度是指测量结果的准确性或可靠性，针对的是测量结果而非测量工具本身。效度是测验评鉴中最重要的考虑因素，效度的分类包括内容效度（量表内容的适切性）、效标关联效度（与外在效标间关系的程度）、建构效度（能够测量出理论的特质或概念的程度）三种[1]，此外，专家效度近年来也在社科领域内被不断提倡。上述几种类型的效度分析中，由于建构效度以理论的逻辑分析为基础，同时又根据实际数据来检验理论的正确性，因此是一种相当严谨的效度检验方法。[2] 在考虑实际研究主题及所用研究方法的前提下，本研究选择内容效度与建构效度进行分析，其中，由于内容效度通常以题目的设置合理性来进行判定，而本研究在上一节的叙述中，已对量表中每一条款的来源、衡量内容等作出了详细的解释和说明，且在严格按照问卷设计流程完成量表设计之后，亦邀请相关领域内的多位学者参加讨论，进行了题项语句表述、题项逻辑性排列等方面的修改和调整；并在问卷发放之前，对数位符合本研究范畴的调查者进行了模拟作答过程的演练，将作答过程中产生的疑问部分及不便利处收集起来，又进行了题项的二次斟酌与修改，故保证了本研究量表的内容效度。在建构效度的分析上，利用探索性因素分析法进行检验，通过主成分分析法对知识转移的因素进行提取，并以极大变异法进行正交转轴，以下为具体的分析结果。

1. 知识转移效果

该部分共有题项 4 个，表 6 - 12 所示为 KMO 与卡方检验结果。根据 Kaiaer 的观点，能够进行因素分析的 KMO 数值应 ≥0.6，其 KMO 样本充足性测试系数为 0.786，Bartlett 球形检验卡方值为 1614.697，且此时的显著性为 0.000，小于临界数值 0.001，拒绝净相关矩阵不是单位矩阵的假设，代表总体的相关矩阵间存在共同因素，表明样本数据适合进行因素分析，

---

[1] 参见王保进《中文视窗版 SPSS 与行为科学研究》，心理出版社 2006 年版，第 412—420 页。
[2] 参见吴明隆《问卷统计分析实务——SPSS 操作与应用》，重庆大学出版社 2010 年版，第 195 页。

对其进行因素分析后的结果如表6-13所示。

由表6-13中数据可知,特征值大于1的题项个数为1个,这也是因素分析时所抽出的共同因素个数,即探索性因素分析结果正好生成一个新的因子F,与研究设计中的一个因变量完全对应,可以命名为知识转移效果;各题项的因子荷重均大于0.6,且其累计解释变异量为71.842%,高于60%,表明该部分的建构效度良好。

表6-12　　　　　　　　知识转移效果的KMO与卡方检验结果

Kaiser-Meyer-Olkin 取样适切性量数		0.786
Bartlett球形检验	近似卡方分布	1614.697
	df	6
	显著性	0.000

表6-13　　　　　　　　　知识转移效果的因素分析

因子	题项	因子荷重	特征值
F	A1	0.854	2.874
	A2	0.870	0.527
	A3	0.812	0.350
	A4	0.854	0.249
累计解释变异量		71.842%	

2. 知识特性

该部分共有题项8个,表6-14所示为KMO与卡方检验结果。其KMO样本充足性测试系数为0.787,Bartlett球形检验卡方值为2658.938,且此时的显著性为0.000,小于临界数值0.001,拒绝净相关矩阵不是单位矩阵的假设,代表总体的相关矩阵间存在共同因素,表明样本数据适合进行因素分析。对该部分进行因素分析之前,需要说明的是,本研究在进行知识特性的测量条款编制时,已将知识特性归纳为内隐性、复杂性与系统性三个方面,对每一构面的维度划分得十分清晰,故在进行因素分析时，并未选取特征值大于 1 的抽取选项，而将它替换为提取的因子数量为定值 3 这一选项，对该部分进行因素分析后的结果如表 6-15 所示。

表 6-14　　　　　　　知识特性的 KMO 与卡方检验结果

Kaiser-Meyer-Olkin 取样适切性量数		0.787
Bartlett 球形检验	近似卡方分布	2658.938
	df	28
	显著性	0.000

由表 6-15 因素分析结果可知，经过探索性因素分析得到的三个共同因子 F1、F2 与 F3，能够与知识特性部分研究设计中的三个自变量对应，依据新生成的三个因子所包含测量条款的含义，可以分别命名为知识内隐性、知识复杂性、知识系统性。除了题项 B5 之外，其余题项的因子荷重均大于 0.6。由于题项 B5 的因子荷重较低，因此予以删除，并在删除后进行第二次探索性因素分析和信度检验。

表 6-15　　　　　　　知识特性的初次因素分析

题项	因子荷重		
	F1	F2	F3
B1	0.847		
B2	0.870		
B3		0.744	
B4		0.860	
B5		0.470	
B6		0.831	
B7		0.896	
B8		0.765	
累计解释变异量		74.717%	

删除题项 B5 之后，测得 KMO 样本充足性测试系数为 0.785，Bartlett 球

形检验卡方值为 2310.786，且此时的显著性为 0.000，小于临界数值 0.001，表明样本数据适合进行因素分析。表 6-16 所示为第二次因素分析结果。

由表 6-16 中数据可知，删除题项 B5 之后，Cronbach α 值为 0.835，达到理想信度值。各题项的因子荷重均在 0.6 之上，且大部分题项的因子荷重在经过第二次因素分析之后得到了提升，三个共同因素的累计解释变异量也从 74.717% 增至 77.564%，表明该部分的建构效度良好。三个共同因子 F1、F2 与 F3 能够分别和知识特性部分研究设计中的三个自变量对应，其中，因子 F1 包含 B1 与 B2 两个题项，将其命名为知识内隐性；因子 F2 包含 B3 与 B4 两个题项，将其命名为知识复杂性；因子 F3 包含 B6、B7、B8 三个题项，将其命名为知识系统性。

表 6-16　　　　　　　　知识特性的第二次因素分析

题项	因子荷重		
	F1	F2	F3
B1	0.894		
B2	0.781		
B3	0.786		
B4	0.768		
B6		0.807	
B7		0.901	
B8	0.794		
累计解释变异量	77.564%		
Cronbach α 值	0.835		

3. 知识源

对于知识源因素的考察，由于在进行量表设计时，已将其划分为知识转移意愿与知识转移能力两个方面进行衡量，因此，在作因素分析时也分别从这两个方面进行。

（1）知识转移意愿。该部分共有题项 3 个，测得其 KMO 样本充足性测试系数为 0.639 > 0.6，Bartlett 球形检验卡方值为 1091.057，且此时的显著性为 0.000，小于临界数值 0.001，表明样本数据适合进行因素分析，设定提取的公共因子数量为 1，对其进行因素分析后的结果如表 6-17 所示。

由表 6-17 中数据可知，经过探索性因素分析生成一个新的因子 F1，可以命名为知识转移意愿；C1、C2、C3 三个题项的因子荷重均大于 0.6，且其累计解释变异量为 73.792%，高于 60%，表明该部分的建构效度良好。

表 6-17　　　　　　　　　知识转移意愿的因素分析

因子	题项	因子荷重
F1	C1	0.894
	C2	0.922
	C3	0.751
累计解释变异量	73.792%	

（2）知识转移能力。该部分共有题项 3 个，测得其 KMO 样本充足性测试系数为 0.723 > 0.6，Bartlett 球形检验卡方值为 994.849，且此时的显著性为 0.000，小于临界数值 0.001，表明样本数据适合进行因素分析，设定提取的公共因子数量为 1，对其进行因素分析后的结果如表 6-18 所示。

由表 6-18 中数据可知，经过探索性因素分析生成一个新的因子 F2，可以命名为知识转移能力；C3、C4、C5 三个题项的因子荷重均大于 0.6，且其累计解释变异量为 76.158%，高于 60%，表明该部分的建构效度良好。

表 6-18　　　　　　　　　知识转移能力的因素分析

因子	题项	因子荷重
F2	C3	0.853
	C4	0.877
	C5	0.888
累计解释变异量	76.158%	

4. 知识受体

对于知识受体因素的考察,由于在进行量表设计时,已将其划分为知识吸收意愿与知识吸收能力两个方面进行衡量,因此,在作因素分析时也分别从这两个方面进行。

(1) 知识吸收意愿。该部分共有题项3个,测得其KMO样本充足性测试系数为0.714＞0.6,Bartlett球形检验卡方值为790.913,且此时的显著性为0.000,小于临界数值0.001,表明样本数据适合进行因素分析,设定提取的公共因子数量为1,对其进行因素分析后的结果如表6-19所示。

由表6-19中数据可知,经过探索性因素分析生成一个新的因子F1,可以命名为知识吸收意愿;D1、D2、D3三个题项的因子荷重均大于0.6,且其累计解释变异量为72.398%,高于60%,表明该部分的建构效度良好。

表6-19　　　　　　　　　　知识吸收意愿的因素分析

因子	题项	因子荷重
F1	D1	0.845
	D2	0.846
	D3	0.861
累计解释变异量	72.398%	

(2) 知识吸收能力。该部分共有题项3个,测得其KMO样本充足性测试系数为0.726＞0.6,Bartlett球形检验卡方值为943.762,且此时的显著性为0.000,小于临界数值0.001,表明样本数据适合进行因素分析,设定提取的公共因子数量为1,对其进行因素分析后的结果如表6-20所示。

表6-20　　　　　　　　　　知识吸收能力的因素分析

因子	题项	因子荷重
F2	D3	0.863
	D4	0.873
	D5	0.870
累计解释变异量	75.450%	

由表 6-20 中数据可知，经过探索性因素分析生成一个新的因子 F2，可以命名为知识吸收能力；D3、D4、D5 三个题项的因子荷重均大于 0.6，且其累计解释变异量为 75.450%，高于 60%，表明该部分的建构效度良好。

5. 知识转移情境

该部分共有题项 12 个，在进行量表编制时，已将其划分为知识源与知识受体间的互动关系、知识转移方式两部分，因此，将分别对这两部分内容进行效度分析。

（1）互动关系。此部分包含文化差异、知识距离及关系质量三个维度，每个维度依次对应四个题项。测得其 KMO 样本充足性测试系数为 0.928 > 0.6，Bartlett 球形检验卡方值为 5752.292，且此时的显著性为 0.000，小于临界数值 0.001，表明样本数据极适合进行因素分析，设定提取的公共因子数量为 3，对其进行因素分析后的结果如表 6-21 所示。

经过探索性因素分析得到的三个共同因子 F1、F2 与 F3，观察表 6-21 中的各题项因子荷重，发现题项 E5 与 E8 的荷重分别为 0.599 与 0.572，除此之外，其余题项的因子荷重均大于 0.6。由于公共因子 F2 所包含的题项个数为 4，若将 E5 与 E8 全部删除，则该项因子内含题项个数将会减少一半，且题项 E5 的因子荷重为 0.599，与本研究规定的因子荷重标准数值 0.6 相差极小，经过初步考虑，决定先保留题项 E5，仅将题项 E8 予以删除，并在删除后进行第二次探索性因素分析和信度检验。

表 6-21　　　　　　　　知识转移情境的初次因素分析

题项	因子荷重		
	F1	F2	F3
E1	0.719		
E2	0.770		
E3	0.814		
E4	0.603		

续表

题项	因子荷重		
	F1	F2	F3
E5		0.599	
E6		0.768	
E7		0.727	
E8		0.572	
E9			0.730
E10			0.752
E11			0.828
E12			0.782
累计变异量	71.499%		

删除题项 E8 之后，测得 KMO 样本充足性测试系数为 0.921，Bartlett 球形检验卡方值为 5195.469，且此时的显著性为 0.000，小于临界数值 0.001，表明样本数据极适合进行因素分析。表 6-22 为第二次因素分析结果。

经过第二次探索性因素分析，发现 E4 题项因子荷重小于 0.6，且与第一次探索性因素分析相比较，其荷重反而由 0.603 降至 0.592。因此，经过再次考虑，决定依据第一次探索性因素分析的结果，将题项 E5 与 E8 全部删除，并进行第三次探索性因素分析。

表 6-22　　　　知识转移情境的第二次因素分析

题项	因子荷重		
	F1	F2	F3
E1	0.716		
E2	0.793		
E3	0.795		
E4	0.592		

续表

题项	因子荷重		
	F1	F2	F3
E5		0.612	
E6		0.777	
E7		0.717	
E9			0.733
E10			0.759
E11			0.834
E12			0.795
累计变异量	73.204%		

将题项 E5 与 E8 全部删除之后，测得 KMO 样本充足性测试系数为 0.913，Bartlett 球形检验卡方值为 4466.838，且此时的显著性为 0.000，小于临界数值 0.001，表明样本数据极适合进行因素分析。表 6-23 为第二次因素分析结果。

由表 6-23 中数据可知，经过第三次探索性因素分析，生成三个新的因子 F1、F2、F3，恰好与知识转移情境部分的三个自变量对应，分别命名为文化差异、知识距离与关系质量。10 个题项的因子荷重均大于 0.6，第三次因素分析所得累计变异量为 74.135% > 60%，能够涵盖大部分变量信息，且与第一次、第二次探索性因素分析结果相比，其数值均略高于前二者，表明该部分的建构效度良好。

表 6-23   知识转移情境的第三次因素分析

题项	因子荷重		
	F1	F2	F3
E1	0.732		
E2	0.791		
E3	0.808		
E4	0.638		
E6		0.763	
E7		0.781	

续表

题项	因子荷重		
	F1	F2	F3
E9			0.758
E10			0.745
E11			0.840
E12			0.772
累计变异量	74.135%		

（2）知识转移通道。该部分共有题项4个，测得其KMO样本充足性测试系数为0.703＞0.6，Bartlett球形检验卡方值为1302.236，且此时的显著性为0.000，小于临界数值0.001，表明样本数据适合进行因素分析，设定提取的公共因子数量为1，对其进行因素分析后的结果如表6-24所示。

由表6-24中数据可知，经过探索性因素分析生成一个新的因子F，可以命名为知识转移通道；F1、F2、F3、F4四个题项的因子荷重均大于0.6，且其累计解释变异量为65.411%，高于60%，表明该部分的建构效度良好。

表6-24　　　　　　　　知识转移通道的因素分析

因子	题项	因子荷重
F	F1	0.792
	F2	0.837
	F3	0.837
	F4	0.766
累计解释变异量	65.411%	

二　新生代农民工群体内部差异性分析

为了更深入地了解新生代农民工知识转移情况的个体差异，对不同性别、不同务工年限以及不同学历的新生代农民工群体进行差异检验。由于t检验与单因子方差分析分别适用于两个群体平均数的差异检验和三个以

第六章　知识转移视角下的新生代农民工文化适应实证研究　　195

上群体间的平均数差异检验,故针对性别这一特征变量的差异分析采用独立样本 t 检验方法,而针对不同务工年限及不同学历这两个特征变量的差异分析则采用 ANOVA 方法。需要说明的是,若方差分析达到显著,则必须进行事后分析,以进一步探寻是哪几组平均数间的差异达到显著。针对具有同质性及不符合同质性假设这两种事后分析情况,将分别采用 Tukey 方法与 Games 方法进行符合 SPSS 规定的事后比较。

（一）不同性别的差异性分析

针对不同性别的新生代农民工知识转移差异分析,采用 t 检验方法进行分析,结果如表 6-25 所示。

进行 t 检验时,需先进行 Levene 的方差相等检验,若其数值小于 0.05,则表明其存在不假设方差相等的状况,此时的 t 检验结果应以下行数值为准。由表 6-25 中显著性检验结果可知,不同性别的新生代农民工在知识转移效果、知识内隐性、知识复杂性、知识转移意愿、知识吸收能力、文化差异以及关系质量这些方面均存在显著差异。

进一步比较平均数值,发现女性新生代农民工的知识转移效果及知识吸收能力要高于男性新生代农民工,她们有着更强的知识吸收意愿,与本地居民之间的关系质量要好于男性新生代农民工,并且在所转移知识具有的内隐性和复杂性这两项指标上,都要高于男性。同时,女性新生代农民工与务工地居民之间的文化差异更小,也存在着更小的知识差距。

表 6-25　　　　　不同性别的新生代农民工知识转移 t 检验

		Levene 的方差相等测试		平均数相等的 t 检验			
		F 检验	显著性	t	df	显著性（双侧）	平均差异
知识转移效果	假设方差相等	3.222	0.073	-2.931	799	0.003	-0.17336
	不假设方差相等			-2.952	759.128	0.003	-0.17336

续表

		Levene 的方差相等测试		平均数相等的 t 检验			
		F 检验	显著性	t	df	显著性（双侧）	平均差异
知识内隐性	假设方差相等	11.659	0.001	-3.981	799	0.000	-0.22297
	不假设方差相等			-4.068	787.270	0.000	-0.22297
知识复杂性	假设方差相等	12.129	0.001	-3.087	799	0.002	-0.14556
	不假设方差相等			-3.163	790.725	0.002	-0.14556
知识系统性	假设方差相等	1.884	0.170	-1.250	799	0.212	-0.07070
	不假设方差相等			-1.265	769.699	0.206	-0.07070
知识转移意愿	假设方差相等	0.164	0.686	-1.303	799	0.193	-0.07482
	不假设方差相等			-1.294	721.139	0.196	-0.07482
知识转移能力	假设方差相等	2.346	0.126	-1.744	799	0.082	-0.10376
	不假设方差相等			-1.730	718.420	0.084	-0.10376
知识吸收能力	假设方差相等	17.491	0.000	-3.089	799	0.002	-0.15973
	不假设方差相等			-3.146	781.862	0.002	-0.15973
文化差异	假设方差相等	0.216	0.643	-1.631	799	0.103	-0.09912
	不假设方差相等			-1.629	736.832	0.104	-0.09912

续表

		Levene 的方差相等测试		平均数相等的 t 检验			
		F 检验	显著性	t	df	显著性（双侧）	平均差异
知识距离	假设方差相等	0.392	0.531	-2.765	799	0.006	-0.15685
	不假设方差相等			-2.768	743.203	0.006	-0.15685
关系质量	假设方差相等	4.895	0.027	-2.504	799	0.012	-0.13442
	不假设方差相等			-2.527	764.098	0.012	-0.13442
知识转移通道	假设方差相等	0.002	0.965	-1.577	799	0.115	-0.09593
	不假设方差相等			-1.573	735.055	0.116	-0.09593

* 显著性数值低于 0.05 水平则达到显著。

（二）不同务工年限的差异性分析

经过方差分析，发现在不同的务工年限组别间，知识内隐性、知识系统性、知识吸收意愿存在着显著差异，而由同质性检测，知识系统性具备同质性，知识内隐性、知识吸收意愿两项违反方差同质性假定，进行多重比较的结果分别如表6-26、表6-27、表6-28所示。

由表6-26数据可知，就知识内隐性而言，外出务工年限10年以上的新生代农民工与外出务工年限7—9年的新生代农民工之间存在着显著差异，"10年及以上"组群体显著高于"7—9年"组群体，说明前一个群体随着某个时间临界点的到达，向周围环境中所获取的知识愈加抽象，知识的可编码程度降低。此时仅仅通过文档传递已无法全面传递知识，需要新生代农民工群体在实践与理论的结合下完成知识转移过程。

表6-26　　不同务工年限群体的知识内隐性事后多重比较

因变量	(I) 务工年限	(J) 务工年限	平均差异 (I—J)	标准误	显著性
知识内隐性	1年以下	1—3年	0.05048	0.07396	0.960
		4—6年	-0.03547	0.09088	0.995
		7—9年	0.23635	0.10340	0.154
		10年及以上	-0.07414	0.08572	0.909
	1—3年	1年以下	-0.05048	0.07396	0.960
		4—6年	-0.08595	0.08486	0.849
		7—9年	0.18587	0.09816	0.324
		10年及以上	-0.12462	0.07931	0.517
	4—6年	1年以下	0.03547	0.09088	0.995
		1—3年	0.08595	0.08486	0.849
		7—9年	0.27183	0.11147	0.109
		10年及以上	-0.03866	0.09529	0.994
	7—9年	1年以下	-0.23635	0.10340	0.154
		1—3年	-0.18587	0.09816	0.324
		4—6年	-0.27183	0.11147	0.109
		10年及以上	-0.31049*	0.10730	0.034
	10年及以上	1年以下	0.07414	0.08572	0.909
		1—3年	0.12462	0.07931	0.517
		4—6年	0.03866	0.09529	0.994
		7—9年	0.31049*	0.10730	0.034

* 显著性数值低于0.05水平则达到显著，高于0.05但低于0.08称为边缘显著。

由表6-27数据可知，就知识系统性而言，外出务工年限4—6年的新生代农民工与外出务工年限1年以下的新生代农民工之间存在着显著差异；外出务工年限4—6年的新生代农民工与外出务工年限1—3年的新生代农民工之间存在着显著差异；"4—6年"组群体显著高于"1年以下"组群体与"1—3年"组群体。说明外出务工年限在4—6年的新生代农民工，他们所获取的知识具有更高的系统性，知识与知识之间的关联程度更紧密。

表6-27　　不同务工年限群体的知识系统性事后多重比较

因变量	（I）务工年限	（J）务工年限	平均差异（I—J）	标准误	显著性
知识系统性	1年以下	1—3年	-0.05966	0.07724	0.939
		4—6年	-0.30227*	0.09873	0.019
		7—9年	-0.09184	0.09768	0.881
		10年及以上	-0.07771	0.09794	0.933
	1—3年	1年以下	0.05966	0.07724	0.939
		4—6年	-0.24261*	0.08814	0.048
		7—9年	-0.03219	0.08696	0.996
		10年及以上	-0.01806	0.08725	1.000
	4—6年	1年以下	0.30227*	0.09873	0.019
		1—3年	0.24261*	0.08814	0.048
		7—9年	0.21043	0.10651	0.279
		10年及以上	0.22456	0.10674	0.219
	7—9年	1年以下	0.09184	0.09768	0.881
		1—3年	0.03219	0.08696	0.996
		4—6年	-0.21043	0.10651	0.279
		10年及以上	0.01413	0.10577	1.000
	10年及以上	1年以下	0.07771	0.09794	0.933
		1—3年	0.01806	0.08725	1.000
		4—6年	-0.22456	0.10674	0.219
		7—9年	-0.01413	0.10577	1.000

*显著性数值低于0.05水平则达到显著，高于0.05但低于0.08称为边缘显著。

由表6-28数据可知，就知识吸收意愿而言，外出务工年限7—9年的新生代农民工与外出务工年限1年以下的新生代农民工之间的显著性数值为0.074，虽高于0.05，但考虑到数值差距较小、前期方差检验的权威性及事后检验方法的过于保守性等因素，仍旧认为"7—9年"组群体与"1年以下"组群体间存在着边缘显著差异，即前一个组别的知识吸收意愿要高于后一个组别的知识吸收意愿。

表6-28　不同务工年限群体的知识吸收意愿事后多重比较

因变量	(I) 务工年限	(J) 务工年限	平均差异 (I—J)	标准误	显著性
知识吸收意愿	1年以下	1—3年	0.17845	0.07098	0.090
		4—6年	0.01995	0.08237	0.999
		7—9年	0.22685	0.08729	0.074
		10年及以上	0.17953	0.09474	0.323
	1—3年	1年以下	-0.17845	0.07098	0.090
		4—6年	-0.15849	0.07926	0.269
		7—9年	0.04841	0.08436	0.979
		10年及以上	0.00108	0.09205	1.000
	4—6年	1年以下	-0.01995	0.08237	0.999
		1—3年	0.15849	0.07926	0.269
		7—9年	0.20690	0.09414	0.184
		10年及以上	0.15958	0.10109	0.513
	7—9年	1年以下	-0.22685	0.08729	0.074
		1—3年	-0.04841	0.08436	0.979
		4—6年	-0.20690	0.09414	0.184
		10年及以上	-0.04732	0.10514	0.991
	10年及以上	1年以下	-0.17953	0.09474	0.323
		1—3年	-0.00108	0.09205	1.000
		4—6年	-0.15958	0.10109	0.513
		7—9年	0.04732	0.10514	0.991

* 显著性数值低于0.05水平则达到显著,高于0.05但低于0.08称为边缘显著。

经过方差分析,发现在不同的学历组别间,知识转移效果、知识内隐性、知识复杂性、知识转移意愿、知识转移能力、知识吸收意愿、知识吸收能力、文化差异、知识距离及关系质量均存在着显著差异。由同质性检测可知,除知识转移效果、知识内隐性、知识复杂性、知识转移能力四项具备同质性以外,其余项均违反了同质性假定。

(三) 不同学历背景的差异性分析

如表6-29所示,就知识转移效果而言,"小学及以下"组群体显著高于"初中"组群体;"大专"组群体均显著高于"初中"组群体、"高中/中专/技校"组群体;"本科及以上"组群体显著高于"初中"组群体与"高中/中专/技校"组群体。

表6-29　　　　不同学历群体的知识转移效果事后多重比较

因变量	(I)学历	(J)学历	平均差异(I—J)	标准误	显著性
知识转移效果	小学及以下	初中	0.69335*	0.24331	0.036
		高中/中专/技校	0.56586	0.22537	0.089
		大专	0.24982	0.22596	0.804
		本科及以上	0.25429	0.22316	0.785
	初中	小学及以下	-0.69335*	0.24331	0.036
		高中/中专/技校	-0.12749	0.12090	0.830
		大专	-0.44353*	0.12199	0.003
		本科及以上	-0.43905*	0.11672	0.002
	高中/中专/技校	小学及以下	-0.56586	0.22537	0.089
		初中	0.12749	0.12090	0.830
		大专	-0.31604*	0.08048	0.001
		本科及以上	-0.31157*	0.07224	0.000
	大专	小学及以下	-0.24982	0.22596	0.804
		初中	0.44353*	0.12199	0.003
		高中/中专/技校	0.31604*	0.08048	0.001
		本科及以上	0.00448	0.07406	1.000
	本科及以上	小学及以下	-0.25429	0.22316	0.785
		初中	0.43905*	0.11672	0.002
		高中/中专/技校	0.31157*	0.07224	0.000
		大专	-0.00448	0.07406	1.000

如表6-30所示,就知识内隐性而言,"本科及以上"组群体显著高于"小学及以下"组群体、"初中"组群体、"高中/中专/技校"组群体;"高中/中专/技校"组群体显著高于"初中"组群体;"大专"组群体显著高于"初中"组群体。

表6-30　　　　　不同学历群体的知识内隐性事后多重比较

因变量	（I）学历	（J）学历	平均差异（I—J）	标准误	显著性
知识内隐性	小学及以下	初中	-0.01970	0.23068	1.000
		高中/中专/技校	-0.38654	0.21368	0.369
		大专	-0.54870	0.21424	0.079
		本科及以上	-0.61731*	0.21158	0.030
	初中	小学及以下	0.01970	0.23068	1.000
		高中/中专/技校	-0.36684*	0.11462	0.012
		大专	-0.52900*	0.11567	0.000
		本科及以上	-0.59761*	0.11066	0.000
	高中/中专/技校	小学及以下	0.38654	0.21368	0.369
		初中	0.36684*	0.11462	0.012
		大专	-0.16216	0.07630	0.210
		本科及以上	-0.23077*	0.06849	0.007
	大专	小学及以下	0.54870	0.21424	0.079
		初中	0.52900*	0.11567	0.000
		高中/中专/技校	0.16216	0.07630	0.210
		本科及以上	-0.06861	0.07022	0.866
	本科及以上	小学及以下	0.61731*	0.21158	0.030
		初中	0.59761*	0.11066	0.000
		高中/中专/技校	0.23077*	0.06849	0.007
		大专	0.06861	0.07022	0.866

如表6-31所示，就知识复杂性而言，"本科及以上"组群体显著高于"高中/中专/技校"组群体。五个不同学历组群体中，"本科及以上"组的平均数最高，"高中/中专/技校"组的平均数最低。

表 6-31　　　　　　　不同学历群体的知识复杂性事后多重比较

因变量	（I）学历	（J）学历	平均差异（I—J）	标准误	显著性
知识复杂性	小学及以下	初中	0.03120	0.19651	1.000
		高中/中专/技校	0.03654	0.18202	1.000
		大专	-0.12722	0.18250	0.957
		本科及以上	-0.16591	0.18024	0.889
	初中	小学及以下	-0.03120	0.19651	1.000
		高中/中专/技校	0.00535	0.09764	1.000
		大专	-0.15842	0.09853	0.493
		本科及以上	-0.19711	0.09427	0.225
	高中/中专/技校	小学及以下	-0.03654	0.18202	1.000
		初中	-0.00535	0.09764	1.000
		大专	-0.16377	0.06500	0.087
		本科及以上	-0.20246*	0.05834	0.005
	大专	小学及以下	0.12722	0.18250	0.957
		初中	0.15842	0.09853	0.493
		高中/中专/技校	0.16377	0.06500	0.087
		本科及以上	-0.03869	0.05981	0.967
	本科及以上	小学及以下	0.16591	0.18024	0.889
		初中	0.19711	0.09427	0.225
		高中/中专/技校	0.20246*	0.05834	0.005
		大专	0.03869	0.05981	0.967

如表 6-32 所示，就知识转移意愿而言，"本科及以上"组群体显著高于"初中"组群体、"高中/中专/技校"组群体；"大专"组群体显著高于"初中"组群体、"高中/中专/技校"组群体。不同学历的五个组别中，学历为"本科及以上"的新生代农民工群体认为本地居民对自己的知识转移意愿平均数得分最高，学历为"初中"的新生代农民工群体认为本地居民对自己的知识转移意愿平均数得分最低。

表6-32　　不同学历群体的知识转移意愿认知事后多重比较

因变量	(I) 学历	(J) 学历	平均差异 (I—J)	标准误	显著性
知识转移意愿	小学及以下	初中	0.21511	0.22856	0.878
		高中/中专/技校	0.02492	0.19696	1.000
		大专	-0.32756	0.19749	0.485
		本科及以上	-0.40220	0.19250	0.277
	初中	小学及以下	-0.21511	0.22856	0.878
		高中/中专/技校	-0.19019	0.14064	0.660
		大专	-0.54267*	0.14137	0.002
		本科及以上	-0.61731*	0.13431	0.000
	高中/中专/技校	小学及以下	-0.02492	0.19696	1.000
		初中	0.19019	0.14064	0.660
		大专	-0.35248*	0.08090	0.000
		本科及以上	-0.42712*	0.06781	0.000
	大专	小学及以下	0.32756	0.19749	0.485
		初中	0.54267*	0.14137	0.002
		高中/中专/技校	0.35248*	0.08090	0.000
		本科及以上	-0.07464	0.06933	0.819
	本科及以上	小学及以下	0.40220	0.19250	0.277
		初中	0.61731*	0.13431	0.000
		高中/中专/技校	0.42712*	0.06781	0.000
		大专	0.07464	0.06933	0.819

如表6-33所示，就知识转移能力而言，"本科及以上"组群体显著高于"初中"组群体；"大专"组群体显著高于"初中"组群体、"高中/中专/技校"组群体。不同学历的五个组别中，学历为"大专"的新生代农民工群体认为本地居民向自己转移知识的能力平均数得分最高，学历为"初中"的新生代农民工群体认为本地居民向自己转移知识的能力平均数得分最低。

表6-33　　　不同学历群体的知识转移能力认知事后多重比较

因变量	（I）学历	（J）学历	平均差异（I—J）	标准误	显著性
知识转移能力	小学及以下	初中	0.29639	0.24510	0.746
		高中/中专/技校	0.07586	0.22704	0.997
		大专	-0.25156	0.22763	0.804
		本科及以上	-0.06299	0.22481	0.999
	初中	小学及以下	-0.29639	0.24510	0.746
		高中/中专/技校	-0.22053	0.12179	0.368
		大专	-0.54795*	0.12289	0.000
		本科及以上	-0.35938*	0.11758	0.020
	高中/中专/技校	小学及以下	-0.07586	0.22704	0.997
		初中	0.22053	0.12179	0.368
		大专	-0.32742*	0.08107	0.001
		本科及以上	-0.13885	0.07277	0.314
	大专	小学及以下	0.25156	0.22763	0.804
		初中	0.54795*	0.12289	0.000
		高中/中专/技校	0.32742*	0.08107	0.001
		本科及以上	0.18857	0.07460	0.086
	本科及以上	小学及以下	0.06299	0.22481	0.999
		初中	0.35938*	0.11758	0.020
		高中/中专/技校	0.13885	0.07277	0.314
		大专	-0.18857	0.07460	0.086

如表6-34所示，就知识吸收意愿而言，"本科及以上"组群体显著高于"初中"组群体、"高中/中专/技校"组群体；"大专"组群体显著高于"初中"组群体、"高中/中专/技校"组群体。不同学历的五个组别中，学历为"本科及以上"的新生代农民工群体平均数得分最高，学历为

"小学及以下"的新生代农民工群体平均数得分最低。

表6-34　　　　不同学历群体的知识吸收意愿事后多重比较

因变量	(I) 学历	(J) 学历	平均差异（I—J）	标准误	显著性
知识吸收意愿	小学及以下	初中	-0.04516	0.24995	1.000
		高中/中专/技校	-0.32115	0.22543	0.623
		大专	-0.56710	0.22808	0.146
		本科及以上	-0.66923	0.22351	0.063
	初中	小学及以下	0.04516	0.24995	1.000
		高中/中专/技校	-0.27600	0.12771	0.206
		大专	-0.52194*	0.13233	0.001
		本科及以上	-0.62407*	0.12428	0.000
	高中/中专/技校	小学及以下	0.32115	0.22543	0.623
		初中	0.27600	0.12771	0.206
		大专	-0.24595*	0.07653	0.012
		本科及以上	-0.34808*	0.06156	0.000
	大专	小学及以下	0.56710	0.22808	0.146
		初中	0.52194*	0.13233	0.001
		高中/中专/技校	0.24595*	0.07653	0.012
		本科及以上	-0.10213	0.07067	0.599
	本科及以上	小学及以下	0.66923	0.22351	0.063
		初中	0.62407*	0.12428	0.000
		高中/中专/技校	0.34808*	0.06156	0.000
		大专	0.10213	0.07067	0.599

如表6-35所示，就知识吸收能力而言，"本科及以上"组群体、"大专"组群体均显著高于"高中/中专/技校"组群体。不同学历的五个组别中，学历为"本科及以上"的新生代农民工群体平均数得分最高，学历为"初中"的新生代农民工群体平均数得分最低。

表6-35 不同学历群体的知识吸收能力事后多重比较

因变量	（I）学历	（J）学历	平均差异（I—J）	标准误	显著性
知识吸收能力	小学及以下	初中	0.02545	0.25568	1.000
		高中/中专/技校	0.00864	0.23511	1.000
		大专	-0.21982	0.23805	0.883
		本科及以上	-0.26823	0.23278	0.777
	初中	小学及以下	-0.02545	0.25568	1.000
		高中/中专/技校	-0.01681	0.12083	1.000
		大专	-0.24527	0.12645	0.304
		本科及以上	-0.29369	0.11623	0.097
	高中/中专/技校	小学及以下	-0.00864	0.23511	1.000
		初中	0.01681	0.12083	1.000
		大专	-0.22846*	0.07676	0.026
		本科及以上	-0.27687*	0.05842	0.000
	大专	小学及以下	0.21982	0.23805	0.883
		初中	0.24527	0.12645	0.304
		高中/中专/技校	0.22846*	0.07676	0.026
		本科及以上	-0.04842	0.06931	0.957
	本科及以上	小学及以下	0.26823	0.23278	0.777
		初中	0.29369	0.11623	0.097
		高中/中专/技校	0.27687*	0.05842	0.000
		大专	0.04842	0.06931	0.957

如表6-36所示，就文化差异而言，分值越高，则代表文化差异越小，即与周围人群的文化相似度越高。"本科及以上"组群体显著高于"小学及以下"组群体、"初中"组群体；"大专"组群体显著高于"小学及以下"组群体、"初中"组群体及"高中/中专/技校"组群体；"高中/中专/技校"组群体显著高于"小学及以下"组群体；"初中"组群体显著高于"小学及以下"组群体。因此，学历只有"小学及以下"程度的新生代农民工群体，认为自己与本地居民间的文化差异最大，文化程度极有可能成为影响该群体融入城市的重要阻力因素。

表6-36　　　　　　　不同学历群体的文化差异事后多重比较

因变量	（I）学历	（J）学历	平均差异（I—J）	标准误	显著性
文化差异	小学及以下	初中	-0.63547*	0.20185	0.031
		高中/中专/技校	-0.80939*	0.17786	0.003
		大专	-1.13185*	0.18281	0.000
		本科及以上	-0.97288*	0.17636	0.000
	初中	小学及以下	0.63547*	0.20185	0.031
		高中/中专/技校	-0.17392	0.12016	0.599
		大专	-0.49639*	0.12737	0.002
		本科及以上	-0.33741*	0.11793	0.042
	高中/中专/技校	小学及以下	0.80939*	0.17786	0.003
		初中	0.17392	0.12016	0.599
		大专	-0.32247*	0.08434	0.001
		本科及以上	-0.16349	0.06926	0.128
	大专	小学及以下	1.13185*	0.18281	0.000
		初中	0.49639*	0.12737	0.002
		高中/中专/技校	0.32247*	0.08434	0.001
		本科及以上	0.15898	0.08113	0.288
	本科及以上	小学及以下	0.97288*	0.17636	0.000
		初中	0.33741*	0.11793	0.042
		高中/中专/技校	0.16349	0.06926	0.128
		大专	-0.15898	0.08113	0.288

如表6-37所示，就知识距离而言，分值越高，则代表与周围人群的知识差距越小。"本科及以上"组群体、"大专"组群体、"高中/中专/技校"组群体、"初中"组群体均显著高于"小学及以下"组群体；此外，"大专"组群体还显著高于"高中/中专/技校"组群体。学历只有"小学及以下"程度的新生代农民工群体与周围人群的知识差距最大，文化程度成为造成新生代农民工群体知识势能低下的主要影响因素。

表6-37　　　　　　　不同学历群体的知识距离事后多重比较

因变量	（I）学历	（J）学历	平均差异（I—J）	标准误	显著性
知识距离	小学及以下	初中	-0.96798*	0.28849	0.024
		高中/中专/技校	-1.08771*	0.26637	0.008
		大专	-1.34163*	0.26821	0.001
		本科及以上	-1.24548*	0.26424	0.003
	初中	小学及以下	0.96798*	0.28849	0.024
		高中/中专/技校	-0.11973	0.13268	0.895
		大专	-0.37365	0.13632	0.056
		本科及以上	-0.27750	0.12833	0.206
	高中/中专/技校	小学及以下	1.08771*	0.26637	0.008
		初中	0.11973	0.13268	0.895
		大专	-0.25392*	0.07946	0.013
		本科及以上	-0.15777	0.06479	0.108
	大专	小学及以下	1.34163*	0.26821	0.001
		初中	0.37365	0.13632	0.056
		高中/中专/技校	0.25392*	0.07946	0.013
		本科及以上	0.09615	0.07197	0.669
	本科及以上	小学及以下	1.24548*	0.26424	0.003
		初中	0.27750	0.12833	0.206
		高中/中专/技校	0.15777	0.06479	0.108
		大专	-0.09615	0.07197	0.669

如表6-38所示，就关系质量而言，分值越高，则代表与周围人群关系越紧密，相处越融洽。"本科及以上"组群体显著高于"高中/中专/技校"组群体；"大专"组群体显著高于"高中/中专/技校"组群体、"初中"组群体。其中，学历为"大专"的新生代农民工群体平均数得分最

高，学历为"初中"的新生代农民工群体平均数得分最低。

表 6-38　　　　　　　不同学历群体的关系质量事后多重比较

因变量	（I）学历	（J）学历	平均差异（I—J）	标准误	显著性
关系质量	小学及以下	初中	0.07451	0.26483	0.998
		高中/中专/技校	-0.02126	0.25123	1.000
		大专	-0.29509	0.25547	0.776
		本科及以上	-0.18739	0.24991	0.941
	初中	小学及以下	-0.07451	0.26483	0.998
		高中/中专/技校	-0.09577	0.10579	0.894
		大专	-0.36960*	0.11551	0.015
		本科及以上	-0.26189	0.10262	0.090
	高中/中专/技校	小学及以下	0.02126	0.25123	1.000
		初中	0.09577	0.10579	0.894
		大专	-0.27383*	0.07953	0.006
		本科及以上	-0.16612*	0.05927	0.042
	大专	小学及以下	0.29509	0.25547	0.776
		初中	0.36960*	0.11551	0.015
		高中/中专/技校	0.27383*	0.07953	0.006
		本科及以上	0.10771	0.07527	0.608
	本科及以上	小学及以下	0.18739	0.24991	0.941
		初中	0.26189	0.10262	0.090
		高中/中专/技校	0.16612*	0.05927	0.042
		大专	-0.10771	0.07527	0.608

总结差异性分析的结果，可以得出：

第一，不同性别的新生代农民工在知识转移效果、知识内隐性、知识复杂性、知识吸收意愿、知识吸收能力、文化差异以及关系质量等方面均存在显著差异。其中，女性新生代农民工的知识转移各项平均值指标水平均优于男性新生代农民工，这可能是由于女性新生代农民工的经济负担相对较轻，拥有更多的个人自由支配时间，因而产生的精神层面需求更旺盛，直接或间接地促进了她们与本地居民之间的交流，知识转移效果达到个体满意程度的可能性也更高。

第二，在不同的务工年限组别间，知识内隐性、知识系统性、知识吸收意愿存在着显著差异。就知识内隐性而言，外出务工年限10年及以上的新生代农民工组别要高于外出务工年限7—9年的新生代农民工组别；就知识系统性而言，外出务工年限在4—6年的新生代农民工组别得分最高；就知识吸收意愿而言，外出务工年限7—9年的新生代农民工组别要高于外出务工年限1年以下的新生代农民工组别。

第三，在不同的学历组别间，知识转移效果、知识内隐性、知识复杂性、知识转移意愿、知识转移能力、知识吸收意愿、知识吸收能力、文化差异、知识距离及关系质量均存在着显著差异。其中，初中组别的新生代农民工知识转移效果最差；本科及以上组别的新生代农民工所获取知识内隐性及复杂性最高；就本地居民对自己的知识转移意愿而言，本科及以上组群体分别显著高于初中组群体、高中/中专/技校组群体，大专组群体显著高于初中组群体、高中/中专/技校组群体；就本地居民向自己传授知识的个体能力而言，本科及以上组群体显著高于初中组群体，大专组群体显著高于初中组群体、高中/中专/技校组群体；就知识吸收意愿而言，本科及以上组群体显著高于初中组群体、高中/中专/技校组群体，大专组群体显著高于初中组群体、高中/中专/技校组群体；就知识吸收能力而言，本科及以上组群体、大专组群体均显著高于高中/中专/技校组群体；就文化差异与知识距离而言，学历为小学及以下程度的新生代农民工认为自身与本地居民之间的差距最大；就关系质量而言，本科及以上组群体显著高于高中/中专/技校组群体，大专组群体显著高于高中/中专/技校组群体、初中组群体。

三　知识转移效果与知识转移影响因子的回归分析

（一）知识转移影响因子的相关分析

在应用回归分析时，自变量的最佳关系为两两之间呈中低度相关，若自变量之间具有高度相关性（相关系数大于0.7），则会对回归分析的结果带来困扰。为了判断所分析的数据是否符合回归模型的基本假定，将先对自变量之间的pearson系数进行检验。需要说明的是，由于存在样本误差、研究设计缺陷等可能性，会使得某些原本相关性较低的变量间呈现出高度相关性，因此，pearson 系数相关分析结果仅仅只是用来检验回归分析中自变量间是否存在共线性的初步依据，表 6-39 为自变量间的 pearson 系数相关分析结果。

由相关矩阵可知，"知识转移意愿"与"知识转移能力"两个自变量间的相关系数为 0.737，"知识吸收意愿"与"知识吸收能力"两个自变量间的相关系数为 0.754，均大于 0.7，呈现高度相关，表示上述自变量间可能存在共线性问题，除此之外，其他变量间均呈现中低度相关性，不会影响回归分析的结果。

(二) 知识转移影响因子的多元共线性分析

对于自变量间是否存在严重的多元共线性问题的判定，将依据方差膨胀因素 (VIF)、容忍度及条件指标 (CI) 进行分析，具体指标的判断标准及多重共线性分析的结果分别如表 6-40、表 6-41 所示。

由方差膨胀因素与容忍度这两个指标来看，各变量的 VIF 数值均在 1—3 之间，远远小于临界数值 10；从容忍度指标来看，其数值范围均在 0.3—0.7 之间，大于临界数值 0.1，表示各变量间存在多元共线性的问题可能性较小。

由条件指数分析结果（见表 6-42）来看，12 个条件指数中大于 30 者有 2 个，最大的 CI 值为 36.251，表示自变量间有较严重的共线性问题。方差比例为特征值个数组成的矩阵，若两个变量在同一特征值上的方差比例愈接近 1，则表明这两个变量间的关系越密切，存在较严重的线性重合问题。截取方差比例中在同一特征值上数值较接近 1 的两个变量，发现知识吸收意愿与知识吸收能力之间存在较高的关联，此时应选择删除两个变量中与效标变量相关性较低的那一个变量或者采用逐步回归法来替代强迫进入变量方法，由于本研究旨在探讨每一个自变量对于效标变量的影响程度，而不在于追寻最优模型，因此，将选择删除其中一个变量。经过检验，知识吸收意愿与效标变量之间的相关度大于知识吸收能力与效标变量的相关度，且后者对效标变量并未存在显著影响，决定将知识吸收能力这一自变量排除于回归模型之外。

第六章 知识转移视角下的新生代农民工文化适应实证研究

表6-39　自变量间的pearson系数相关分析

	知识内隐性	知识复杂性	知识系统性	知识转移意愿	知识转移能力	知识吸收意愿	知识吸收能力	文化差异	知识距离	关系质量	知识转移通道
知识内隐性	1	0.467	0.405	0.328	0.285	0.402	0.376	0.375	0.377	0.430	0.369
知识复杂性	0.467	1	0.532	0.355	0.317	0.406	0.419	0.259	0.365	0.419	0.370
知识系统性	0.405	0.532	1	0.354	0.392	0.345	0.332	0.324	0.363	0.395	0.376
知识转移意愿	0.328	0.355	0.354	1	0.737	0.537	0.493	0.453	0.489	0.561	0.592
知识转移能力	0.285	0.317	0.392	0.737	1	0.476	0.459	0.427	0.439	0.530	0.596
知识吸收意愿	0.402	0.406	0.345	0.537	0.476	1	0.754	0.454	0.533	0.598	0.448
知识吸收能力	0.376	0.419	0.332	0.493	0.459	0.754	1	0.474	0.579	0.652	0.468
文化差异	0.375	0.259	0.324	0.453	0.427	0.454	0.474	1	0.604	0.596	0.531
知识距离	0.377	0.365	0.363	0.489	0.439	0.533	0.579	0.604	1	0.681	0.584
关系质量	0.430	0.419	0.395	0.561	0.530	0.598	0.652	0.596	0.681	1	0.580
知识转移通道	0.369	0.370	0.376	0.592	0.596	0.448	0.468	0.531	0.584	0.580	1

表6-40　　　　　　　　多重共线性分析判断标准

	方差膨胀因素（VIF）	容忍度	条件指标（CI）
判别标准	VIF>10，可能存在线性重合	容忍度值小于0.1，可能存在共线性问题	CI>30，表示有严重的共线性问题

表6-41　　　　　　　　方差膨胀因素及容忍度分析结果

模型		共线性统计资料	
		容忍度	方差膨胀因素VIF
1	（常数）		
	知识内隐性	0.670	1.494
	知识复杂性	0.589	1.697
	知识系统性	0.632	1.583
	知识转移意愿	0.383	2.608
	知识转移能力	0.399	2.507
	知识吸收意愿	0.380	2.632
	知识吸收能力	0.356	2.810
	文化差异	0.531	1.883
	知识距离	0.426	2.345
	关系质量	0.366	2.730
	知识转移通道	0.468	2.136

（三）知识转移效果与知识转移影响因子间的回归模型

回归分析旨在探寻出一个有关自变量的回归模型，该模型不仅可以用来简明地阐释多个预测变量（自变量）与效标变量之间的关系，同时，也能够显示出自变量间的线性组合与效标变量间的关系强度大小以及预测出哪些自变量对效标变量的影响程度最大，研究中的效标变量，即为知识转移效果。由于第三章已事先建立研究假设，因此，将选择强迫进入变量方法进行分析，探讨自变量对于效标变量的影响方向及程度。

表6-42　　　　　　　　条件指标及方差比例分析结果

模型	维度	特征值	条件指数	方差比例 知识吸收意愿	方差比例 知识吸收能力
1	1	11.711	1.000	0.00	0.00
	2	0.062	13.707	0.00	0.00
	3	0.046	15.992	0.01	0.01
	4	0.037	17.767	0.10	0.06
	5	0.027	20.654	0.00	0.00
	6	0.026	21.116	0.01	0.02
	7	0.021	23.611	0.10	0.01
	8	0.018	25.504	0.09	0.03
	9	0.016	27.479	0.00	0.01
	10	0.014	29.111	0.05	0.00
	11	0.012	30.748	0.04	0.00
	12	0.009	36.251	0.60	0.85

所建立的回归模型中，经过多重共线性分析，已将知识吸收能力此项自变量排除于回归模型之外，剩余十个自变量分别为知识内隐性、知识复杂性、知识系统性、知识转移意愿、知识转移能力、知识吸收意愿、文化差异、知识距离、关系质量、知识转移通道，效标变量为知识转移效果。表6-43为回归模型的摘要表，由表中数据可知，10个预测变量与知识转移效果的多元相关系数为0.651，决定系数 R^2 为0.424，调整后的 R^2 为0.416，估计标准误为0.63620，Durbin-Watson检验数值接近2，表示残差项间不存在自我相关，由于强迫输入法仅输出一个模型，因此 R^2 改变量与 R^2 数值相等，表明十个预测变量一共能够解释"知识转移效果"42.4%的变异量。

表6-43　　　　　　　　　　回归模型摘要（b）

模型	R	R²	调整后的R²	估计的标准误	R²改变量	F改变	df1	df2	显著性F改变	Durbin-Watson检验
1	0.651ª	0.424	0.416	0.63620	0.424	58.053	10	790	0.000	1.540

变更统计量

a. 预测变量：(常数)，知识转移通道，知识内隐性，知识系统性，知识吸收意愿，文化差异，知识复杂性，知识转移能力，知识距离，关系质量，知识转移意愿。

b. 因变量：知识转移效果。

由方差分析摘要表6-44中数据可知，显著性检验的p值为0.000，小于0.05的显著水平，表明模型整体变异量达到显著水平，回归方程式中至少有一个预测变量达到显著水平，具体的回归系数数值，将通过下面的系数摘要表6-45进行说明。

表6-44　　　　　　　　　　方差分析摘要表（a）

模型		平方和	df	平均值平方	F	显著性
1	回归	234.971	10	23.497	58.053	0.000b
	残差	319.755	790	0.405		
	总计	554.726	800			

a. 因变量：知识转移效果。

b. 预测变量：(常数)，知识转移通道，知识内隐性，知识系统性，知识吸收意愿，文化差异，知识复杂性，知识转移能力，知识距离，关系质量，知识转移意愿。

表6-45为回归模型的预测变量回归系数及回归系数的显著性检验，由于非标准化回归系数包括常数项，与标准化回归系数相比模糊了预测变量的相对重要程度，因此，将以标准化回归模型各系数为准，由此得到如下回归模型：

知识转移效果 = 0.181×知识内隐性 + 0.085×知识复杂性 + (-0.046)×知识系统性 + 0.201×知识转移意愿 + 0.097×知识转移能力 + 0.199×知识吸收意愿 + (-0.107)×文化差异 + 0.065×知识距离 +

0.086×关系质量+0.080×知识转移通道

由回归系数正负性可知,知识内隐性、知识复杂性、知识转移意愿、知识转移能力、知识吸收意愿、知识距离、关系质量、知识转移通道这八个自变量对知识转移效果的影响为正向,而知识系统性、文化差异这两个自变量对知识转移效果的影响为反向;由回归系数绝对值大小可知,上述十个自变量中,对知识转移效果的影响程度由大到小依次为:知识转移意愿、知识吸收意愿、知识内隐性、文化差异、知识转移能力、关系质量、知识复杂性、知识转移通道、知识距离、知识系统性;而在十个自变量的回归系数显著性检验中,知识系统性($p=0.175>0.05$)与知识距离($p=0.114>0.05$)未达到显著性,其余八个自变量均达到显著水平。

表6-45　　　　　　　　回归系数摘要表(a)

模型		非标准化系数 B	标准误	标准化系数 Beta	T	显著性	共线性统计量 容忍度	VIF
1	(常数)	0.172	0.152		1.133	0.257		
	知识内隐性	0.190	0.035	0.181	5.482	0.000	0.670	1.493
	知识复杂性	0.106	0.044	0.085	2.425	0.016	0.596	1.678
	知识系统性	-0.048	0.036	-0.046	-1.357	0.175	0.633	1.580
	知识转移意愿	0.208	0.045	0.201	4.602	0.000	0.384	2.606
	知识转移能力	0.096	0.043	0.097	2.262	0.024	0.399	2.503
	知识吸收意愿	0.215	0.040	0.199	5.423	0.000	0.540	1.851
	文化差异	-0.105	0.036	-0.107	-2.897	0.004	0.531	1.881
	知识距离	0.068	0.043	0.065	1.583	0.114	0.433	2.310
	关系质量	0.094	0.048	0.086	1.967	0.050	0.386	2.593
	知识转移通道	0.078	0.039	0.080	2.024	0.043	0.468	2.136

(四)回归分析结果讨论

1. 知识特性与新生代农民工知识转移效果之间的关系

由表6-45回归系数摘要表可知,知识内隐性的标准化回归系数为0.181,其显著性检验值$p=0.000<0.05$,达到显著,与知识转移效果呈

现出显著的正向相关，理论假设符号方向和实际相反，假设 H1 不成立；知识复杂性的标准化回归系数为 0.085，其显著性检验值 p = 0.016 < 0.05，达到显著，与知识转移效果呈现出显著的正向相关，理论假设符号方向和实际相反，假设 H2 不成立。知识系统性的标准化回归系数为 -0.046，虽然与理论假设符号方向相同，但由于其显著性回归检验值 p = 0.175 > 0.05，未达显著，即知识系统性并未对知识转移效果产生显著影响，因此假设 H3 同样不成立。

通常情况下，知识内隐性越高，知识越难被编码和表达，知识转移也愈困难；而知识复杂性，则会影响知识受体对被转移知识的吸收与理解，进而降低知识转移效果，但同时也应该考虑到，知识内隐性越高，表示该知识的共享程度越低，知识本身就越稀缺，知识再创的可能性也越大，从而提高了知识转移效果；知识越复杂，则其本身的价值越高，知识受体一旦能够克服障碍将其与原有的知识重组，竞争力势必得到提升，亦能够提高知识转移效果。知识系统性虽然从理论上来讲，能够影响新生代农民工知识内转移过程，但是，知识的高度系统性也会造成知识源受体之间转移动机的低下，导致它在提升个体知识吸收及理解的功效上被弱化。综合以上观点来看，虽然知识内隐性降低了知识的可编码程度，使得知识难以表达，知识复杂性阻碍了知识受体的吸收与理解，但在更大的程度上，它们却利用自身的高价值，对新生代农民工的知识创新产生了积极的推动作用，而知识系统性则对新生代农民工的知识转移效果未能形成显著影响。

2. 本地居民因素（知识源）与新生代农民工知识转移效果之间的关系

由表 6-45 回归系数摘要表可知，知识转移意愿的标准化回归系数为 0.201，其显著性检验值 p = 0.000 < 0.05，达到显著，与知识转移效果呈现出显著的正向相关，理论假设符号方向和实际一致，假设 H4 成立；知识转移能力的标准化回归系数为 0.097，其显著性检验值 p = 0.024 < 0.05，达到显著，与知识转移效果呈现出显著的正向相关，理论假设符号方向和实际一致，假设 H5 成立。十个预测变量中，知识转移意愿的标准化回归系数绝对值最大，表明它是影响知识转移效果的最重要因素。一方面，积极的知识转移意愿极大地增加了知识转移的机会，也激励了个人的知识传授能力，降低了知识转移成本；另一方面，良好的知识转移能力作

为知识源的重要个人技能，又是促成知识转移意愿顺利实现的硬性保障，二者相辅相成，作为整个知识转移过程中执行阶段的决定性因素，对知识转移效果起着极大的作用。

3. 新生代农民工本体（知识受体）与新生代农民工知识转移效果之间的关系

由表6-45回归系数摘要表可知，知识吸收意愿的标准化回归系数为0.199，其显著性检验值 p = 0.000 < 0.05，达到显著，与知识转移效果呈现出显著的正向相关，理论假设符号方向和实际一致，假设 H6 成立。积极的知识转移意愿表达了新生代农民工对于新知识的强烈渴望，且在某种程度上，能够间接刺激知识源产生知识转移意愿或者提高知识转移意愿，知识转移的契机变大，知识转移的效率得到提升。由于知识吸收能力这一变量被排除于回归模型之外，且其显著性检验并未通过，因此无法表明它与知识转移效果之间有着显著的因果关系，假设 H7 不成立。

上述结论中，关于知识吸收能力的实证结果与其他学者的成果间存在较大差异，众多的实证研究均表明知识吸收能力确实能够影响知识转移的效果，如魏江等[1]、鲍会鹏[2]等均指出知识受体的吸收能力与知识转移效果之间存在显著正相关。在实际知识转移的过程中，我们有理由相信良好的知识吸收能力能够提升知识转移的效果，亦有众多的研究表明知识吸收能力确实能够影响知识转移的效果，但从新生代农民工城市融合这一过程中的知识转移行为来看，知识受体的初始知识势能较低，职业工种的特性使得他们的劳动行为多属于单一的重复性劳动，客观上对于知识创新的需求较低，个人的知识吸收能力无法得到充分施展，弱化了个人知识吸收能力对知识转移效果的影响。

4. 知识转移情境因素与新生代农民工知识转移效果之间的关系

由表6-45回归系数摘要表可知，知识转移情境因素中，文化差异的标准化回归系数为 -0.107，其显著性检验值 p = 0.004 < 0.05，达到显著，

---

[1] 参见魏江、王铜安《个体、群组、组织间知识转移影响因素的实证研究》，《科学学研究》2006年第1期。
[2] 参见鲍会鹏、孙锐、林春培《社群用户转移意愿与能力对企业知识转移绩效的影响》，《科技进步与对策》2015年第3期。

与知识转移效果呈现出显著的负向相关,理论假设符号方向和实际一致,假设 H8 成立;知识距离的标准化回归系数为 0.065,虽然理论假设符号方向和实际一致,但其显著性检验值 $p = 0.114 > 0.05$,未达显著,即知识距离因素并未对知识转移效果产生明显影响,假设 H9 不成立;关系质量的标准化回归系数为 0.086,其显著性检验值 $p = 0.050$,临界值默认达到显著,与知识转移效果呈现出显著的正向相关,理论假设符号方向和实际一致,假设 H10 成立。

在城市融合的过程中,新生代农民工的知识转移行为受到转移情境的制约,较小的文化差异与良好的关系质量使得新生代农民工与本地居民之间的交流行为更容易发生,同时也能够增强双方交流的顺畅程度,对知识转移效果产生积极影响;知识距离因素一直是衡量知识转移效果当中的一个重要指标,但迄今为止,由于受到研究主题与研究对象的限制,实证研究结果始终未能统一。疏礼兵认为知识距离与知识转移绩效之间为倒 U 形曲线关系,当知识转移距离到达临界点时,知识转移绩效能够达到最大值,而没有达到或超出此临界点都将会导致知识转移绩效下降;[①] 周密等提出知识距离和知识转移之间的关系会受到知识特性本身的影响,只有在具象的知识背景下,研究结论才能保持一致性;[②] 国外学者 Marco Tortoriello 等指出知识距离加大会导致知识共享难度的增加。[③] 本研究认为,首先知识距离存在着临界点的可能性十分巨大,过大或过小的知识距离都会削弱知识转移效果;其次,知识距离能够细化为知识深度和知识广度,从知识深度来说,较大的差距会对知识源与知识受体之间的知识转移效果产生困扰;从知识广度来说,较大的差距表明源受体双方之间拥有的知识种类差异较大,知识源能够补充给知识受体的新知识就更多,于后者而言,由于新知识的储备较低,尚未形成一个饱和点,此阶段的知识吸收效率能够

[①] 参见疏礼兵《团队内部知识转移的过程机制与影响因素研究——以企业研发团队为例》,博士学位论文,浙江大学,2006 年。

[②] 参见周密、赵文红、宋红媛《基于知识特性的知识距离对知识转移影响研究》,《科学学研究》2015 年第 7 期。

[③] Tortoriello M., Reagans R., Mcevily B., "Bridging the Knowledge Gap: the Influence of Strong Ties, Network Cohesion, and Network Range on the Transfer of Knowledge between Organizational Units", *Organization Science*, 2012, 23 (4), pp. 1024 – 1039.

得到较大保证，因此，此时较大的知识距离反而能够正向促进知识转移效果。综合来看，知识距离对知识转移效果的影响到底如何，暂且无法得知，期待着后续研究的深入探索。

5. 知识转移通道与新生代农民工知识转移效果之间的关系

由表 6-45 回归系数摘要表可知，知识转移通道的标准化回归系数为 0.080，其显著性检验值 p=0.043<0.05，达到显著，与知识转移效果呈现出显著的正向相关，理论假设符号方向和实际一致，假设 H11 成立，知识转移通道越多，知识流通的渠道就越多，再通过对应知识的特性而匹配相应的最优通道，知识转移效果可以得到有效提升。

四 假设验证情况

综合以上讨论结果，本研究的理论假设检验结果如表 6-46 所示，11 个假设中，共有 6 个假设得到了实证研究结果的支持。

表 6-46　　　　　　　　　假设检验结果

假设序号	内容	检验结果
H1	被转移知识的内隐性与知识转移效果显著相关，对知识转移效果产生负面影响	不支持
H2	被转移知识的复杂性与知识转移效果显著相关，对知识转移效果产生负面影响	不支持
H3	被转移知识的系统性与知识转移效果显著相关，对知识转移效果产生负面影响	不支持
H4	本地居民的知识转移意愿与知识转移效果显著正相关	支持
H5	本地居民的知识转移能力与知识转移效果显著正相关	支持
H6	新生代农民工的知识吸收意愿与知识转移效果显著正相关	支持
H7	新生代农民工的知识吸收能力与知识转移效果显著正相关	不支持
H8	文化差异与知识转移效果显著相关，本地居民与新生代农民工之间的文化差异越小，知识转移效果越好	支持
H9	知识距离与知识转移效果显著相关，本地居民与新生代农民工之间的知识距离越小，知识转移效果越好	不支持

续表

假设序号	内容	检验结果
H10	关系质量与知识转移效果显著相关，本地居民与新生代农民工之间的关系质量越好，知识转移效果越好	支持
H11	知识转移通道与知识转移效果显著相关，知识转移通道越丰富，知识转移效果越好	支持

如表 6-46 所示，假设 H4、H5、H6、H8、H10、H11 均获得了实证研究的支撑，而假设 H1、H2、H3、H7、H9 均未获得实证结果的支撑，结合其他学者的成果及新生代农民工的知识转移特性来看，对上述理论假设的检验结果总结如下：

第一，知识特性层面：包含 H1、H2、H3 三个理论假设，均未获支持。实证结果显示：被转移知识的内隐性、复杂性与新生代农民工的知识转移效果之间呈显著正相关；被转移知识的系统性与新生代农民工的知识转移效果之间无显著关系。此结论与其他学者的观点之间有较大的差异，新生代农民工在城市融合过程中的知识转移行为存在着独特性，即便知识内隐性对知识的表达与编码会形成阻碍，知识复杂性会对新生代农民工的知识吸收与理解形成壁垒，但在更大的程度上，这类知识中蕴含的高价值性却能够极大地对新生代农民工的知识创新产生推动作用。

第二，知识源层面：包含 H4、H5 两个理论假设，均获得支持，实证结果显示：本地居民的知识转移意愿、知识转移能力与新生代农民工的知识转移效果呈显著正相关。此结论与众多学者的研究成果保持一致。

第三，知识受体层面：包含 H6、H7 两个理论假设，H6 获得支持，H7 未获支持。实证结果显示：新生代农民工的知识吸收意愿与知识转移效果显著正相关；新生代农民工的知识吸收能力与知识转移效果无显著关系。这一观点与其他学者的观点之间存有较大差别，多数学者认为知识吸收意愿与知识吸收能力均能够对知识转移效果产生显著的正向影响。但从新生代农民工城市融合这一过程中的知识转移行为来看，新生代农民工的初始知识势能较低，客观上造成了知识创新的需求性较低，个人的知识吸收能力无法得到充分的施展，弱化了对其知识转移效果的影响。

第四，转移情境层面：包含 H8、H9、H10、H11 四个理论假设，除 H9 未获支持外，其余假设均得到支持。实证研究结果显示：本地居民与新生代农民工之间的关系质量、转移通道与知识转移效果呈显著正相关；本地居民与新生代农民工之间的文化差异与知识转移效果呈显著负相关；本地居民与新生代农民工之间的知识距离与知识转移效果无显著相关关系。除知识距离这一假设验证结论与其他学者的结论存有较大分歧外，其余验证结论与其他学者的研究成果之间均分歧较小。

第四节 结论与建议

一 结论

本研究以新生代农民工为研究对象，探讨了处于城市文化适应中的新生代农民工与本地居民之间的知识转移行为。在定性与定量相结合的研究方法下，首先对新生代农民工与本地居民之间的知识转移过程进行了具体阐释，确定了每一个阶段的划分；然后分析了知识转移在新生代农民工群体内的差异性；最后对影响知识转移效果的因素进行了探究，并明晰了这些影响因素之间的相对重要性。主要研究结论如下：

第一，新生代农民工与本地居民之间的知识转移过程可具体划分为外转移与内转移两个过程，第一个过程中，知识通过本地居民的转移进入新生代农民工个体内部；第二个过程中，新吸收的知识在新生代农民工个体内部与旧知识发生交融与重组并产生效用。

第二，基于知识转移视角，本研究选取知识存量变化、知识使用效果、知识创新程度及知识频率四项指标作为知识转移效果的衡量构面，确定以知识转移影响因素（知识特性因素、知识源因素、知识受体因素、转移情境因素）为自变量、知识转移效果为因变量的研究思路，然后以 SPSS 软件对实证数据进行新生代农民工群体内部知识转移差异性分析和知识转移效果与知识转移影响因子间的回归分析。研究发现：不同性别、不同务工年限以及不同学历的新生代农民工群体之间，存在着知识转移差异。其一，不同性别的新生代农民工在知识转移效果、知识的内隐性、知识的复杂性、知识吸收意愿、知识吸收能力、文化差异以及关系质量这些方面均存在显著差异,女性在每一维度上的平均数得分均高于男性。其二,在不同的务工年限组别间,知识内隐性、知识系统性、知识吸收意愿存在着显著差异。其三,在不同的学历组别间,知识转移效果、知识内隐性、知识复杂性、知识转移意愿、知识转移能力、知识吸收意愿、知识吸收能力、文化差异、知识距离及关系质量均存在着显著差异。

第三,通过回归分析,构建了新生代农民工知识转移效果与影响因素间的回归模型,分析结果显示:知识转移意愿、知识吸收意愿、知识内隐性、文化差异、知识转移能力、关系质量、知识复杂性、知识转移通道对新生代农民工的知识转移效果存在显著影响。

二 建议

针对以上研究发现,可以通过多方面的相应措施来优化新生代农民工在城市融合过程中的知识转移效果,激励他们利用知识创新知识,凸显自身的竞争优势,更好更快地融入城市生活。

第一,建立起新生代农民工与本地居民间的"探究式"学习模式。通常情况下,与显性知识相比,隐性知识本身如果能够得到深度挖掘,所带来的价值将十分珍贵,而在实证研究中,也证明了知识内隐性能够对知识转移效果产生显著的正向影响。随着信息时代的到来,能够被编码的显性知识得以广泛传播,而隐性知识深深地内嵌于知识源体内,无法通过编码技术完整地被复制出来,在这样的情况下,作为知识受体的新生代农民工,应该充分地发挥自己的主观能动性,通过"探究式"的学习模式去理解与吸收知识。探究式模式区别于传统的被动式学习,鼓励以实践为主、理论为辅的方式深入挖掘内隐性较高的知识,更强调挖掘知识背后的知识,达到知其所以然,即建立起有逻辑的知识体系而并非单一的知识节点,节点之间又互有联系,某种程度上又反过来促进了知识的强化记忆。有国外学者指出,研究生在进行科学研究时利用的正是探究式的学习模式,强调从实践中知其所以然,尤其注重默会知识的消化吸收,如通过科研实践获得的研究技巧、想象力等[1],而这些技巧与能力的获得,都离不

---

[1] 参见肖广岭《隐性知识、隐性认识和科学研究》,《自然辩证法研究》1999年第8期。

开探究式学习模式所塑造的氛围。

第二,实施有效激励机制,提高本地居民知识共享的意愿。作为知识转移过程中的知识传送方,本地居民对待知识分享的态度和传授知识的能力,将会对知识转移效果产生显著的正向影响。知识转移意愿的增强,需要树立起"知识越扩散,价值越高"的理念,即知识传递的范围越广,其产生的社会价值越大。一般情况下,除了专利知识等要求保证客观机密性的知识以外,其他知识的普及不仅不会给知识传送方带来利益损害,甚至还有可能在知识传递的过程中,给知识传送方带来知识再创的灵感。若是被转移知识对于作为知识受体的新生代农民工来说价值十分重要,必要时可采取相应的物质回馈和精神回馈来向传送方表达感激,这种激励方式也是提高知识源知识转移意愿的一个有效手段。知识转移能力作为个人能力的一种,是自身水平的一种体现,可以通过多方面的锻炼来提升,如口才与表达技巧的锻炼、思维方式的训练等。

第三,鼓励新生代农民工积极表达知识吸收意愿。作为知识受体,积极的知识吸收意愿不仅可以促进自身的学习效果,也能够让知识源看到知识受体虚心的学习态度,从而间接地对知识源的知识转移意愿产生正向刺激,提高知识转移发生的概率。处于城市生活中的新生代农民工,难免会由于户籍身份产生不同程度的自卑心理,对于城市的文化认同,也或多或少地存在着质疑。有学者通过实证研究指出,比起个人收入状况,女性新生代农民工对整体的生活状况更为关注,其中尤以精神层面的需求为主。[1] 差异性分析显示,男性新生代农民工较女性新生代农民工而言表现出了更低的知识吸收意愿,因此,在日常生活中,新生代农民工群体(尤其是男性新生代农民工群体)一方面应该努力克服自卑,大胆地与人交流,不要吝于表达对精神层面的需求;另一方面在与本地居民进行知识交流时,也应该消除疑虑,建立信任,接纳有价值的知识援助并享受新知识带来的效用。

第四,提升新生代农民工与本地居民之间的"社交质量"。互动关系

---

[1] 参见向华丽《女性农民工的社会融入现状及其影响因素分析——基于湖北3市的调查》,《中国人口·资源与环境》2013年第1期。

在城市网中多以社交关系体现。在知识转移过程中，是源受方共同织出的一张无形大网。语言是影响社交的第一要素，对于语言方面的差异，若是由于当地的方言因素，则可以通过慢慢了解其方言文化和时间的积累来提高语言的适应力，若是由于个人普通话的因素，则应该提升自我普通话水平，以改观现有障碍；其次，社交质量与个体之间的"地位标签"息息相关，在"个体地位标签"方面，需要消除本地居民对新生代农民工这类流动人口的偏见，而这类刻板印象的消除过程，涉及国家、偏见方及被偏见方三个层面的共同努力，国家应该保障各类惠及流动人口的政策及手段的实施，偏见方应该学会宽容与理解，作为被偏见方的新生代农民工则应该正视偏见而不惧偏见，这将是一个漫长而艰巨的过程。值得说明的是，由于文化异质论的提出，有越来越多的学者认为，同化并不意味着接受同化的移民就会完全放弃其原有的文化，许多的实证结果也表明移民迁入者的原始文化并不会被他们摒弃。研究发现，对于新生代农民工而言，他们在城市中生活与工作，选择融入城市生活，在此过程中所发生的知识转移行为，也并不意味着他们就要接受城市的"先进知识"，而放弃乡村的"落后知识"，相反，通过乡村文化与城市文化的"相互碰撞"，新旧知识得到融合，知识体系得到优化，能够产生更大的效用，不管他们今后扎根城市也好，返乡创业也好，都能够为个体带来积极的生存效益。

第五，选择适宜的知识转移通道，获取有效的知识交流途径。实证结果表明，知识转移的通道越多，知识转移就越容易。通常情况下，知识既可以通过文档传递，亦能通过人际进行传递，新生代农民工可以通过覆盖多种转移通道，来达到知识转移的目的。值得说明的是，已有的研究中，常常认为最优的知识转移通道与知识本身的特性有着至关重要的影响，因此，在实际的知识转移中，对于编码程度高的知识，双方可以选择利用文档进行传递，节约转移成本；而难以言明的隐性知识，双方则可以选择人际通道进行传递，保证知识转移效果的最大化。

第七章 文化评估视角下的新生代农民工文化适应实证研究

第一节 研究设计

基于第三章第四节的文化适应评估整体框架，本章的问卷分别设计了个体认同适应评估量表、媒介体验适应评估量表、行为表现适应评估量表，对入城新生代农民工的文化适应进行"点—线—面"立体评估。

一 个体认同适应评估量表编制

Matsudaira 认为对个体层面的文化适应来说并不需要固定的维度，可根据族群的不同和文化的不同来进行设计。[①] 本量表基于新生代农民工的农村人身份和城里人身份以及 Berry 的文化适应策略进行设计，分为身份感知、歧视感知、融入感知、知识变化感知四个维度（见表 7-1）。其中身份认同和城市融入感知部分参考了佘世红 2013 年编制的失地农民身份认同量表和文化认同量表。[②] 本量表主要采用 Likert 量表从"完全不同意""比较不同意""不确定""比较同意""完全同意"五点计分，1 表示完全不同意，5 表示完全同意。

[①] 参观 Matsudaira T., "Measures of Psychological Acculturation: A Review", *Transcultural Psychiatry*, 2006, 43 (3): 462–487.

[②] 参见佘世红《媒介使用与失地农民城市化转型研究——基于广州市谷围新村的调查》，博士学位论文，武汉大学，2013 年。

表 7-1　　　　　　　　新生代农民工个体认同适应评估量表

	指标	题项设计	编号
个体认同适应评估量表	身份感知	我觉得我现在是个城里人了	A1
	歧视感知	有时候，我感觉周围人都不能接受我	B1
		我可以感觉到来自周围人的歧视	B2
		城市人很友善，我们能彼此尊重	B3
	融入感知	我感到无法融入城市	C1
		我对是否能够融入城市感到迷茫	C2
		我能够积极融入城市	C3
		在城市生活了一段时间，觉得还是农村好	C4
		回农村老家总感觉不习惯，觉得还是城市好	C5
		在城里和农村都很辛苦（都不好）	C6
		我对城市和农村的生活都感到满意（都好）	C7
	知识变化感知	进城后，我获得了不少有用的知识和信息	D1
		通过知识交流，我学到了解决问题的新知识	D2

二　媒介体验适应评估量表编制

当前媒介使用的调查维度和量表编制已经比较成熟，根据研究对象和研究目的，选择从媒介满意度、媒介使用对城市文化适应的影响两个方面进行考察：

（1）媒介满意度：基于使用与满足理论，受众的媒介满意度会直接影响其媒介内容偏好。该指标主要考察新生代农民工对媒介所传播内容的满意程度。

（2）媒介对城市文化适应的影响：主要考察新生代农民工对于媒介使用影响文化适应的看法。

根据以上考察内容，形成了新生代农民工文化适应的媒介体验评估量表（见表 7-2）。

表7-2　　　　　新生代农民工文化适应的媒介体验评估量表

指标		二级指标	题项设计	题项答案设计	编号
媒介体验适应评估量表	媒介体验满意度	无	您对所接触媒介内容的总体使用评价是满意的	"非常不同意"到"非常同意"	H1
	媒介体验对城市文化适应的影响	技能适应	能够增加就业信息的获取,更好地适应城市	"非常不同意"到"非常同意"	I1-1
			能够增强职业技能,更好地适应城市	"非常不同意"到"非常同意"	I1-2
		距离适应	能够缩小与城市居民的距离,增强城市适应感	"非常不同意"到"非常同意"	I1-3
			能够体验到自己是城市的一员	"非常不同意"到"非常同意"	I1-4
		情境适应	能够更了解所在城市的历史文化信息,增强归属感	"非常不同意"到"非常同意"	I1-5
			能够增加与城市居民交流机会,拓展社会资本	"非常不同意"到"非常同意"	I1-6
		移情适应	能够缓解城市生活压力,排除寂寞,增强自信	"非常不同意"到"非常同意"	I1-7

三　知识转移行为表现适应评估量表编制

文化适应是一种由认知认可驱动行为认可的过程,其中交织着多种知识形态的传播与迁移,从根本上讲,文化适应的效果就是知识的转移程度。知识转移是一种特殊的知识传播。拉斯韦尔5W模式明确地把人类传播活动概括为5个环节:传播者、传播内容、渠道媒介、受众、媒介效果。本研究对传播者和受众采取了个体认同量表,对传播内容、渠道媒介、媒介效果采用了媒介体验工具量表,对整体性的知识转移效果采取了行为表现适应量表。根据新生代农民工对城市的行为适应特点,把行为表现适应分解为语言适应、习俗适应、规范适应、制度适应、参与适应、生活适应、福利适应与运用适应共计8个内容(见表7-3)。知识转移行为表现适应量表同样采用Likert量表从"非常不同意""比较不同意""不确定""比较同意""非常同意"五点计分,1表示完全不同意,5表示完全同意。

表7-3　　新生代农民工文化适应行为表现评估量表

指标	题项设计	编号
语言适应	我能够使用当地的语言/口音	J1-1
	我能用普通话与人顺畅交流	J1-2
习俗适应	我能适应当地的食俗	K1-1
	我习惯按照当地的习俗办事	K1-2
	我能理解当地人真情实感与客套的区别	K1-3
规范适应	我能够适应城市公共秩序,如排队、遵守交通规则	L1-1
	我能够适应城市公共卫生,如使用公厕、不随地吐痰	L1-2
制度适应	我会使用当地的文化设施	M1
参与适应	我会参与当地社区的活动聚会	N1-1
	我积极加入城里的有关组织	N1-2
生活适应	适应城市的物价水平	O1-1
	适应城市的饮食习惯	O1-2
	适应城市的工作和生活节奏	O1-3
福利适应	享受医疗和社会保障	P1-1
	享受当地的文化服务	P1-2
运用适应	我会灵活地运用在城里学到的知识和技巧	Q1-1
	我会主动将自己新吸收的知识与我的旧知识相融合	Q1-2

(行为表现适应评估量表)

四　文化适应评估三维立体量表问卷总结构

调查问卷由问卷指导语、新生代农民工个人信息和以上"点—线—面"三个评估量表组成(见表7-4)。个人信息部分包括性别、年龄、文化程度、婚姻状况、入城务工时间和平均月收入,这些人口统计学特征与城市适应存在着紧密的联系。而量表则包括个体认同适应评估量表、媒介体验适应评估量表和行为表现适应评估量表。至此,新生代农民工文化适应综合评估问卷形成(见附录六)。

表 7-4　　　　　　　新生代农民工文化适应综合评估问卷

类型	一级指标	题数
基本信息	性别、年龄、文化程度、婚姻状况、入城务工时间、平均月收入	6
个体认同适应评估量表	身份感知	1
	歧视感知	3
	融入感知	7
	知识变化感知	2
媒介体验适应评估量表	媒介体验满意度	1
	技能适应	2
	距离适应	2
	情境适应	2
	移情适应	1
行为表现适应评估量表	语言适应	2
	习俗适应	3
	规范适应	2
	制度适应	1
	参与适应	2
	生活适应	3
	福利适应	2
	运用适应	2

五　问卷信效度检验

信度（reliability）是指测验或量表工具所测得结果的稳定性（stability）及一致性（consistency），量表的信度愈大，则其测量标准误差愈小。信度分析中常用克隆巴赫系数 α（Cronbach's Alpha）来衡量调查问卷的信度。一般而言，整份量表最低的内部一致性信度系数要在 0.70 以上，最好能高于 0.80。

效度（validity）是指能够测到该测验所欲测（使用者所设计）的心理或行为特质到何种程度。在社科研究领域，因素分析被认为是效度检测最常用的方法。因素分析可以将反映相同问题特征的题项归类，进而明确和简化分析角度。

通过对个体认同适应评估量表、媒介体验适应量表、行为表现适应评估量表的44个题项做信效度检验，结果（见表7-5）显示，文化适应评估总体量表克隆巴赫系数 α 为 0.732＞0.7，有一定的信度。

表7-5　　　　　　　　　　　问卷信度检验

克隆巴赫系数 α	项数
0.732	57

问卷的 KMO 和 Bartlett 球形检验结果（见表7-6）显示，文化适应评估总体量表的 KMO 值为 0.782，该量表效度可以，适合进行因素分析。

表7-6　　　　　　　　　　　问卷效度检验

KMO 取样适切性量数		0.782
Bartlett 球形检验	近似卡方	3386.340
	自由度	91
	显著性	0.000

第二节　数据收集及整理

一　问卷收集

本次问卷调研地，依据代表性和便利性原则，选取了广州、深圳、汕头、福州、泉州、晋江、龙岩、宁波、长沙等九个地区。这些地区主要位于长三角或沿海地区或经济较为发达的一线或二线市区，作为新生代农民工较多聚集地，样本多样，行业广泛，具有较好的科学性。

2015年6月至2017年12月，借助高校寒暑假，我们陆续对以上地区采用同一份问卷进行历时性数据收集：在农民工聚集的工厂、工地、食堂、汽车站、中小企业等场所，针对1980年后出生、在城市务工并保留农村户籍的农民工进行问卷调研，涉及的行业主要包括建筑、餐饮、制造业、销售业及一些服务业。两年半中共计发放问卷3069份，回收有效样本量2718份，有效率为88.6%（见表7-7）。需说明的是，问卷在收集时即进行了收集日期的标注，历年的数据在汇总时进行了年份上的加值调整，保证了数据分析时的可比性。

表7-7　　　　新生代农民工文化适应评估问卷发放及回收情况

城市	发放量（份）	回收量（份）	回收率（%）	有效问卷量（份）	有效回收率（%）
广州	250	243	97.2	223	89.2
深圳	448	417	93.1	386	86.2
宁波	250	238	95.2	228	91.2
长沙	250	242	96.8	234	93.6
福州	910	887	97.5	837	92.0
晋江	250	237	94.8	224	89.6
泉州	233	210	90.1	191	82.0
龙岩	228	200	87.7	176	77.2
汕头	250	235	94.0	219	87.6
合计	3069	2909	94.8	2718	88.6

二　数据整理

本研究对问卷所得数据采用SPSS 25.0和Excel 2013进行了统计和分析，得出新生代农民工的基本信息（见表7-8）。通过分析可知，此次被调研的新生代农民工群体呈现以下样本特征。

第一，性别比例较为均衡，年龄结构年轻化。男女比例基本持平，分别占总量的52.8%和46.2%，这与国家统计局2011年发布的《新生代农民工的数量、结构和特点》一文中的"新生代农民工中女性比例达到40.8%"[1]基本相符。在年龄结构上，21—30岁年龄段居多，占总量的54.7%，16—20岁年龄段的新生代农民工占总量的28.1%，年龄结构偏年轻化。

---

[1] 国家统计局：《新生代农民工的数量、结构和特点》（http://www.stats.gov.cn/ztjc/ztfx/fxbg/201103/t20110310_16148.html）。

第二，受教育程度普遍较高，但仍以高中或中专学历为主。在本次调查中，新生代农民工达到高中及以上文化程度的比例高达70.1%，本科及以上文化程度的新生代农民工约占总体的13.4%，与老一代农民工相比，新生代农民工的文化水平有了显著提升。

第三，未婚人口居多，入城有一定时间。在本次调查中，婚姻状况为未婚的新生代农民工占总量的57.5%，已超过总量的一半。在本地务工时间达到1年及以上的人数占总量的86.8%，可见新生代农民工入城务工均有一定时间。结合年龄结构来看，新生代农民工初次外出务工的年龄相较于老一代农民工年轻许多。

第四，收入水平有所提高。在本次调查中，新生代农民工的平均月收入主要集中在2501—4500元，达到56.3%，这与国家统计局发布的2017年农民工监测调查报告中外出务工农民工月均收入3805元[①]基本相符，相较于之前收入水平有所提高。

表7-8　　　　新生代农民工文化适应评估样本基本信息

变量	类别	频率（次）	百分比（%）	累计百分比（%）
性别	男	1436	52.8	52.8
	女	1282	46.2	100
年龄	15岁以下	196	7.2	7.2
	16—20岁	763	28.1	35.3
	21—25岁	741	27.3	62.6
	26—30岁	745	27.4	90.0
	31岁以上	273	10.0	100.0
文化程度	小学及以下	188	6.9	6.9
	初中	623	22.9	29.8
	高中或中专	871	32.0	61.8
	大专	672	24.7	86.5
	本科及以上	364	13.4	99.9

① 国家统计局：《2017年农民工监测调查报告》（http://www.stats.gov.cn/tjsj/zxfb/201804/t20180427_1596389.html）。

续表

变量	类别	频率（次）	百分比（%）	累计百分比（%）
婚姻状况	未婚	1563	57.5	57.5
	已婚	1131	41.6	99.1
	离异	18	0.7	99.8
	丧偶	6	0.2	100.0
本地务工时间	半年至1年	358	14.2	14.2
	1—3年	762	28.0	42.2
	4—6年	903	33.2	75.4
	7—9年	574	21.1	96.5
	10年以上	121	4.5	101.0
月收入	1500元以下	309	11.4	11.4
	1501—2500元	584	21.5	32.9
	2501—3500元	797	29.3	62.2
	3501—4500元	735	27.0	89.2
	4501元以上	293	10.8	100.0

第三节 数据分析及讨论

一 新生代农民工文化适应评估总体概况

（一）个体认同适应评估总体概况

个体认同适应评估量表由身份感知、歧视感知、融入感知、知识变化感知这四个指标项组成，为五级计分量表（1表示完全不同意，5表示完全同意）。反馈数据（见表7-9）显示，参与调查的新生代农民工身份感知3.29、歧视感知3.00、融入感知3.03、知识变化感知3.34，总体认同均值为3.19，整体上处于中等偏上水平。其中，身份感知和知识变化感知的分值略高，表示两者的适应程度要比歧视感知和融入感知更好。歧视感知和融入感知的分值相当，也说明本次调研数据基本可靠，正反两方面较均衡地反映出新生代农民工当前在城市中的适应处于中等水平。

表7-9　　　　　　　新生代农民工个体认同适应评估概况

	个案数	平均值	标准差	检验值	T	P
个体认同适应	2503	3.19	0.47	3	20.012	0
身份感知	2718	3.29	1.24	3	12.082	0
歧视感知	2605	3.00	0.82	3	0.106	0.916
融入感知	2718	3.03	0.52	3	2.712	0.007
知识变化感知	2503	3.34	0.86	3	21.024	0

（二）媒介体验适应评估总体概况

媒介体验适应评估量表由媒介体验满意度、媒介体验对城市文化适应的影响两个指标项组成。反馈数据（见表7-10）显示，参与调查的新生代农民工媒介体验适应的均值为2.83，其中媒介体验满意度为1.8。这表明新生代农民工在城市适应过程中，媒介体验方面的适应评估结果总体一般，在媒介体验满意度方面适应较差，但是都普遍认为媒介体验会对他们城市文化的适应有较好的影响。

表7-10　　　　　　　新生代农民工媒介体验适应评估概况

	个案数	平均值	标准差	检验值	T	P
媒介体验适应	914	2.83	0.40	3	-12.21	0
媒介体验满意度	914	1.8	0.611	3	-59.252	0
技能适应	1715	3.8716	0.91205	3	39.575	0
距离适应	1715	3.5778	0.9717	3	24.627	0
情境适应	1715	3.5026	0.92962	3	22.391	0
移情适应	914	4.03	1.126	3	27.617	0

（三）行为表现适应评估总体概况

新生代农民工的行为表现适应评估量表由语言适应、习俗适应、规范适应、制度适应、参与适应、生活适应、福利适应、运用适应等八个指标项构成。需要说明的是，该选项采用五级量表评分，1表示完全不同意，5表示完全同意。

第七章 文化评估视角下的新生代农民工文化适应实证研究

据统计结果（见表 7-11）显示，新生代农民工的行为表现适应评估结果整体均值为 2.57，说明其整体适应较为理想。其中，参与适应均值为 3.41，大于中间值 3，表明新生代农民工在参与城市当地活动与组织中存在较大困难。而语言适应、习俗适应、规范适应、制度适应、生活适应、福利适应、运用适应均处于 2.0—2.6 之间，显著小于中间值 3，说明参与本次调查的新生代农民工对于这四个指标以及行为总体适应状况良好。其中规范适应均值为 2.09，是所有适应中最好的。福利适应则受政策影响，虽然均值达到了 2.60，但仍然处于一个较好的水平。总的来说，新生代农民工的行为表现适应状况良好。

表 7-11　　　　　新生代农民工行为表现适应评估概况

	个案数	平均值	标准差	检验值	T	P
行为表现适应	901	2.57	0.618	3	-20.934	0
语言适应	1702	2.46	0.799	3	-27.382	0
习俗适应	901	2.5	0.891	3	-15.015	0
规范适应	901	2.09	1.184	3	-22.979	0
制度适应	901	2.50	1.285	3	-11.584	0
参与适应	969	3.41	0.880	3	14.824	0
生活适应	901	2.51	0.910	3	-16.06	0
福利适应	901	2.60	1.110	3	-10.56	0
运用适应	1602	2.53	0.888	3	-21.177	0

二　新生代农民工文化评估三维度间的相关性分析

（一）三维度间的总体相关分析

为探究新生代农民工在个体认同适应、媒介体验适应和行为表现适应之间是否存在显著的相关，本研究采用积差相关的方法对数据进行分析，结果见表 7-12。

据表 7-12 显示，所有相关性均为显著正相关，其中个体与行为的相关系数为 0.290、媒介与行为的相关系数为 0.019、媒介与个体的相关系数为 0.024。从结果可以看出，个体与行为之间存在弱相关，媒介与行为、媒介与个体之间均不存在相关性显著。即所有参与调查的新生代农民工的城市个体认同越高，其行为表现适应也就越好。

表 7-12　个体认同适应、媒介体验适应、行为表现适应相关性分析

		个体	媒介	行为
个体认同适应	皮尔逊相关性	1	0.024	0.290**
媒介体验适应	皮尔逊相关性	0.024	1	0.019
行为表现适应	皮尔逊相关性	0.290**	0.019	1

**在 0.01 级别（双侧），相关性显著。

(二) 三维度间的具体指标相关分析

为进一步细化相关关系，对第三章第四节中的理论假设进行了全面分析，结果见表 7-13。通过对表 7-13 中各个维度的相关性分析结果，可以发现相关度较高的几组相关关系如下：

第一，知识变化感知与福利适应相关度达 0.514，具有中等相关度，表明新生代农民工的知识变化能对其福利适应产生较为显著的影响。反过来说，要能够在入城后享受到一定的医疗、社会保障和丰富的文化服务，需要新生代农民工在入城后掌握一定的新知识。总之，知识转移对新生代农民工城市文化适应存在显著影响，相关度呈现正相关。

第二，语言适应与习俗适应相关度达 0.514，具有中等相关度，表明新生代农民工的语言适应能对其习俗适应产生较为显著的影响。另外，语言适应与生活适应相关度为 0.511，具有中等相关度，表明新生代农民工的语言适应还能够对其生活适应产生一定影响。也就是说，新生代农民工如果能够适应当地的语言甚至是使用当地的语言，更能提高其对当地习俗的适应程度，也能更好地适应城市生活。总之，个体文化适应对新生代农民工城市文化适应存在显著影响，相关度呈现正相关。

第三，习俗适应与规范适应相关度为 0.528，具有中等相关度，与生活适应相关度为 0.712，具有强相关度。这表明新生代农民工的习俗适应

第七章 文化评估视角下的新生代农民工文化适应实证研究 239

越好,其在城市中的规范与生活适应就越好。新生代农民工能够适应当地习俗,表明其适应程度较为深入,因此,自然对规范与生活等较为浅显的适应程度更好。总之,行为表现适应对新生代农民工城市文化适应存在显著影响。

第四,规范适应与制度适应相关度达 0.532,与福利适应相关度达 0.515。表明新生代农民工对城市公共规范适应得越好,其能够更好地适应城市的相关制度和福利待遇。新生代农民工在公共秩序中能够适应得更好,表明其对城市文化的适应程度越高,这样则有助于其更好地享受城市带来的各项福利。再次验证了行为表现适应对新生代农民工城市文化适应存在显著影响。

第五,制度适应与福利适应达 0.697,具有强相关度。表明新生代农民工能够使用城市的文化设施,就越能够享受城市的文化、教育、医疗服务。新生代农民工能够使用媒介产品,与其更好地融入城市文化具有较强相关度。因此,媒介使用对新生代农民工城市文化适应存在显著影响,相关度呈现正相关。

三 人口学特征下新生代农民工文化评估维度内的差异性分析

根据新生代农民工的人口学特征,重新整理和分析问卷调查的反馈数据。分别从性别、年龄、文化程度、婚姻状况、入城务工时间、月收入水平来考察个体认同适应、媒介体验适应、行为表现适应在相关因素上是否存在差异。

(一)人口学特征下新生代农民工个体认同适应评估的差异性分析

1. 人口学特征下的个体认同适应评估总体差异性分析

整体性结果显示(见表 7-14),新生代农民工的身份感知、融入感知、知识变化感知都对他们的个体认同适应有正影响($P=0$),意即身份感知、融入感知、知识变化感知越强,新生代农民工的个体认同适应程度就越好。

据表 7-14 的统计结果,对人口学特征下新生代农民工的个体认同文化评估适应差异分析概况提取如下:

(1)性别指标下的个体认同适应差异概况。在身份感知指标上,男性

表 7–13　新生代农民工文化适应三维度间的具体指标相关分析

	身份感知	歧视感知	融入感知	知识变化感知	媒介体验满意度	媒介体验对城市文化适应影响	语言适应	习俗适应	规范适应	制度适应	参与适应	生活适应	福利适应	运用适应
身份感知	1	0.027	0.045*	-0.019	0.144**	-0.076**	0.063**	0.023	-0.009	0.008	0.016	0.015	0.014	-0.047
歧视感知	0.027	1	0.092**	0.214**	0.047	-0.089**	0.137**	0.261**	0.172**	0.217**	0.161**	0.286**	0.232**	0.027
融入感知	0.045*	0.092**	1	-0.053**	0.022	0.026	-0.119**	-0.097**	-0.176**	-0.109**	0.159**	-0.093**	-0.095**	-0.119**
知识变化感知	-0.019	0.214**	-0.053**	1	0.044	-0.160**	0.135**	0.391**	0.439**	0.432**	0.143**	0.321**	0.514**	-0.157**
媒介体验满意度	0.144**	0.047	0.022	0.044	1	-0.294**	0.083**	0.04	-0.019	0.057	0.061	0.013	0.041	-0.012
媒介体验对城市文化适应影响	-0.076**	-0.089**	0.026	-0.160**	-0.294**	1	-0.066**	-0.014	-0.016	-0.024	0.013	-0.004	-0.028	-0.044
语言适应	0.063**	0.137**	-0.119**	0.135**	0.083**	-0.066**	1	0.514**	0.386**	0.308**	0.177**	0.511**	0.326**	-0.005
习俗适应	0.023	0.261**	-0.097**	0.391**	0.04	-0.014	0.514**	1	0.528**	0.343**	0.257**	0.712**	0.409**	0.026
规范适应	-0.009	0.172**	-0.176**	0.439**	-0.019	-0.016	0.386**	0.528**	1	0.532**	-0.088**	0.463**	0.515**	0.05

续表

	身份感知	歧视感知	融入感知	知识变化感知	媒介体验满意度	媒介体验对城市文化适应影响	语言适应	习俗适应	规范适应	制度适应	参与适应	生活适应	福利适应	运用适应
制度适应	0.008	0.217**	-0.109**	0.432**	0.057	-0.024	0.308**	0.343**	0.532**	1	0.063	0.283**	0.697**	0.037
参与适应	0.016	0.161**	0.159**	0.143**	0.061	0.013	0.177**	0.257**	-0.088**	0.063	1	0.265**	0.078*	-0.195**
生活适应	0.015	0.286**	-0.093**	0.321**	0.013	-0.004	0.511**	0.712**	0.463**	0.283**	0.265**	1	0.304**	0.019
福利适应	0.014	0.232**	-0.095**	0.514**	0.041	-0.028	0.326**	0.409**	0.515**	0.697**	0.078*	0.304**	1	0.063
运用适应	-0.047	0.027	-0.119**	-0.157**	-0.012	-0.044	-0.005	0.026	0.05	0.037	-0.195**	0.019	0.063	1

* 在0.05级别（双侧），相关性显著。

** 在0.01级别（双侧），相关性显著。

表7-14　人口学特征下新生代农民工个体认同适应总体差异概况

维度	指标	A 身份感知 均值	A 身份感知 标准差	B 歧视感知 均值	B 歧视感知 标准差	C 融入感知 均值	C 融入感知 标准差	D 知识变化感知 均值	D 知识变化感知 标准差
性别	男	3.30	1.25	2.81	0.54	3.00	0.32	3.45	0.74
性别	女	3.27	1.22	2.68	0.54	3.02	0.32	3.63	0.68
性别	T	0.586		3.459		-1.067		-3.431	
年龄	15岁以下	3.21	1.18	2.83	0.48	2.95	0.29	3.57	0.87
年龄	16—20岁	3.22	1.06	2.69	0.54	2.96	0.32	3.14	0.62
年龄	21—25岁	3.41	1.18	2.74	0.53	2.99	0.32	3.56	0.70
年龄	26—30岁	3.39	1.28	2.81	0.57	3.11	0.30	3.63	0.74
年龄	31岁以上	2.89	1.63					3.34	0.64
年龄	F	11.287		2.568		11.550		9.378	
文化程度	小学及以下	3.20	1.48	3.07	0.52	2.98	0.25	3.57	0.80
文化程度	初中	3.32	1.37	2.90	0.50	3.06	0.30	3.26	0.72
文化程度	高中或中专	3.27	1.26	2.81	0.53	3.03	0.30	3.36	0.66
文化程度	大专	3.22	1.10	2.57	0.53	2.97	0.34	3.62	0.85
文化程度	本科及以上	3.46	1.02					3.64	0.63
文化程度	F	2.636		23.587		3.960		7.984	

第七章 文化评估视角下的新生代农民工文化适应实证研究　243

续表

维度	指标	A 身份感知 均值	A 身份感知 标准差	B 歧视感知 均值	B 歧视感知 标准差	C 融入感知 均值	C 融入感知 标准差	D 知识变化感知 均值	D 知识变化感知 标准差
婚姻状况	未婚	3.35	1.17	2.71	0.55	2.98	0.33	3.58	0.67
婚姻状况	已婚	3.20	1.33	2.78	0.53	3.05	0.30	3.48	0.74
婚姻状况	离异	3.50	1.20	2.71	0.62	2.99	0.38	1.25	0.00
婚姻状况	丧偶	3.00	0.89	3.63	0.18	2.58	0.82		
婚姻状况	F	3.722		3.112		4.732		28.902	
入城务工时间	半年至1年	3.53	1.22	2.66	0.64	3.03	0.32	3.58	0.64
入城务工时间	1—3年	3.25	1.19	2.72	0.54	2.93	0.32	3.46	0.78
入城务工时间	4—6年	3.25	1.19	2.74	0.52	3.00	0.32	3.62	0.64
入城务工时间	7—9年	3.24	1.38	2.79	0.52	3.01	0.30	3.51	0.78
入城务工时间	10年以上	3.27	1.16	2.76	0.58	3.11	0.32	3.59	0.65
入城务工时间	F	4.123		0.880		5.618		1.681	
月收入	1500元以下	3.26	1.33	2.69	0.67	3.05	0.29	3.17	0.90
月收入	1501—2500元	3.42	1.30	2.84	0.63	3.10	0.35	3.55	0.66
月收入	2501—3500元	3.29	1.16	2.84	0.52	3.04	0.30	3.61	0.72
月收入	3501—4500元	3.27	1.19	2.72	0.51	2.95	0.30	3.61	0.59
月收入	4501元以上	3.06	1.32	2.66	0.55	3.03	0.35		
月收入	F	4.398		3.952		5.653		10.164	

和女性的均值分别为 3.30 和 3.27，均值差距不大，P＞0.05，表明男女在身份感知上没有显著差异，并且对自己的城市认同都觉得较好。在歧视感知指标上，男性和女性的均值分别为 2.81 和 2.68，均值较低，P＜0.05，可知不同性别的新生代农民工在歧视感知上存在显著差异，女性比男性更觉得受到周围人的歧视。在融入感知指标上，男性和女性的均值分别为 3.00 和 3.02，均值趋中，P＞0.05，表明男女在融入感知中没有显著差异，总体来说男女在融入城市中较为一般。在知识变化感知指标中，男性和女性的均值分别为 3.45 和 3.63，均值较高，P＜0.05，男女有显著差异，可知不同性别的新生代农民工在知识变化感知上存在显著差异，从结果来看，女性反而有着较好的知识变化，能够更好地学习和运用城里的知识。

（2）年龄指标下的个体认同适应差异概况。在身份感知指标上，15 岁以下年龄阶段的新生代农民工对身份感知的均值是 3.21，16—20 岁年龄阶段的新生代农民工对身份感知的均值是 3.22，21—25 岁年龄阶段的新生代农民工对身份感知的均值是 3.41，26—30 岁年龄阶段的新生代农民工对身份感知的均值是 3.39，31 岁以上年龄阶段的新生代农民工对身份感知的均值是 2.89，可以看出，各个年龄阶段的身份感知基本较好。在歧视感知指标上，15 岁以下年龄阶段的新生代农民工对歧视感知的均值是 2.83，16—20 岁年龄阶段的新生代农民工对歧视感知的均值是 2.69，21—25 岁年龄阶段的新生代农民工对歧视感知的均值是 2.74，26—30 岁年龄阶段的新生代农民工对歧视感知的均值是 2.81，可以看出，16—20 岁年龄阶段的新生代农民工对歧视感知最低。在融入感知指标上，15 岁以下年龄阶段的新生代农民工对融入感知的均值是 2.95，16—20 岁年龄阶段的新生代农民工对融入感知的均值是 2.96，21—25 岁年龄阶段的新生代农民工对融入感知的均值是 2.99，26—30 岁年龄阶段的新生代农民工对融入感知的均值是 3.11，可以看出，26—30 岁年龄阶段的新生代农民工的融入感知最好。在知识变化感知指标上，15 岁以下年龄阶段的新生代农民工对知识变化感知的均值是 3.57，16—20 岁年龄阶段的新生代农民工对知识变化感知的均值是 3.14，21—25 岁年龄阶段的新生代农民工对知识变化感知的均值是 3.56，26—30 岁年龄阶段的新生代农民工对知识变化感知的均值是3.63,31岁以上年龄阶段的新生代农民工对知识变化感知的均值是3.34,可以看出26—30岁的农民工对知识变化感知最好,P<0.05,表明各个年龄段在知识变化感知中有着显著差异。

(3)受教育程度指标下的个体认同适应差异概况。在身份感知指标上,小学及以下文化程度的均值是3.20,初中文化程度的均值是3.32,高中或中专文化程度的均值是3.27,大专文化程度的均值是3.22,本科及以上文化程度的均值是3.46,可以看出,本科及以上文化程度的身份感知最好。在歧视感知指标上,小学及以下文化程度的均值是3.07,初中文化程度的均值是2.90,高中或中专文化程度的均值是2.81,大专文化程度的均值是2.57,可以看出,小学及以下文化程度的新生代农民工歧视感知最强。在融入感知指标上,小学及以下文化程度的均值是2.98,初中文化程度的均值是3.06,高中或中专文化程度的均值是3.03,大专文化程度的均值是2.97,可以看出,具有初中学历的新生代农民工的城市融入感知最强。在知识变化感知指标上,小学及以下文化程度的均值是3.57,初中文化程度的均值是3.26,高中或中专文化程度的均值是3.36,大专文化程度的均值是3.62,本科及以上文化程度的均值是3.64,可以看出,具有本科及以上文化程度的新生代农民工的知识变化感知最好。

(4)婚姻状况指标下的个体认同适应差异概况。在身份感知指标上,未婚群体的均值是3.35,已婚群体的均值是3.20,离异群体的均值是3.50,丧偶群体的均值是3.00,可以看出,离异群体的新生代农民工对身份感知明显高于其他。在歧视感知指标上,未婚群体的均值是2.71,已婚群体的均值是2.78,离异群体的均值是2.71,丧偶群体的均值是3.63,可以看出,丧偶群体的新生代农民工对歧视感知明显高于其他。在融入感知指标上,未婚群体的均值是2.98,已婚群体的均值是3.05,离异群体的均值是2.99,丧偶群体的均值是2.58,可以看出,已婚群体的新生代农民工对融入感知明显高于其他。在知识变化感知指标上,未婚群体的均值是3.58,已婚群体的均值是3.48,离异群体的均值是1.25,可以看出,未婚群体的新生代农民工的知识变化感知明显高于其他。

(5)入城务工时间指标下的个体认同适应差异概况。在身份感知指标上,半年至1年的均值为3.53,1—3年的均值为3.25,4—6年的均值为3.25,7—9年的均值为3.24,10年以上的均值为3.27,可以看出,入城务工时间在半年至1年之间的新生代农民工的身份感知明显高于其他。在歧视感知指标上,半年至1年的均值为2.66,1—3年的均值为2.72,4—6年的均值为2.74,7—9年的均值为2.79,10年以上的均值为2.76,可以看出,入城务工时间在7—9年之间的新生代农民工的歧视感知明显高于其他。在融入感知指标上,半年至1年的均值为3.03,1—3年的均值为2.93,4—6年的均值为3.00,7—9年的均值为3.01,10年以上的均值为3.11,可以看出,入城务工时间在10年以上的新生代农民工更能融入城市。在知识变化感知指标上,半年至1年的均值为3.58,1—3年的均值为3.46,4—6年的均值为3.62,7—9年的均值为3.51,10年以上的均值为3.59,可以看出,入城务工时间在4—6年之间的新生代农民工的知识变化感知明显高于其他。

(6)月收入水平指标下的个体认同适应差异概况。在身份感知指标上,月收入在1500元以下的均值是3.26,月收入在1501—2500元的均值是3.42,月收入在2501—3500元的均值是3.29,月收入在3501—4500元的均值是3.27,月收入在4501元以上的均值是3.06,可以看出,月收入在1501—2500元之间的新生代农民工的身份感知明显高于其他群体。在歧视感知指标上,月收入在1500元以下的均值是2.69,月收入在1501—2500元的均值是2.84,月收入在2501—3500元的均值是2.84,月收入在3501—4500元的均值是2.72,月收入在4501元以上的均值是2.66,可以看出,月收入在1501—2500元之间和月收入在2501—3500元之间的新生代农民工的歧视感知明显高于其他群体,即感觉更容易受到歧视。在融入感知指标上,月收入在1500元以下的均值是3.05,月收入在1501—2500元的均值是3.10,月收入在2501—3500元的均值是3.04,月收入在3501—4500元的均值是2.95,月收入在4501元以上的均值是3.03,可以看出,月收入在1501—2500元之间的新生代农民工比其他群体更容易融入城市。在知识变化感知指标上,月收入在1500元以下的均值是3.17,月收入在1501—2500元的均值是3.55,月收入在2501—3500元的均值是3.61,月收入在3501—4500元的均值是3.61,可以看出,月收入在2501

元以上的新生代农民工的知识变化感知明显高于其他。

2. 人口学特征下新生代农民工个体认同适应差异性多重比较分析

对新生代农民工个体认同适应的具体情况,采用人口学特征指标进行多重差异性比较,具体如表7-15所示。

据表7-15的统计显示,人口学特征下新生代农民工个体认同适应差异性多重比较结果如下:

(1) 年龄指标下的个体认同适应差异性比较结果。在年龄特征上,31岁以上组群体的新生代农民工对身份感知显著低于16—20岁群体、21—25岁群体、26—30岁群体。16—20岁群体的新生代农民工对知识变化感知显著低于21—25岁群体和26—30岁群体。这说明,新生代农民工中年龄最大和最小的这两部分群体,他们对自身的个体认同适应基本持较稳定或较一致的看法。

(2) 文化指标下的个体认同适应差异性比较结果。在文化程度方面,各个文化程度组在身份感知中均没有显著差异。但在知识变化感知中,大专文化程度的新生代农民工显著高于初中文化程度、高中或中专文化程度的群体。本科及以上文化程度的新生代农民工的知识变化感知也显著高于初中文化程度及高中或中专文化程度。在歧视感知和融入感知方面没有显著性。

(3) 婚姻状况指标下的个体认同适应差异性比较结果。在婚姻状况上,未婚人群的新生代农民工在身份感知上显著高于已婚群体的新生代农民工。已婚群体新生代农民工则在融入感知中显著高于未婚群体新生代农民工。在歧视感知和知识变化感知方面没有显著性。

(4) 本地务工时间指标下的个体认同适应差异性比较结果。在本地务工时间上,务工时间为半年至1年的新生代农民工在身份感知中显著高于务工时间为1—3年、4—6年、7—9年的新生代农民工。而在融入感知指标中,10年以上的新生代农民工则明显高于1—3年、4—6年组。

(5) 月收入水平指标下的个体认同适应差异性比较结果。月收入1501—2500元的新生代农民工身份感知显著高于月收入4501元以上的新生代农民工。月收入3501—4500元的新生代农民工群体歧视感知显著高于月收入4501元以上的新生代农民工群体。融入感知中,月收入3501—

4500元的新生代农民工群体显著低于月收入1501—2500元的新生代农民工群体。

表7-15　人口学特征下新生代农民工个体认同适应差异性多重比较

因变量	控制组	比较组	平均值差值（I-J）	标准误	显著性	95%置信区间 下限	95%置信区间 上限
A 身份感知	31岁以上	15岁以下	-0.328	0.115	0.088	-0.680	0.030
		16—20岁	-0.336*	0.087	0.005	-0.600	-0.070
		21—25岁	-0.528*	0.087	0	-0.800	-0.260
		26—30岁	-0.505*	0.087	0	-0.770	-0.240
D 知识变化感知	16—20岁	15岁以下	-0.43287	0.277	0.655	-1.288	0.422
		21—25岁	-0.42375*	0.087	0	-0.692	-0.156
		26—30岁	-0.49102*	0.086	0	-0.758	-0.224
		31岁以上	-0.20614	0.116	0.533	-0.565	0.152
D 知识变化感知	大专	小学及以下	0.04852	0.19526	1	-0.5543	0.6514
		初中	0.36133*	0.10542	0.02	0.0359	0.6868
		高中或中专	0.26414*	0.06954	0.006	0.0494	0.4789
		本科及以上	-0.01534	0.064	1	-0.2129	0.1822
		小学及以下	0.06386	0.19284	0.999	-0.5315	0.6592
		初中	0.37666*	0.10086	0.008	0.0653	0.6881
		高中或中专	0.27947*	0.06242	0.001	0.0868	0.4722
		大专	0.01534	0.064	1	-0.1822	0.2129
A 身份感知	未婚	已婚	0.155*	0.048	0.016	0.02	0.29
		离异	-0.149	0.293	0.968	-0.97	0.67
		丧偶	0.351	0.506	0.923	-1.06	1.77
C 融入感知	本科及以上已婚	未婚	0.06856*	0.02121	0.016	0.0091	0.128
		离异	0.05565	0.13025	0.98	-0.3092	0.4205
		丧偶	0.46793	0.22459	0.228	-0.1611	1.0969
A 身份感知	半年至1年	1—3年	0.288*	0.079	0.01	0.04	0.53
		4—6年	0.280*	0.077	0.011	0.04	0.52
		7—9年	0.290*	0.083	0.017	0.03	0.55
		10年以上	0.261	0.13	0.402	-0.14	0.66

第七章　文化评估视角下的新生代农民工文化适应实证研究　249

续表

因变量	控制组	比较组	平均值差值（I—J）	标准误	显著性	95%置信区间 下限	95%置信区间 上限
B 歧视感知	半年至1年	1—3年	-0.05637	0.07949	0.973	-0.3017	0.189
		4—6年	-0.08134	0.06741	0.834	-0.2894	0.1267
		7—9年	-0.12634	0.07242	0.551	-0.3499	0.0972
		10年以上	-0.101	0.07883	0.801	-0.3443	0.1423
	1—3年	半年至1年	0.05637	0.07949	0.973	-0.189	0.3017
		4—6年	-0.02498	0.0575	0.996	-0.2025	0.1525
		7—9年	-0.06997	0.0633	0.874	-0.2654	0.1254
		10年以上	-0.04464	0.07055	0.982	-0.2624	0.1731
	4—6年	半年至1年	0.08134	0.06741	0.834	-0.1267	0.2894
		1—3年	0.02498	0.0575	0.996	-0.1525	0.2025
		7—9年	-0.045	0.04724	0.923	-0.1908	0.1008
		10年以上	-0.01966	0.05658	0.998	-0.1943	0.155
	7—9年	半年至1年	0.12634	0.07242	0.551	-0.0972	0.3499
		1—3年	0.06997	0.0633	0.874	-0.1254	0.2654
		4—6年	0.045	0.04724	0.923	-0.1008	0.1908
		10年以上	0.02534	0.06247	0.997	-0.1675	0.2182
	10年以上	半年至1年	0.101	0.07883	0.801	-0.1423	0.3443
		1—3年	0.04464	0.07055	0.982	-0.1731	0.2624
		4—6年	0.01966	0.05658	0.998	-0.155	0.1943
		7—9年	-0.02534	0.06247	0.997	-0.2182	0.1675
C 融入感知	半年至1年	1—3年	0.10725	0.04622	0.251	-0.0354	0.2499
		4—6年	0.03321	0.03919	0.949	-0.0878	0.1542
		7—9年	0.02008	0.04211	0.994	-0.1099	0.15
		10年以上	-0.08201	0.04583	0.525	-0.2235	0.0595
	1—3年	半年至1年	-0.10725	0.04622	0.251	-0.2499	0.0354
		4—6年	-0.07404	0.03343	0.298	-0.1772	0.0291
		7—9年	-0.08717	0.0368	0.231	-0.2008	0.0264
		10年以上	-0.18926*	0.04101	0	-0.3159	-0.0627
	4—6年	半年至1年	-0.03321	0.03919	0.949	-0.1542	0.0878
		1—3年	0.07404	0.03343	0.298	-0.0291	0.1772
		7—9年	-0.01313	0.02747	0.994	-0.0979	0.0717
		10年以上	-0.11522*	0.0329	0.016	-0.2168	-0.0137
	7—9年	半年至1年	-0.02008	0.04211	0.994	-0.15	0.1099
		1—3年	0.08717	0.0368	0.231	-0.0264	0.2008
		4—6年	0.01313	0.02747	0.994	-0.0717	0.0979
		10年以上	-0.10209	0.03632	0.096	-0.2142	0.01
	10年以上	半年至1年	0.08201	0.04583	0.525	-0.0595	0.2235
		1—3年	0.18926*	0.04101	0	0.0627	0.3159
		4—6年	0.11522*	0.0329	0.016	0.0137	0.2168
		7—9年	0.10209	0.03632	0.096	-0.01	0.2142

续表

因变量	控制组	比较组	平均值差值（I—J）	标准误	显著性	95%置信区间 下限	95%置信区间 上限
D 知识变化感知	半年至1年	1—3年	0.12753	0.07013	0.508	-0.089	0.344
		4—6年	-0.03757	0.08964	0.996	-0.3143	0.2392
		7—9年	0.07387	0.08869	0.952	-0.2	0.3477
		10年以上	-0.00278	0.08892	1	-0.2773	0.2718
	1—3年	半年至1年	-0.12753	0.07013	0.508	-0.344	0.089
		4—6年	-0.1651	0.08002	0.373	-0.4122	0.082
		7—9年	-0.05366	0.07895	0.977	-0.2974	0.1901
		10年以上	-0.13031	0.07921	0.608	-0.3749	0.1143
	4—6年	半年至1年	0.03757	0.08964	0.996	-0.2392	0.3143
		1—3年	0.1651	0.08002	0.373	-0.082	0.4122
		7—9年	0.11144	0.0967	0.857	-0.1871	0.41
		10年以上	0.03478	0.09692	0.998	-0.2644	0.334
	7—9年	半年至1年	-0.07387	0.08869	0.952	-0.3477	0.2
		1—3年	0.05366	0.07895	0.977	-0.1901	0.2974
		4—6年	-0.11144	0.0967	0.857	-0.41	0.1871
		10年以上	-0.07666	0.09604	0.959	-0.3732	0.2199
	10年以上	半年至1年	0.00278	0.08892	1	-0.2718	0.2773
		1—3年	0.13031	0.07921	0.608	-0.1143	0.3749
		4—6年	-0.03478	0.09692	0.998	-0.334	0.2644
		7—9年	0.07666	0.09604	0.959	-0.2199	0.3732
A 身份感知	1501—2500元	1500元以下	0.166	0.087	0.457	-0.1	0.43
		2501—3500元	0.131	0.067	0.435	-0.08	0.34
		3501—4500元	0.151	0.068	0.301	-0.06	0.36
		4501元以上	0.367*	0.088	0.002	0.09	0.64
B 歧视感知	2501—3500元	1500元以下	0.15088	0.10936	0.754	-0.1867	0.4885
		1501—2500元	-0.00344	0.06915	1	-0.2169	0.21
		3501—4500元	0.11418	0.04556	0.18	-0.0264	0.2548
		4501元以上	0.17584*	0.05013	0.016	0.0211	0.3306

续表

因变量	控制组	比较组	平均值差值（I—J）	标准误	显著性	95%置信区间 下限	95%置信区间 上限
C融入感知	3501—4500元	1500元以下	-0.10529	0.06318	0.596	-0.3003	0.0897
		1501—2500元	-0.14883*	0.03915	0.006	-0.2697	-0.028
		2501—3500元	-0.09428*	0.02666	0.014	-0.1766	-0.012
		4501元以上	-0.08014	0.02749	0.076	-0.165	0.0047

* 平均值差值的显著性水平为0.05。

（二）人口学特征下新生代农民工媒介体验适应评估的差异性分析

根据人口学特征，对媒介体验的两个维度整理和分析问卷数据，其中，性别特征采用独立样本t检验的方法进行分析，其他特征采用方差分析的方法。

1. 人口学特征下的媒介体验适应评估总体差异分析

对新生代农民工媒介体验适应的具体情况，采用人口学特征指标进行差异比较，据表7-16的统计结果，本研究对人口学特征下新生代农民工的媒介体验文化评估适应差异分析概况提取如下：

（1）性别指标下的媒介体验适应差异性概况。男女在媒介体验满意度上均值都较低，且P<0.05，不同性别的新生代农民工在媒介体验满意度上存在明显差异，且女性满意度略高于男性。在技能适应方面，男性均值较女性高（P<0.05），且整体均值较高，这意味着新生代农民工男性在技能适应上较女性好，但整体不存在差异性。在距离适应方面，男女均值差距不大，但二者存在显著差异。女性在移情适应当中均值达4.13，表明女性新生代农民工能够更好地通过媒介缓解入城压力，增强自信。虽然男女新生代农民工对媒介体验满意度都较低，但女性能够花费更多时间在各类媒介上，因而女性体现出比男性更高的媒介满意度和更好的各项适应。

（2）年龄指标下的媒介体验适应差异性概况。在年龄特征上，31岁以上组媒介体验满意度最高，且P>0.05，表明不同年龄的新生代农民工对媒介体验满意度没有显著差异。在技能适应、距离适应、情境适应和移情适应中，26—30岁组均值最高，表明该年龄段的新生代农民工对各项适应程度较好，并能够使用媒介帮助其融入城市文化，不同年龄组在各项适

表7-16　人口学特征下新生代农民工媒介体验适应总体差异概况

维度	指标	媒介体验满意度 均值	媒介体验满意度 标准差	技能适应 均值	技能适应 标准差	距离适应 均值	距离适应 标准差	情境适应 均值	情境适应 标准差	移情适应 均值	移情适应 标准差
性别	男	1.75	0.55	3.84	0.90	3.59	0.92	3.46	0.92	3.94	1.13
	女	1.87	0.68	3.91	0.93	3.57	1.04	3.55	0.93	4.13	1.12
	T	−2.946		−1.398		0.379		−2.042		−2.559	
年龄	15岁以下			2.96	1.31	3.21	1.35	3.00	1.00		1.25
	16—20岁	1.72	0.52	3.65	0.77	3.45	0.94	3.42	0.86	3.82	1.07
	21—25岁	1.80	0.56	3.86	0.79	3.63	0.81	3.40	0.88	3.85	0.90
	26—30岁	1.76	0.59	4.02	0.81	3.67	0.93	3.61	0.93	4.29	1.33
	31岁以上	1.88	0.69	3.71	1.22	3.38	1.23	3.49	1.01	3.87	
	F	2.582		11.232		6.328		4.912		11.234	
文化程度	小学及以下	2.18	0.74	2.91	1.42	2.37	1.27	2.91	0.98	3.46	1.52
	初中	1.89	0.56	4.01	0.84	3.59	1.02	3.71	0.87	3.98	1.09
	高中或中专	1.74	0.57	3.95	0.84	3.64	0.86	3.60	0.88	4.11	1.03
	大专	1.54	0.53	4.06	0.79	3.82	0.87	3.60	0.96	4.28	0.93
	本科及以上	1.47	0.57	3.77	0.72	3.67	0.73	3.27	0.89	4.63	0.61
	F	24.09		47.24		63.88		26.70		12.27	

第七章 文化评估视角下的新生代农民工文化适应实证研究 253

续表

维度	指标	媒介体验满意度 均值	媒介体验满意度 标准差	技能适应 均值	技能适应 标准差	距离适应 均值	距离适应 标准差	情境适应 均值	情境适应 标准差	移情适应 均值	移情适应 标准差
婚姻状况	未婚	1.78	0.56	3.94	0.80	3.66	0.84	3.53	0.84	3.97	1.09
	已婚	1.82	0.67	3.79	1.04	3.49	1.11	3.48	1.02	4.10	1.18
	离异丧偶	2.33	0.52	2.98	1.35	2.09	0.30	2.09	1.07	3.83	0.41
	F	2.638		10.941		19.618		13.534		1.652	
入城务工时间	半年至1年	1.95	0.61	3.94	0.80	3.52	0.84	3.45	0.84	3.95	1.08
	1—3年	1.82	0.55	3.84	0.86	3.62	0.85	3.46	0.91	4.09	0.98
	4—6年	1.77	0.64	4.03	0.89	3.62	1.04	3.68	0.91	4.03	1.21
	7—9年	1.72	0.64	3.75	1.12	3.53	1.23	3.54	1.02	3.99	1.23
	10年以上			3.67	0.75	3.51	0.79	3.10	0.89		
	F	4.163		6.308		0.966		9.738		0.603	
月收入	1500元以下	2.03	0.73	3.36	1.23	2.87	1.21	3.07	1.04	3.63	1.44
	1501—2500元	1.89	0.50	3.93	0.73	3.63	0.84	3.51	0.84	3.95	1.05
	2501—3500元	1.79	0.60	3.97	0.86	3.68	0.87	3.58	0.90	4.17	0.97
	3501—4500元	1.58	0.55	3.96	0.86	3.81	0.88	3.58	0.99	4.15	1.16
	4501元以上	1.36	0.51	4.20	0.96	4.13	0.88	4.10	0.78	4.47	0.90
	F	21.792		26.937		50.101		23.879		9.798	

应中存在显著差异（P<0.05）。这一年龄段的新生代农民工，拥有较为丰富和稳定的媒介使用习惯，更容易适应新技术、新媒介，因此表现出比其他年龄组更高的认可度。

（3）文化程度指标下的媒介体验适应差异性概况。在文化程度上，小学及以下组媒介体验满意度最高，P<0.05，不同文化程度的新生代农民工对媒介体验满意度有显著差异。文化程度越低，需求越少，因而能够对媒介体验更容易满足。学历为大专的新生代农民工，在技能适应和距离适应上均值最高，表明这一文化程度的新生代农民工能够较好地运用媒介来增强自己的就业职业技能和缩小与城市的距离。本科及以上组对移情适应上均值最高，达到了4.63，且P<0.05，表明各组存在显著差异。由此看出，文化程度越高，越能够利用媒介来帮助自身融入城市，解决融入过程中自身存在的问题。

（4）婚姻状况指标下的媒介体验适应差异性概况。在婚姻状况上，离异组媒介体验满意度最高，P>0.05。未婚组在技能适应、距离适应、情境适应中均值最高，分别达到3.94、3.66和3.53，且P<0.05。未婚组较有时间使用各类媒介，因而能够运用媒介来提升技能、拉近与城市距离和了解城市，并与城市居民沟通，以此更好地融入城市。

（5）入城务工时间指标下的媒介体验适应差异性概况。在入城务工时间上，半年至1年组媒介体验满意度均值最高，由于刚入城市，需要各类型媒介来满足进城务工的需求，因此入城时间较短的新生代农民工更需要媒介来满足技能需求。入城4—6年组在技能适应和情境适应中最好，表明入城时间较长的新生代农民工更能够运用专业知识和社会关系来了解与融入城市。入城1—3年组则在移情适应中最好，表明入城时间1—3年的新生代农民工，经过一定时间适应，开始能够较好地通过寄托、排解方式来适应城市文化。

（6）月收入水平指标下的媒介体验适应差异性概况。在月收入上，1500元以下满意度均值最高。4501元以上的月收入群体除媒介体验满意度外在各方面适应均值最高。P均小于0.05。这表明高收入群体更能够运用媒介来获取各类型信息，且能够运用媒介来取得更好的城市适应。

2. 人口学特征下新生代农民工媒介体验适应差异性多重比较分析

对新生代农民工媒介体验适应的具体情况，采用人口学特征指标进行多重差异性比较，具体如表7-17所示。

第七章 文化评估视角下的新生代农民工文化适应实证研究　255

据表7-17的统计显示，人口学特征下入城新生代农民工媒介体验适应差异性多重比较结果如下：

（1）年龄指标下的媒介体验适应差异性比较结果。在年龄特征上，26—30岁组群体在技能适应上显著高于16—20岁组、31岁以上组。31岁以上组在距离适应上显著低于21—25岁、26—30岁组，年龄较大的新生代农民工保持着与城市较远的距离。21—25岁组在情境适应上显著低于26—30岁组。

（2）受教育程度指标下的媒介体验适应差异性比较结果。在文化程度上，小学及以下组在媒介体验满意度上显著高于所有组，初中组则显著高于除"小学及以下"组，可以看出初中及以下学历者对媒介体验满意度都处于一个较高的水平。另外，高中或中专组的媒介体验满意度也显著高于大专组。在技能适应上，小学及以下组显著低于所有文化程度的新生代农民工，但初中和大专学历组显著高于本科及以上的新生代农民工，这表明低学历的群体不能很好地运用媒介来获取职业技能，高学历的新生代农民工则更多依靠媒介办法来提升职业技能。在距离适应中，小学及以下组显著低于其他所有组，初中组显著低于大专组，这表明学历越低的新生代农民工，其与城市的距离感越强。在情境适应中，小学及以下组同样显著低于其他所有组，本科及以上组则显著低于除小学及以下组的其他所有组。在移情适应中，小学及以下组依旧显著低于其他所有组，本科及以上组显著高于其他所有组。

（3）婚姻状况指标下的媒介体验适应差异性比较结果。在婚姻状况上，未婚组在技能适应、距离适应和情境适应中显著高于所有组，且已婚组也在三个适应中显著高于离异组，这表明离异组在利用媒介上出现较大问题，无法通过媒介更好地融入城市文化当中。

（4）本地务工时间指标下的媒介体验适应差异性比较结果。在本地务工时间中，4—6年组在技能适应上显著高于入城7—9年、10年以上组。而在情境适应上，入城4—6年组显著高于半年至1年组及10年以上组。入城4—6年组能够较好地运用媒介来获得技能和融入城市文化。入城10年以上的新生代农民工在情境适应中显著低于其他所有组，这表明入城时间较长的新生代农民工无法很好地适应城市文化。

（5）月收入水平指标下的媒介体验适应差异性比较结果。在月收入方面，1500元以下组媒介体验满意度显著高于其他各组。3501—4500元组显著低于 1500 元以下组、1501—2500 元组，4501 元以上组显著低于 1501—2500 元组、2501—3500 元组。1500 元以下组在技能适应、距离适应、情境适应和移情适应中显著低于其他组。4501 元以上组则在距离适应、情境适应和移情适应中显著高于其他组。这表明收入的高低影响了新生代农民工对媒介的运用，进而影响其各方面的适应，收入较高的新生代农民工适应情况较好。

表 7-17　人口学特征下新生代农民工媒介体验适应差异性多重比较

因变量	控制组	比较组	平均值差值 (I—J)	标准误	显著性	95% 置信区间 下限	95% 置信区间 上限
I 技能适应	26—30 岁	15 岁以下	1.05207	0.34241	0.051	-0.0038	2.1079
		16—20 岁	0.36770*	0.08167	0	0.1159	0.6195
		21—25 岁	0.15472	0.05201	0.065	-0.0057	0.3151
		31 岁以上	0.30691*	0.05981	0	0.1225	0.4913
J 距离适应	31 岁以上	15 岁以下	0.16625	0.36875	0.995	-0.9708	1.3033
		16—20 岁	-0.06541	0.09514	0.976	-0.3588	0.228
		21—25 岁	-0.24892*	0.06709	0.008	-0.4558	-0.0421
		26—30 岁	-0.28662*	0.06408	0.001	-0.4842	-0.089
K 情境适应	21—25 岁	15 岁以下	0.39869	0.35206	0.864	-0.6869	1.4843
		16—20 岁	-0.02023	0.08598	1	-0.2854	0.2449
		26—30 岁	-0.21323*	0.0534	0.003	-0.3779	-0.0486
		31 岁以上	-0.09246	0.06429	0.723	-0.2907	0.1058
H 媒介体验满意度	小学及以下	初中	0.286*	0.065	0.001	0.09	0.49
		高中或中专	0.439*	0.063	0	0.24	0.63
		大专	0.640*	0.074	0	0.41	0.87
		本科及以上	0.708*	0.117	0	0.35	1.07
	初中	小学及以下	-0.286*	0.065	0.001	-0.49	-0.09
		高中或中专	0.153*	0.046	0.03	0.01	0.3
		大专	0.354*	0.06	0	0.17	0.54
		本科及以上	0.422*	0.108	0.005	0.09	0.76
	高中或中专	大专	0.201*	0.059	0.021	0.02	0.38

续表

因变量	控制组	比较组	平均值差值（I—J）	标准误	显著性	95%置信区间 下限	95%置信区间 上限
I 技能适应	小学及以下	初中	-1.09374*	0.08973	0	-1.3704	-0.8171
		高中或中专	-1.03887*	0.08523	0	-1.3017	-0.776
		大专	-1.14724*	0.09033	0	-1.4258	-0.8687
		本科及以上	-0.86104*	0.08983	0	-1.138	-0.584
	初中	本科及以上	0.23270*	0.06555	0.014	0.0306	0.4348
	大专	本科及以上	0.28620*	0.06637	0.001	0.0815	0.4909
J 距离适应	小学及以下	初中	-1.21682*	0.09396	0	-1.5066	-0.9271
		高中或中专	-1.27407*	0.08926	0	-1.5493	-0.9988
		大专	-1.45028*	0.0946	0	-1.742	-1.1586
		本科及以上	-1.30090*	0.09407	0	-1.591	-1.0108
	初中	大专	-0.23346*	0.06936	0.023	-0.4473	-0.0196
K 情境适应	小学及以下	初中	-0.79962*	0.0935	0	-1.0879	-0.5113
		高中或中专	-0.69088*	0.08882	0	-0.9648	-0.417
		大专	-0.69928*	0.09413	0	-0.9895	-0.409
		本科及以上	-0.36317*	0.09361	0.005	-0.6518	-0.0745
	本科及以上	小学及以下	0.36317*	0.09361	0.005	0.0745	0.6518
		初中	-0.43645*	0.0683	0	-0.6471	-0.2258
		高中或中专	-0.32772*	0.06174	0	-0.5181	-0.1373
		大专	-0.33611*	0.06916	0	-0.5494	-0.1228
L 移情适应	小学及以下	初中	-0.516*	0.122	0.001	-0.89	-0.14
		高中或中专	-0.646*	0.119	0	-1.01	-0.28
		大专	-0.819*	0.14	0	-1.25	-0.39
		本科及以上	-1.165*	0.22	0	-1.84	-0.49
	本科及以上	小学及以下	1.165*	0.22	0	0.49	1.84
		初中	0.649*	0.205	0.04	0.02	1.28
		高中或中专	0.519	0.203	0.164	-0.11	1.15
		大专	0.346	0.216	0.634	-0.32	1.01
I 技能适应	未婚	已婚	0.14885*	0.04465	0.004	0.0395	0.2582
		离异	0.96122*	0.27491	0.002	0.2877	1.6347
	已婚	离异	0.81237*	0.27555	0.013	0.1373	1.4874

续表

因变量	控制组	比较组	平均值差值（I—J）	标准误	显著性	95%置信区间 下限	95%置信区间 上限
J距离适应	未婚	已婚	0.16902*	0.04734	0.002	0.053	0.285
	未婚	离异	1.56596*	0.29143	0	0.852	2.2799
	已婚	离异	1.39695*	0.29212	0	0.6813	2.1126
K情境适应	未婚	已婚	0.04902	0.04544	0.559	-0.0623	0.1603
	未婚	离异	1.44096*	0.27978	0	0.7555	2.1264
	已婚	离异	1.39195*	0.28044	0	0.7049	2.079
I技能适应	4—6年	半年至1年	0.08991	0.0701	0.801	-0.1262	0.3061
		1—3年	0.18272*	0.05918	0.05	0.0002	0.3652
		7—9年	0.28105*	0.06824	0.002	0.0706	0.4915
		10年以上	0.35828*	0.09763	0.009	0.0572	0.6593
K情境适应	4—6年	半年至1年	0.23479*	0.07117	0.028	0.0153	0.4542
		1—3年	0.21905*	0.06009	0.01	0.0338	0.4043
		7—9年	0.14086	0.06928	0.389	-0.0728	0.3545
		10年以上	0.58484*	0.09912	0	0.2792	0.8905
	10年以上	半年至1年	-0.35005*	0.10247	0.02	-0.666	-0.0341
		1—3年	-0.36578*	0.09511	0.005	-0.6591	-0.0725
		4—6年	-0.58484*	0.09912	0	-0.8905	-0.2792
		7—9年	-0.44398*	0.10117	0.001	-0.756	-0.132
H媒介体验满意度	1500元以下	1501—2500元	0.146	0.058	0.179	-0.03	0.33
		2501—3500元	0.246*	0.058	0.001	0.07	0.43
		3501—4500元	0.447*	0.074	0	0.22	0.68
		4501元以上	0.676*	0.083	0	0.42	0.93
	3501—4500元	1500元以下	-0.447*	0.074	0	-0.68	-0.22
		1501—2500元	-0.301*	0.066	0	-0.51	-0.1
		2501—3500元	-0.201	0.066	0.057	-0.41	0
		4501元以上	0.229	0.089	0.159	-0.05	0.5
	4501元以上	1500元以下	-0.676*	0.083	0	-0.93	-0.42
		1501—2500元	-0.530*	0.077	0	-0.77	-0.29
		2501—3500元	-0.430*	0.077	0	-0.67	-0.19
		3501—4500元	-0.229	0.089	0.159	-0.5	0.05

续表

因变量	控制组	比较组	平均值差值（I—J）	标准误	显著性	95%置信区间下限	95%置信区间上限
I 技能适应	1500元以下	1501—2500元	-0.56987*	0.06569	0	-0.7724	-0.3673
		2501—3500元	-0.61599*	0.06708	0	-0.8228	-0.4091
		3501—4500元	-0.60594*	0.08331	0	-0.8628	-0.3491
		4501元以上	-0.83932*	0.11756	0	-1.2018	-0.4768
J 距离适应	1500元以下	1501—2500元	-0.76407*	0.06827	0	-0.9746	-0.5536
		2501—3500元	-0.81468*	0.06971	0	-1.0296	-0.5997
		3501—4500元	-0.94418*	0.08657	0	-1.2111	-0.6772
		4501元以上	-1.26151*	0.12217	0	-1.6382	-0.8848
	4501元以上	1500元以下	1.26151*	0.12217	0	0.8848	1.6382
		1501—2500元	0.49744*	0.11377	0.001	0.1466	0.8482
		2501—3500元	0.44683*	0.11464	0.004	0.0933	0.8003
		3501—4500元	0.31733	0.12561	0.173	-0.07	0.7047
K 情境适应	1500元以下	1501—2500元	-0.43851*	0.06718	0	-0.6457	-0.2314
		2501—3500元	-0.51094*	0.0686	0	-0.7225	-0.2994
		3501—4500元	-0.50873*	0.0852	0	-0.7714	-0.246
		4501元以上	-1.03019*	0.12023	0	-1.4009	-0.6594
	4501元以上	1500元以下	1.03019*	0.12023	0	0.6594	1.4009
		1501—2500元	0.59168*	0.11196	0	0.2465	0.9369
		2501—3500元	0.51926*	0.11282	0	0.1714	0.8671
		3501—4500元	0.52146*	0.12361	0.001	0.1403	0.9026
L 移情适应	1500元以下	1501—2500元	-0.326	0.11	0.067	-0.67	0.01
		2501—3500元	-0.540*	0.11	0	-0.88	-0.2
		3501—4500元	-0.525	0.139	0.007	-0.95	-0.1
		4501元以上	-0.840*	0.157	0	-1.32	-0.36
	4501元以上	1500元以下	0.840*	0.157	0	0.36	1.32
		1501—2500元	0.514*	0.145	0.014	0.07	0.96
		2501—3500元	0.3	0.145	0.367	-0.15	0.75
		3501—4500元	0.315	0.168	0.477	-0.2	0.83

* 平均值差值的显著性水平为0.05。

(三) 人口学特征下新生代农民工行为表现适应评估的差异性分析

依据人口学特征,对媒介体验的两个维度整理和分析问卷数据,其中,性别特征采用独立样本 t 检验的方法进行分析,其他特征采用方差分析的方法。

1. 人口学特征下的行为表现适应评估总体差异分析

对新生代农民工行为表现适应的具体情况,采用人口学特征指标进行多重差异性比较,具体如表 7-18 所示。

据表 7-18 的统计结果,对人口学特征下新生代农民工的行为表现适应评估差异分析概况提取如下:

(1) 性别指标下的行为表现适应差异性概况。不同性别的新生代农民工在八个维度中男性均值均高于女性,并且在语言适应、规范适应、生活适应、运用适应四个维度存在差异,这表明女性拥有比男性更高的行为适应能力,并且在一些基础维度上更能够适应城市行为,这可能是由于社会对女性农民工给予了更多帮助所致。

(2) 年龄指标下的行为表现适应差异性概况。在年龄上,15 岁以下组在语言适应、习俗适应、规范适应、制度适应、生活适应、福利适应中均值都是最高的,这表明 15 岁以下的新生代农民工可能由于年轻、生活阅历较少,没有完全掌握生活技能,不能较好地适应城市的各个方面。但在参与适应、运用适应当中,31 岁以上的新生代农民工均值最高,由于年龄较大的新生代农民工生活参与和人际关系沉淀都较为封闭,因此在这两个维度中适应得更差。在语言适应、参与适应、福利适应、运用适应四个维度中,$P<0.05$,各年龄段人群存在显著差异。

(3) 受教育水平指标下的行为表现适应差异性概况。在文化程度上,不同文化程度的新生代农民工在各个维度均存在显著差异 ($P<0.05$)。小学及以下组在语言适应、习俗适应、规范适应、制度适应、参与适应、生活适应、福利适应中均值都最高,初中组在运用适应中均值最高,这表明文化程度低的新生代农民工在适应中遇到了更多困难,受教育程度的不足导致低学历新生代农民工无法更好地适应城市生活,遇到了更多的问题。

(4) 婚姻状况指标下的行为表现适应差异性概况。在婚姻状况中,离

第七章 文化评估视角下的新生代农民工文化适应实证研究 261

表7-18 人口学特征下新生代农民工行为表现适应总体差异概况

维度	指标		J 语言适应 均值	J 语言适应 标准差	K 习俗适应 均值	K 习俗适应 标准差	L 规范适应 均值	L 规范适应 标准差	M 制度适应 均值	M 制度适应 标准差
性别		男	2.59	0.98	2.67	0.91	2.26	1.20	2.64	1.26
		女	2.29	0.80	2.44	0.89	1.92	1.14	2.37	1.29
	T		5.038		3.714		4.39		3.164	
年龄		15岁以下	2.7652	1.06055	2.6856	0.94697	2.3636	1.3201	2.71	1.423
		16—20岁	2.4757	0.86719	2.579	0.88962	2.0764	1.19132	2.49	1.325
		21—25岁	2.4019	0.87207	2.5804	0.88739	2.1158	1.1257	2.55	1.248
		26—30岁	2.3475	0.93515	2.4619	0.9496	2.0085	1.20722	2.41	1.243
		31岁以上	0.00	0.00	0.00	0.00	0.00	0.00	0.00	0.00
	F		4.018		1.426		1.61		1.178	
文化程度		小学及以下	3.3143	1.2372	3.1429	0.94769	3.1286	1.2268	3.51	1.011
		初中	2.7527	0.95613	2.7661	0.94462	2.3844	1.2919	2.78	1.33
		高中或中专	2.429	0.90136	2.6731	0.89592	2.2411	1.2303	2.66	1.251
		大专	2.1857	0.72241	2.2675	0.81323	1.6827	0.89693	2.09	1.187
		本科及以上	0.00	0.00	0.00	0.00	0.00	0.00	0.00	0.00
	F		29.813		23.066		30.911		25.615	

续表

维度	指标	J语言适应 均值	J语言适应 标准差	K习俗适应 均值	K习俗适应 标准差	L规范适应 均值	L规范适应 标准差	M制度适应 均值	M制度适应 标准差
婚姻状况	未婚	2.424	0.83538	2.5677	0.86281	2.0485	1.15512	2.47	1.267
	已婚	2.4556	0.9791	2.549	0.95617	2.1469	1.21752	2.54	1.311
	离异	2.0833	0.73598	2.5417	1.04183	1.9167	0.91742	2.67	1.033
	丧偶	2.75	0.35355	1.75	0.70711	1	0	2.5	0.707
	F	0.475		0.557		1.13		0.242	
入城务工时间	半年至1年	2.2564	0.82077	2.4038	0.87278	1.7308	1.10398	2.03	1.139
	1—3年	2.3922	0.88171	2.5711	0.89855	2.0043	1.16189	2.48	1.205
	4—6年	2.4896	0.85613	2.5766	0.87796	2.1208	1.16663	2.55	1.298
	7—9年	2.4925	1.01425	2.5833	0.9305	2.2413	1.19488	2.66	1.336
	10年以上	2.343	0.93993	2.5331	1.00879	2.0785	1.25666	2.42	1.263
	F	1.687		0.666		2.855		3.761	
月收入	1500元以下	2.1852	0.73574	2.287	0.8652	1.463	0.99929	2	1.038
	1501—2500元	2.3889	0.90485	2.5154	1.00495	1.8025	1.12827	2.51	1.315
	2501—3500元	2.4918	0.86539	2.6158	0.86196	2.127	1.16545	2.61	1.234
	3501—4500元	2.5304	0.99342	2.5995	0.93814	2.2933	1.22031	2.57	1.317
	4501元以上	2.2886	0.81207	2.475	0.88232	1.9409	1.13119	2.35	1.293
	F	3.175		1.521		6.598		2.39	

续表

维度	指标	N 参与适应		O 生活适应		P 福利适应		Q 运用适应	
		均值	标准差	均值	标准差	均值	标准差	均值	标准差
性别	男	3.55	1.54	2.59	0.93	2.79	1.08	2.55	0.79
	女	3.31	1.54	2.43	0.89	2.43	1.11	2.36	0.64
	T	3.203		2.658		4.983		3.607	
年龄	15岁以下	3.18	1.214	2.6212	0.9426	3	1.17014	2.7143	1.22366
	16—20岁	2.89	1.395	2.5093	0.90847	2.467	1.14982	2.8795	0.69176
	21—25岁	3.35	1.428	2.5241	0.89325	2.6559	1.01788	2.3975	0.6852
	26—30岁	3.45	1.534	2.4703	0.93047	2.6123	1.13695	2.3791	0.68249
	31岁以上	4.31	1.674	0.00	0.00	0.00	0.00	2.7424	0.95326
	F	36.12		0.499		4.535		11.519	
文化程度	小学及以下	4.35	1.124	2.9524	1.00698	3.7286	0.74105	2.4762	0.68829
	初中	3.87	1.441	2.6631	0.99125	2.9946	1.06414	2.7816	0.82964
	高中或中专	3.37	1.512	2.6154	0.92872	2.7929	1.07921	2.7116	0.75542
	大专	2.81	1.477	2.2836	0.77963	2.1038	0.9673	2.3401	0.74343
	本科及以上	3.31	2.32	0.00	0.00	0.00	0.00	2.3323	0.63662
	F	46.19		13.599		54.169		13.554	

续表

维度	指标	N 参与适应 均值	N 参与适应 标准差	O 生活适应 均值	O 生活适应 标准差	P 福利适应 均值	P 福利适应 标准差	Q 运用适应 均值	Q 运用适应 标准差
婚姻状况	未婚	3.47	1.518	2.5345	0.86643	2.5903	1.11016	2.4051	0.67804
	已婚	3.39	1.581	2.4989	0.95799	2.6196	1.1134	2.577	0.81627
	离异	3.92	1.311	1.9444	0.64693	3.25	0.75829	3	0
	丧偶	3	1.414	2.1667	0.2357	2.75	1.76777	0.00	0.00
	F	0.847		0.995		0.733		6.438	
入城务工时间	半年至1年	3.75	1.493	2.4188	0.85354	2.2821	1.0678	2.3418	0.64819
	1—3年	3.56	1.646	2.4741	0.92642	2.556	1.11662	2.5059	0.71615
	4—6年	3.38	1.37	2.5143	0.86628	2.6247	1.05576	2.4691	0.71917
	7—9年	3.48	1.744	2.5572	0.96906	2.6915	1.14973	2.5268	0.86604
	10年以上	2.64	1.189	2.5289	0.97721	2.686	1.20957	2.5015	0.7626
	F	11.302		0.388		2.21		1.605	
月收入	1500元以下	4.42	1.103	2.3333	0.83205	2.2222	1.09486	2.77	0.7994
	1501—2500元	3.85	1.5	2.5185	0.92946	2.7901	1.1855	2.449	0.66318
	2501—3500元	3.5	1.433	2.5847	0.86998	2.6844	1.08999	2.3934	0.7922
	3501—4500元	2.94	1.412	2.5066	0.95745	2.6824	1.10922	2.4502	0.67707
	4501元以上	2.9	1.746	2.4606	0.88677	2.3977	1.0779		
	F	50.013		0.827		4.042		6.768	

注：本部分为反向数据，均值越高表示行为适应越困难，适应状况越差。

异组新生代农民工在制度适应、参与适应、福利适应、运用适应均值最高,而语言适应中均值最高为丧偶组,习俗适应、生活适应为未婚组,规范适应为已婚组。这一情况表明,相对于已婚的新生代农民工,其他婚姻状况特别是离异的新生代农民工在各项适应中存在较大困难。运用适应存在显著性($P<0.05$)。

(5) 入城务工时间指标下的行为表现适应差异性概况。在入城务工时间上,入城半年至1年的新生代农民工在除参与适应外的各个维度均值最低,推测可能是由于入城时间在这个时间点上的新生代农民工接触的人和事较少,并且新鲜感强,调节速度较快,但因入城时间短,没有参与入城相关活动和组织,而在参与适应中遇到问题,在整体上表现出较好的适应情况。在规范适应、制度适应、参与适应中存在显著差异($P<0.05$)。

(6) 月均收入水平指标下的行为表现适应差异性概况。在月收入水平中,1500元以下组的新生代农民工在语言适应、习俗适应、规范适应、制度适应、生活适应、福利适应中均值最低,这表明这一群体的新生代农民工因收入较低,无暇顾及除工作外的城市生活体验,从而也遇到更少的困难,所以体现出较高的行为表现适应。月收入4501元以上的群体在参与适应中最好,表明高收入群体有着更为丰富的时间精力参与到城市生活和规则当中。除习俗适应、生活适应的P值大于0.05,不存在显著性,其余维度均存在显著性。

2. 人口学特征下新生代农民工行为表现适应差异性多重比较分析

本部分表格只选取显著性低于0.05的,并且相同显著性的比较以同一特征下显著性最为集中的做展示,以突出重点,详见表7-19。据表7-19的统计显示,人口学特征下新生代农民工行为表现适应差异性多重比较结果如下:

(1) 年龄指标下的行为表现适应差异性比较结果。在年龄层面上,16—20岁年龄组的参与适应度显著低于除15岁以下组的人群,31岁以上组则在参与适应中显著高于其他年龄组。这表明低年龄新生代农民工和高年龄新生代农民工的城市社会参与度极低,出现两个年龄段参与都很低的情况,但具体原因却有所不同,低年龄组是社会关系少,参与度不够,高年龄组则是社会关系固化,社会参与上保守封闭。在运用适应上，16—20岁组显著高于21—25岁组、26—30岁组，31岁以上组显著高于21—25岁组、26—30岁组。这也显示出较为年轻的新生代农民工和年龄较高的新生代农民工在运用新知识适应城市的水平显著低于中间年龄段。

（2）受教育程度指标下的行为表现适应差异性比较结果。在文化程度上，小学及以下组显著高于所有较高文化水平组，初中组显著高于本科及以上组，高中或中专组显著高于大专组，这表明较低文化程度的新生代农民工的城市参与度更低，并且学历越低，参与适应就越低。在运用适应上，初中组显著高于大专、本科及以上组，高中或中专组显著高于大专、本科及以上组。这显示初中、高中或中专学历的新生代农民工在运用知识融入城市的程度要比大专、本科及以上的人群要来的更少。

（3）本地务工时间指标下的行为表现适应差异性比较结果。在本地务工时间上，入城半年至1年的新生代农民工在规范适应上显著低于入城7—9年的新生代农民工，在制度适应上显著低于入城4—6年、7—9年的新生代农民工。这表明入城时间半年至1年的新生代农民工在规范和制度适应上要比入城时间较长的新生代农民工好。另外，入城10年以上新生代农民工在参与适应上显著低于其他入城时间组，表明入城时间更长的新生代农民工在城市参与度中更高。

（4）月收入水平指标下的行为表现适应差异性比较结果。在月收入中，3501—4500元组在规范适应中显著高于1500元以下组、1501—2500元组、4501元以上组。这显示出3501—4500元收入的新生代农民工规范适应更差。而在参与适应中，1500元以下组新生代农民工显著高于所有收入组，1501—2500元显著高于2501—3500元、3501—4500元组，2501—3500元显著高于3501—4500元、4501元以上组，这表明收入越高的新生代农民工，在城市生活的参与中越好，逐级升高。

值得说明的是，在婚姻状况中，各组在各个维度中均不存在显著差异。

表7–19　人口学特征下新生代农民工行为表现适应差异性多重比较

因变量	控制组	比较组	平均值差值（I—J）	标准误	显著性	95%置信区间下限	95%置信区间上限
N参与适应	16—20岁	15岁以下	-0.287	0.200	0.724	-0.900	0.330
		21—25岁	-0.456*	0.103	0.001	-0.770	-0.140
		26—30岁	-0.560*	0.100	0.000	-0.870	-0.250
		31岁以上	-1.416*	0.120	0.000	-1.790	-1.050
	31岁以上	15岁以下	1.130*	0.204	0.000	0.500	1.760
		16—20岁	1.416*	0.120	0.000	1.050	1.790
		21—25岁	0.960*	0.111	0.000	0.620	1.300
		26—30岁	0.857*	0.109	0.000	0.520	1.190
Q运用适应	16—20岁	15岁以下	0.16523	0.282	0.987	-0.705	1.035
		21—25岁	0.48204*	0.088	0.000	0.210	0.755
		26—30岁	0.50045*	0.088	0.000	0.229	0.772
		31岁以上	0.13709	0.118	0.853	-0.227	0.502
	31岁以上	15岁以下	0.02814	0.285	1.000	-0.851	0.907
		16—20岁	-0.13709	0.118	0.853	-0.502	0.227
		21—25岁	0.34495*	0.097	0.013	0.046	0.644
		26—30岁	0.36336*	0.097	0.007	0.065	0.662
N参与适应	小学及以下	初中	0.483*	0.139	0.017	0.060	0.910
		高中或中专	0.981*	0.134	0.000	0.570	1.390
		大专	1.539*	0.139	0.000	1.110	1.970
		本科及以上	1.039*	0.287	0.011	0.150	1.930
	初中	小学及以下	-0.483*	0.139	0.017	-0.910	-0.060
		高中或中专	0.498*	0.088	0.000	0.230	0.770
		大专	1.056*	0.095	0.000	0.760	1.350
		本科及以上	0.556	0.269	0.372	-0.270	1.390
	高中或中专	小学及以下	-0.981*	0.134	0.000	-1.390	-0.570
		初中	-0.498*	0.088	0.000	-0.770	-0.230
		大专	0.558*	0.088	0.000	0.290	0.830
		本科及以上	0.058	0.267	1.000	-0.760	0.880

续表

因变量	控制组	比较组	平均值差值（I—J）	标准误	显著性	95%置信区间 下限	95%置信区间 上限
Q 运用适应	初中	小学及以下	0.30542	0.212	0.722	-0.350	0.960
		高中或中专	0.06998	0.105	0.979	-0.256	0.396
		大专	0.44154*	0.106	0.002	0.113	0.770
		本科及以上	0.44933*	0.102	0.001	0.135	0.764
	高中或中专	小学及以下	0.23544	0.197	0.838	-0.371	0.842
		初中	-0.06998	0.105	0.979	-0.396	0.256
		大专	0.37156*	0.070	0.000	0.155	0.588
		本科及以上	0.37935*	0.063	0.000	0.185	0.574
J 语言适应	未婚	已婚	-0.03157	0.061	0.966	-0.202	0.139
		离异	0.34068	0.373	0.841	-0.704	1.385
		丧偶	-0.32599	0.643	0.968	-2.127	1.475
	已婚	未婚	0.03157	0.061	0.966	-0.139	0.202
		离异	0.37225	0.373	0.802	-0.673	1.417
		丧偶	-0.29442	0.643	0.976	-2.096	1.507
	离异	未婚	-0.34068	0.373	0.841	-1.385	0.704
		已婚	-0.37225	0.373	0.802	-1.417	0.673
		丧偶	-0.66667	0.741	0.847	-2.742	1.409
	丧偶	未婚	0.32599	0.643	0.968	-1.475	2.127
		已婚	0.29442	0.643	0.976	-1.507	2.096
		离异	0.66667	0.741	0.847	-1.409	2.742
K 习俗适应	未婚	已婚	0.01876	0.061	0.992	-0.152	0.190
		离异	0.02606	0.374	1	-1.022	1.074
		丧偶	0.81773	0.645	0.658	-0.989	2.625
	已婚	未婚	-0.01876	0.061	0.992	-0.190	0.152
		离异	0.00731	0.374	1	-1.041	1.056
		丧偶	0.79897	0.645	0.675	-1.008	2.606
	离异	未婚	-0.02606	0.374	1	-1.074	1.022
		已婚	-0.00731	0.374	1	-1.056	1.041
		丧偶	0.79167	0.743	0.769	-1.291	2.874
	丧偶	未婚	-0.81773	0.645	0.658	-2.625	0.989
		已婚	-0.79897	0.645	0.675	-2.606	1.008
		离异	-0.79167	0.743	0.769	-2.874	1.291

续表

因变量	控制组	比较组	平均值差值（I—J）	标准误	显著性	95%置信区间 下限	95%置信区间 上限
L规范适应	未婚	已婚	-0.09847	0.079	0.672	-0.321	0.124
	未婚	离异	0.13179	0.487	0.995	-1.231	1.495
	未婚	丧偶	1.04846	0.839	0.668	-1.302	3.399
	已婚	未婚	0.09847	0.079	0.672	-0.124	0.321
	已婚	离异	0.23026	0.487	0.974	-1.133	1.594
	已婚	丧偶	1.14692	0.839	0.601	-1.204	3.498
	离异	未婚	-0.13179	0.487	0.995	-1.495	1.231
	离异	已婚	-0.23026	0.487	0.974	-1.594	1.133
	离异	丧偶	0.91667	0.967	0.826	-1.791	3.625
	丧偶	未婚	-1.04846	0.839	0.668	-3.399	1.302
	丧偶	已婚	-1.14692	0.839	0.601	-3.498	1.204
	丧偶	离异	-0.91667	0.967	0.826	-3.625	1.791
M制度适应	未婚	已婚	-0.068	0.086	0.889	-0.310	0.170
	未婚	离异	-0.198	0.529	0.987	-1.680	1.280
	未婚	丧偶	-0.031	0.912	1	-2.590	2.520
	已婚	未婚	0.068	0.086	0.889	-0.170	0.310
	已婚	离异	-0.129	0.529	0.996	-1.610	1.350
	已婚	丧偶	0.038	0.912	1	-2.520	2.590
	离异	未婚	0.198	0.529	0.987	-1.280	1.680
	离异	已婚	0.129	0.529	0.996	-1.350	1.610
	离异	丧偶	0.167	1.051	0.999	-2.780	3.110
	丧偶	未婚	0.031	0.912	1	-2.520	2.590
	丧偶	已婚	-0.038	0.912	1	-2.590	2.520
	丧偶	离异	-0.167	1.051	0.999	-3.110	2.780
N参与适应	未婚	已婚	0.08	0.073	0.75	-0.120	0.280
	未婚	离异	-0.447	0.449	0.804	-1.700	0.810
	未婚	丧偶	0.47	1.095	0.98	-2.590	3.530
	已婚	未婚	-0.08	0.073	0.75	-0.280	0.120
	已婚	离异	-0.527	0.450	0.712	-1.780	0.730
	已婚	丧偶	0.39	1.095	0.988	-2.670	3.450
	离异	未婚	0.447	0.449	0.804	-0.810	1.700
	离异	已婚	0.527	0.450	0.712	-0.730	1.780
	离异	丧偶	0.917	1.181	0.896	-2.390	4.220
	丧偶	未婚	-0.47	1.095	0.98	-3.530	2.590
	丧偶	已婚	-0.39	1.095	0.988	-3.450	2.670
	丧偶	离异	-0.917	1.181	0.896	-4.220	2.390

续表

因变量	控制组	比较组	平均值差值（I—J）	标准误	显著性	95%置信区间 下限	95%置信区间 上限
O生活适应	未婚	已婚	0.03565	0.061	0.952	-0.135	0.206
		离异	0.59006	0.374	0.478	-0.458	1.638
		丧偶	0.36784	0.645	0.955	-1.440	2.176
	已婚	未婚	-0.03565	0.061	0.952	-0.206	0.135
		离异	0.55442	0.374	0.534	-0.494	1.603
		丧偶	0.33219	0.646	0.966	-1.476	2.140
	离异	未婚	-0.59006	0.374	0.478	-1.638	0.458
		已婚	-0.55442	0.374	0.534	-1.603	0.494
		丧偶	-0.22222	0.744	0.993	-2.305	1.861
	丧偶	未婚	-0.36784	0.645	0.955	-2.176	1.440
		已婚	-0.33219	0.646	0.966	-2.140	1.476
		离异	0.22222	0.744	0.993	-1.861	2.305
P福利适应	未婚	已婚	-0.02928	0.074	0.984	-0.238	0.179
		离异	-0.65969	0.457	0.555	-1.938	0.619
		丧偶	-0.15969	0.787	0.998	-2.365	2.046
	已婚	未婚	0.02928	0.074	0.984	-0.179	0.238
		离异	-0.63041	0.457	0.592	-1.910	0.649
		丧偶	-0.13041	0.787	0.999	-2.336	2.075
	离异	未婚	0.65969	0.457	0.555	-0.619	1.938
		已婚	0.63041	0.457	0.592	-0.649	1.910
		丧偶	0.5	0.907	0.959	-2.041	3.041
	丧偶	未婚	0.15969	0.787	0.998	-2.046	2.365
		已婚	0.13041	0.787	0.999	-2.075	2.336
		离异	-0.5	0.907	0.959	-3.041	2.041
L规范适应	半年至1年	1—3年	-0.27354	0.173	0.643	-0.807	0.260
		4—6年	-0.39001	0.146	0.132	-0.842	0.062
		7—9年	-0.51052*	0.157	0.033	-0.996	-0.025
		10年以上	-0.34774	0.171	0.390	-0.877	0.181

续表

因变量	（I）年龄	（J）年龄	平均值差值（I—J）	标准误	显著性	95%置信区间 下限	95%置信区间 上限
M制度适应	半年至1年	1—3年	-0.457	0.187	0.202	-1.030	0.120
		4—6年	-0.525*	0.159	0.028	-1.010	-0.040
		7—9年	-0.636*	0.170	0.008	-1.160	-0.110
		10年以上	-0.396	0.186	0.337	-0.970	0.180
N参与适应	10年以上	半年至1年	-1.101*	0.174	0.000	-1.640	-0.570
		1—3年	-0.915*	0.159	0.000	-1.400	-0.430
		4—6年	-0.732*	0.151	0.000	-1.200	-0.270
		7—9年	-0.832*	0.158	0.000	-1.320	-0.350
L规范适应	3501—4500元	1500元以下	0.83035*	0.234	0.014	0.107	1.553
		1501—2500元	0.49084*	0.145	0.023	0.043	0.939
		2501—3500元	0.16626	0.099	0.587	-0.139	0.471
		4501元以上	0.35240*	0.102	0.018	0.038	0.667
N参与适应	1500元以下	1501—2500元	0.566*	0.133	0.001	0.160	0.980
		2501—3500元	0.914*	0.126	0.000	0.520	1.300
		3501—4500元	1.475*	0.130	0.000	1.080	1.880
		4501元以上	1.517*	0.139	0.000	1.090	1.940
	1501—2500元	2501—3500元	0.348*	0.099	0.016	0.040	0.650
		3501—4500元	0.909*	0.104	0.000	0.590	1.230
		4501元以上	0.951*	0.115	0.000	0.600	1.300
	2501—3500元	3501—4500元	0.561*	0.095	0.000	0.270	0.850
		4501元以上	0.603*	0.107	0.000	0.270	0.930

（四）小结

通过对文化适应三维度的差异分析得知，入城新生代农民工的整体文化适应水平处于中等偏上水平，新生代农民工的城市文化适应还受到性别、年龄、文化程度、婚姻状况、本地务工时间、月收入水平等人口学特征的影响，具体总结如下：

（1）性别因素影响入城新生代农民工的整体文化适应。从总体上看，女性虽然更容易受到歧视，但更能够学习新知识，更善于利用媒介信息来融入城市的环境，女性对媒介体验更加满意，且在语言、规范、生活和运用适应上拥有比男性更强的适应能力，能更顺利融入城市。而男性虽然受到较少歧视，但却在个体认同和行为适应中展现出融入的困难和障碍。

因此从性别差异上来看，男性在城市融入中存在比女性更多的障碍，男女在四个维度中表现出的不同差异验证了个体适应、媒介适应和知识转移适应会对不同性别的新生代农民工城市文化适应产生显著影响。

（2）年龄因素影响新生代农民工的整体文化适应。从年龄总体上看，每个年龄阶段的新生代农民工都有其自身在城市融入过程中的优势和劣势，调研结果显示，年龄越高，融入城市的适应情况也更好。年龄趋中的新生代农民工，对个体身份的认同要显著高于年龄更低和年龄更高的新生代农民工；年龄较高的新生代农民工在利用媒介和在除参与、运用城市行为适应上都要较其他年龄群体程度更高；而低年龄的新生代农民工在多个城市行为融入中表现出较其他年龄更差的融入情况。年龄越高的群体拥有更多的社会沉淀和生活阅历，这一方面给予了他们积极的影响，即能够更好地适应城市生活；但另一方面也导致他们的社会参与不足和因年龄增大、学习能力下降而导致在知识运用中处于更差的水平，影响其整体的融入。

（3）文化程度因素影响新生代农民工的整体文化适应。从文化程度看，可以认为新生代农民工的文化程度越高，其整体城市融入水平也就越高，更少遇到困难。新生代农民工的文化程度越高，伴随有更丰富的知识和更高的被认可度，就更少遇到个体问题，即身份感知更好。同时，新生代农民工接受的教育越多，对媒介信息便会有更高的诉求，因此对媒介的满意度会降低。而伴随着受教育程度的增加，其解决困难的能力越来越强，即行为适应的程度越好。

（4）婚姻状况因素影响新生代农民工的整体文化适应。在婚姻状况当中，已婚群体的城市融入感知最好。但未婚组的知识转移适应情况最好，在学习和运用知识与媒介中最为积极和最为有效。未婚群体拥有更多的个人时间，因而能够在个人时间中学习知识、获取信息，从而表现出更好的知识转移情况。而在行为适应方面，不同婚姻状况的新生代农民工没有太多显著性差异，表明婚姻状况对行为表现没有太多影响。

(5) 本地务工时间因素影响新生代农民工的整体文化适应。从本地务工时间来看，入城务工时间短的新生代农民工有着更好的身份感知和媒介运用情况，也有着更好的规范适应和制度适应。由此看来，入城时间较短的农民工能够有着更为敏锐的社会感知，通过外部约束或规定来适应和调整个人行为。而入城 10 年以上的新生代农民工，则拥有更高的个体认同度和城市参与度。这体现出入城时间更长的新生代农民工，更能从心理内在上认可城市，融入城市。

(6) 月收入水平因素影响入城新生代农民工的整体文化适应。在月收入水平上，收入水平越低的新生代农民工，在日常生活当中越容易得到满足，表现在媒介满意度更高和在行为适应上遇到更少困难。但收入水平越高的新生代农民工，其在城市的个体认同感和社会参与度都要高于其他收入群体。

总体看来，年龄、文化程度、婚姻状况、本地务工时间、月收入等人口学特征对城市融入状况的影响是比较显著的。年龄大、文化程度高、本地务工时间长、收入高的新生代农民工，其个体认同度越高，在城市行为表现适应也越好。

四 假设验证情况

从媒介体验适应差异性分析中可以看出，在文化程度上，小学及以下组媒介体验满意度最高，且 $P<0.05$，与其他文化程度农民工存在显著差异，而文化程度在本科及以上的农民工，在媒介体验对城市文化适应影响中均值最高，且 $P<0.05$，存在显著差异。另外，收入较低的新生代农民工对媒介体验满意度较高，但高收入群体更能够运用媒介来融入城市。以上分析结果表明，文化水平和收入水平对新生代农民工媒介使用存在显著影响，假设成立。

从知识变化感知维度，媒介体验对城市文化适应影响、运用适应等有关知识变化的分析当中可以得到，女性和文化程度在本科及以上的新生代农民工对知识变化感知更强，文化程度在小学及以下的新生代农民工对运用媒介来适应城市文化的水平显著低于其他各个文化程度的农民工，女性也在运用适应度中显著高于男性，比初中及以下学历的男性新生代农民工在适应中遇到更多困难。以上分析结果表明,新生代农民工的知识转移存在性别、文化程度差异,假设成立。至此,本研究对文化适应评估的总体假设均已验证通过。

五 小结

本节主要围绕以下四个问题对调查数据进行了量化分析:(1)新生代农民工城市适应的总体概况如何;(2)新生代农民工的个体认同适应、媒介体验适应与行为表现适应之间是否存在显著的相关关系;(3)媒介体验状况与行为表现状况是否受到个体认同状况的影响以及受到影响的程度;(4)从性别、年龄、文化程度、婚姻状况、本地务工时间、月收入水平等六个角度出发,进一步考察新生代农民工文化适应是否存在差异。

分析结果显示,新生代农民工的整体适应程度呈现出一个整体趋中、部分向好的城市适应情况。具体表现如下:(1)在个体认同方面,新生代农民工整体在城市中的个体认同度趋中,在知识变化感知和身份感知上最好;(2)在媒介体验方面,新生代农民工整体满意度一般,尤其对媒介体验感到不满,但对媒介使用促进其城市融合上持有良好的评估结果;(3)在行为表现适应中,新生代农民工表现出一个较好的适应度,虽然在城市参与度上存在一定困难,但其他方面适应情况良好。从整个相关情况来看,所有相关均为正相关,但相关程度较弱。结果表明,受调查的新生代农民工城市个体认同越高,其行为表现适应也就越好;对新生代农民工入城适应差异性的分析结果表明,年龄、文化程度、婚姻状况、本地务工时间、月收入水平等人口学特征对其城市文化适应产生了比较显著的影响。总体呈现出女性更少遇到困难且更能够获取信息和转换知识以顺利融入城市的情况。而男性虽然受到较少歧视,但却在个体认同和行为适应中展现出适应的困难和障碍。在年龄、文化程度、婚姻状况、本地务工时间、月收入水平等人口学特征中,对个体认同、知识转移和行为表现上的影响比较显著,在行为适应方面,不同婚姻状况的新生代农民工没有太多显著性差异。

第四节 结论与建议

一 结论

第一，新生代农民工的整体文化适应处于中等偏上的水平。通过对文化适应评估量表问卷数据的分析，可以看出新生代农民工的文化适应程度呈现出一个整体趋中、部分向好的城市适应情况。在个体认同方面，新生代农民工整体在城市中的个体认同度趋中，在知识变化感知和身份感知上最好，此二者可以直观地感知到，表明新生代农民工的确在城市里学到了新的技能，有自身的文化存量变化，发生了知识转移，对自我的定位和认知也向市民化更近一步。在媒介体验方面，新生代农民工整体满意度一般，尤其对媒介体验感到不满，但对媒介使用促进其城市融合上持有良好的评估结果。从其主要采用新兴媒介和人际关系看来，他们使用新兴媒介主要用于娱乐和消遣时光，利用人际关系强化情感联结和获取情感支持，但更渴望与市民进行交往，这些反映出新生代农民工希望能拓展异质资源、使用异质媒介来弥补其他渠道上的信息不足，提高媒介体验度。在行为表现适应中，新生代农民工表现出一个较好的适应度，虽然在城市参与度上存在一定困难，但其他方面适应情况良好。

第二，文化适应三维间存在正向相关，且受人口学特征影响。从文化适应三维间的相关分析可以看出，个体认同适应与行为表现适应有显著的正向相关，即良好的个体认同适应可导致良好的行为表现适应。新生代农民工的城市文化适应还受到性别、年龄、文化程度、婚姻状况、本地务工时间、月收入水平等人口学特征的影响。研究结果表明，女性较之男性新生代农民工拥有更好的文化适应状况，她们在城市中遇到更少的困难，更能够获取到相关的信息，有更良好的知识转移效果。而男性新生代农民工虽然受到较少歧视，但却在个体认同和行为适应中展现出融入的困难和障碍。值得一提的是，婚姻状况对新生代农民工的行为表现几乎没有影响。

二 建议

第一，提升城市新文化塑造及宣传力度，增强各层级新生代农民个体认同。新生代农民工在年龄、文化程度、婚姻状况、本地务工时间、月收入等方面存在着各种差异，表现出了多种层级状态，这也对其城市融入产生了不同类型的影响。而在关于影响新生代农民工的个体认同的问题上，涉及身份、歧视、融入与知识变化这几个问题。例如，女性比男性更容易受到歧视、年轻人更不觉得自己受到歧视、低学历者更容易受到歧视。但女性却比男性更能够学习和运用新知识、未婚人群也更能够掌握和利用新知识。并且，从相关性分析也可以看出，新生代农民工的个体认同越高，其行为表现适应也就越好。

这些实证分析结果都表明，要使新生代农民工能够更好地融入城市，需要提升他们的城市个体认同度。而要提升其个体认同度，就需要降低新生代农民工的受歧视感，提升他们对城市的融入感和身份感，加强他们的知识转化能力。而要做到这些，就需要媒介的参与，需要知识的转移，需要文化的建设。

许多大众传媒对新生代农民工源文化认识有偏颇，在宣传中误导社会公众和新生代农民工，使其对新生代农民工源文化和城市文化之间产生误解和偏见，这不仅使得新生代农民工对源文化无法保持正确的认同态度，同时也使得社会公众对新生代农民工的刻板印象不断加深。因此，大众传媒在宣传报道新生代农民工先进事迹等积极面时，不仅要强调其高度接纳主流文化，同时也应充分肯定其源文化特质的正面性，使得新生代农民工在文化适应的过程中能够根据自身的特质来完成自我意识的过渡，以理性的态度来对待源文化和主流文化；大众媒体进行新生代农民工群体相关事件的报道时，应当做到公正客观，宣传报道中不应带有偏见，对该群体给予更多的感情支持，积极纠正社会公众对新生代农民工行为的错误认知。因此，提升对新生代农民工城市建设者、城市服务者形象的建设，塑造尊重劳动、尊重外来人口、关爱新生代农民工，兼收并蓄、胸怀博大的城市文化，是十分必要的。这能够令整个城市更加包容，减少对新生代农民工的歧视，并且令市民更加重视这一群体，进一步帮助和关爱他们，从而促进新生代农民工的城市融入。

第二，支持图书馆拓宽服务范围，保障新生代农民工便捷地获取信息。新生代农民工的媒介渠道偏好较为单一，因此，各个图书情报部门应当拓宽服务的范围，一方面针对新生代农民工较为常用的媒介渠道，展开信息服务；另一方面也要拓宽其他类型服务，令新生代农民工能够从多种类型、多个渠道上获取所需信息或服务，得到有效的信息服务。

图书馆应当注意加强对自身的宣传，提高新生代农民工群体对图书馆的了解，消除该群体的入馆顾虑，进而提高新生代农民工图书馆的使用率。可以利用电视、广播、报纸、网络等农民工较常采用的信息渠道对图书馆及服务进行宣传，增加图书馆正面形象的曝光率，提高农民工对图书馆的关注程度；也可以利用实地推广主动走进农民工聚集的社区，以发放宣传手册、举办展览、组织交流活动等形式加深新生代农民工对图书馆的了解。通过加大对图书馆的宣传和推广，不仅可以让新生代农民工对图书馆的工作和服务有更全面的认识，同时也可以使新生代农民工从中知晓在图书馆获取信息权益的途径。

第三，加大制度保障和引导培训，加快各层级新生代农民工行为适应。新生代农民工的行为适应受到年龄、文化程度、本地务工时间、月收入等方面的影响，展现出一个年龄越大、文化程度和月收入越低的新生代农民工在行为适应上越差的情况。并且，年龄较大的新生代农民工社会关系固化，缺乏社会参与。新生代农民工的城市行为适应好坏与否同样会影响其城市融入。而这要从内外两个方面合力进行解决，一方面需要加大法律建设和制度保障，确保新生代农民工在入城后的政治、经济权益不受损。应当有一套较为公平公正的制度，来保证所有不同层级、不同类型的新生代农民工得到制度保证；另一方面，需要对新生代农民工开展一定的"新市民培训"，加快新生代农民工对城市的行为适应。在进行培训时，则应当提供较为积极的、可持续性的适合其自身情况的学习机会，使其掌握入城后必须知晓、必须掌握的基本规则和技能。

第四，增加个体文化适应，提高新生代农民工城市文化适应水平。信息是作为新生代农民工城市融入不可或缺的重要组成部分[1]，对新生代农民工的信息保障除了要依靠政府、信息服务机构等的帮扶以外，更重要的

---

[1] 参见李全喜、蔡慧慧《信息融合：新生代农民工城市融入不可忽视的问题》，《图书馆建设》2012年第12期。

是新生代农民工自身对其的重视。因此，作为信息主体的新生代农民工应树立信息意识，提高信息技能，充分发挥其自主获取信息的能力，以达到良好的文化适应。

为了尽快融入城市生活，新生代农民工应做到：在心理方面，要充分认识到自己是城市建设的主力，应与城镇居民享受一样的权利，从而克服敏感自卑的心理，自信地享受城市的资源和福利；在认知方面，主动增加对城市文化的学习和理解，积极地体验城市生活和感受城市文化，在认可和接纳主流文化的同时要善于反思源文化；在行为方面，应主动地融入城市生活，多参加社区组织的活动，多与城镇居民沟通交流；对于信息的获取，应鼓励新生代农民工学会利用大众媒介，特别是网络来收集相关信息；而对于信息的利用，主要是让新生代农民工学会信息的加工和交换，认识到信息因素在其日常生活和工作中的重要性，意识到信息服务对其城市适应的意义。

新生代农民工一方面要积极主动地参与政府、信息服务机构和用人单位组织的技能培训，以此来提高自身的知识储备量和信息技能，并养成终身学习的习惯；另一方面要主动创造条件，充分发挥自身所拥有的昂扬斗志和进取心，参加能实现自我提升的学习和考核，获取学历资质证明和专业技术证书。只有在增强个体的文化适应之后，才有助于新生代农民工的城市文化适应水平，更好地融入城市生活的方方面面，实现自身价值的发挥和自我价值的完善。

第五，倡导政府采取全面措施，保证新生代农民工信息与文化权益。新生代农民工在利用城市文化设施中并不积极，存在一些困难和问题，如信息获取途径相对单一、信息获取质量有待提升、信息诉求难以满足等问题。鉴于此，政府应采取有力措施，保障进入城市的新生代农民工的信息与文化权益，新生代农民工的信息服务工作才能平稳有序地进行。首先，需要建立一个以政府为主导、以图书馆等信息服务机构、企业等为辅的机构，将新生代农民工的信息保障工作纳入到一个统一有效的管理体系中，统筹和协调各个部门之间的分工、协作，实现信息资源联合共享。其次，要加大经费投入，建立以各级政府为主体，包括用工企业、社会机构、民间组织等在内的新生代农民工文化信息权益保障专项经费。新生代农民工的信息保障需要大量的资金投入，只有保证资金长期并且有效充足地投入到公共文化基础设施和服务建设当中，才能真正有效地避免由于资金不足而造成的权益保障不力的现象产生。最后，通过加强建立针对新生代农民工的文化信息服务，不仅可以拓宽新生代农民工信息获取的途径，使其在社区、媒体、信息服务机构、网络上都能获取公开透明的信息；同时也可以优化新生代农民工文化诉求的通道，使其能够在面对权益纠纷时选择制度化渠道来解决问题，并通过相应的组织来表达该群体的利益需求。

第八章 多维视角下的新生代农民工文化适应服务策略

文化是一个城市的主轴，文化软实力是未来城市的名片。新生代农民工入城务工，殷切渴望融入城市，其文化适应程度不容忽视。只有实现了文化适应，新生代农民工才能真正融入城市社会。然而，新生代农民工的文化适应过程需要置于复杂的生态环境中进行，不仅涉及意识形态上的城市认知，还涉及与城市互动的各种关系，更涉及影响城市认知及关系维持的文化迁移效果。我们借助文化资本视角、媒介素养视角、知识转移视角建立起理论分析和文化评估框架，同时，进行了历时三年共计四次的大规模样本调研，结果均证明，入城新生代农民工的文化需求长期处于一个持续性的、未能有效满足的状态，存在着群体需求多样化与服务内容不匹配性、群体媒介依赖多元化及服务方式单一化、群体渴望一站式集成服务而服务主体分散割裂提供服务之间的矛盾，其文化适应至今仍处于中等水平，离真正市民化还有相当长的距离。本研究还发现单一视角的服务不能系统地解决以上矛盾，因此多学科交叉的需要就导向了多机构的合力。为推进入城新生代农民工的文化适应，需要建立一套多主体参与、多层面支持、全方位协调的动态援助机制，才能保障该生态系统的健康发展。

第一节 强化政府职能，建立文化适应的政策、法律和制度保障

一 推进户籍改革，打破旧有二元化信息鸿沟

政府作为国家行政主体，拥有政策制定和法律颁布、社会监管等权力，在促进新生代农民工城市文化适应中自然应先行先导。调研发现，城

第八章　多维视角下的新生代农民工文化适应服务策略　　281

乡二元制户籍是阻碍新生代农民工信息获取的重要因素，新生代农民工迫切地想要打破这一制度壁垒，以获得城市户籍，真正成为城里人，享受与城市居民同等的信息待遇。在制度层面上，我国长久以来的城乡二元制户籍制度制约了新生代农民工的文化资本积累。当前，城市社会中户籍制度承载了相当多的公共产品和公共资源，与教育制度、医疗制度、社会福利和社会保障制度紧密联系，户籍已然成为福利的承载物。[①] 由于新生代农民工的户籍由体制造成，他们的自我评价、精神面貌以及生活方式、经济状况、社会待遇、个人发展等，均受到户籍制度的捆绑并产生了深远的负面效应，很多人承受着农民身份的"世袭"，在城市中同工不同酬，无法享受市民待遇，感受到城市的歧视，难以参与城市生活，对城市的归属感低。因此，要实现入城务工的新生代农民工社会身份的转变，使该群体真正享受与城市居民同等的经济、文化与信息权利，首先要打破户籍划分的制度壁垒，从制度层面消弭旧有体制鸿沟。

2016年1月1日起，《居住证暂行条例》正式实施，标志着我国彻底告别"暂住证"时代。该条例明确表明，居住证持有人在居住地依法享受包括基本就业服务、公共文化体育服务等在内的六大基本公共服务。[②] 国务院总理李克强2016年1月22日主持召开国务院常务会议，部署深入推进以人为核心的新型城镇化，会议确定放宽农业转移人口落户条件，除极少数超大城市外，全面放开落户限制。[③] 希望通过户籍政策的落实，让入城新生代农民工真正享受到无差别的社会福利。此外，对于尚未开放户籍的地域，可采取放宽入籍门槛、实行积分入户、创建动态户籍管理等方式，努力突破户籍制度壁垒。诚然，打破旧有体制是一个循序渐进的过程。伴随着户籍改革的不断推进，其他配套的收入保障、社会保障、医疗保险、劳动就业、帮扶机制、子女教育等权利和福利也应加紧跟上，为新

[①] 参见梁鸿、叶华《对外来常住人口社会融合条件与机制的思考》，《人口与发展》2009年第1期。

[②] 《李克强签署国务院令〈居住证暂行条例〉明年1月1日起施行》，新华网（http://news.xinhuanet.com/mrdx/2015-12/13/c_134911277.htm.），2015-12-13/2015-12-31。

[③] 《李克强主持召开国务院常务会议》，（http://www.gov.cn/guowuyuan/2016-01/24/content_5035749.htm，2016-1-24/2016-2-13）。

生代农民工的文化资本提升提供制度和物质保障，使新生代农民工真正享受到无差别的居民待遇，消弭二元化信息鸿沟。

二　建立健全文化服务监督管理、激励机制

为保证合作服务有效实施，可建立中间第三方文化服务机构进行协调、监督、管理。目前，相当多的文化服务机构存在着合作主动性相对薄弱的情况，第三方文化服务机构可发挥一定的积极作用，定期组织开展阶段性会议，与会成员可提出现阶段的服务情况、各自的优势、服务中的障碍和今后服务期待等内容，通过现场交流增进各机构的紧密联系和拓宽机构的信息获取渠道。同时，第三方的确立可用于监督合作服务的实施过程和服务效能。第三方文化服务机构可承担部分的行政代理职能，适当减免机构间盖章、签字等耗时手续，精简合作服务过程中的信息互通流程。此外，第三方文化服务机构还可协调不同服务机构间的信息融合。第三方文化服务机构可将新生代农民工的文化服务体验调研结果、服务力量间的互评、自评作为考核依据，以衡量服务的效能，阶段性地关注服务的障碍和提升的空间，通过深度的监控和动态的管理，广泛收集合作体系内所有成员的意见和建议，帮助各个机构完善服务。

法律的强制性体现在硬性指标上，而激励政策则从软性指标入手。激励的目的是为了促进服务的效能，为了达成激励的效果，国家需要了解机构所需并提供相应帮助。如帮助企业宣传企业文化，建立品牌效应；帮助社区文化建设，打造生活学习圈；文化机构任重道远，宣传为重中之重，政府可帮助它们在主流媒介如公交车网络电视、政府官方微信公众号、官方微博等媒介中定期、定时和定量投放服务方面的宣传片，塑造其正面积极的社会服务形象，体现合作服务的优势和效果；此外，政府还要提高其他服务机构对新生代农民工的关注度，拓宽新生代农民工文化信息获取的渠道。当文化机构出现资金短缺时，在政策允许和自身服务达标超量的基础上，政府可适当地拨款用于文化机构的社会合作；若企业在面向新生代农民工的合作服务中表现突出，政府可适当减免企业的部分税收，并鼓励企业将这部分减免的税额用于企业文化建设，塑造良好的用工环境。当社区在合作服务中表现积极和突出时，在评比过程中，政府可将延伸服务作为加分项和特殊服务，并提供给社区一定额度的器材。政府还需要鼓励媒体积极关注新生代农民工生活现状和机构服务现状，支持其将各个机构的合作活动、案例整理汇编并报道。

第二节 实行多部门合力，共建文化适应服务援助体系

一 建立面向新生代农民工的文化适应服务体系

为了解社会多元力量合作的现状，本研究于2018年5月至10月，对长三角地区进行了为期5个月的文化服务力量情况的访谈。统计深度访谈到的22所机构反馈结果显示，他们在合作提供新生代农民工文化服务过程中困难重重，如需要政府下达正式红头文件传达合作，或需要某个合作主体牵头主导，或本机构不提供主动服务，更有不少访谈对象直接拒绝开展合作服务等。这种情况的发生极大地挫伤了机构间合作的积极性，限制了多元主体服务的可能性，也极大地挫伤了社会信息弱势群体获取信息的主动性。不少新生代农民工反映，时间因素是限制他们进行信息获取的主要因素，一方面他们无法利用多余的时间去接受信息技能培训，提高信息获取的效率；另一方面他们渴望在有限的时间内能够全面有效地获取到自己所需的信息，期待有集中而及时的信息推送服务。

信息互通有限只是一个缩影，合作障碍明显才是关键问题。为解决这一问题，便需要建立以各级政府为主体，包括用工企业、社会机构、民间组织等在内的面向新生代农民工城市适应的文化服务体系，体系中明确各机构的责任分工，将新生代农民工文化服务工作纳入一个统一有效的管理体系中，统筹各个部门的责任、分工、协作和资源整合等内容，打造以新生代农民工居住地和工作地为半径的文化中心，发挥各个责任体的最大效能。政府、信息部门、社会机构等，应当重视媒介信息建设，保障各层级、各层次新生代农民工能够获得信息，且获得针对不同层级的有效信息。政府机构应当发挥主导作用，信息部门应当在这一方面发挥出主要作用。新生代农民工的媒介渠道偏好主要为手机、平板电脑、电子阅读器以及电脑、互联网。对于问到是否到公共图书馆，十

分之七的被调研者表示图书馆在市区，根本没时间去，仍有近五分之一的人表示根本不知道公共图书馆在哪里。可见，新生代农民工对图书室、公共图书馆等信息服务机构使用情况不容乐观。各类型的机构应当紧紧抓住这些特点，一方面针对新生代农民工关注或面临的问题，利用网络与移动设备的即时性，发布有效且受关注的信息；另一方面，应该加大信息覆盖面，对于无法使用网络的新生代农民工，扩大线下信息渠道，提供高质量的信息服务。

二 集资筹建一个集成化的文化信息服务共享平台

图书馆可以邀请大型数据库企业设计平台仿照欧盟的 M-Learning（移动学习），以图书馆为主体整合各个公共文化服务机构的资源，进行数字化处理，集资筹建一个集成式的公益平台。平台用以浏览新闻时事、观看健康讲坛、下载电子图书、鉴赏音频、参与直播教学、观赏展览现场图片和听取解说等。除此之外，平台可通过课程讨论的模块设置，让新生代农民工在相互交流中轻松学习；也可让新生代农民工上传自己的文化作品，通过音频视频的形式记录自己的感知历程。图书馆等机构联合打造公益平台，一方面实现各个馆内资源的数字化和云处理，另一方面保证新生代农民工的需求被尊重的同时享受多元的服务体验，资源可反复使用，减少了机构资源重置带来的压力和浪费。倘使线上文化信息不能完全满足各类人群的需求，用户可在平台上选择"订单式"服务，对机构的服务缺口提出个人期待。平台还可利用国家所授予的权限，对每个用户的信息进行处理，根据其性别、年龄等人口学特征，进行分析得出其偏好，在推荐课程和推送消息时，有所侧重，将远程教育的优势最大化。

第三节 营造包容的文化生态氛围，促进多元文化共同繁荣

一 鼓励媒介正面宣传新生代农民工形象，削减社会刻板印象

从社会心理学的角度讲，社会舆论很大程度上会对社会意识形态有引导和提示作用，进而对群体性态度的选择有一定的潜在心理暗示，因此，

第八章　多维视角下的新生代农民工文化适应服务策略　285

采取合理的宣传方式和态度倾向，可以从更科学的角度去优化新生代农民工的城市生活环境、与城市居民的沟通和互动，让该群体的文化适应过程有良好的氛围。在城市适应过程中，文化适应是随着时间和经历进行整合的。包容、开放的文化生态氛围，能够有效促进源文化和主文化的交流，促进互生互长，彼此交融、相得益彰，有利于入城新生代农民工的身心发展，也有助于城市文化的繁荣发展。

首先，可加强大众媒体对新生代农民工源文化特质的正面宣传。目前，对于新生代农民工的报道，许多大众传媒对新生代农民工源文化认识有偏颇，在宣传中误导社会公众和新生代农民工，使其对新生代农民工源文化和城市文化产生误解和偏见，这不仅使得新生代农民工对源文化无法保持正确的认同态度，同时也使得社会公众对新生代农民工的刻板印象不断加深。因此，大众传媒在宣传报道新生代农民工先进事迹等积极面时，不仅要强调其高度接纳主流文化，同时也应充分肯定其源文化特质的正面性，使得新生代农民工在文化适应的过程中能够根据自身的全面性特质来完成自我意识的过渡，以理性的态度来对待源文化和主流文化；大众媒体进行新生代农民工群体相关事件的宣传报道时，应当做到公正客观，不应带有偏见，进行合理归因，对该群体给予更多的感情支持，积极纠正社会公众对新生代农民工行为的错误认知。

其次，需合理引导社会公众消减对入城新生代农民工的刻板印象。研究发现，新生代农民工在城市中，身份感知和知识变化感知评价较好，但歧视感知的评价较差。城镇居民对新生代农民工的偏见，一方面是由二元体制城乡对立思想下对农民的固有观念所延续出来的，另一方面是因为两个群体长期缺乏沟通和交流而造成的。由此，为促进新生代农民工的文化适应，营造良好的氛围，城镇居民应该做到：第一，转变观念。城镇居民应该主动接纳新生代农民工，做到努力克服狭隘的小市民意识，消除对新生代农民工的刻板印象，尊重新生代农民工为城市建设作出的贡献，以平等的心态对待新生代农民工。第二，加强沟通。城镇居民应主动与新生代农民工多接触与交流，增进彼此之间的了解，消除因偏见而带来的误会，以达到相互之间的认同。

二 引导新生代农民工对外表达，展露个体和家乡文化优势

在调查中发现，入城新生代农民工时常会感到失落、迷茫、参与感低，或在城市中遭受歧视。实际上，新生代农民工个体中，不乏能工巧匠、有各种专长的人才。新生代农民工群体中，也有不少来自深厚文化底蕴、多彩民族特色、丰富民俗文化气息的区域，他们所携带的乡土记忆、民风民俗、异域风情，能够为城市文明增添亮丽色彩，因此要重视挖掘新生代农民工自身的源文化，使源文化在城市中拥有自由发光的空间。

第一，可通过举办节庆活动、表演，使活动成为常态化。社区机构要重视对新生代农民工的居住人口信息进行采集、分析，邀请新生代农民工举办老乡茶话会，组织老乡联谊会，并推荐能人、权威人士；要尊重新生代农民工的乡风乡俗，在社区范围内举办相关庆典活动，营造包容氛围；档案馆、博物馆可进社区推广民俗文化展览，讲解民俗历史和故事，增进来自全国各区域的新生代农民工之间相互了解、相互尊重；文化馆、图书馆可进社区传送区域文化读本，开展区域文化讲座；相关机构可进入社区培训新生代农民工学习地方戏剧，学讲地方方言，增强区域间的交流和欣赏能力。

第二，要引导新生代农民工个体敢于表露自我，乐于展示自己的技能，积极宣传家乡的优秀文化。首先，鼓励农民工独立创作，社区或单位可以通过举办一些文化艺术活动，为新生代农民工搭建展示个人才艺的舞台。新生代农民工可通过唱歌、画画、拍视频、演小品、写作等，把他们的家乡文化、日常生活、工作经历、社交活动融入作品中，表达他们对家乡的思念，讲述他们自己的生活常态，展示他们对未来的心声。其次，鼓励新生代农民工表现自己的技能优势。用人单位可以举办技能比赛，发掘技能突出的新生代农民工，给他们展示自己优势的机会。通过技能比赛，选拔出优势突出的新生代农民工代表，提供高水平的技能培训，培养出一批新生代农民工工作骨干，让骨干带动其他农民工更好地工作。再次，鼓励新生代农民工把自己工作中所学知识和经验与自己家乡文化特色相结合，把家乡的文化特色转化成经济资源，为自己带来更好收益的同时，带动家乡经济发展。

第四节 重点完善社区、用人单位及图书馆部门的文化服务设施及服务方式

一 设置社区、企业文化活动室建设的硬性指标

新生代农民工城市文化适应中频繁出入的场所为社区和企业，新生代农民工的空间偏好具有同一性，即其居住偏好以城中村为主，其活动空间偏好以单位和"家"为主，直接表明了这两个场所在新生代农民工文化适应中的主体地位。社区是解决新生代农民工城市适应的主阵地，通过人性化的服务解决社会问题和提供社区教育，帮助农民工群体提高知识和技能，帮助其提高社会竞争，从而使他们逐渐接纳城市文化和远离被排斥的边缘。企业是新生代农民工在城市中的力量输出方，是新生代农民工获取经济收入、享受社会保障的主要单位，也是他们与城市发生联系的最主要的捆绑对象（前文的调研发现新生代农民工打工时间基本上都超过正常标准）。鉴于当前新生代农民工两点一线（基本上是居住场地与打工单位之间）的生活空间，受到诸如时间、距离等因素的限制，新生代农民工使用图书馆等城市公共文化服务设施的机会较少。因此，有必要根据新生代农民工的空间偏好入手，重视群体所在社区、企业的图书室等文化活动中心建设。

第一，社区、企业文化活动室的服务对象应当包括新生代农民工，并且应当以机构周围新生代农民工的信息需求为导向，建构针对性的场馆建设和合理的采购目标。第二，文化活动室应做好硬件基础设施配备，提供免费互联网，继而降低农民工群体的网络资费的支出，且动态关注这类群体的信息需求，并及时调整工作重心和服务内容。第三，文化活动室的数量以服务半径为参考标准，保障新生代农民工能够享受到"十分钟文化圈"。第四，文化活动室还可以设立就业服务专栏，对就业信息进行集中处理公布，以便新生代农民工使用。[1] 同时，可在就业服务专栏中成立针对新生代农民工的就业指导中心，开展就业专题讲座和技能培训等活动。

---

[1] 参见金雯艳《公共图书馆为农民工服务的实践与探索——以舟山市普陀区图书馆为例》，《图书馆论坛》2010年第4期。

第五，结合新生代农民工的作息时间，适度地调整图书室的阅览时间和活动参与时间，可以效仿公益宣传广告的形式拍摄图书馆的宣传广告，放在新生代农民工收看热度最高的电视时段播放。第六，活动室定期与新生代农民工沟通，了解其需求和动态关注其心理状况。第七，要注意宣传内容的清晰简洁和主动指导性，可以与通信方合作，通过短信的形式将图书馆的宣传信息发送到手机客户端；也可以创立自己的公众微信号，定期更新和推送有引导和教育意义的信息，通过这种方式逐步扩大自己的影响力。

二 图书馆需借力为新生代农民工提供针对性和差异性服务

新生代农民工的城市适应进程存在着个体差异，其需求也就相应地存在差异。前期调研的数据表明，不同的人口学特征下，新生代农民工对文化信息的需求程度存在着差异。图书馆可以尝试着根据不同的受众群体，秉承着"以人为本"的理念提供针对性的"靶向服务"。如针对离婚的新生代农民工，基于社区就近提供技能培训和心理疏导需求，图书馆和其他服务机构定期在社区对其进行一对一的心理指导和技能培训，帮助其重振信心，促进自力更生，通过"量身定制"的形式提供妥帖的服务；如针对收入在1000—3000元之间的新生代农民工提供给他们所需求的法律维权和技能培训类文化信息，图书馆可以与企业合作，通过他们最常用的电子媒介和数字媒介等工具，通过消息推送和公共文化信息集成平台定时推送相应法律普及知识，同理，其他群体的需求也可以借助此远程教育平台去服务。除此之外，机构也可通过线上线下的结合实现服务。

调研结果还显示，新生代农民工的教育水平主要集中在初高中，虽然与上一代农民工相比教育程度有显著的提高，但其还是难以脱离"低技能—低收入"的恶性循环，且新生代农民工受教育程度严重影响了其信息收集和利用的能力，因此有必要通过教育的渠道来加强新生代农民工的工作技术水平，增强其城市适应能力，提升其信息素养。对于新生代农民工的教育培训可从文化适应差异的角度入手，形成基于职业发展的教育培训结构，并对教育培训的内容进行再设计，同时重视对其心理的疏导。图书馆可以联合其他机构开设信息素养培训，机构将各自馆的信息获取模式编纂成课程，阶段性地教学。新的教育培训模式将为新生代农民工提供积极、持续、适合其自身情况的学习机会，使其掌握实用的知识和技能，以理性的态度面对文化冲突，并通过自我平衡、自我调节实现其城市文化的融入，提升其信息素养。

同时，新生代农民工对于法律维权类文化信息的需求度也较高，图书馆等机构可与专业公司达成共建共享计划，请企业为维权咨询活动提供设备和专业人员，图书馆为公司的业务宣传策划。图书馆也可以邀请文化馆进驻，将法律维权案件通过表演的形式展示给新生代农民工，并将节目整理成文化精品项目，投放在平台中，方便受众多次观看。与老一代农民工相对比，新生代农民工手机、电脑等新媒介占有比例较高，信息需求内容不仅包括消遣类书籍，如小说、励志类、养生类的书籍，还会关注技能类书籍。因此，公共图书馆可以结合新生代农民工的个性化需求，开展以手机、电子书阅读器为主的移动电子书阅读服务，在社区或企业的公告栏中投放电子书的二维码，并动态关注新生代农民工的借阅数据，注意收集、整理其借阅信息，分析其信息偏好，从而决定定制对象和具体的推送内容。

第五节 健全"心理＋生理＋能力"的服务机制，提高新生代农民工的文化软实力

一 建立起"心理＋生理"的健康心理疏导服务模式

身心健康是自然人的基本生活要素，对于新生代农民工而言，身心状况都伴随着城市融入的进程变化着。他们从熟悉的家乡步入陌生的城市，较低的经济收入、较低的文化素养、较低的生活水平、边缘化的社会地位和被排斥的人际关系都会给他们带来心理的压力，继而产生无法排解的苦闷。新生代农民工在进入城市时，部分群体是单独一人进城，他们遇到问题不能和家人及时沟通，不能得到家人的支持，这一问题也加剧了新生代农民工的心理负担，应给予重视。

中华全国总工会《关于进一步做好职工队伍和社会稳定工作的意见》指出，要加强对青年职工特别是新生代农民工的心理疏导，关心职工的生产生活，使广大职工有尊严地生活，实现体面工作。因此，社会专业机

构、用人单位、图书馆、档案馆等机构应该主动承担起责任,通过各自优势的文化资源去帮助新生代农民工减轻心理压力和负担。社会专业机构可强化心理咨询工作,通过举办心理咨询讲座、设立职工聊天小天地、开辟网上"心理驿站"、专门的心理辅导和信息咨询平台以及支持热线倾诉和解答等咨询方式,为新生代农民工提供专业心理援助渠道;用人单位可定期邀请医生或与定点医院合作,为新生代农民工普及基本生理和心理健康知识,安排常规体检和心理健康跟踪,而更关键的是,需要用人单位能够定期发放员工工资,发放适当福利,关心员工情绪,举办一些联谊、联欢、棋类、球类活动等,丰富员工业余生活。图书馆可以发挥流动服务车的功用,邀请多个机构或志愿组织共同筹资购置流动设备,打造多功用区域,如谈心咨询室。通过强化心理学方面的教育,帮助外来者化解心中苦闷,提高其心理承受能力、情绪自控能力和抗挫能力。档案馆可以配合图书馆建立新生代农民工心理档案,通过专业的心理测评,了解新生代农民工心理健康状态以及他们的所忧所急,及时进行干预辅导。

二 新生代农民工应提高知识转换能力,加快城市适应水平

调研发现,知识转移对新生代农民工城市适应存在显著影响。知识转移过程中,农民工作为受体,并不是全程被动地接受知识。新生代农民工在家庭环境中很难获取优质信源,较短的受教育年限亦阻碍了农民工经由校园教育获得充足的信息,这使得新生代农民工自入城之时起就处于信息弱势。为改变这一现状,新生代农民工应当从自身出发,其一,借助组织机构举办的活动,使自己能够得到更多同类群体中优秀人员的信息帮助,扩展自己的信息平台;其二,通过各类信息服务机构,促使自己利用专业信息渠道获取信息,发挥自主获取信息的能力;其三,扩大人际关系网,使自己能够结识更优越的信息群体,以提高个人的信息素养。

为提升新生代农民工的信息技能,对于信息的获取,应鼓励新生代农民工学会利用大众媒介,特别是网络来收集相关信息;而对于信息的利用,主要是让新生代农民工学会信息的加工和交换。基于以上目的,新生代农民工一方面要积极主动地参与政府、信息服务机构和用人单位组织的技能培训,以此来提高自身的知识储备量和信息技能,并养成终身学习的

习惯；另一方面要主动创造条件，充分发挥自身所拥有的昂扬斗志和进取心，参加能实现自我提升的学习和考核，获取学历资质证明和专业技术证书。同时，与显性知识相比，隐性知识本身如果能够得到深度挖掘，所带来的价值将十分珍贵，而在实证研究中，也证明了知识内隐性能够对知识转移效果产生显著的正向影响。在这样的情况下，作为知识受体的新生代农民工，应该充分地发挥自己的主观能动性，通过"探究式"的学习模式去理解与吸收知识。探究式模式区别于传统的被动式学习，鼓励以实践为主、理论为辅的方式深入挖掘内隐性较高的知识，更强调挖掘知识背后的知识，达到知其所以然，即建立起有逻辑的知识体系而并非单一的知识节点，帮助新生代农民工强化知识记忆，消化抽象知识，潜移默化地提升其自我效能感。

第九章　结论及展望

第一节　结论

中国新生代农民工文化适应随着城乡融合的不断发展越发得到重视，主要表现在三个方面：一是新生代农民工文化适应是实现新型城镇化建设的重要途径；二是新生代农民工城市文化适应是多主体、多因素交互作用的结果；三是文化适应评估是推进新生代农民工公共文化服务均等化的需要。但在中国新生代农民工不断融合发展的过程中，其文化适应问题也异常突出，存在缺乏文化类型界定、过于简单、片面、系统性不够等问题。因此，本书以国内外研究成果为基础，以新生代农民工的文化适应多维表现为依据，运用文化资本、媒介素养、知识转移的三个理论框架进行实证调研，并从文化认同、媒介交流、知识迁移三个层面进行评估设计及检验，最终提出新生代农民工城市文化适应的综合服务策略，帮助新生代农民工达成所愿，尽快融入城市成为新市民。

本书基于整体文化适应视角，建立在文化可理解为"观念认同型文化，媒介交流型文化，以及社会行为化文化"的三分法基础上，把文化适应的研究从以下五个维度加以建构并进行实证分析：其一，了解文化适应在个体内心深层次的认同，以掌握新生代农民工文化资本状况。通过研究发现，城市融合进程中的新生代农民工的文化资本在入城之初就呈现存量不足的状态，进入城市场域后，一方面，新生代农民工相对落后的信息获取、信息传递与交流、信息处理及转换能力对其文化资本存量的增长产生不利影响；另一方面，文化资本存量的不足又阻碍了新生代农民工通过内外因共同作用实现信息能力的提升，最终导致农民工的城市融合受阻。其二，分析个体与城市互动关系的多种媒介工具使用及评介，以剖析新生代农民工的媒介素养对其城市文化适应的影响，主要表现为新生代农民工城市融合不容乐观、新生代农民工媒介素养有所改善、媒介素养对新生代农民工城市融合具有一定的影响力。其三，以融入城市文化为落脚点，考察新生代农民工与城市互动关系中所呈现出来的知识迁移路径及其影响因素，掌握新生代农民工融入城市文化进程中的文化知识流动特点等。通过多方面的相应措施来优化新生代农民工在城市融合过程中的知识转移效果，以提高他们的知识使用效果，激励他们利用知识创新知识，凸显自身的竞争优势，更好更快地融入城市生活。其四，建立"个体认同—媒介体验—知识迁移"的三维立体评估框架，对新生代农民工的文化适应整体效果进行了全面评估。在个体认同方面，新生代农民工整体认同度趋中，在知识变化感知和身份感知上最好；在媒介体验方面，新生代农民工整体满意度偏低，尤其对媒介体验感到不满，但对媒介在促进城市融入的作用方面评价良好；在行为表现适应中，新生代农民工表现出一个较好的适应度，虽然在城市参与度上存在一定困难，但其他方面适应情况良好。文化适应的三个层面间存在着正向相关关系，彼此促进；在三个层面中，行为表现适应最好，次之为媒介体验适应，最低为个体文化认同适应。此外，年龄、文化程度、婚姻状况、本地务工时间、月收入等人口学特征对城市融入状况也产生了比较显著的影响。总体呈现出女性更少遇到困难且更能够获取信息和转换知识以顺利融入城市的情况。而男性虽然受到较少歧视，但却在个体认同和行为适应中展现出融入的困难和障碍。在年龄、文化程度、婚姻状况、本地务工时间、月收入等人口学特征中，对个体认同、知识转移和行为表现上的影响比较显著，但在行为适应方面，不同婚姻状况的新生代农民工没有太多显著性差异。

综上研究，从多维视角提出了新生代农民工文化适应整体服务策略：第一，强化政府职能，推进户籍改革，消弭二元化体制对新生代农民工的制度性限制，并要求建立文化适应的政策、法律和激励机制保障；第二，主张社会各部门进行通力合作，共建文化适应服务援助体系，使新生代农民工能够一站式集中获取所需信息，节省时间，提高信息利用率；第三，要求重点完善与新生代农民工距离较近的、最可能利用的文化信息服务点的设施建设及服务方式，鼓励社区、用人单位及图书馆等部门在软硬件指标及服务内容、手段上进行全面跟进；第四，建议健全"心理+生理+能力"的服务机制，关注新生代农民工的物质和精神双追求，体谅他们的难点，想他们之所想，既爱护他们的身心健康，也着眼于他们的信息技能教育，整体提高新生代农民工的文化软实力。

第二节　不足及展望

一　研究不足

本研究致力于为入城新生代农民工搭建整体性的理论分析框架，并从三个理论层面分阶段进行了前期的系统性调研及结果分析，继而建立三维立体评估模型进行文化适应评估，较全面且准确地把握当前新生代农民工入城适应的具体程度，并提出多方位的解决方案。然而由于时间、精力和其他客观条件的限制，本研究仍存在一些局限性，主要包括：

（1）部分调研对象对知识转移的认知存在偏差，影响调研数据的客观性。知识转移属于知识管理的研究范畴，其对象多为企业联盟、学习小组等组织团体，较少涉及个体，即便有关于个体层面的研究，也都为海归知识员工、研究生这类教育层次高的智力型人才，对于以从事体力劳动为主的非智力型人才——新生代农民工为研究对象的知识转移研究，还属首次，因此，无论是在量表的编制上还是对知识转移概念的阐述上，都要求将描述语句"去学术化"而"增口语化"。为了提高量表与调研对象之间的契合度，本研究通过反复修改语句来达到口语化的目的，但仍旧有部分被调查者存在认知模糊的问题，这在一定程度上影响了调研数据的客观性。

（2）研究尚未发现可参考的计算文化资本指标的测定方法。尽管在文化资本和文化认同适应的设题和量化过程中进行了大量模拟测算和多次专家咨询，但仍不排除指标测定存在主观性较强的可能。

（3）缺乏对文化适应类型、过程进行阶段性讨论。研究在理论上对文化适应的类型、进程进行了阶段性划分，但由于现实中的文化适应是一个动态的过程，前一个阶段与后一个阶段之间并不是互相独立的，存在着很高的关联性，导致了实证研究中的阶段划分存在时间上的不确定性与空间上的模糊性，这给差异性研究带来了困难，因此，在进行文化适应评估的回归分析时，仅从整体层面进行了探究，缺乏对这些影响因素的阶段性差异分析。

二 研究展望

新生代农民工是一个既独立又复杂的群体，他们与城市的交互在要素上涉及认知、关系、行为特征，在时空上需要兼顾乡城迁移、代际迁移、同伴迁移路径，这些要素在时空情境中如何转换，受哪些因素影响，影响程度如何，本研究试图解决以上问题，但依然存在分析不够深入、不全面，理论诠释功能有限，需要进一步深化并完善的方面。

（1）探索并建立文化适应整体性理论。本研究以新生代农民工为中心，以城市化场域为文化适应情境，通过"文化资本、媒介素养、知识转移"三大理论进行诠释。这些理论互有补充，对新生代农民工的文化适应影响因素和进程分析均能提供思路指引，但单一理论的分割性，在整合过程中依然有其无法洞察的局限，亟须建立起基于个体社会活动轨迹分析的文化适应全周期理论。本研究的探索已积累了相当的理论心得，尚需探明文化影响因子作用于文化适应时空层面上的机理机制，从而加以完善，形成相应理论。

（2）本研究发现入城新生代农民工在文化适应中的需求、行为和期待，有理由相信未来基于社区的多元力量协作的文化服务方式将是适用于新生代农民工城市文化适应的最有效途径。具体的开展方式、协作内容、活动效益等，有待后续研究。

参考文献

专　著

胡杰成：《农民工市民化研究》，知识产权出版社2012年版。
黄永林：《文化传承与文化创新探析》，华中师范大学出版社2013年版。
隋莉萍：《网络信息资源检索》，高等教育出版社2010年版。
王保进：《中文视窗版SPSS与行为科学研究》，心理出版社2006年版。
吴明隆：《问卷统计分析实务—SPSS操作与应用》，重庆大学出版社2010年版。
薛晓源、曹荣湘主编：《全球化与文化资本》，社会科学文献出版社2005年版。
张艳秋：《理解媒介素养：起源、范式与路径》，人民出版社2012年版。
赵毅衡：《符号学》，南京大学出版社2012年版。
郑素侠：《媒介化社会中的农民工：利益表达与媒介素养教育》，中国社会科学出版社2013年版。
中华人民共和国国家统计局编：《中国统计年鉴2014》，中国统计出版社2014年版。
中华人民共和国国家统计局编：《中国统计年鉴2015》，中国统计出版社2015年版。
［德］威廉·冯·洪堡特：《洪堡特语言哲学文集》，姚小平译，商务印书馆2011年版。
［法］布尔迪厄：《文化资本与社会炼金术——布尔迪厄访谈录》，包亚明

译，上海人民出版社1997年版。

［法］皮埃尔·布迪厄、［美］华康德：《实践与反思——反思社会学导引》，李猛、李康译，中央编译出版社2004年版。

［加］保罗·谢弗：《文化引导未来》，许春山、朱邦俊译，社会科学文献出版社2008年版。

［美］戴维·斯沃茨：《文化与权力：布尔迪厄的社会学》，陶东风译，上海译文出版社2006年版。

［美］菲利普·布儒瓦：《生命的尊严：透析哈莱姆东区的快克买卖》，焦小婷译，北京大学出版社2009年版。

［美］乔纳森·H. 特纳：《社会学理论的结构》，吴曲辉等译，浙江人民出版社1987年版。

［英］安东尼·吉登斯：《现代性与自我认同：现代晚期的自我与社会》，赵旭东、方文译，生活·读书·新知三联书店1998年版。

［英］詹姆斯·库兰：《大众媒介与社会》，杨击译，华夏出版社2006年版。

Argote L., "Knowledge Transfer and Organizational Learning", in Kurt Kraiger. et al., *The Wiley Blackwell Handbook of the Psychology of Training, Development, and Performance Improvement*, New Jersey: John Wiley & Sons, Ltd, 2014, pp. 154 – 170.

Berry J. W., Kim U., *Indigenous Psychologies: Research and Experience in Cultural Context*, California: SAGE Publications, Inc, 1993.

Berry J. W., "Acculturation as Varieties of Adaption", In Padilla A. M. ed., *Acculturation: Theory, Models and Some New Findings*, Boulder: Westview Press, 1980, pp. 9 – 25.

Berry J. W., "Psychology of Acculturation: Understanding individuals moving between cultures", in R. Brislin ed., *Applied Cross-Cultural Psychology*, California: SAGE Publication, Inc, 1990, pp. 232 – 253.

Berry J. W., "Stress Perspective on Acculturation", In Sam D. L. and Berry J. W. ed., *The Cambridge Handbook of Acculturation Psychology*, Cambridge: Cambridge Universtiy Press, 2006, pp. 43 – 57.

Bourdieu P., "The forms of capital", In Richardson J., *Handbook of Theory and Research for the Sociology of Education*, Westport, CT: Greenwood, 1986, pp. 15 – 29.

Chen G. M., Starosta W. J., *Foundations of Intercultural Communications*, New York: United Press of America, 2005.

Danckwortt, D. *Probleme der Anpassung an eine fremde Kultur — eine sozialpsychologische Analyse der Auslandsausbildung.* Köln: Carl Duisberg-Gesellschaft, 1959.

Dissanayake W., "Communication Models and Knowledge Generation, Dissemination ang Utilization Activities: A Historical Survey", in George M. Beal et al., *Knowledge Generation, Exchange and Utilization*, Boulder: Westview Press, 1986.

Gordon M. M., "The Nature of Assimilation and the Theory of the Melting Pot", in Hollander, E. P. and Hund R. G. ed., *Current Perspectives in Social Psychology*, New York: Oxford University Press, 1976.

Gudykunst W. B., "Uncertainty and Anxiety", In Kim Y. Y., Gudykunst W. B., *Theories in Intercultural Communication*, Newbury Park, CA: Sage, 1988, pp. 123 – 156.

James T. Fawcett J. T., Khoo Siew-Ean, Smith P. C. ed., *Women in the Cities of Asia: Migration and Urban Adaptation*, Boulder, Colo: Westview Press, 1984: 36 – 59.

Kim Y. Y., *Becoming Intercultural: An Integrative Theory of Communication and Cross-cultural Adaptation*, Los Angeles: Sage Publications, 2000.

Lewis O., *Five Families: Mexican Case Studies in the Culture of Poverty*, New York: Basic Books, 1959.

McLuhan M., *Understanding Media: The Extensions of Men*, New York: Mc Graw-Hill, 1964.

Miller, Herbert Adolphus, *Old World Traits Transplanted*, New York: New York Henry Holt, 1921.

Ostry B., *The Cultural Connection: An Essay on Culture and Government Policy in Canada*, Toronto: McClelland and Stewart, 1978.

Thadani V. N., Todaro M. P., "Female Migration: A Conceptual Framework", In Ward C., Bochner S., Furnham A., *The Psychology of Culture Shock* (2nd ed.), Sussex: Routledge, 2001.

期　刊

鲍会鹏、孙锐、林春培等:《社群用户转移意愿与能力对企业知识转移绩效的影响》,《科技进步与对策》2015年第3期。

曹茸、刘家益:《传播学视角下新生代农民工利益表达探析——以中西部劳动力输出大省的典型地区为例》,《前沿》2013年第15期。

常荔、邹珊刚、李顺才:《基于知识链的知识扩散的影响因素研究》,《科研管理》2001年第5期。

常志伟、杨月圆、李婷:《基于社会流动的新生代农民工工作场所学习探析》,《中国成人教育》2016年第14期。

陈爱国:《论布尔迪厄文化资本的形态构造》,《学术论坛》2006年第6期。

陈芳:《新生代农民工媒介素养对其城市融合的影响探讨》,《中国报业》2012年第24期。

陈菲琼:《我国企业与跨国公司知识联盟的知识转移层次研究》,《科研管理》2001年第2期。

陈慧、车宏生、朱敏:《跨文化适应影响因素研究述评》,《心理科学进展》2003年第6期。

陈星博:《区隔与阻断:青年农民工的"问题化"倾向——对我国城市流动人口社会转型过程问题的思考》,《当代青年研究》2003年第4期。

陈旭峰、田志锋、钱民辉:《农民工的社会融入何以可能——基于理论的分析和调研思考》,《理论探索》2010年第3期。

陈韵博:《新媒体赋权:新生代农民工对QQ的使用与满足研究》,《当代青年研究》2011年第8期。

程为敏:《社会流动中的边缘群体》,《农村经济与社会》1994年第3期。

仇立平、肖日葵：《文化资本与社会地位获得——基于上海市的实证研究》，《中国社会科学》2011年第6期。

崔华华、施晓娟、刘信鹏：《文化资本视野下的流动人口子女教育问题及其对策》，《科学经济社会》2012年第3期。

丁冬、傅晋华、郑风田：《社会网络、先前经验与新生代农民工创业——基于河南省新生代农民工创业调查数据的分析》，《西部论坛》2014年第3期。

丁光清、赵蓉：《新生代农民工：作为群体的文化研究及其公共文化服务立体供给系统》，《艺术百家》2015年第2期。

董克等：《武汉市农民工知识能力及图书馆需求调查报告》，《图书馆》2008年第4期。

董小英：《企业信息化过程中的知识转移：联想集团案例分析》，《中外管理导报》2002年第11期。

董小玉、胡杨：《新生代农民工的大众媒介形象建构》，《新闻界》2011年第2期。

冯红霞、王双巧：《论新生代农民工自我导向学习》，《教育与职业》2013年第2期。

傅燕芳：《谈公共图书馆为新生代农民工服务的有效途径》，《图书馆工作与研究》2013年第1期。

高友端：《新生代农民工市民化进程中的文化教育问题》，《学理论》2010年第19期。

郭星华、姜华：《农民工城市适应研究的几种理论视角》，《探索与争鸣》2009年第1期。

国务院发展研究中心课题组：《农民工市民化进程的总体态势与战略取向》，《改革》2011年第5期。

韩雪松：《新生代农民工的心理困境与解决策略》，《西安社会科学》2009年第4期。

何晶、晏齐宏：《互联网使用与北京市新生代农民工的社会发展研究》，《新闻与传播研究》2016年第4期。

何绍辉：《在"扎根"与"归根"之间：新生代农民工社会适应问题研

究》,《青年研究》2008年第11期。

洪秋兰、唐雅琳:《文化资本视角下的入城新生代农民工信息缺失研究》,《国家图书馆学刊》2017年第5期。

胡春娟:《公共图书馆:助力农民工市民化》,《图书馆论坛》2014年第8期。

胡荻:《湖州市图书馆为农民工子女提供文化服务的尝试》,《图书馆学研究》2010年第2期。

胡杰成:《农民工城市融入问题研究综述》,《兰州学刊》2008年第12期。

胡美娟等:《当代农民工感知社会支持、自尊和主观幸福感的关系》,《心理科学》2011年第6期。

黄建新:《新生代农民工市民化:现状、制约因素与政策取向》,《华中农业大学学报》(社会科学版)2012年第2期。

黄俊华、许同文:《新生代农民工大众媒介接触研究》,《新闻传播》2011年第12期。

黄匡时、嘎日达:《"农民工城市融合度"评价指标体系研究——对欧盟社会融合指标和移民整合指数的借鉴》,《西部论坛》2010年第5期。

黄四林、侯佳伟、张梅、辛自强、张红川、孙铃、窦东徽:《中国农民工心理健康水平变迁的横断历史研究:1995~2011》,《心理学报》2015年第4期。

姜永志、张海钟:《中国城乡文化个体的跨文化适应及应对方式解析》,《教育文化论坛》2011年第1期。

焦雪、黄丽霞:《Big6视角下农民工信息素养教育研究》,《图书馆学研究》2013年第9期。

金雯艳:《公共图书馆为农民工服务的实践与探索——以舟山市普陀区图书馆为例》,《图书馆论坛》2010年第4期。

金艳:《大众传播影响下新生代农民工的身份认同研究》,《东南传播》2012年第8期。

金艳:《网络媒体话语影响下新生代农民工的身份认同》,《今传媒》2013年第2期。

井水:《陕西省"新生代"农民工信息需求实证研究》,《国家图书馆学刊》2013年第2期。

黎维玲:《少儿图书馆在农民工子女教育中的作用》,《图书馆工作与研究》2010年第6期。

李斌、段兰英:《失地农民市民化过程中的身份认同》,《石家庄学院学报》2008年第2期。

李长鑫:《新生代农民工市民化程度指标体系探究》,《知识经济》2013年第19期。

李红艳:《手机:信息交流中社会关系的建构——新生代农民工手机行为研究》,《中国青年研究》2011年第5期。

李红艳、安文军、旷宋仁:《农民工和市民作为受传者的信息传播内容之分析——北京市民与农民工之间信息传播内容的实证研究》,《图书与情报》2009年第5期。

李玲:《改革开放以来中国国内人口迁移及其研究》,《地理研究》2001年第4期。

李明欢:《20世纪西方国际移民理论》,《厦门大学学报》(哲学社会科学版)2000年第4期。

李明欢:《"多元文化"论争世纪回眸》,《社会学研究》2001年第3期。

李宁:《新生代农民工媒介使用情况调查》,《新闻爱好者》2011年第10期。

李萍、孙芳萍:《跨文化适应研究》,《杭州电子科技大学学报》(社科版)2008年第4期。

李强、李凌:《农民工的现代性与城市适应——文化适应的视角》,《南开学报》(哲学社会科学版)2014年第3期。

李全喜、蔡慧慧:《信息融合:新生代农民工城市融入不可忽视的问题》,《图书馆建设》2012年第12期。

李怡梅:《打造新生代农民工的"文化专列"——公共图书馆为新生代农民工服务的探索》,《图书馆》2010年第4期。

李昱:《新闻媒体在新生代农民工文化生活中的传播责任》,《求索》2012年第2期。

梁鸿、叶华:《对外来常住人口社会融合条件与机制的思考》,《人口与发展》2009年第1期。

廖全明：《发展困惑、文化认同与心理重构——论农民工的城市融入问题》，《重庆大学学报》（社会科学版）2014年第1期。

林莉：《知识联盟中知识转移的障碍因素及应对策略分析》，《科技导报》2004年第4期。

蔺丰奇、刘益：《影响中外企业间技术转移效果的因素及对策》，《科学学与科学技术管理》2007年第3期。

刘程：《资本建构、资本转换与新生代农民工的城市融入》，《中国青年研究》2012年第8期。

刘奉越、庞学光：《基于社会流动的新生代农民工转化学习》，《现代远距离教育》2013年第3期。

刘奉越：《新生代农民工远程学习障碍及其对策研究》，《现代远距离教育》2012年第6期。

刘辉武：《文化资本与农民工的城市融合》，《农村经济》2007年第1期。

刘济群、闫慧、王又然：《新生代农民工就业信息获取行为中的内部社会资本现象——安徽省东至县的田野研究》，《图书情报知识》2013年第6期。

刘文萃、易晓俊：《新生代农民工精神文化生活的社区融入研究——以天津市滨海新区为例》，《安徽农业科学》2013年第20期。

刘雅婷、黄健：《心理资本对农民工城市融入的作用机制及教育规导路径》，《现代远程教育研究》2018年第3期。

刘勇、王学勤：《新生代农民工信息素养现状及提升策略研究——以浙江省为例》，《图书馆工作与研究》2014年第7期。

龙桂珍：《基于社会保障视角的农民工市民化途径研究》，《合作经济与科技》2014年第1期。

马庆国等：《知识转移的影响因素分析》，《北京理工大学学报》（社会科学版）2006年第1期。

马素伟、范洪：《"城市文化资本"指标体系构建及其测度研究——以江苏省为例》，《江西农业大学学报》（社会科学版）2012年第1期。

孟凤英、夏静雷：《论新生代农民工的文化权益保障》，《广州大学学报》

（社会科学版）2012 年第 3 期。

米丽娟、曹成刚、米利波：《传播学视阈的新生代农民工心理救助》，《理论界》2013 年第 2 期。

浦蓁烨：《论布迪厄的"文化资本论"》，《中山大学研究生学刊》（社会科学版）2010 年第 4 期。

邱均平、谢辉：《基于情景转换的知识转移理论模型研究》，《情报科学》2010 年第 3 期。

任玉达：《新生代农民工对于社交网络的使用调查——对河北省迁安市的个案分析》，《东南传播》2012 年第 5 期。

石凤：《广西新生代农民工语言状况及城市融入调查研究》，《智库时代》2018 年第 33 期。

疏礼兵：《组织知识、知识分类和知识特性》，《情报杂志》2008 年第 1 期。

宋瑾：《移动互联网缩小知沟的可能性探析——以新生代农民工的微信应用为例》，《传媒》2018 年第 9 期。

孙慧、丘俊超：《新生代农民工文化与心理融入状况调查——以广州市 CH 区为例》，《青年探索》2014 年第 2 期。

孙进：《文化适应问题研究：西方的理论与模型》，《北京师范大学学报》（社会科学版）2010 年第 5 期。

孙丽璐、郑涌：《移民文化适应的研究趋势》，《心理科学进展》2010 年第 3 期。

孙维：《文化资本的界定与测度》，《统计与决策》2010 年第 6 期。

唐斌：《"双重边缘人"：城市农民工自我认同的形成及社会影响》，《中南民族学院学报》（人文社会科学版）2002 年第 S1 期。

陶建杰：《新生代农民工信息获取障碍及影响因素研究——兼与老一代农民工的比较》，《人口与发展》2013 年第 4 期。

陶建杰：《新生代农民工信息渠道使用意愿的影响因素研究》，《南京农业大学学报》（社会科学版）2013 年第 2 期。

汪国华：《新生代农民工交往行为的逻辑与文化适应的路向》，《中国青年研究》2009 年第 6 期。

汪国华：《新生代农民工文化适应的内在逻辑：系统抑或构架?》，《调研世界》2009年第10期。

汪国华：《移植、解构与抽空：新生代农民工对中国传统文化的实践逻辑》，《人文杂志》2010年第3期。

汪娜、李强、徐晟：《农民工信任对心理健康的影响：领悟社会支持的中介作用及性别差异》，《中国临床心理学杂志》2017年第3期。

王朝一：《语言思维与跨文化适应的心理学视角分析》，《陇东学院学报》2011年第6期。

王佃利、刘保军、楼苏萍：《新生代农民工的城市融入——框架建构与调研分析》，《中国行政管理》2011年第2期。

王国光：《新生代农民工项目学习研究》，《河北大学成人教育学院学报》2012年第2期。

王建华、李录堂：《农民工就业信息获取的影响因素研究——基于243位农民工的理论与实证分析》，《软科学》2010年第12期。

王丽娟：《跨文化适应研究现状综述》，《山东社会科学》2011年第4期。

王若慧：《社区图书馆如何为农民工服务》，《图书馆建设》2005年第4期。

王圣贺、李彬：《浅谈新生代农民工网络媒介素养的发展变化》，《新闻传播》2013年第6期。

王小红：《农村转移人员文化资本的缺失及其对社会地位的影响——布迪厄文化资本理论的启示》，《外国教育研究》2008年第6期。

王新刚：《新生代农民工移动教育培训路径探析——基于知识管理视角》，《继续教育研究》2013年第9期。

王毅、吴贵生：《产学研合作中粘滞知识的成因和转移机制研究》，《科研管理》2001年第6期。

魏丹丹：《基于移动学习的新生代农民工职业教育》，《教育学术月刊》2012年第10期。

魏江、王铜安：《个体、群组、组织间知识转移影响因素的实证研究》，《科学学研究》2006年第1期。

魏晓东：《农民工市民化应分阶段逐步实现》，《农村工作通讯》2010年第

13 期。

文俊俊、曹国光：《中国进城农民工适应现状的实证研究》，《心理学进展》2014 年第 7 期。

吴麟：《新生代农民工：媒介素养有多高？》，《中国工人》2015 年第 4 期。

伍骏骞、陈奕山：《农民工视角下的就业信息获取和利用探究——基于南京市农民工的调查数据》，《农村金融研究》2011 年第 12 期。

向华丽：《女性农民工的社会融入现状及其影响因素分析——基于湖北 3 市的调查》，《中国人口·资源与环境》2013 年第 1 期。

萧俊明：《布尔迪厄的实践理论与文化再生理论》，《国外社会科学》1996 年第 4 期。

肖广岭：《隐性知识、隐性认识和科学研究》，《自然辩证法研究》1999 年第 8 期。

邢军：《积极搭建农民工城市融入的文化平台》，《江淮论坛》2014 年第 1 期。

徐占忱、何明升：《知识转移障碍纾解与集群企业学习能力构成研究》，《情报科学》2005 年第 5 期。

许传新：《"落地未生根——新生代农民工城市社会适应研究》，《南方人口》2007 年第 4 期。

晏齐宏：《互联网对新生代农民工意见表达意愿的影响机制——基于赋权理论的分析》，《新闻与传播评论》2018 年第 5 期。

杨菊华：《从隔离、选择融入到融合：流动人口社会融入问题的理论思考》，《人口研究》2009 年第 1 期。

杨嫚：《媒介与外来务工人员社会认同》，《西南石油大学学报》（社会科学版）2011 年第 2 期。

杨嫚：《消费与身份构建：一项关于武汉新生代农民工手机使用的研究》，《新闻与传播研究》2011 年第 6 期。

杨雅、李桂华：《基于"意义构建"理论的农民工信息需求调查研究》，《图书馆》2009 年第 4 期。

杨英新：《城市融合之推手：新生代农民工的网络媒介素养》，《中国劳动关系学院学报》2012 年第 2 期。

杨子、周宵、卓潇：《新生代农民工市民化：文化心理学的思考》，《四川教育学院学报》2010年第12期。

姚俭建、岑文忠：《文化资本的积累机制探微》，《上海师范大学学报》（哲学社会科学版）2004年第2期。

姚俭建：《论西方社会的中产阶级——文化资本理论框架内的一种解读》，《上海大学学报》（社会科学版）2005年第3期。

叶继红：《城市新移民的文化适应：以失地农民为例》，《天津社会科学》2010年第2期。

余伟、郑钢：《跨文化心理学中的文化适应研究》，《心理科学进展》2005年第6期。

袁靖华：《大众传媒的符号救济与新生代农民工的城市融入——基于符号资本的视角》，《新闻与传播研究》2011年第1期。

张斌华：《珠三角新生代农民工语言使用、态度及认同研究》，《语言文字应用》2016年第3期。

张灿灿、苏永刚、张红静：《文化适应压力量表中文版的修订》，《山东大学学报》（医学版）2015年第11期。

张斐：《新生代农民工市民化现状及影响因素分析》，《人口研究》2011年第6期。

张建丽、李雪铭、张力：《新生代农民工市民化进程与空间分异研究》，《中国人口·资源与环境》2011年第3期。

张军、王邦虎：《新生代农民工城市融入的文化资本支持》，《安徽农业大学学报》（社会科学版）2013年第2期。

张莉：《网络媒体对新生代农民工价值观的影响》，《新闻知识》2012年第4期。

张青、李宝艳：《"互联网＋"视域下新生代农民工继续教育研究》，《成人教育》2016年第4期。

张淑华、李海莹：《新生代农民工身份认同测量分析》，《沈阳师范大学学报》（社会科学版）2016年第5期。

张淑华、王海雯、刘芳：《新生代农民工身份认同分化的认知基础——社会比较策略视角》，《心理与行为研究》2017年第2期。

张卫东、吴琪：《跨文化适应能力理论之构建》，《河北学刊》2015 年第 1 期。

张卫枚：《农民工融入城市过程中的文化适应》，《城市问题》2012 年第 8 期。

张祝平：《新生代农民工的生存状态、社会认同与社会融入：浙江两市调查》，《重庆社会科学》2011 年第 2 期。

张梓英：《网络远程教育在新生代农民工教育培训中的作用》，《继续教育研究》2012 年第 5 期。

郑素侠：《媒介使用与新生代农民工的城市融入》，《当代传播》2012 年第 5 期。

郑欣：《新生代农民工的城市适应——基于传播社会学的视角》，《南京社会科学》2011 年第 3 期。

郑欣、王悦：《新媒体赋权：新生代农民工就业信息获取研究》，《当代传播》2014 年第 2 期。

周葆华、吕舒宁：《上海市新生代农民工新媒体使用与评价的实证研究》，《新闻大学》2011 年第 2 期。

周海玲：《文化资本视角：流动儿童教育公平化策略》，《当代青年研究》2008 年第 9 期。

周莉、马韵梅：《高校图书馆应为新生代农民工提供信息服务链接》，《图书馆学刊》2011 年第 3 期。

周密等：《基于知识特性的知识距离对知识转移影响研究》，《科学学研究》2015 年第 7 期。

周明宝：《城市滞留型青年农民工的文化适应与身份认同》，《社会》2004 年第 5 期。

周云波、武鹏、高连水：《文化资本的内涵及其估计方案》，《中央财经大学学报》2009 年第 8 期。

朱建文、张亿钧：《手机移动学习在"新生代农民工"培训中的应用研究》，《职教论坛》2013 年第 36 期。

朱力、赵璐璐、邬金刚：《"半主动性适应"与"建构型适应"——新生代农民工的城市适应模型》，《甘肃行政学院学报》2010 年第 4 期。

朱力：《论农民工阶层的城市适应》，《江海学刊》2002年第6期。

朱明：《社区图书馆发展路径探析——以某市S社区农民工补偿教育为例》，《图书馆论坛》2007年第3期。

邹显林：《新生代农民工文化适应影响因素分析》，《职教通讯》2012年第10期。

［法］皮埃尔·布尔迪厄、宫留记：《一种新资本》，《世界哲学》2008年第1期。

Anderson L. E., "A New Look at an Old Construct: Cross-cultural Adaptation", *International Journal of Intercultural Relations*, 1994, 18 (3): 293-328.

Arends-Tóth J., Vijver F. J. R. V. D., "Multiculturalism and acculturation: views of Dutch and Turkish Dutch", *European Journal of Social Psychology*, 2003, 33 (2): 249-266.

Asvat Y., Vanessa. L. M., "Acculturation and Depressive Symptoms in Muslim University Students: Personal-family Acculturation Match", *International Journal of Psychology*, 2008, 43 (2): 114-124.

Badaracco L., "Alliances Speed Knowledge Transfer", *Strategy & Leadership*, 1991 (19): 10-16.

Beard J. B., Ragheb M. G., "Measuring Leisure Satisfaction", *Journal of Leisure Reaearch*, 1980, 12 (2): 20-23.

Bentler P. M., Bonett D. G., "Significance Tests and Goodness of Fit in the Analysis of Covariance Structures", *Psychological Bulletin*, 1980, 88 (3), pp. 588-606.

Berry D. C., Broadbent D. E., "The Combination of Explicit and Implicit Learning Processes in Task Control", *Psychological Research*, 1987, 49: 7-15.

Berry J. W., Hou F., "Immigrant Acculturation and Well-being in Canada", *Canadian Psychology*, 2016, 57 (4): 254-264.

Berry J. W., Phinney J. S., Sam D. L., et al., "Immigrant Youth: Acculturation, Identity, and Adaptation", *Applied Psychology: An International Re-*

view, 2010, 55 (3): 303 -332.

Berry J. W., Sabatier C., "Acculturation, Discrimination, and Adaptation among Second Generation Immigrant Youth in Montreal and Paris", *International Journal of Intercultural Relations*, 2010, 34 (3): 191 -207.

Berry J. W., "A Psychology of Immigrantion", *Journal of Social Issues*, 2001, 57 (3): 615 -631.

Berry J. W., "Immigration, Acculturation and Adaptation", *Applied Psychology*, 1997, 46 (1): 5 -34.

Berry J. W., "Integration and Multiculturalism: Ways Towards Social Solidarity", *Papers on Social Representations*, 2011, 20: 2.1 -2.21.

Black J. S., Mendenhal M., Oddou G., "Toward a Comprehensive Model of International Adjustment: An Integration of Multiple Theoretical Perceptive", *The Academy of Management Review*, 1991, 16 (2): 291 -317.

Bollen K. A., Hoyle R. H., "Perceived Cohesion: A Conceptual and Empirical Examination", *Social Forces*, 1990, 69 (2): 479 -504.

Bourhis R. Y., Moise L. C., Perreault S., et al., "Towards an Interactive Acculturation Model: A Social Psychological Approach", *International Journal of Psychology*, 1997, 32 (6): 369 -386.

Bryant J., Zillman D., "Using Television to Alleviate Boredom and Stress: Selective Exposure as a Function of Induced Excitational States", *Journal of Broadcasting*, 1984, 28 (1): 1 -20.

Byosiere D., Luethge D. J., "Knowledge domains and knowledge conversion: an empirical investigation", *Journal of Knowledge Management*, 2008, 12 (2): 67 -78.

Cho D. S., "Lateeomer Strategies: Evidence from the Industry in Japan and Korea", *Organization Science*, 1998, 9 (4): 489 -505.

Cortés P. E., Rogler L. H., Malgady R. G., "Biculturality Among Puerto Rican Adults in the United States", *American Journal of Community Psychology*, 1994, 22 (5): 707 -721.

Cuellar I., Arnold B., Maldonado R., "Acculturation rating scale for Mexican

Americans-II: A Revision of the Original ARSMA Scale", *Hispanic Journal of Behavioral Sciences*, 1995, 17 (3): 275 – 275 (1).

Cummings J. L., Teng B. S., "Transferring R. & D. Knowledge: The Key Factors Affecting Knowledge Transfer Success", *Journal of Engineering and Technology Management*, 2003, 20 (1 – 2): 39 – 68.

David Throsby, "Cultural Capital", *Journal of Cultural Economics*, 1999, 23: 3 – 12.

De Graaf N. D., De Graaf P. M., Kraaykamp G., "Parental Cultural Capital and Educational Attainment in the Netherlands: A Refinement of the Cultural Capital Perspective", *Sociology of Education*, 2000, 73 (2): 92 – 111.

DeGraaf P. M. "The Impact of Financial and Cultural Resources on Educational At tainment in the Netherlands", *Sociology of Education*. 1986, 59 (4): 237 – 246.

Dimaggio P., "Cultural Capital and School Success: The Impact of Status Culture Participation on the Grades of U. S. High School Students", *American Sociological Review*, 1982, 47 (2): 189 – 201.

DiMaggio P., Mohr J., "Cultural capital, educational attainment, and marital selection", *American Journal of Sociology*, 1985, 90 (6): 1231 – 1261.

Edwards L. M., Lopez S. J., "Perceived Family Support, Acculturation, and Life Satisfaction in Mexican American youth: A Mixed-Methods Exploration", *Journal of Counseling Psychology*, 2006, 53 (3): 279 – 287.

Eitle T. M. Eitle D., "Race, Cultural Capital, and the Educational Effects of Participation in Sports", *Sociology of Education*, 2002, 75 (2): 123 – 146.

Farkas G., Grobe R. P., Sheehan D., Shuan Y., et al., "Cultural Resources and School Success: Gender, Ethnicity, and Poverty Groups within an Urban School District", *American Sociological Review*, 1990, 55 (1): 127 – 142.

Hacker K., Chu J., Leung C., et al., "The Impact of Immigration and Customs Enforcement on Immigrant Health: Perceptions of Immigrants in Everett", *Massachusetts, USA, Social Science & Medicine*, 2011, 73 (4): 586

-594.

Hong Y. Y., Morris M. W., Chiu C. Y., Benet-Martinez V., "Multicultural Minds: A Dynamic Constructivist Approach to Culture and Cognition", *American Psychologist*, 2000, 55 (7): 709 -720.

Joseph E. D, "Cultural Capital for a Global Venture", *INSPRA Working Paper*, 1997.

Judit A. T., Fons J. R., Vijver V. D., "Family Relationships among Immigrants and Majority Menbers in the Netherlands: The Role of Acculturation", *Applied Psychology: An International Review*, 2008, 57 (3): 466 -487.

Kaida L., "Do Host Country Education and Language Training Help Recent Immigrants Exit Poverty?", *Social Science Research*, 2013, 42 (3): 726 -741.

Kaya I., "Identity across generations: A Turkish American Case Study", *Middle East Journal*, 2009, 63 (4): 617 -632.

Keesing R. M., "Theories of Culture", *Annual Review of Anthropology*, 1974 (3): 73 -97.

Kim S. Y., Chao R. K., "Heritage Language Fluency, Ethnic Identity, and School Effort of Immigrant Chinese and Mexican Adolescents", *Cultural Diversity and Ethnic Minority Psychology*, 2009 (15): 27 -37.

Kim Y. Y., "Communication Patterns of Foreign Immigrants in the Process of Acculturation", *Human Communication Research*, 1977, 4 (1): 66 -77.

Kizgin H., Jamal A., Richard M. O., et al., "Consumption of Products from Heritage and Host Cultures: The Role of Acculturation Attitudes and Behaviors", *Journal of Business Research*, 2018, 82: 320 -329.

Ko D. G, Kirsch L. J., King W. R., "Antecedents of Knowledge Transfer From Consultants to Clients in Enterprise System Implementations", *MIS quarterly*, 2005, 29 (1): 59 -85.

Lamont M., Lareau A., "Cultural Capital: Allusions, Gaps and Glissandos in Recent Theoretical Developments", *Sociological Theory*, 1988, 6 (2): 153 -168.

Lane P. J. , Lubatkin M. H. , "Relative of Absorptive Capacity and Inter Organizational Learning", *Strategic Management Journal*, 1998, 19 (5): 461 -477.

Lee E. S. , "A Theory of Migration", *Demography*, 1966, 3 (1): 461 -477.

Lewis, W. A. , "Economic Development with Unlimited Supplies of Labor", *The Manchester School.* 1954, 22 (2): 139 -191.

Light I. , "Immigrant and Ethnic Enterprise in North America", *Ethnic and Racial Studies*, 1984, 7 (2): 195 -216.

Livingston S. , "What is media literacy?", *Intermedia*, 2004, 32 (3): 18 -20.

Luijters K. , Van der Zee K. I. , Otten S. , "Acculturation Strategies Among Ethnic Minority Workers and the Role of Intercultural Personality Traits", *Group Processes and Intergroup Relations*, 2006, 9 (4): 561 -575.

Matsudaira T. , "Measures of Psychological Acculturation: A Review", *Transcultural Psychiatry*, 2006, 43 (3) .

Ng S. K. , "From Language Acculturation to Communication Acculturation: Addressee Orientations and Communication Brokering in Conversations", *Journal of Language and Social Psychology*, 2007, 26 (1): 75 -90.

Ng T. K. , Wang K. W. C. , Chan W. , "Acculturation and Cross-cultural Adaptation: The Moderating Role of Social Support", *International Journal of Intercultural Relations*, 2017, 59: 19 -30.

Oberg K. , "Cultural Shock: Adjustment to New Culturalenviroments", *Practical Anthropology*, 1960, 7 (4): 177 -182.

Parasurman A. , Zeithaml V. A. , Berry L. L. , "A Conceptual Model of Service Quality and Its Implications for Future Research", *Journal of Marketing*, 1985, 49 (4): 41 -50.

Park R. E. , "Human Migration and the Marginal Man", *American Journal of Sociology*, 1928, 33 (6): 881 -893.

Pumariega A. J. , Rothe E. "Leaving no Children or Families Outside: The Challenges of Immigration", *American Journal of Orthopsychiatry*, 2010, 80

(4): 505 -515.

Ranis G., Fei J. C. H, "The Ranis-Fei Model of Economic Development: Reply", *The American Economic Review*, 1963, 53 (3): 452 -454.

Ravenstein E. G., "The Laws of Migration", *Journal of the Royal Statistic Society*, 1889, 52 (2): 241 -305.

Rudmin F. W., "Critical History of the Acculturtion Psychology of Assimilation, Separation, Integration and Marigination", *Review of Generd Psychology*, 2003, 7 (1): 3 -37.

Sapienza I., Hichy Z., Guarnera M., et al., "Effects of Basic Human Values on Host Community Acculturation Orientations", *International Journal of Psychology*, 2010, 45: 311 -319.

Schultz T. W., "Reflections on Investment in Man", *Journal of Political Economy*, 1962, 70 (5): 1 -8.

Schwartz S. J., Unger J. B., Zamboanga B. L. et al., "Rethinking the Concept of Acculturation: Implications for Theory and Research", *American Psychologist*, 2010, 65 (4): 237 -251.

Simonin. B. L., "Ambiguity and the Process of Knowledge Transfer Strategic Alliances", *Strategic Management Journal*, 1999, 20 (7): 595 -623.

Stephenson M., "Development and Validation of the Stephenson Multigroup Acculturation Scale (SMAS)", *Psychological Assessment*, 2000, 12 (1): 77 -88.

Suinn, R., Rickard-Figueroa K., Sandra L. et al., "The Suinn-Lew Asian Self-Identity Acculturation Scale: An Initial Report", *Educational and Psychological Measurement*, 1987, 47 (2): 401 -407.

Szelenyi I., "Poverty and Social Structure in Transitional Societies, Centre for Cooperative Reseach", *Yale Univesrsity*, 2000.

Szulanski, G., "The Process of Knowledge Transfer: A Diachronic Analysis of Stickiness", *Organizational Behavior and Human Decision Processes*, 2000, 82 (1): 9 -27.

Szulanski G., "Exploring Internal Stickiness: Impediments to the Transfer of best Practice within the Firm", *Strategic Management Journal* (*special issue*), 1996 (17): 27 - 43.

Teece D. J., "Technology Transfer by Multinational Firms: The Resource Cost of Transferring Technological Know-how", *The economic journal*, 1977, 87 (346): 242 - 261.

Thomas R. L., Chiarelli-Helminiak C. M., Ferraj B., et al., "Building Relationships and Facilitating Immigrant Community Integration: An Evaluation of a Cultural Navigator Program.", *Evaluation and Program Planning*, 2016, 55: 77 - 84.

Throsby D., "Cultural Capital", *Journal of Cultural Economics*, 1999, 23, 3 - 12.

Tortoriello M., Reagans R., McEvily B., "Bridging the Knowledge Gap: The Influence of Strong Ties, Network Cohesion, and Network Range on the Transfer of Knowledge Between Organizational Units", *Organization Science*, 2012, 23 (4): 1024 - 1039.

Tsai J. L., Ying Y. W., Lee P. A., "Cultural predictors of self-esteem: a study of Chinese American female and male young adults", *Cultural Diversity Ethnic Minority Psychology*, 2001, 7 (3): 284 - 297.

Ward C., Kennedy A., "Acculturation Strategies, Psychological Adjustment and Sociocultural Competence Duringcrosscultural Transitions", *International Journal of Intercultural Relations*, 1994, 18 (3): 329 - 343.

Ward C., Kennedy A. "The Measurement of Sociocultural Adaptation", *International Journal of Intercultural Relations*, 1999, 23 (4): 659 - 677.

Ward C., Kus L., "Back to and Beyond Berry's Basics: The Conceptualization, Operationalization and Classification of Acculturation", *International Journal of Intercultural Relations*, 2012, 36 (4): 472 - 485.

Ward C., Rana Deuba A., "Acculturation and Adaptation Revisited", *Journal of Cross-Cultural Psychology*, 1999, 30 (4): 422 - 442.

Wei L., Gao F., "Social Media, Social Integration and Subjective Well-being among New Urban Migrants in China", *Telematics & Informatics*, 2017, 34

(3): 786-796.

Ying Y., "Immigration Satisfaction of Chinese Americans: An Empirical Examination", *Journal of Community Psychology*, 1996, 24 (1): 3-16.

Zipf G. K., "The P1P2/D Hypothesis: On the Intercity Movement of Persons", *American Sociological Review*, 1946, 11 (6): 677-686.

网络资料

CNNIC：第42次《中国互联网络发展状况统计报告》，http://www.cnnic.net.cn/hlwfzyj/hlwxzbg/hlwtjbg/201808/t20180820_70488.htm.

国家统计局：《国民经济行业分类》（GB/T 4754-2011），2013-10-23，http://www.stats.gov.cn/tjsj/tjbz/hyflbz，2016-2-26。

中国政府网：《李克强主持召开国务院常务会议》，2016-1-24，http://www.gov.cn/guowuyuan/2016-01/24/content_5035749.htm，2016-2-13。

东南网：《农民工幸福感排名调查 泉州缘何位居全国第一》，2012-04/26，http://wmf.fjsen.com/content_8278150_2.htm.

福建日报：《我省农民工达970万人》，http://www.clssn.com/html1/report/10/8050-1.htm.

国务院法制办公室：《国务院关于修改〈国务院关于职工工作时间的规定〉的决定》，1995-03-25，http://fgk.chinalaw.gov.cn/article/xzfg/199503/19950300268667.shtml，2016-1-18。

闽西调研：《龙岩市农民工就业问题研究》，http://www.longyan.gov.cn/wsbs/ggfw/jy/nmgjy/1/201011/t20101119_159517.htm.

人民网：《来沪"农二代"7成学历不超过初中 就业更在乎"体面"》，2016-2-29，http://sh.people.com.cn/n2/2016/0229/c134768-27826040.html，2016-3-1。

人民网：《深圳新生代农民工生产状况调查报告》，2010-07-15，http://acftu.people.com.cn/GB/67583/12155296.html.

深圳市统计局：《深圳市2013年国民经济和社会发展统计公报》，http://sztqb.sznews.com/html/2014-04/08/content_2834606.htm.

新华网:《李克强签署国务院令〈居住证暂行条例〉明年1月1日起施行》，2015-12-13，http：//news.xinhuanet.com/mrdx/2015-12/13/c_134911277.htm，2015-12-31.

袁海波:《为新生代农民工代言》，2018-03/04，http：//yn.yunnan.cn/html/content_5107270.htm.

张焱:《2013城市可持续发展指数报告发布》，http：//www.chinacity.org.cn/cstj/zxgg/149869.html.

中国工会新闻:《全总发布新生代农民工调查报告：1亿人8大问题待解》，http：//acftu.people.com.cn/GB/67560/13961296.html.

中国网:《2015中国一二线城市名单出炉》，2015-4-10，http：//henan.china.com.cn/finance/2015/0410/231291.shtml，2015-4-25。

中国新闻网:《关于新生代农民工问题的研究报告》，2010-06-21，http：//www.chinanews.com/gn/news/2010/06-21.shtml，2015-12-29。

中国政府网:《国家新型城镇化规划（2014—2020年）》，2014-03/16，http：//www.gov.cn/zhengce/content_2640075.htm.

中国政府网:《国务院关于进一步做好为农民工服务工作的意见》，2014-09/30，http：//www.gov.cn/zhengce/content/content_9105.htm.

中国政府网:《文化部关于印发〈"十三五"时期全国公共图书馆事业发展规划〉的通知》，2017-07/07，http：//www.gov.cn/xinwen/content_5230578.htm.

中国政府网:《中共中央办公厅 国务院办公厅印发〈国家"十三五"时期文化发展改革规划纲要〉》，2017-05/07，http：//www.gov.cn/zhengce/content_5191604.htm.

中国政府网:《中共中央办公厅、国务院办公厅印发〈关于加快构建现代公共文化服务体系的意见〉（全文）》，2015-01/14，http：//www.gov.cn/xinwen/content_2804250.htm.

中国政府网:《中共中央关于制定国民经济和社会发展第十三个五年规划的建议》，2015-11/03，http：//www.gov.cn/xinwen/content_5004093.htm.

中国政府网:《中华人民共和国公共文化服务保障法》，2017-05/07，http：//www.gov.cn/zhengce/content_5191604.htm.

中华人民共和国国家统计局：《2011 年全国农民工监测调查报告》，2012 - 4 - 27，http：//www. stats. gov. cn/ztjc/ztfx/fxbg/201204/t20120427_ 16154. htmll，2015 - 5 - 24。

中华人民共和国国家统计局：《2013 年全国农民工监测调查报告》，http：//www. stats. gov. cn/tjsj/zxfb/201405/t20140512_ 551585. html。

中华人民共和国国家统计局：《2014 年不同岗位平均工资水平有较大差距》，2015 - 5 - 27，http：//www. stats. gov. cn/tjsj/zxfb/201505/t20150527_ 1110637. html，2016 - 2 - 19。

中华人民共和国国家统计局：《2014 年全国农民工监测调查报告》，2015 - 4 - 29，http：//www. stats. gov. cn/tjsj/zxfb/201504/t20150429_ 797821. html，2015 - 5 - 24。

中华人民共和国国家统计局：《2014 年全国农民工监测调查报告》，2015 - 04 - 29，http：//www. stats. gov. cn/tjsj/zxfb/20150429. html，2015 - 12 - 29。

中华人民共和国国家统计局：《2017 年全国农民工监测调查报告》，http：//www. stats. gov. cn/tjsj/zxfb/201804/t20180427_ 1596389. html.

中华人民共和国国家统计局：《新生代农民工的数量、结构和特点》，2011 - 3 - 11，http：//www. stats. gov. cn/ztjc/ztfx/fxbg/201103/t20110310_ 16148. html，2016 - 2 - 18。

中华人民共和国国家统计局：《中国统计年鉴2015》，2016 - 1 - 1，http：//www. stats. gov. cn/tjsj/ndsj/2015/indexch. htm，2016 - 2 - 23。

学位论文

陈治国：《布尔迪厄文化资本理论研究》，博士学位论文，首都师范大学，2011 年。

邓灵斌：《社会关系视角下的知识转移策略研究》，博士学位论文，武汉大学，2008 年。

傅梅芳：《珠三角地区新生代农民工的文化生活研究》，硕士学位论文，华南理工大学，2013 年。

高抗：《新生代农民工身份认同、自尊与偏差行为关系研究》，硕士学位论文，沈阳师范大学，2013年。

高喜军：《作为资本的文化——解读布尔迪厄文化资本理论》，硕士学位论文，首都师范大学，2008年。

韩玉梅：《新生代农民工市民化问题研究》，博士学位论文，东北农业大学，2012年。

黄丽云：《新生代农民工市民化中的价值观问题研究——以福建省为例》，博士学位论文，福建师范大学，2012年。

罗晟丹：《新媒介与新生代农民工赋权问题研究——以成都市农民工为例》，硕士学位论文，成都理工大学，2017年。

马菱：《进城农民工子女家庭文化资本研究——以上海市闵行区为例》，硕士学位论文，华东师范大学，2010年。

梅轶竹：《网络媒介对新生代农民工的影响力刍议》，硕士学位论文，中国青年政治学院，2012年。

佘世红：《媒介使用与失地农民城市化转型研究——基于广州市谷围新村的调整》，博士学位论文，武汉大学，2013年。

疏礼兵：《团队内部知识转移的过程机制与影响因素研究——以企业研发团队为例》，博士学位论文，浙江大学，2006年。

孙丽璐：《农民工的文化适应研究》，博士学位论文，西南大学，2011年。

孙淑女：《范式视阈下的跨文化适应理论》，博士学位论文，浙江大学，2015年。

王洪兰：《家庭文化资本的传承研究》，硕士学位论文，华中科技大学，2006年。

王巧利：《生活方式视角下新生代农民工文化适应研究——以郑州市为例》，硕士学位论文，吉林大学，2013年。

王献峰：《互联网对新生代农民工城市融入的影响研究——以郑州市为例》，硕士学位论文，郑州大学，2012年。

王英占：《新生代"农民工"媒介素养教育研究——以重庆市为例》，硕士学位论文，西南政法大学，2011年。

文一篇：《不同居住模式下农民工的信息接触与城市融合状况研究》，硕士学位论文，中南大学，2011年。

吴勇慧：《组织内个体层面知识转移的影响因素研究》，硕士学位论文，浙江大学，2004年。

肖亚鑫：《城镇化背景下新生代农民工价值观研究——基于对太原市新生代农民工的调查与思考》，硕士学位论文，山西财经大学，2011年。

严警：《家庭文化资本研究——基于武汉市两所初中的调查》，硕士学位论文，华中师范大学，2012年。

张龙：《风险传播视角下的新生代农民工城市适应研究》，博士学位论文，南京大学，2018年。

张青：《互联网对新生代农民工社会认同的影响研究——基于福州市新生代农民工的调查》，硕士学位论文，福建农林大学，2016年。

张晓：《新生代农民工文化权益保障的困境与出路研究》，硕士学位论文，福建师范大学，2014年。

张至昊：《论文化资本》，硕士学位论文，福建师范大学，2007年。

章国曙：《新生代农民工城市适应问题研究——基于福建省的调查与分析》，硕士学位论文，福建师范大学，2009年。

赵丽丽：《城市女性婚姻移民的社会适应和社会支持研究——以上海市"外来媳妇"为例》，博士学位论文，上海大学，2008年。

赵丽娜：《城市发展中的文化资本研究》，硕士学位论文，哈尔滨工业大学，2006年。

郑祖强：《文化资本视角下农民工群体社会地位获得研究——基于崇左市D村的实证调查》，硕士学位论文，广西大学，2014年。

附录一　新生代农民工城市文化适应调查问卷（文化资本篇）

尊敬的朋友：

您好！恳请您能抽出宝贵的时间来填写这份问卷，希望您能如实表达自己的意愿。问卷采用不记名方式，调查的结果仅用于科学研究，您的个人信息完全保密，请放心填写。

请在最符合实际情况的选项前面的方框中打"√"（如无特殊说明，均为单项选择），如果您选择了"其他"选项，希望能填出具体的内容，谢谢！

国家社会科学基金青年项目研究组

2015 年 9 月

★本次调研对象仅针对1980 年以后出生且户籍在农村的进城务工人员。

A 基本信息

A1：您的性别：

□男　　　　　　　　　　□女

A2：您的年龄段：

A. 16—20 岁　　　　　　B. 21—25 岁

C. 26—30 岁　　　　　　D. 31—35 岁

A3：您会干农活吗？

□不会，从没干过　　　　□会，曾干过

□会，农忙时会帮忙　　　□其他_____

A4. 您的文化程度：

☐小学及以下　　　　　　　　　☐初中

☐高中或中专　　　　　　　　　☐大专

☐本科及以上

A5. 您来城市的时间：

☐半年至 1 年　　　　　　　　　☐1—5 年

☐6—10 年　　　　　　　　　　☐10 年以上

A6. 您的婚姻状况：

☐未婚（跳过 A6 - 1/2/3）　　　☐已婚

☐离异　　　　　　　　　　　　☐丧偶

A6 - 1 您的配偶是否进城？

☐是　　　　　　　　　　　　　☐没有

A6 - 2 您有孩子吗？

☐有　　　　　　　　　　　　　☐没有（跳过 A6 - 3）

A6 - 3 您孩子随您一起进城吗？

☐有　　　　　　　　　　　　　☐没有

B 城市场域的融合现状调查

B1. 您目前居住处所：

☐单位宿舍　　　　　　　　　　☐工地工棚

☐生产经营场所　　　　　　　　☐与人合租住房

☐独立租赁住房　　　　　　　　☐务工地自购房

☐其他_____

B2. 您的月均收入：

☐1500 元以下　　　　　　　　　☐1500—2500 元

☐2500—3500 元　　　　　　　　☐3500 元以上

B3. 您的职业：

☐制造业　　　　　　　　　　　☐建筑业

☐交通运输、仓储和邮政业　　　☐批发和零售业

☐住宿和餐饮业　　　　　　　　☐居民服务、修理和其他服务业

B4. 您每天的工作时长：

☐小于 8 小时　　　　　　　　☐8—10 小时

☐11—12 小时　　　　　　　　☐超过 12 小时

B5. 您目前的职务层次是：

☐一线员工　　　　　　　　　☐基层管理者

☐中高层管理者　　　　　　　☐决策层

B6. 您的交际圈主要是：（可多选，最多不超过 3 项）

☐亲朋　　　　　　　　　　　☐老乡

☐同学　　　　　　　　　　　☐同事/工友

☐城市居民　　　　　　　　　☐其他_____

B7. 当您遇到不顺心的事情，一般向谁求助？（可多选，最多不超过 3 项）

☐亲戚、朋友　　　　　　　　☐老乡

☐邻居　　　　　　　　　　　☐单位领导和同事

☐社区居委会　　　　　　　　☐政府部门

☐社会组织　　　　　　　　　☐新闻媒体

☐其他_____

B8. 请根据您的实际情况，在对应的空格里打"√"。

评价因子	非常不同意	比较不同意	一般	比较同意	非常同意
B8-1 我打算长期居住在城市	☐	☐	☐	☐	☐
B8-2 我觉得自己是城市的一员	☐	☐	☐	☐	☐
B8-3 城市居民很友善，我们能彼此尊重	☐	☐	☐	☐	☐
B8-4 我很乐意长期居住在城市	☐	☐	☐	☐	☐

C 文化资本自身存量调查

C1. 您的普通话水平（听说）如何？

☐非常不好　　　　　　　　　☐比较差

☐一般 ☐比较好

☐非常好

C2. 您使用网络的能力（如 QQ、微信、微博、发邮件、浏览网站、网购等）如何？

☐非常不好 ☐比较差

☐一般 ☐比较好

☐非常好

C3. 您同意自己知道用什么方法获取需要的信息

☐非常不同意 ☐比较不同意

☐一般 ☐比较同意

☐非常同意

C4. 您同意自己能够准确、迅速获得所需信息

☐非常不同意 ☐比较不同意

☐一般 ☐比较同意

☐非常同意

C5. 您家中文化产品（如艺术品、古董、图书、杂志、报纸等）收藏程度如何？

☐非常少 ☐比较少

☐一般 ☐比较多

☐非常多

C6. 您月均文化消费（如购买书报杂志、学习技术等）花费为？

☐50 元以下 ☐50—100 元

☐101—150 元 ☐151—200 元

☐200 元以上

C7. 您去公共基础文化信息服务设施（如博物馆、展览馆、图书馆、文化广场）的频率？

☐几乎不去 ☐几个月一次

☐每月一次 ☐每月两到三次

☐每周一次或多次

C8. 您是否接受过成人继续教育？
□否（跳过 C9） □是

C9. 您接受过哪种成人继续教育？
□成人高等教育（夜大、函授） □高等教育自学考试（自考）
□电大现代远程开放教育 □网络大学

C10. 您是否接受过技能培训？
□否（跳过 C11—C12） □是

C11. 您接受过什么样的技能培训？
□短期基础培训 □短期专业培训
□长期基础培训 □长期专业培训

C12. 您参加技能培训的方式是什么？
□就读技工学校 □政府就业中心培训
□辅导机构 □用人单位
□自学

D 文化资本影响因素调查

D1. 您每月的开支主要是：（按费用由多到少排序选 3 项）第一_____
第二_____第三_____

1 日常伙食 2 房租水电
3 子女教育 4 健康医疗
5 投资理财 6 人情来往
7 交通通信 8 学习培训
9 消遣娱乐 10 其他

D2. 您的业余时间主要在做什么？（可多选，最多不超过 3 项）
□看书、看报、学习 □上网（聊天、浏览网页、网购等）
□看电视听广播 □运动、旅游
□逛街、看电影、KTV □娱乐（如打牌、玩游戏）
□睡觉 □其他_____

D3. 您关注的信息内容主要是什么？（可多选，最多不超过 3 项）

□ 休闲娱乐　　　　　　□ 政策新闻

□ 就业信息　　　　　　□ 教育培训

□ 投资理财　　　　　　□ 医疗卫生

□ 实用技能　　　　　　□ 法律法规

□ 其他_____

D4. 您关注上述信息的主要目的是什么？（可多选，最多不超过 3 项）

□ 提高自身素养，增长见识

□ 学习和工作的需要，提高技能水平

□ 自己感兴趣

□ 扩大人际交往，跟随大众

□ 消遣娱乐，打发空余时间

□ 其他_____

D5. 您一般通过什么方式获得信息？（可多选，最多不超过 3 项）

□ 书籍/报纸/杂志　　　　□ 广播/电视

□ 电脑、手机　　　　　　□ 亲戚、家人

□ 同事、朋友

□ 信息服务点（如图书馆/档案馆、报刊亭、信息服务站等）

□ 社区居民　　　　　　　□ 其他_____

D6. 您的交际圈里人的学历是？（可多选，最多不超过 3 项）

□ 小学及以下　　　　　　□ 初中

□ 高中或中专　　　　　　□ 大专

□ 本科及以上

D7. 以下是有关城市信息服务的描述，请根据您的实际情况，在对应的空格里打"√"。

注：文化服务场所主要包括图书馆（图书室）、博物馆、展览馆、美术馆、培训机构（学校）、书店、主题公园等可以为民众提供文化服务的场所。文化活动包括读书交流、文化沙龙、讲座、展览、技能培训、艺术鉴赏、运动比赛、民俗庆祝、联谊活动等。

	评价因子	非常不同意	比较不同意	一般	比较同意	非常同意
物理环境	D7-1 到达文化服务场所的交通便捷	□	□	□	□	□
	D7-2 文化服务场所数量多、空间大	□	□	□	□	□
	D7-3 文化服务资源丰富	□	□	□	□	□
	D7-4 文化服务场所布局合理	□	□	□	□	□
	D7-5 文化服务场所环境卫生清洁	□	□	□	□	□
活动质量	D7-6 经常举办各种类型的文化活动	□	□	□	□	□
	D7-7 我经常获得文化活动的举办信息	□	□	□	□	□
	D7-8 文化活动新颖时尚，对我有吸引力	□	□	□	□	□
	D7-9 文化活动收费价格合理	□	□	□	□	□
	D7-10 文化活动开展时间设置合理	□	□	□	□	□
	D7-11 我经常有时间参加文化活动	□	□	□	□	□
	D7-12 文化活动内容安排具有连续性	□	□	□	□	□
服务效能	D7-13 工作人员态度诚恳待人礼貌	□	□	□	□	□
	D7-14 工作人员仪容仪表得体大方	□	□	□	□	□
	D7-15 政府部门/社区居委会能够为我提供文化服务	□	□	□	□	□
	D7-16 用人单位能够为我提供文化服务	□	□	□	□	□

E 文化资本援助及期待调查

E1. 您希望获得哪些信息帮助？（按希望程度排序选3项）第一_____ 第二_____ 第三_____

1 休闲娱乐类　　　　　2 政策新闻类
3 求职就业类　　　　　4 教育培训类
5 投资理财类　　　　　6 医疗卫生类
7 交际情感类　　　　　8 法律法规类

E2. 您希望获得什么类型的文化教育服务？（按希望程度排序选3项）第一_____ 第二_____ 第三_____

1 基础文化教育　　　　　　2 职业技能培训

3 网络技术教育　　　　　　4 人际礼仪培训

5 法律法规教育　　　　　　6 文化沙龙

7 专题讲座　　　　　　　　8 学术报告

E3. 为更好融入城市，您最希望得到？（按希望程度排序选 3 项）

第一_____ 第二_____ 第三_____

1 解决户籍　　　　　　　　2 改善住房

3 提高收入　　　　　　　　4 解决子女入学

5 提高养老、医疗等社会保障　6 降低生活成本

7 享受与城里人同等的机会、待遇和权利

8 提高职业技能　　　　　　9 提高文化水平

问卷到此结束，再次感谢您的支持与帮助，祝您生活愉快！

备注：调研时间（　　　　）地点（　　　省　　　市　　　区/县）调研者

问卷编号（　　　　）

附录二 新生代农民工城市文化适应访谈提纲（文化资本篇）

尊敬的朋友：

您好！本次访谈主要是针对您在城市融合过程中遇到的一些问题进行调研，希望您能如实表达自己的意愿。问题答案没有对错之分，调查的结果仅用于科学研究，您的个人信息完全保密，请放心回答。

国家社会科学基金青年项目研究组

2015 年 9 月

1. 您何时入城？来城市工作的目的是什么？
2. 您现在居住在哪里？对自己的居住环境是否满意？
3. 目前收入情况怎样？是否与用人单位签订劳动保障协议？是否享受五险一金？
4. 您在城市中主要和谁交朋友？当您遇到困难的时候一般向谁求助？
5. 您在闲暇时间主要做什么？是否会进行有助于提升自身信息素养的活动？具体是什么？
6. 您每月的文化消费是多少？主要用于何处？
7. 您对文化信息重视吗？您认为它对您成为市民是否提供了帮助？
8. 您会不会去城市信息服务机构？是否频繁？如果不去，不去的原因是什么？
9. 政府和社区街道是否为您提供文化辅导和信息教育，效果怎样？
10. 企业或用人单位是否为您提供文化辅导和信息教育，效果怎样？
11. 您有孩子吗？孩子是否入城？当前子女教育面临哪些问题？
12. 您觉得融入城市最大的困难是什么？

附录三 新生代农民工城市文化适应调查问卷（媒介素养篇）

尊敬的朋友：

您好！本次问卷主要是了解您在城市生活中的一些情况、看法以及媒介使用情况，所得相关数据仅用于科学研究。调研采取匿名形式，请按您的实际情况放心填写，除特别说明外，其他均为单选。

非常感谢您对此次调查问卷的参与及支持！

国家社会科学基金青年项目研究组
2014 年 4 月

★本次调研对象仅针对 1980 年以后出生且户籍在农村的进城务工人员。

第一部分　个人基本情况（请在对应□划"√"）

1. 性别	□男　　　□女
2. 出生年份	□1980—1984　□1985—1990　□1991—1995　□1996—1998　□1999 年以后
3. 文化程度	□小学及以下　□初中　□高中或中专　□大专　□本科及以上
4. 就业岗位	□普工　□文员或前台　□服务人员　□管理或领导人员　□其他
5. 月平均收入	□2000 元以下　□2001—3000 元　□3001—4000 元　□4001—5000 元 □5001 元及以上
6. 在本地务工时间	□1 年以下　□1—2 年　□3—5 年　□5 年及以上
7. 本地务工居住处所	□单位提供　□合租　□自购房　□借住亲戚/朋友　□自租
8. 婚姻状况	□已婚　　□未婚　　□离异　　□丧偶

附录三　新生代农民工城市文化适应调查问卷（媒介素养篇）　　331

第二部分　媒介素养情况（请在对应□划"√"）

1. 您觉得自己平时获取新信息的程度：　　□非常及时　　□一般　□比较迟钝
2. 您会主动去获取您所需要的信息吗：　□会　□不会　□看情况
3. 您的朋友圈的主要人群构成：□老乡　　□家人/亲戚　　□同学　□同事/工友　　□城市居民
4. 您所居住周围的人群构成（可多选）：□老乡　　□家人/亲戚　□同学　　□同事/工友　　□城市居民
5. 您平时获取信息的媒介渠道有（可多选）：
□书籍/报纸/杂志　□广播/电视　□电脑　□手机　□MP3/MP4/MP5　□电子书阅读器　□信息服务点（如图书馆/档案馆（室）、报刊亭、信息服务站等）　□家人/亲戚　□同事/工友　□社区居民　□其他
6. 您使用媒介的情况

6.1 接触的内容（可多选）	6.2 首选的获取渠道是（请最多选择两个）
□政策、法律、新闻类信息	□报纸/期刊/图书　□广播/电视　□电脑/互联网　□手机/平板/电子阅读器等移动设备　□人际交往　□信息服务点（如图书馆、档案馆等）
□情感类信息	□报纸/期刊/图书　□广播/电视　□电脑/互联网　□手机/平板/电子阅读器等移动设备　□人际交往　□信息服务点（如图书馆、档案馆等）
□休闲娱乐类信息	□报纸/期刊/图书　□广播/电视　□电脑/互联网　□手机/平板/电子阅读器等移动设备　□人际交往　□信息服务点（如图书馆、档案馆等）
□教育、技能类信息	□报纸/期刊/图书　□广播/电视　□电脑/互联网　□手机/平板/电子阅读器等移动设备　□人际交往　□信息服务点（如图书馆、档案馆等）
□就业类信息	□报纸/期刊/图书　□广播/电视　□电脑/互联网　□手机/平板/电子阅读器等移动设备　□人际交往　□信息服务点（如图书馆、档案馆等）
□投资理财类信息	□报纸/期刊/图书　□广播/电视　□电脑/互联网　□手机/平板/电子阅读器等移动设备　□人际交往　□信息服务点（如图书馆、档案馆等）

续表

6.1 接触的内容（可多选）	6.2 首选的获取渠道是（请最多选择两个）
□交际类信息	□报纸/期刊/图书 □广播/电视 □电脑/互联网 □手机/平板/电子阅读器等移动设备 □人际交往 □信息服务点（如图书馆、档案馆等）

7. 您使用以上媒介的目的（可多选）：

□获取信息（政策、法律、就业等）　　□提高技能

□联络感情　□休闲娱乐　□缓解压力

□扩大交际面　□完成工作任务　□其他

8. 您平时使用以下媒介时遇到哪些困难（可多选）：

□报纸/期刊/图书	□获取费用较高 □携带不方便 □阅读能力有限 □时间限制 □交流不便
□广播/电视	□设备费用较高 □携带不方便 □理解能力有限 □时间限制 □交流不便
□电脑/互联网	□设备费用较高 □上网费用高 □技能有限 □携带不方便 □时间限制
□手机/平板/电子阅读器等移动设备	□设备费用较高 □上网费用高 □技能有限 □设备使用时间受限
□人际交往	□朋友圈狭窄 □不善于口头表达 □不知道找谁

9. 当您遇到困难时，通常首先求助（可多选）：

□老乡　　　　　　　　　□家人/亲戚

□同学　　　　　　　　　□同事/工友

□城市居民

10. 您在城里加入的组织有（可多选）：

□无　　　　　　　　　　□老乡会

□工会　　　　　　　　　□职业联合会

□社团　　　　　　　　　□党团组织

□政府组织　　　　　　　□其他组织

11. 您参与上述活动，主要的原因是（可多选）：

□获得自我价值　　　　　□增强城市融入感

附录三　新生代农民工城市文化适应调查问卷（媒介素养篇）

□增加与当地人相处的机会　　　□寻找融入城市的途径
□迫不得已　　　　　　　　　　□没有原因

12. 您愿意同城里人交往吗？
□愿意　　　　　　　　　　　　□不愿意

13. 您对自己所接触媒介的总体使用评价是：
□非常满意　　　　　　　　　　□一般
□非常不满意

14. 您对"使用媒介能够更加地适应城市"的态度是：
□非常不同意　　　　　　　　　□不同意
□不清楚　　　　　　　　　　　□同意
□非常同意

问卷到此结束，再次感谢您的支持与帮助！
备注：调研时间（　　　　）地点（　　　省　　　市　　　区/县）
调研者（　　　　　）
问卷编号（　　　　　）

附录四　新生代农民工城市文化适应调查问卷（知识转移篇）

尊敬的朋友：

您好！本次问卷调查旨在了解您与当地居民之间的知识交流情况，为更好地提高知识转移效率提供对策建议。本问卷采用无记名方式，答案无对错之分，除特别说明外，均为单选。所有资料仅供学术研究之用，绝不对外公开，请根据个人的真实状况及感受安心作答。衷心感谢您的配合及支持！

国家社会科学基金青年项目研究组
2015 年 7 月

★知识转移是指您与当地城市居民之间的知识交流情况。

★本次调研对象仅针对1980年以后出生且户籍在农村的进城务工人员。

第一部分　个人基本信息

1 性别	□男　　　　　　　　　□女
2 年龄	□18 岁以下　□18—20 岁　□21—25 岁　□26—30 岁 □31—35 岁　□35 岁及以上
3 婚姻状况	□未婚　　　□已婚　　　□离异　　　□丧偶
4 文化程度	□小学及以下　□初中　□高中/中专/技校　□大专　□本科及以上
5 进城务工时间	□1 年以下　□1—3 年　□4—6 年　□7—9 年　□10 年及以上

续表

6 职业种类	□建筑业　　□制造业　　□批发零售业　　□住宿和餐饮业　　□居民服务业及其他服务业　　□交通、仓储和邮政业　　□其他行业
7 目前的月收入	□1500元以下　　□1501—3000元　　□3001元—5000元　　□5001元及以上
8 目前的住房情况	□单位提供住房　　□自租房　　□自购房　　□向亲友借用
9 您目前的职称是	□无职称　　□初级　　□中级　　□高级
10 通常需要哪方面的信息（多选）	□职业与专业技能知识　　□文化基础知识　　□法律知识　　□医疗与健康知识　　□时事政治知识　　□生活娱乐知识
11 愿意定居城市吗	□是　　□否

★以下问题均采取五分制，其中1表示非常不符合实际；2表示比较不符合实际；3表示难以说清；4表示比较符合实际；5表示非常符合实际。请根据实际情况进行选择。

第二部分　知识转移效果

A. 以下有关知识转移效果的描述，请根据您的实际情况进行选择。

NO.	题项内容	非常不符合	比较不符合	难以说清	比较符合	非常符合
1	进城以后，我获得了不少有用的知识和信息	□	□	□	□	□
2	我在城里获取的知识帮助我解决了很多问题	□	□	□	□	□
3	我会灵活地运用在城里学到的知识和技巧	□	□	□	□	□
4	本地居民提供的建议通常会被我接受并实施	□	□	□	□	□

第三部分　知识转移影响因素

B. 以下是关于被转移知识的描述，请根据您的实际情况进行选择。

NO.	题项内容	非常不符合	比较不符合	难以说清	比较符合	非常符合
1	能够通过文档等载体形式传递	□	□	□	□	□
2	能够利用现代化信息技术传递	□	□	□	□	□
3	必须在实践中学习	□	□	□	□	□
4	需要长时间才能掌握	□	□	□	□	□
5	涉及多个知识领域	□	□	□	□	□
6	专业性很强	□	□	□	□	□
7	需要有相关的知识背景才能掌握	□	□	□	□	□
8	需要有相关的工作经验才能掌握	□	□	□	□	□

C. 在知识转移的过程中，以下是关于本地居民的一些描述，请根据实际情况进行选择。

NO.	题项内容	非常不符合	比较不符合	难以说清	比较符合	非常符合
1	乐意将自己的知识传授给我	□	□	□	□	□
2	乐意选取价值高的知识向我传授	□	□	□	□	□
3	在向我传授知识之后，他们通常会得到我的赞赏或物质回馈	□	□	□	□	□
4	善于通过简单明了的语言表达知识	□	□	□	□	□
5	善于通过各种形式（文字、图表等）传递知识	□	□	□	□	□
6	善于通过多种渠道向我传递知识	□	□	□	□	□

D. 在知识转移的过程中，以下是关于您本人的描述，请根据实际情况进行选择。

NO.	题项内容	非常不符合	比较不符合	难以说清	比较符合	非常符合
1	我愿意主动向本地居民求教	□	□	□	□	□
2	我会主动将有用的知识记录下来	□	□	□	□	□
3	我能够通过各种渠道找到所需知识	□	□	□	□	□
4	我能够迅速地学习新知识	□	□	□	□	□
5	我能够充分地掌握新知识	□	□	□	□	□
6	我会主动将自己新吸收的知识与旧知识相融合	□	□	□	□	□

E. 以下是对您与本地居民差异的描述，及双方互动行为的描述，请根据实际情况进行选择。

NO.	题项内容	非常不符合	比较不符合	难以说清	比较符合	非常符合
1	具有相似的社会文化背景	□	□	□	□	□
2	几乎没有语言差异	□	□	□	□	□
3	具有相似的生活习惯	□	□	□	□	□

续表

NO.	题项内容	非常不符合	比较不符合	难以说清	比较符合	非常符合
4	具有相似的学历背景	□	□	□	□	□
5	具备相同的工作能力	□	□	□	□	□
6	我们能够顺畅地讨论工作上的问题	□	□	□	□	□
7	我认为对方提供的知识是有价值的	□	□	□	□	□
8	对方常常将工作上的任务交付给我	□	□	□	□	□
9	我们常常互相交谈和倾听	□	□	□	□	□
10	我们之间的沟通态度良好	□	□	□	□	□
11	沟通能够拉近我们的关系	□	□	□	□	□
12	我们之间的讨论能够加深我对某一问题/事件的理解	□	□	□	□	□

F. 以下是关于您与本地居民交流方式的描述，请根据实际情况进行选择。

NO.	题项内容	非常不符合	比较不符合	难以说清	比较符合	非常符合
1	我们通过文档等纸质载体交流知识	□	□	□	□	□
2	我们利用电话、网络等现代信息技术交流知识	□	□	□	□	□
3	我们常常一起参加会议	□	□	□	□	□
4	我们常常围绕某一问题进行自由讨论	□	□	□	□	□

问卷到此结束，再次感谢您的支持与帮助，祝您生活愉快！

备注：调研时间（　　　　）　地点（　省　市　区/号）调研者（　　　　）　问卷编号（　　　　）

附录五 新生代农民工城市文化适应访谈提纲（知识转移篇）

尊敬的朋友：

您好！本次访谈旨在了解您与本地居民之间的知识交流情况，采用无记名方式，所有资料仅供学术研究之用，绝不对外公开，衷心感谢您的配合及支持！

国家社会科学基金青年项目研究组
2015 年 7 月

1. 您何时第一次进城务工？干过哪些工作？
2. 您觉得自己是否适应城市生活？适应或者不适应的原因是什么？
3. 在城市生活中，您对哪些知识有着强烈的需求？
4. 您觉得周围的居民是否愿意向您传授知识？您与他们之间的联系频繁吗？
5. 在工作中，您参加技能培训或者会议研讨的次数多吗？
6. 在学习新知识和技能时，您更倾向于通过面对面的交谈方式还是通过文档传递的方式进行？哪种方式的效果更好？
7. 与农村相比，您是否认为在城市中学到的知识更多？哪些方面的知识水平得到了提升？提升最明显的是什么？

附录六　新生代农民工城市文化适应调查问卷（文化适应评估篇）

尊敬的朋友：

您好！本研究主要了解您对所在城市的文化适应状况，希望能得到您的大力支持与合作！请您根据实际情况按要求填写。问卷采用不记名方式，调查的结果仅用于科学研究，您的个人信息完全保密，请不必有任何顾虑。

占用了您的宝贵时间，向您致以深切的谢意！祝您身体健康，工作顺利！

国家社会科学基金青年项目研究组
2015 年 6 月 – 2017 年 12 月

◆本次调研对象仅针对1980年以后出生且户籍在农村的入城务工人员。

第一部分　基本信息

填答问卷时请在符合您的实际情况的选项前的"□"打"✓"

A1. 您的性别：

□男　　　　　　　　　　　□女

A2. 您的年龄段：

□15 岁以下　　　　　　　□16—20 岁

□21—25 岁　　　　　　　□26—30 岁

□31 岁以上

A3. 您的文化程度：

□小学及以下　　　　　　□初中

☐高中或中专　　　　　　　☐大专
☐本科及以上

A4. 您的婚姻状况：

☐未婚　　　　　　　　　☐已婚
☐离婚　　　　　　　　　☐丧偶

A5. 您在城市工作的时间：

☐半年至1年　　　　　　☐1—3年
☐4—6年　　　　　　　　☐7—9年
☐10年以上

A7. 您平均的月收入：

☐1500元以下　　　　　　☐1501—2500元
☐2501—3500元　　　　　☐3501—4500元
☐4501元以上

第二部分　个体认同适应评估量表

请您评价下列说法与您实际看法的符合程度，在对应的空格里打"✓"。

序号		非常不同意	比较不同意	不确定	比较同意	非常同意
A1	我觉得我现在是个城里人了					
B1	有时候，我感觉周围人都不能接受我					
B2	我可以感觉到来自周围人的歧视					
B3	城市人很友善，我们能彼此尊重					
C1	我感到无法融入城市					
C2	我对是否能够融入城市感到迷茫					
C3	我能够积极融入城市					

续表

序号		非常不同意	比较不同意	不确定	比较同意	非常同意
C4	在城市生活了一段时间，觉得还是农村好					
C5	回农村老家总感觉不习惯，觉得还是城市好					
C6	在城里和农村都很辛苦（都不好）					
C7	我对城市和农村的生活都感到满意（都好）					
D1	进城后，我获得了不少有用的知识和信息					
D2	通过知识交流，我学到了解决问题的新知识					

第三部分 媒介体验适应量表

请您评价下列说法与您实际看法的符合程度，在对应的空格里打"✓"。

序号		非常不同意	比较不同意	不确定	比较同意	非常同意
H1	您对所接触媒介内容的总体使用评价是满意的					
H1-1	能够增加就业信息的获取，更好地适应城市					
H1-2	能够增强职业技能，更好地适应城市					
H1-3	能够缩小与城市居民的距离，增强城市适应感					
H1-4	能够体验到自己是城市的一员					

附录六 新生代农民工城市文化适应调查问卷(文化适应评估篇) 343

续表

序号		非常不同意	比较不同意	不确定	比较同意	非常同意
H1-5	能够更了解所在城市的历史文化信息,增强归属感					
H1-6	能够缓解城市生活压力,排除寂寞,增强归属感					
H1-7	能够增加与居民交流机会,拓展社会资本					

第四部分 知识转移行为表现适应评估量表

请您评价下列说法与您实际看法的符合程度,在对应的空格里打"✓"。

序号		非常不同意	比较不同意	不确定	比较同意	非常同意
J1-1	我能使用当地的口音/语言					
J1-2	我能用普通话与人顺畅交流					
K1-1	我能适应当地的食俗					
K1-2	我习惯按照当地的习俗办事					
K1-3	我能理解当地人真情实感与客套的区别					
L1-1	我能够适应城市公共秩序,如排队、遵守交通规则					
L1-2	我能够适应城市公共卫生,如使用公厕、不随地吐痰					
M1	我会使用当地的文化设施					
N1-1	我会参与当地社区的活动聚会					
N1-2	我积极加入城里的有关组织					
O1-1	适应城市的物价水平					
O1-2	适应城市的饮食习惯					
O1-3	适应城市的工作和生活节奏					

续表

序号		非常不同意	比较不同意	不确定	比较同意	非常同意
P1-1	享受医疗和社会保障					
P1-2	享受当地的文化服务					
Q1-1	我会灵活地运用在城里学到的知识和技巧					
Q1-2	我会主动将自己新吸收的知识与我的旧知识相融合					

问卷到此结束，再次感谢您的支持与帮助！

备注：调研时间（　　　　）　　地点（　省　市　区/县）　调研者（　　　）　　问卷编号（　　　　）

后　　记

　　这本书是在我的国家社科基金青年项目基础上完成的。回首对该课题的相关研究，从兴趣到坚持，已有近二十年时间。

　　2002年，当我在为硕士毕业论文选题时，社会网络分析理论在其他社科领域逐渐引起重视，该理论用来分析我在外经商的父辈一代的信息行为再恰当不过了。这些乡亲在20世纪90年代，带着农村户籍前往城市打拼，远离故土在城市中藉由地缘、血缘或亲缘关系聚居在一处，既生活在城市里又保留着农村的习俗，甚至在语言交流上也基本采用方言，具有典型的"小世界"信息交流现象。因此，当于良芝导师鼓励我运用新理论来研究我所熟悉的乡亲群体时，我既欣喜又感动。时值"三农"问题再次受到中央高度重视，该选题兼具"熟悉、前沿、创新"，对于研究者来讲，当真是一件最幸福不过的事，极大地激发了我对研究课题的兴趣。

　　此后的实地调研、访谈、生活场景观察等系列过程同样充满着兴奋，这有赖于独特的家乡方言沟通增进了信赖感，乡亲们几乎毫无保留地分享他们在城市活动中的交际圈及其信息交流情况，用质朴、热情、包容赋予课题素材诸多的生动色彩。数据分析结束后，我的脑海中常常浮现出有关他们的两个画面：聪慧、坚韧、敏锐的商业打拼精神，以及谨慎、守旧、过客的城市外来者状态。两个画面的交织显著地展现了他们既追求城市美好机遇又眷恋故土情怀的矛盾和飘泊心理，这让我对他们的艰辛和执著多了一份钦佩及产生持续关注他们的冲动。

　　2010年政府拆迁了他们的聚居地，这批乡亲或分散在其他城市继续经商，或改行从事其他职业，或选择回归故土养老，失去持续跟踪的标的。但也使我的关注目光逐渐扩大到更大的城市外来群体中。凡是在城乡分割体制下处于弱势一方的城市处境者，均可能被纳入研究范畴，于是后续如城市打工者、大学城失地农民等均成为相关的课题和调研报告的主体。与这些社群群体越来越多的接触、了解，想要深入且综合考察他们在多因素作用下的具体信息行为的动机就越强烈。随着时间的推进，新生代农民工（又称为第二代农民工）渐已成为城市外来主力军，他们的思想更新潮、技术交流手段更丰富、居住的生活条件更先进等，是国家城镇化进程中不可忽视的群体。且有别于第一代农民工对待自己像城市"淘金者"的身份认知，新生代农民工对自身的身份认同更趋于是城市的建设者和主人，新生代农民工的市民化问题便显得尤其突出。而要掌握其城市融入的现状需要从更系统的文化层面去深究，不能局限于经济因素。

2013年，基于以上想法我把新生代农民工的研究课题作了整体设想并最终获得国家社科基金青年项目立项（13CTQ002）：以文化整体视角，从个体认知、关系互动、行为表现等三个层面分别考察新生代农民工的城市融入状况，并对其融入程度进行文化评估，最终提出融入策略。课题的开展得益于我的研究生团队，我们一起调研、交流，慢慢把设想落实到行动，进展顺利。2015年我受资助前往美国伊利诺伊大学厄巴纳—香槟分校进行为期一年的访学，期间我对课题有了更深刻思考并有了新的补充思路。美国对移民档案史料的关注、多元文化交融的开放性和包容性以及自下而上的社会力量对外来群体持续的活动组织和心理关怀等，这些实实在在的做法较好地缩小了个体对所处环境的距离感，塑造出一种人文归属感。回国之后，我把课题的融入策略中加进了社会多元力量对新生代农民工的支持，并希望先进行规模化的数据调研后为此提供国情化结论支撑。课题为此虽延长了预期完成时间，但最终圆满结项并获专家鉴定为"良好"。

本书的完成凝聚了课题组全体成员数年的心血付出。我的数位研究生长期参与数据收集及部分书稿初稿的撰写工作，在此作出说明：唐雅琳，参与撰写第三章第一节，第四章；陈秋萍，参与撰写第三章第二节，第五章；刘倩，参与撰写第三章第三节，第六章；林媛，参与撰写第七章；王艺，参与撰写第八章；我的其他几位研究生如郭翊正参与了书稿第七章的数据分析工作，苏梅玲、李淑祺、钱磊、易丽娟、陈桠、龙繁等参与了本书的审校工作。

后　记

　　书稿付梓在际，研究过往点点滴滴皆在眼前，不忘初心，方得始终，感谢之情溢于言表。首先，特别感谢我在南开大学求学时的两位恩师（硕士导师于良芝教授和博士导师柯平教授），他们博爱的胸怀以及严谨的治学风范是我科研路上永远的榜样；感谢福建师范大学图书馆学系江向东教授，他所营造的宽松自由学术环境为我协调教学和科研精力提供了良好保障；其次，感谢中国社会科学出版社田文编辑及其同事对书稿的精心审校和编排，书稿中的大量数据及图表给他们增加了诸多工作量，其精益求精的态度为书稿最终保质完成提供了强有力支持；最后，感谢我的家人长期以来对我工作的支持，始终给予我最大的精神动力。此外，书稿在历次的数据调研过程中，曾经得到很多人的帮助，无法一一列出姓名，我在此一并鞠躬致谢，还望诸君海涵。

　　掩卷沉思，虽尽心竭力，仍有诸多不足，希望得到专家指正。

洪秋兰

2022 年 3 月 3 日 书于福州兰庭